REPORT OF COMMISSION 9

1910년 에딘버러세계선교사대회 제9분과위원회 보고서

에딘버러대회의 역사와 기록

The History and Records of the Conference

George Robson 외

Editing : Korean Association of Mission(KAM)
Editor : Kwang Soon Lee, Ph.D.
Translator : Chang Wun Kim, Ph.D.

2, Gwangjang-ro Da-gil, Gwangjin-gu, Seoul, 143-811, KOREA

Produced by Juan International University Press
Telephone : 032)446-5200
First Printing December 25, 2012

ISBN 978-89-89111-45-0(94230)
ISBN 978-89-89111-22-1 (Set)
Printed in Republic of KOREA

에딘버러대회의 역사와 기록

The History and Records of the Conference

편집 한국연합선교회
편집인 이광순
번역 김창운

펴낸곳 미션아카데미
주소 (143-811) 서울 광진구 광장로 다길 2

제작 주안대학원대학교출판부
전화 032)446-5200
이메일 juaniu2011@gmail.com

초판인쇄 2012년 12월 25일
초판발행 2012년 12월 26일

값 20,000원(*파본은 바꿔 드립니다)
ISBN 978-89-89111-45-0(94230)
ISBN 978-89-89111-22-1(세트)

에딘버러세계선교사대회 연구 총서 ❾

REPORT OF COMMISSION 9

1910년 에딘버러세계선교사대회 제9분과위원회 보고서

에딘버러대회의 역사와 기록

The History and Records of the Conference

George Robson 외

번역 김 창 운

1910년 6월 23일 대회에 제출된 보고서의 발표문과 토의 내용

한국연합선교회

(Korean Association of Mission, KAM)

Contents

6 에딘버러 대회의 역사와 기록

편집의 글

아무도 번역을 시도하지 않았던 보고서 100년이 지난 고문서를 한국어로 번역하는 것은 시간과 돈을 낭비하는 것이라고 생각하는 사람이 있을 것이다. 그럼에도 불구하고 나는 세상의 어떤 것으로도 값을 매길 수 없는 선교학자들의 지혜와 지식과 시간과 인내와 정성을 모아서 지난 3년 동안 이 일에 집념했던 이유가 있다. 에딘버러세계선교사대회 연구 총서를 19권의 책으로 펴내게 된 가장 기본적인 동기는 두 가지가 있다. 첫 번째 동기는 10년 전에 에딘버러대학교 원로교수와 나의 동료교수와 함께 에딘버러세계선교사대회 100주년과 제3차 세계로잔대회를 함께 묶어서 세계선교의 새 역사를 만들어 보려는 꿈을 꾸며, 누가 무엇을 어떻게 구체적으로 감당할 것을 계획하기 시작했다. 그러나 나와 함께 항상 내일을 계획하고 꿈을 꾸었던 나의 동생과 비전을 나누었던 그 동료교수는 먼저 하늘나라로 갔다. 그래서 나는 조용히 하나님의 뜻과 인도하심만을 기다릴 수밖에 없었다. 그런데 2008년 하나님께서 나를 장로회신학대학교 총장 직무대리로 세우시고 5개월을 5년같이 크고 많은 일을 맡겨 주신 것이다. 또한 2009년 국제로잔위원회가 2010년 남아공 케이프타운에서 열릴 제3차 세계로잔대회의 지도자대회(rehearsal)를 장로회신학대학교에서 개최하였다. 나는 전 세계로부터 온 선교 지도자와 강사 260명이 참석한 국제로잔 지도자대회의 공동대회장으로서 성실하게 임무를 감당하였다. 이듬해 2010년 제3차 세계로잔대회에 여러 교수들과 함께 나는 케이프타운으로 갔다. 10년 전에 그 계획이 비록 동역하려던 일꾼은 다른 사람들로 바꾸어지고 로잔대회와 에딘버러대회가 함께 모이지는 못했으나, 양 대회는 각각 선교역사에 커다란 획을 끄었던 것은 틀림이 없었다.

두 번째 동기는 1890년 한국에 선교사로 오신 마포삼열(Samuel A. Moffett) 선교사의 예언적인 보고 때문이다. 그는 20년 동안 한국에서 전도와 교회 개척 사역과 특히 1901년 평양에서 장로회신학교를 설립하고 10년 만에 1910년 에딘버러세계선교사대회에 한국 선교사 대표로 갔다. 그의 선교보고와 논문 발표는 그때와 지금도 놀라운 영향력을 끼치고 있으며, 세계선교에 큰 업적을 남기고 한국 교회에게 위대한 선교의 꿈을 심어주었다. 마포삼열 목사는 다음과 같이 예견하셨다.

> 보라! 보잘것없고 멸시를 당하며 부끄러움을 당하는 한국을 통해 모든 극동 지역에 풍성한 영적 축복을 가져다주고, 한국을 열국 가운데 하나의 정치적 강대국이 아니라 하나의 영적 강대국으로 삼으심으로써 그의 권능을 드러내시는 것이 하나님께는 불가능한 일이 아니다(*Union Seminary Magazine*, Vol. XXII, 1910, No. 1, 226-235).

마포삼열 선교사가 강연을 통해 예언한 것처럼 이제 대한민국은 영적, 신앙적, 선교적으로 세계 최강대국이 되었다. 예수 그리스도의 복음이 대한민국에 들어온 지 125년 만에 한국 교회가 세계선교의 최전선에서 민족과 세계를 섬길 수 있게 된 것은 놀라운 하나님의 은총이다. 한국 교회는 세계선교의 기지가 되었으므로 선교적 특권과 책임이 더욱 커질 것이다. 한국 교회의 선교적 특권과 책임을 감당하는 첫 걸음으로 1910년 에딘버러세계선교사대회 100주년 기념 2010 한국대회를 개최하고, 100년 전의 고문서는 우리말로 번역하여 출판하며, 2010년 한국대회의 논문집은 새로운 100년을 위하여 발간하려는 것이었다.

100년 전에 발표한 마포삼열 목사의 강연 내용을 읽고 나는 에딘버러 100주년 기념 2010 한국대회를 적극적이며 구체적으로 계획하게 되었다. 먼저 아시아와 한국로잔위원회 의장이신 이종윤 목사님을 찾아뵙고 조언을 받으며 한국연합선교회(Korean Association of Mission)를 창립하였다. 1910년 에딘버러세계선교사대회 100주년 기념 2010 한국대회를 개최할 것을 합의하고, 조직위원장 겸 대회장의 책임을 나에게 맡겨 주었다. 대회 지도자들은 명예대회장 마삼락(Samuel H. Moffett) 박사와 대표대회장 이종윤 박사를 모시고 실무를 담당할 책임자들을 각각 구성하였다. 대회 조직은 우선 교단을 초월하여 모든 교회와 모든 신학대학교와 모든 선교학자와 한국에 오셨던 초기 선교사의 후손들과 현역 한국 선교사들과 선교 현지 신학자들과 교회 지도자들을 하나로 묶었다. 2010년 한국대회는 서울대회(6월 22-24일)와 인천대회(6월 25-27일), 이어서 부산대회(7월 4-5일)까지 역사적이고 거대한 선교학술대회로 진행되었다. 대회 내용은 100주년에 100명의 강사를 모시고 100편의 논문을 발표하고 10권의 책으로 펴낼 것을 결정했다. 동시에 100년 전에 9분과로 나누어서 연구, 조사, 발표한 약 5,000장의 고문서 번역을 착수했다. 1910년 에딘버러세계선교사대회

제1분과 보고서를 가장 먼저 번역하고 제1권을 출판하여 2010 한국대회에서 활용하였다. 아울러 에딘버러대학교 스탠리(Brian Stanley) 교수가 쓴 1910년 에딘버러대회에 관해서 비평적으로 평가하며 연구한 책을 여러 교수들이 한 장씩 번역해서 대회기간에 보급하였다. 에딘버러 100주년기념총서 19권 중에 우선 한국대회 논문집 10권은 2011년 7월에 출판하여, 11월에 출판감사예배를 드렸다. 드디어 고문서 9권을 완역해서 2012년 12월 출판하여 한국 교회와 전 세계 선교사들에게 성탄 선물로 드리게 되었다. 우리는 진심으로 간절하게 지속적으로 기도하고 기다리며 기대한 것처럼 고귀한 보화를 찾아낸 것이다.

예수 그리스도가 인류 역사의 경첩(Jesus Christ is the Hinge of the Human History)이 된 것처럼 1910년 스코틀랜드 에딘버러세계선교사대회는 기독교 선교역사의 경첩이 되었다. 에딘버러세계선교사대회는 아직 복음이 들어가지 못한 남은 세계에 '이 세대 안에 세계 복음화'(Evangelization of the World in this Generation)를 완성하겠다는 열망과 자신감에서 시작되었다. 역사가들이 '선교의 위대한 세기'라고 부른 지난 세기의 선교를 돌아보면 당시 선교 지도자들은 얼마나 자신만만하게 세계선교의 완성을 꿈꾸었다는 것을 짐작할 수 있다. 영국과 미국이 중심이 된 서구 선교사들은 당시 낙관주의적이고 승리주의적인 시대 분위기에 편승하여 세계선교의 주도적인 역할을 그들이 계속 감당할 것이라고 믿었다.

1910 에딘버러대회를 준비한 서구 선교 지도자들은 '전세계 복음화'라는 목적을 달성하기 위하여 9개 분과별로 각각 다른 주제를 가지고 선교현장을 매우

다양한 측면에서 심도 깊게 연구 조사하였다. 비기독교 국가들에 대한 선교, 선교현장의 교회, 국민생활의 기독교화에 연관된 교육, 비기독교 종교들에 관한 선교적 메시지, 선교사 훈련, 선교사역의 국내본부, 선교와 정부, 협력과 교회일치의 증진, 에딘버러대회의 역사와 기록, 타종교, 선교 현지 교육, 선교 현지 교회 세우기 등 선교현장에서 복음을 전하는 데 관련된 주제에 관하여 각각 설문지를 돌려서, 현지에서 사역하는 수많은 선교사에게 일일이 의견을 듣고 분과별 · 지역별 자료를 모아 분석하고 토론하면서 전략을 세웠다. 이와 같은 방법으로 제1분과에서 제8분과까지는 먼저 각 분과에서 연구 조사한 자료를 진지하게 토론을 거쳐 발제한 자료의 보고서이다. 그러나 마지막 제9권은 분과에서 논의되지 않고 본 대회에서 발표된 중요한 강연과 모든 자료를 기록물로 남긴 것이다.

100년 전 증기선을 타고 태평양과 대서양을 건너 1,234명의 대표가 한 자리에 모여 그토록 거대하고 세계적인 선교학술대회를 개최한 것은 엄청나고 위대한 역사적 대회였다. '해아래 새것이 없다'는 전도자의 말을 빌리지 않아도 100년을 훌쩍 넘긴 오늘에 와서도 정말 그토록 방대한 자료를 수집하고 분석한 것에 놀라움을 금할 수 없다. 우리는 지금 그 보고서를 번역하는 일이 무척이나 힘겨운 일임에도 오히려 감탄과 놀라움을 거듭한다. 실로 이 연구 총서는 기독교 선교역사에 그리고 오고 가는 모든 세대에 〈세계선교대백과사전〉으로 길이길이 남을 것이다.

그러나 1910년 에딘버러대회 이후 선교역사 100년을 냉정하게 비판적인 시각에서 살펴보면 서구 선교 지도자들의 기대와 예측과는 너무나 다르게 선교가 진행되어 왔음을 알 수 있다. 1910년 에딘버러대회는 서구 중심의 선교적 기초와 축을 견고하게 세웠다기보다 바로 그 때가 정점이 되어 이후의 서구 선교는 급격하게 하강곡선을 그었다. 그런 의미에서 1910년 에딘버러세계선교사대회는 '선교 역사의 경첩(the Hinge of Mission History)이 되었다.'고 나는 말한다. 그 이유는 에딘버러대회 직후 유럽에서 연이어 일어난 1, 2차 세계 대전과 러시아의 공산화가 증명해 준다. 1910년 에딘버러대회 이후 불과 4년 만에 제1차 세계대전(1914)이 일어남으로 서구 교회가 중심이 된 세계 복음화의 비전과 꿈이 깨어졌기 때문이다. 그리고 1917년 러시아에서 일어난 공산 혁명으로 서구의 기독교가 오히려 축소되었고 군사적으로 위협까지 받게 되었다. 설상가상으로 2차 세계대전으로 서구 기독교 세계는 갈기갈기 찢기고, 기독교 진리와 기독교 문명의 도덕성과 신뢰도는 완전히 무너졌다. 2차 대전이 끝나자 서구의 식민 지배와 피선교지였던 수많은 신생 국가들이 해방과 독립을 선언하였고, 서구 배척 운동과 기독교 선교 반대 운동을 벌이면서 서구 주도의 선교는 더욱 위축되었으며, 사실상 세계 선교의 지도력을 점점 상실하게 되었다.

이 연구 총서는 2010 한국대회에서 출판하기로 계획한 19권의 시리즈를 완성한 것이다. 그 첫 번째 시리즈 9권은 1910년의 고문서 자료이며, 두 번째 시리즈 10권은 2010 한국대회 논문 자료이다. 여기에서 한 가지 밝혀두는 것은 본 대회가 끝나고 100년만(2009년)에 에딘버러대학교 스탠리 교수가 『1910 에딘버러세계선교사대회 어떻게 볼 것인가(*The World Missionary Conference, Edinburgh 1910*)』라는 책을 썼다. 이 책은 오늘의 선교학자와 선교사가 100년

전의 에딘버러 본 대회를 이해하는데 도움을 줄 수 있다고 사료되어, 이 연구 총서 끝에 별본으로 포함해서 총 20권으로 출판한다.

우리는 큰 비전을 가지고 이 방대한 작업을 시작하였으나 번역하는 시간이 필요했고 번역비와 출판비도 필요했기 때문에 거의 3년 만에 이 결과물이 나왔다. 고문서 번역서 9권은 번역단장인 이용원 교수가 전체 시리즈를 책임 번역과 감수하였다. 각 권의 번역을 맡아준 이용원 박사, 정승현 박사, 조범연 박사, 김창운 박사, 장남혁 박사, 이종만 박사, 김태연 박사, 김원희 박사, 김성욱 박사, 하충엽 박사께 진심으로 감사 또 감사드린다. 특별히 번역판 시리즈 9권이 나오기까지 밤낮으로 몸과 눈이 피곤해도 감사한 마음으로 편집 디자인을 착실하게 한 장, 한 줄, 한 자를 소홀히 하지 아니하고 책임을 감당해 준 유주연, 이신정 두 디자이너에게 고마움을 전한다. 또한 한글 교정에 정성을 다하고 읽어준 주안대학원대학교출판부 교정팀 원혜준 집사, 손숙영 집사에게 감사하며, 특히 김광성 교수와 꼼꼼하게 최종 교정을 보아준 김상철 교수에게 진심으로 감사한다. 이번 1910년 에딘버러세계선교사대회 연구 총서가 완성되기까지 주안대학원대학교출판부 담당인 정승현 교수는 번역부터 편집과 출판까지 오랫동안 모든 수고를 아끼지 않았다. 마지막으로 장로회신학대학교에서 나와 함께 동역했던 세계선교연구원 식구들을 기억하며 감사한다. 처음에 번역단장과 번역자들과 함께 실무를 맡아 준 남정우 박사와 대회 진행을 세심한 것까지 총괄하며 지금까지 재정을 담당해 준 정기묵 박사와 한글 교정에 정성을 다한 강아람 박사께 감사를 드린다. 여러분이 이 큰 일을 해냈어요! 이 연구 총서가 출판되어 책으로 나오기까지 성심성의껏 출판비용을 후원해 주신 승리교회, 황지교회, 새문안교회, 주안장로교회 그리고 영락교회에 진심으로 감사드린다. 1910년 에딘버러세계선교사대회 연구 총서가 한국 교회와 세계 흩여진 모든 선교사들에게 시대를 뛰어넘는 〈세계선교대백과사전〉으로서 선교의 길잡이가 되어주길 바란다.

이 모든 감사와 영광은 오직 하나님께 돌린다.
Soli Deo Gloria!

2012년 12월 3일
이광순
1910년 에딘버러세계선교사대회 100주년 기념
2010 한국대회 대회장 · 조직위원장

- 1910년 에딘버러세계선교사대회 100주년 기념 2010 한국대회 대회장 겸 조직위원장 이광순 박사는 장로회신학대학교 선교신학 교수로 24년간 봉직하였으며 2011년 2월 28일에 정년 퇴임하였다.
- 이광순 박사는 2011년 3월 2일 주안대학원대학교 초대총장으로 취임하였다.
- 현재 한국로잔위원회 부의장과 아시아로잔위원회 부의장이며, Korean Association of Mission(KAM), 한국연합선교회 회장이며, The Light Mission 이사장으로 섬기고 있다.

격려사

1910년 에딘버러 문서의 한국어 번역판에 붙여..

1910년 에딘버러세계선교사대회에서 나온 분과위원회들의 보고서를 한국어로 완전히 번역 출간한 번역서들에 들어갈 간략한 서문을 써달라는 것은 분명히 하나의 명예로운 일이다. 먼저 한국연합선교회가 그런 큰 일을 기획하고 완전히 이루어 낸 것에 대해 진심으로 축하하고 깊은 찬사를 드린다. 이런 번역물을 성공적으로 완간해내는 일은 2010년 서울에서 그 대회의 100주년 기념 대회를 개최하면서 한국의 그리스도인들에게 그 위대한 대회의 중요성을 일깨워주는 일이다.

우리 아버지 사무엘 마펫(Samuel Austin Moffett)은 한국교회의 대표로 초청을 받고 그 대회에 참석하였다. 그는 1910년 5월 12일에 평양을 떠나 당시로 보아서 중간급 여행 수단인 시베리아 횡단 열차편으로 여행을 하셨다. 그는 어머니에게 보낸 한 편지에서 넓은 궤도의 철도가 여행하는 길 내내 건설 중에 있었다고 설명하셨다. 그 여행은 그에게 매우 매혹적인 것이었다. 그는 신의주를 거쳐 만주의 심양(봉천)을 지나갔다. 심양에서는 아스토르 호텔(Astor Hotel)에서 이틀을 묵으셨다. 주일 아침 그는 로스 목사 부부(Dr. and Mrs. John Ross)가 목회하는 중국인 교회로 갔다. 로스 목사도 에딘버러대회에 가려고 하는 중이었다. 류 목사(pastor Liu)가 설교를 했고, 그는 27명의 아기들과 4명의 여인들에게 세례를 베풀었다. 월요일에 로스 목사 부부와 함께 봉천을 떠나 그들은 함께 장춘을 거쳐 하얼빈으로 갔다. 거기서 그들은 서로 다른 길을 택했다. 아버지는 모스크바와 베를린을 거쳐 에딘버러로 가셨다.

에딘버러에서 그는 6월 17일에 그 대회에서 〈복음화 사역에서 현지인 교회가 차지하는 자리(The Place of the Native Church in the Work of Evangelization)〉라는 주제로 하나의 소논문을 발표하셨다. 거기에 참석한 그 대표단들에게 아버지께서 강조하고 싶어 하신 주요한 요점들은 한국에서의 경험으로부터 얻은 것으로 다음과 같은 것이었다. 첫째로 한국교회는 성경말씀을 사랑하는 교회라는 것이었다. 성서는 바로 하나님의 말씀이고 그의 아들을 희생 제물로 드림으로써 죄로부터의 구원을 약속하시는 하나님의 약속의 말씀이다. 예수 그리스도는 그런 변화된 삶에로 인도하신다. 그리스도인들이 성경공부반과 양육반을 통해 하나님의 말씀에 빠져드는 것은 그 자체가 강력한 변화를 가져다주었다. 둘째로 어떤 교회도 자립(self-supporting)이라는 기반 위에 세워질 때까지는 그 민족의 복음화를 결코 이룰 수 없을 것이다. 그 능력이 미치는 범위에서 최대한 재정을 책임지는 교회를 말한다. 셋째로 교회 지도자들은 조심스럽게 선출되어야 하고 성경공부반과 지교회에서 직분자로서의 체험을 통해 수년간의 양육을 받아야만 한다. 그 다음에 그들에게 지도자로서의 책임을 지게 하고 그 교회를 다스리는 일을 하도록 해야 한다. 그리고 그 다음에 목사와 전도사로서 일선에 설 수 있게 해야 한다. 그리고 마지막으로 위의 세 가지 강조점과 더불어 한국교회는 하나님께서 어떻게 한국 민족에게 그의 성령을 부어주셨는지를 보여주었다. 그리고 위대한 영적 능력과 자기 민족과 전 세계를 위한 선교적 열정을 가진 교회를 어떻게 불러내셨는지를 보여주었다. 복음화를 위하여 하나님께서 주신 하나의 위대한 수단은 한국에서 실증적으로 보여준 바와 같이 하나님 자신의 말씀이다.

아버지의 막내 동생 토마스 마펫(Thomas Clinton Moffett)은 미국 남서부에 거주하는 나바조 인디언들(the Navajo Indians)을 위한 국내 선교회(National Missions)에 속한 선교사로 에딘버러에서 아버지를 만났다. 그가 거기에 도착한 바로 다음이었다. 그리고 그들 형제는 다시 함께 시간을 보내면서 크게 기쁨을 누렸다.

2012년 11월
사무엘 휴 마펫(Samuel Hugh Moffett)
1910년 에딘버러세계선교사대회 100주년 기념
2010 한국대회 명예대회장

축사

1910년 에딘버러선교사대회는 선교 역사상 획을 긋는 국제적 모임이었다. 비록 서구 선교사들의 주도하에 모인 대회였지만 100년이 지난 지금 돌이켜 보면 피선교국 중 가장 신생국가 중 하나였던 한국교회가 이제는 세계 선교의 주도권을 잡고 있는 나라가 된 것은 첫째는 하나님의 크신 은혜요, 둘째는 우리에게 복음을 전해준 서구 선교사들과 그들을 파송한 교회들의 기도와 헌신의 열매인 것은 아무도 부정하지 못할 것이다.

21세기 선교대국이 된 우리가 한 세기 전 서구인들이 연구하고 기도했던 자료를 무시할 수 없을 뿐 아니라 해 아래 새 것이 없다는 말씀처럼 모든 선교 원리와 전략이 포괄적으로 깊이 있게 논의된 흔적을 이제 다시 찾아 음미하고 활용하고 계속 발전시켜야 한다는 당위성에 공감하고 에딘버러선교사대회 백주년기념논문집과 함께 백 년 전 읽혔던 고문서(古文書)를 번역 출판케 된 것은 오늘의 선교학자나 선교사는 물론 선교에 관심 있는 이들에게 고전과 같은 보물을 얻은 셈이 되니 크게 경하할 일이다.

에딘버러선교사대회 100주년기념 2010 한국대회를 위해 조직된 한국연합선교회(Korean Association of Mission, KAM)번역위원장으로 수고한 이용원 교수의 희생적 헌신과 본서의 번역에 동참한 여러 학자들의 노고에 독자와 함께 깊은 감사를 드린다.

필요한 재정적 후원과 격려를 보내주신 교회들과 이름 없이 봉사해 준 이들의 희생이 없었다면 이 책은 빛을 보지 못했을 것이다. 백 년 전을 다시 돌아보면서 우리는 다가 올 또 다른 백년을 기대해 본다. 오늘의 한국교회의 선교가 백년 후에도 후손들에게 귀감이 될 수 있기를 소원해 보는 것이 망상이 아니기를 바라면서 이 책을 통해 하나님의 이름이 거룩히 여김을 받으실 수 있기를 기원한다.

Soli Deo Gloria!

2012년 11월

이종윤(한국기독교학술원장)

1910년 에딘버러세계선교사대회 100주년 기념

2010 한국대회 대표대회장

감사의 글

2,000년 교회역사, 특히 교회의 선교역사에서 1910년 에딘버러세계선교사대회는 중요한 한 획을 그은 사건이었다. 전 세계에서 선교에 헌신하던 하나님의 일군들이 그 어려운 여건, 특히 교통여건을 극복하고 한 곳에 모여 세계복음화를 꿈꾸었다는 사실은 지금 회상해보아도 가슴 벅찬 일이다. 그리고 100주년 기념대회를 한국교회가 주관하여 치를 수 있었다는 것 또한 순전히 하나님의 은혜로 이룰 수 있었던 일이다. 그 기념대회의 사업 중 하나로 우리는 1910년 에딘버러세계선교사대회의 결과물로 남겨진 당시의 8개 분과위원회의 9개 보고서를 우리말로 번역하여 그 유산을 계승하고자 했었다.

그러나 이 일은 결코 쉬운 일이 아니었다. 그래서 원래의 계획과는 달리 기념대회를 진행할 때는 1910년에 나온 제1분과위원회의 보고서 『비기독교 국가들에 대한 선교(*Carrying the Gospel to All the Non-Christian World*)』만을 번역 출간하여 배포하는 것으로 만족해야만 했었다. 100주년 기념대회가 막을 내린 지 2년 반이라는 시간이 흘러갔다. 그래서 시일이 조금 지체되기는 했지만 이제 우리는 처음 추진했던 그 번역물을 출간하는 꿈을 이룰 수 있게 되었으니 이 일에 동참하였던 모든 이들이 함께 기뻐하며 감사한다.

이 일을 생각하면서 먼저 하나님께서 우리에게 베풀어주신 은혜에 깊이 감사드린다. 또한 이 일을 맡아 수행하던 우리의 불성실로 인하여 많은 시간이 지체되기는 했으나 하나님께서는 항상 우리와 함께 해 주셨으며 여기까지 우리를 도와주셨다. 그래서 함께 동참하여 일한 우리 중의 누구도 불평 한마디 하지 않고 이 일을 수행하도록 하셨으니 우리는 그것도 하나님의 은혜의 산물이라고 고백한다. 또한 이 일을 완성할 수 있도록 재정적으로 채워주신 분도 하나님이신 것을 고백하지 않을 수 없다. 그러므로 이 감사의 말씀은 무엇보다 먼저 하나님께 감사드릴 수밖에 없다.

다음으로 감사를 드리고 싶은 사람들은 번역 작업에 동참해주셔서 이 일이 가능하도록 시간과 재능과 수고를 아끼지 않으신 번역위원 여러 교수님들이다. 교피를 초월하고 선교신학적 입장이 서로 다른 것을 전혀 개의치 않고 이 일에 협력 동참하신 이들의 노고의 결과물이 이제 빛을 보게 된 것이다. 번역은 제 2의 창작이라는 말처럼 다른 언어로 씌어진 글을 우리 글로 옮기는 일이 결코 쉬운 일이 아니기에 더욱 감사를 드리는 것이다. 특히 이번 번역물은 100년 전의 고문서를 오늘의 한국 선교학자들이 현대인의 언어로 그것도 우리의 언어인 한국어로 번역하는 것은 우리의 자랑이요 영광이요 감사이다.

이번에 이 작품이 빛을 보게 된 것은 주안대학원대학교에 속한 여러분의 수고의 결과임을 알기에 그분들에게도 번역단장의 책임을 졌던 나는 진심으로 감사를 드린다. 책이 한 권 출간되는 과정을 어느 정도 이해하고 있는 사람으로서 디자인에서부터 교정에 이르기까지 그 모든 과정은 시간과 노력이 투자되지 않고서는 결코 좋은 작품이 나올 수 없음을 알고 있기 때문이다. 또한 처음 이 번역 작업을 맡아서 수고해 주신 장로회신학대학교 세계선교연구원 출판팀 여러분에게도 나는 진정어린 감사를 드린다.

물론 번역단장으로서 독자들의 양해를 구할 수밖에 없는 일이 있다. 이 연구 총서는 여러 사람이 협력하여 이룬 일이기 때문에 아무리 많은 주의를 기울였다 하더라도 용어의 통일성을 기하는 일에는 역시 어려움이 있었다는 것을 고백할 수밖에 없다. 또한 이 연구 총서는 100년 전의 역사적 상황이나 당시의 영어 표현에 익숙하지 않은 오늘의 번역진의 작품이라 원의(原義)를 제대로 옮기지 못한 면도 분명히 있을 것이다. 어쨌든 나름대로 번역된 원고를 일차적으로 검토한 것은 단장의 책임이므로 미흡한 일들에 대해서는 독자들의 양해를 구한다.

마지막으로 1910년 에딘버러세계선교사대회 100주년 기념대회를 처음부터 끝까지 책임지고 추진해주시면서 이런 대작이 빛을 보도록 해주신 대표 대회장 이종윤 박사님과 대회장 이광순 박사님께도 깊은 감사를 드린다.

2012년 11월

이용원

1910년 에딘버러세계선교사대회 100주년 기념

2010 한국대회 번역단장

서울장신대학교 선교학 교수

역자 서문

백 년 전 있었던 선교사대회의 기록 문서를 읽는 것은 의미 있고 감동적인 일이다. 오늘 이 시대의 서재나 현장에서 백 년 전 선교사들이 열정적으로 실천한 사역과, 미래 선교를 위해 고민하고 토론하는 모습을 대하는 것은 독자에게 생생한 가르침을 주기 때문이다. 실제로 당시 선교사 대회 참석자들은 열정과 헌신적인 마음으로, 선교 사명을 위해 현장에서 당면한 문제들을 보고하고 토론하며 미래 선교를 설계하고자 최선을 다하였다. 대회의 현장이었던 스코틀랜드 에딘버러 지역의 열기는 물론이고, 세계 도처에서 사역하던 선교사들의 열정의 흔적은 대회 보고서들의 면면에서 드러난다. 마치 고전을 읽는 것처럼, 보고서의 내용들은 오늘 우리들에게 깊은 감동과 교훈들을 풍성하게 제공해주고 있다.

이 책은 당시의 기록 중에 제9권에 해당되는 것으로 본대회가 이루어진 과정과 담당자, 각국의 대표들에 대한 목록과 대표적인 연설 등으로 이루어져 있다. 회무의 안건들과 회의 장소들은 물론, 신문과 문서들을 통한 홍보에 이르기까지 대회의 전체적 진행에 대하여 소상한 기록을 남겨두고 있다.

제1부는 선교사대회의 역사에 대하여 소개한다. 본 대회 이전에 있었던 준비 모임들에 대하여 기록하며 병행회의와 연합 모임들에 대하여 보고하고 있다. 제2부는 대회에 대한 기록으로 회의 주최자와 대표단 명단들을 기록하고, 대회의 회의록과 안건들과 진행과정들을 다루고 있다. 제3부는 계속위원회에 대한 기록으로 본 대회 이후에 지속적으로 진행되어야 할 사안들과 모임들에 대하여 기록으로 남겨놓고 있다. 이어서 제4부에는 본 문서에서 가장 핵심적이라 할 수

있는 연설문들이 기록되어 있다. 발포어(Balfour of Burleigh)의 개회 연설을 시작으로 캔터베리의 대주교(The Archbishop of Canterbury)와 로버트 스피어(Robert E. Speer)의 연설이 이어지면서, 대회의 목표와 결과에 대한 찬사와 함께 선교적 소명을 재확인하는 헌신의 시간들이 진행되고 있다. 선교사역의 역사적 조명과 함께 각국을 대표하는 선교사역들에 대하여 보고연설이 진행된다. 선교사들과 선교현장의 민족들과의 관계에 대한 토론과 보고도 있으며, 극동지역에 해당되는 중국, 일본, 그리고 당시 대부흥을 일으키고 있는 한국에 대한 보고도 여기에서 볼 수 있다. 특히 바쉬포드(Bishop J. W. Bashford)는 그의 발제인 "선교적 문제의 특징 변화"에서 극동 지역의 사례를 발표하면서 다음과 같이 보고하고 있다.

"기독교 선교는 일본에게는 지적인 각성을 이끌었듯이 한국은 영적인 각성을 이끌었습니다. 주권의 상실이 한국인 대중들에게 깊이 영향을 미쳤고, 한국인들의 마음을 죽은 우상들에서부터 살아계신 하나님으로 돌리게 하였습니다. 하나님께로 복종하는 길이 가져오는 깊은 평화는 많은 사람들이 하나님께 의지함을 통하여 상실감을 이겨내게 하였고, 그러한 개종의 형태는 개인적인 전도방법을 통해서 이루어지며, 이웃들을 향해 하나님의 평강에 대해 전함으로써 이루어지고 있습니다."

물론 이러한 보고 내용이 오늘날 우리 세대가 접한 한국 기독교의 부흥을 예견한 증언이라고 확언하기를 어려울 것이다. 전반적인 보고와 연구 내용들을 볼 때, 사실상 당시 선교사들의 시각과 관심은 일본과 중국, 인도 등 아시아의 대국에 주목하고 있었던 것을 부인할 수 없다. 그럼에도 일본에 종속된 현실과 역사가 도리어 영적인 각성을 불러일으키는 동기가 되고, 사람들이 개인적인 전도로 복음과 평강의 길로 인도되고 있다는 선교사의 보고는 오늘 독자들로 하여금 당시 민족의 수난 속에서 그리스도를 향해간 선조 신앙인들의 신앙의 행로를 들여다보게 하며, 고난의 뿌리를 통하여 이 민족을 그리스도께로 인도하신 하나님의 섭리의 손길을 묵상하도록 하기에 충분하다.

대회를 맺는 고별연설과 폐회연설은 각각 앤드류 프레이지(Andrew Fraser)와 존 모트(John R. Mott)에 의해서 진행되면서 본서의 마무리 부분을 장식하고 있다. 매우 주목할 만한 것은 대부분 연설과 보고의 마무리가 찬양으로 이루어지고 있으며, 각 연설자들의 마음에 담긴 선교의 열정이 하나님과 많은 민족들을 향하여 뜨겁고 강렬하게 표현되고 있다는 것이다. 한편 이러한 대회 후 머잖아, 두 번의 세계 대전이 있어 그로 인해 수많은 살상의 피가 땅을 물들인 사건에 대해서는 또 다른 의문이 떠오를 수밖에 없다. 헌신된 선교사들의 열정어린 사명과 실천의 열매들과, 저 참혹한 전쟁의 비극, 이 두 개의 간극은 무엇 때문이었을까? 그럼에도 이러한 질문이 우리를 회의감이나 허무감으로 인도하지 못하는 이유는, 그럼에도 불구하고 묵묵히 역사를 이끌어가고 계시는 하나님의 주권적 섭리를 고백할 수밖에 없기 때문이다.

백년이라는 시차가 있으므로 오늘날 휴머니즘의 관점에서 당대를 바라보는 것은 무리가 있을 것이지만, 당시 열정어린 마음으로 선교를 계획하고 실천하였던 수많은 선교사들의 심연 한편에는 자국의 이익과 자민족 우월주의, 특히 백인 우월주의적 태도가 있었던 것을 간과할 수 없을 것이다. 그리고 이러한 통찰은 오늘 우리의 선교를 진지하게 성찰하며 나아가도록 돕는다. 지구별 도처에서 이루어지고 있는 선교의 정신은 타민족에 대한 영혼 사랑은 물론, 함께 살아가는 이웃으로서의 동반자, 그리고 하나님 나라를 향하여 함께 나아가는 동역자적 관계로서 늘 재확인되어야 한다. 본서는 이러한 도전적 통찰들을 백년 후 한국의 독자들에게 남겨줌으로써 앞으로 백년 후 하나님의 선교의 열매가 보다 풍성할 수 있도록 돕는다.

본 고문서의 번역은 백년의 시차를 두고 있으므로 부디 독자는 시대와 상황의 차이, 언어와 문화의 차이를 감안하면서, 백년 전 선배 선교사와 신학자들의 현장을 원본과 함께 음미해 주기를 당부한다. 제1분과에서 제8분과까지는 먼저 각 분과에서 연구 조사한 자료를 진지하게 토론을 거처 발제한 자료의 보고서이다. 그러나 마지막 제9권은 분과에서 논의되지 않고 본 대회에서 발표된 중요한 강연과 모든 자료를 기록물로 남긴 것이다.

조금은 인내가 필요했던 번역 작업에 큰 도움을 준 아내, 나정실 사모에게 깊이 감사하며, 바쁜 아빠를 늘 봐준 나은, 영은 양에게도 고마움을 전하고 싶다. 무엇보다 이 귀한 대업의 진두에서 헌신적으로 지휘하신 이종윤 박사님과,

이광순 박사님, 그리고 이 모든 작업이 출판되기까지 땀흘리신 남정우 박사님과 정승현 박사님께 고마운 인사를 드리는 바이다.

2012년 8월
역자 김창운

CHAPTER I

대회의 역사

대회를 위한 준비

이전 대회들 — 초기 단계들–대회의 구성과 특성 — 국제 위원회 — 여덟 개의 분과 — 상응하는 대회와 다른 회의들 — 대중적 관심을 일깨움 — 뉴스 소식지 — 재정 — 기도

이전 대회들

세계선교사대회(the World Missionary Conference)의 중요성은 외국 선교에 대해 토론하기 위해 이전에 소집된 모임에서 발견된 초교파적인 특성을 되짚어 봄으로써 보다 분명하게 자리매김 할 수 있을 것이다. 이전 대회들은 1854년에 본격적으로 시작되었다. 그 첫 번째 대회는 알렉산더 더프 박사(Dr. Alexander Duff)의 미국 방문에서 시작되었고, 뉴욕에서 알렉산더 박사가 사역하는 교회의 홀에서 5월 4일–5일에 개최되었다. 11명의 선교사와 여러 다양한 선교 단체와 위원회의 18명의 위원들을 포함해서 150명의 멤버가 참석했다. 성경에 기반을 둔 선교를 제외하고, 선교 정책의 세 가지 문제가 토의되었다. 즉 노동자들의 밀집 또는 분산의 문제, 같은 지역에 세워진 다른 선교위원회에 대한 문제, 그리고 노동자들의 증가와 준비에 관한 질의 등이 그것이었다. 두 번째 대회는 같은 해 10월 12–13일에 런던에서 개최되었다. 주요 협회의 모든 멤버들이 참석하였으나, 뉴욕에서처럼 토론의 범위가 제한적이었고, 형제애를 다지고 몇몇 분야에 대하여 도움이

되는 의견을 서로 나누게 된 것이 주된 결과라 할 수 있었다.

1860년에는 3월 19일부터 23일까지 리버풀(Liverpool)에서 대회가 열렸다. 20명의 선교사를 포함해서 126명이 참석했고, 인도인 목사 비하이 라이 싱(Behari Lai Singh)과 선교 단체의 여러 임원들이 함께 하였다. 오후 모임에서는 비공개적으로 상당한 수의 주제들이 자유롭게 토의되었다. 저녁 모임에는 공개적이고 많은 사람들이 참석을 하였다. 그 대회의 기록을 포함한 책들은 여전히 선교를 공부하는 학생들에게 생생한 흥밋거리가 된다.

18년 후인 1878년에, 비슷하지만 좀 더 규모가 큰 모임이 10월 21일부터 26일까지 미드웨이파크(Mildway Park)에 있는 대회장에서 열렸다. 그 대회는 158명의 대표단이 참석했는데, 34개 선교단체 대표들이 참석하였으며, 그 중 11개는 영국 외 국가 출신이었다. 이 대회에서, 선교사역이 그들의 사역의 규모와 효과를 나타낼 목적을 가지고 각 지역적으로 토론이 이루어졌다. 이 대회의 보고서는 또한 여전히 가장 읽을 만한 책으로 남아 있다.

가장 큰 발전은 1888년에 일어났다. 근대 개신교 선교의 한 세기를 축하하면서, 전 세계적인 선교사 대회가 소집되었다. 여기에 53개의 영국단체, 67개의 미국 단체, 18개의 대륙단체와 2개의 식민지 국가의 단체가 포함되었다. 하지만 그 대표단은 균형적이라고 할 수 없었다. 1341개의 영국 출신 대표자들, 132개의 미국 출신 대표자들, 18개의 대륙 출신 대표들와 3개의 식민지 국가 출신의 대표가 있었다. 5회의 대회의와 22회의 분과 모임들이 엑시터홀(Exeter Hall)과 그 인근 방들에서 열렸고, 회의는 6월 9일부터 19일까지 계속 되었다. "100 주년 대회로" 명명된 이 대회의 목적은 전 세계에 선교 사업에 관한 정보를 확산시키고, 대회에 참여하는 나라들 사이의 친목과 협동을 도모하고, 이 대회의 중요성과 유익함을 교회에 알리는 데에 있었다. 이 대회의 전체 보고서를 포함한 2권의 책은 전 세계를 통한 선교사역의 새롭고 분명한 개관을 제공했으며, 거대한 규모의 작업이었다. 이 대회의 성공은 대서양 건너편에서도 십 년 후에 비슷한 모임으로 이어지도록 유도하였지만, 여러 이유들로 인해 뉴욕 대회의 소집은 1900년도까지 연기되었다. 그 모임은 하나의 "에큐메니칼" 대회로 기획되었고, 단지 모든 기독교 교회 대표들을 소집한 것이 아니었다. 왜냐하면 그 대회는 세계의 거주 지역 전체에 속한 선교사역을 대표하고자 하였기 때문이었다. 대회는 미국과 캐나다 협회에서 임명한 약 1,500명의 대표자들과, 영국 및 유럽대륙과 다른 외국 협회로부터 임명된 200여명의 대표자들, 그리고 600명의 해외 선교사들로 구성되었다. 그들은 115개의 협회와 48개의 다른 나라들을 대표했다. 모임은 4월 21일부터 5월 1일까지 카네기 홀과 그 인근의 교회들에서 있었고, 70회 이상의 주요 회의와 분과 회의가 있었다. 모임에서 다루어진 다양한 선교사역의 주제들에 관해서는 그 프로그램이 방대했다. 모든 분야로부터 온 방문자들의 수는 엄청나서, 5만개 이상의 티켓이 발행되었다. 분과 회의와 별도 회의들은 높은 참석률을 보였고, 3,600명을 수용하는 카네기 홀은 항상 붐비고 복잡했다. 대회에 관한 이야기 외에, 읽거나 연설로 진행된 책들과 연설문들을 포함한 2권의 훌륭한 책은 이론과 선교의 실제 모두에 관련된 정보와 토론의 귀중한 보물이다.

본 개요는 선교현장에서 있었던 회의들이나, 미국과 영국 그리고 대륙에서 열렸던 정기적 회의들, 혹은 진단과 문의를 위한 위원회간의 협의 등에 대해서는 다루지 않는다. 그 내용은 제8분과의 보고서에서, 전자는 3장에서, 후자는 6장에서 다루게 될 것이다.

초기 단계들

1900년도의 뉴욕대회 후, 10년 후에 다른 선교 대회가 열리는 것에 대한 다수의 희망이 있었지만, 이 희망의 실현을 위한 어떤 준비도 이루어지지 않았다. 실천이 된 것은 거의 돌발적이었다. 1906년 초, 스코틀랜드의 연합자유교회(United Free Church)의 리빙스토니아선교회(Livingstonia

Mission)의 명예 총무(Honorary Secretary)인 페얼리 달리(J. Fairley Daly) 목사가 뉴욕의 외국 선교의 장로회 위원회의 총무(Secretary)인 로버트 스피어(Robert Speer)에게 다른 문제로 편지를 쓰면서 미국의 선교위원회가 다른 대회에 대한 계획이나 견해를 가지고 있는지에 관해 물었다. 이 편지를 스피어가 미국의 선교 위원회의 총무들의 차기 모임에 제출했고, 그 회의에서 1910년 영국에서 선교사 대회의 개최한다며 진심으로 환영한다는 답장을 쓰도록 지시를 받았다. 이 답장을 받은 후에, 스코틀랜드에 있는 글라스고우(Glasgow)에서 7개 선교사 단체의 의장들의 회의가 열렸는데, 이 회의에서 의장들은 스코틀랜드에 있는 다양한 외국선교협의회 또는 위원회를 초청하기로 결의했고, 그들 중 세 명을 대회의 대표로서 임명하여 그 문제들을 고려할 수 있도록 하였다. 이 대회는 1907년 1월 29일에 에딘버러에서 오버토운(Overtoun) 경(卿)의 회의 진행 하에, 20개의 선교단체를 대표하는 37명의 대표단이 참석해서 열렸다. 이 회의에서 1910년 6월 에딘버러에서 대회의를 열기로 하고, 영국과 아일랜드의 다양한 외국 선교단체들이 각각 두 명씩의 대표자와 각 백 명당 한명씩 추가 대표자나, 처음 백 명이 넘어서 그 대표자들이 지지하는 백 명의 선교사들의 일부가 일반 위원회를 구성하고 필요한 모든 준비를 할 수 있게 요구하도록 만장일치로 결의했다.

37개 단체들에 의해서 임명된 72명의 대표자들로 구성된 일반위원회의 처음 모임은 1907년 6월 12일에 열렸다. 스코틀랜드의 연합자유교회의 외국선교 총무인 제임스 부차난(James Buchanan) 목사와 스코틀랜드 외국 선교 교회의 완(A. B. Wann) 목사는 공동 총무로 임명되었고, 대표로서의 임무가 시작되었다. 1907년 10월 10일에 열린 다음번 모임에서, 벨레이(Burleigh)의 발포어(Balfour) 경(卿)이 대회의 회장으로 선출되었고, 여러 위원들이 임명되었고, 미국과 캐나다를 위한 보조 위원회 역할을 할 미국과 캐나다의 외국 선교 위원회의 대표인 “Committee on Reference and Counsel”을 요청하기로 결의했다. 이 위원회는 추후에 확대되어, 미국을 위한 이사회가 되었다. 다음 번의 회의에서 릴레이(Relay) 경(卿), 오버토운(Overtoun) 경, 존 케너웨이(John H. Kennaway) 준남작 경이 회의의 부회장으로 임명되었고, 1908년 2월에 오버토운 경의 애석한 사망으로 K.S.C.I의 앤드루 프레이저(Andrew H. L. Fraser) 경이 그 자리를 대신했다. 의사소통의 장들이 대륙의 선교단체들과 더불어 열렸고, 그들의 화기애애한 협력이 약속되었다.

대회의 구성과 특성

시작 단계들은 일반적인 추측들 위에서 이루어졌는데, 곧 에딘버러대회는 뉴욕 대회의 노선을 다수 따르게 될 것이라는 것이었고, 뉴욕에서 모아진 경험들로서 새로운 것들이 채택되거나 선교사업 안에서 새로운 발전이 이루어질 것으로 보았다. 그러나 머잖아 이 대회의 전체적인 계획은 가장 진지한 고찰을 요구한다는 것이 분명해졌다. 이 기회가 하나의 효과적인 도움으로써 선교사와 단체들을 섬길 수 있도록 하기 위해서였다. 한 가지 근본적인 질문은 회원들의 기준이었다. 이전의 어떤 대회도 이미 인정하는 단체들의 대표단 임명이나 그 수의 비례를 원칙으로 정하는 회원을 공식적으로 국한시키지 않았다. 모임의 대표단 개인의 특성은 비교적 분명히 규정되지 않았었다. 에딘버러대회의 대표는 해외 현장에 파견자를 가진, 그리고 일년에 적어도 2,000 파운드 이상을 해외 선교에 사용하는 단체들로 국한시키고, 그리고 그러한 선교단체들은 해외 선교 비용으로 4,000 파운드가 추가될 때마다 대표단을 추가할 수 있는 권한을 주었다. 이것은 미국과 영국 및 대륙이 이 규칙에 합당한 완전한 할당수의 대표단을 보냈다는 사실에서 중요하다. 이러한 대표단에 덧붙여, 약 100여개의 장소들이 특별히 영국, 미국, 그리고 대륙의 대표들에 의해 지정된 회원들을 위해 마련되었다.

회원의 기준이 이 대회의 성격의 결정에 밀접한 관련이 있다. 1888년과 1900년의 대회들은 주로 통보하고, 교육하고, 감화를 주는 데 초점을 맞춘 것이 선교적 쟁점이었다. 그러나 이번 회의는 선교 단체가 보다 더 진정한 연구의 목적을 가지고, 이러한 모임의 대중적 전시적인 사용을 등한히 여기지 않으면서도, 이 대회의 첫 번째 목적을 가능한 한 자문회격의 집회로 만들기로 하였다. 영국 대표 위원회가 대회의 부위원회로부터 이런 진행 방식에 대하여 강력한 조언을 받았을 때, 영국 대표단은 미국 대표단이 전적으로 독립적인 전달방식으로 동일한 방법을 진행할 것을 추천하는 내용의 조언을 받았다. 이 의견은 만장일치로 그렇게 하기로 동의가 되었다.

이 대회의 구성과 특성은 다음 세 가지로 분명하게 결정되었다. 대회는 다음에 언급되는 국제 위원회의 모임을 공식적으로 인정하고 영향을 끼쳤다. 첫 번째는 대회의 주제를 결정하는 것이다. 대표되는 선교 단체들이 다양한 범위와 목적으로 구성되었기 때문에, 모두가 연합되는 대회의 토론의 범위를 제한할 필요가 있었다. 그런 이유로 대회 주제는 비기독교인들 속에서의 선교사역으로서 분명하게 밝혀져야 했다. 둘째는 이 주제 중에서도 중요한 모든 면을 다루는 것은 불가능하고, 교회가 당면한 가장 긴급하고 필수적인 문제들을 토론에 국한하기로 하였다. 그리고 셋째는 대표들이 각각 다른 의견들을 가지고 참여하였다고 할지라도 특히 교회론이나 교리적인 문제에 연관되는 문제에 대해서 대회로부터 어떤 의견의 표명을 기대해서는 안된다는 것이었다.

국제위원회

대회의 구성과 특성을 결정하는 것은 새로운 차원의 준비와 연관되는 것이었다. 즉 이제 보아야 할 관점은 더 이상 지역적인 쟁점만이 있는 것이 아니라, 선교학회와 협의체의 국제적 학회로서의 쟁점으로 부각되었다. 미국 집행부에서 온 전언은 하나의 제안을 동반하고 있었다. 그것은 곧 대회의 계획이나 일정 등의 틀을 구성하는 것과 그것을 수행하기 위한 배치작업을 하는 것은 하나의 국제위원회의 손으로 해야 한다는 것이었다. 그리고 이러한 제안은 즉각 영국과 대륙의 대표단들에 의해 합당하다는 일치를 보았다. 따라서 하나의 국제위원회가 임명되었는데 그 구성은 열 명의 영국 출신 멤버들과 미국 출신 다섯 명, 그리고 대륙 출신 세 명으로 이루어졌다. 그들은 6월 14일, 화요일에 옥스포드의 위클리프 홀(the Wycliffe Hall)에서 만났고(당시 한 명의 대륙 출신은 참석하지 못하였다), 그리피스 토마스 박사(Griffith Thomas)로부터 그들의 역할 분담을 받고, 계속하여 그 곳에서 토요일까지 머무르면서 지속되는 오전, 오후, 저녁 모임을 가졌다. 그때 그들은 많은 시간을 연합하여 기도하며 성령께서 이 대회를 위한 모든 준비를 이끌어주시기를 구하였다. 세 가지 혹은 네 가지라 할 수 있는 중요한 사안들이 옥스포드에서 결정되었다. 첫 번째는 그 주제들의 선택으로서 대회가 집중해야 할 내용들이었다. 두 번째는 이러한 주제들을 대회 앞에서 발표하는 데 있어서의 적합한 준비를 결정하는 것이었는데, 그것은 폭넓은 질의와 주의 깊은 연구로써 각 분과에 임명된 대로 이러한 목적에 잘 따르고 기여하도록 하는 것이었다. 세 번째는 여러 분과들에서 시행되도록 요청된 남녀 발제자들을 선별하는 것이었다. 그리고 네 번째는 이 대회를 위해서 그 시간을 전적으로 함께하여 일할 수 있는 총무를 선임하는 일이었다. 마지막 항목에 관련해서 말하자면 완 목사(Rev. A. B. Wann)는 그 해 초에 캘커타에서 새롭게 시작되는 Scottish Churches College의 총장으로의 청빙을 받아들여 떠났고, 또 한 분 명예총무인 제임스 부차만 목사(Rev. James Buchanan)는 심각한 질병에 걸려서(당해 9월에 별세), 옥스포드 회의에는 참석할 수가 없었다. 마지막 순간에 올드햄(Mr. J. H. Oldham)은 스코틀랜드 연합자유교회의 선교학협의회의 총무였는데 부차난의 자리를 대신할 수 있도록 옥스포드 참석을 요청받았다. 국제위원회가 확연하게 구성되면서 풀타임으로 일할 수 있는 한 명의 총무가 선임되어야 한다는 요구가 있어서 올드햄(Mr. Oldham)이 선임되었다. 그의 확실한 능력과 영적 통찰력, 또한 그가 지닌 대회에 대한 적합한 목표인 높은 이상이 적격이었다. 위원회의 멤버들은 모두 동일한 마음으로 그로 하여금 위원회를 맡아줄 것을 원하고 있었던 것에 대해 놀라움을 금치 못했다. 국제위원회의 결의 사항들을 수행함에 있어서 총무를 안내하는 것과 상호 전달을 유지하는 것, 그리고 또한 긴급한 문제를 대신해서 조치를 취할 수 있도록 하기 위해 영국에 거주하고 있는 다섯 명의 위원들로 구성된 중앙자문위원회(Central Advisory Committee)를 임명했다. 국제위원회에서 취해진 조치는 다른 집행부들의 인가를 받았고, 이전 단계에서 임명된 몇몇 부위원회도 그 진행된 절차의 방법에 따라서 방출되거나 재배치되었다.

8개 분과

대회에 보고해야 하는 위원회의 질의와 연구를 위한 8개의 주제가 옥스포드에서 선정되었다. 각 분과는 20명의 위원들로 구성하고, 각 분과의 의장은 그 절차를 인도하고, 모든 질의의 최종 결정을 내려야 한다는 것에 동의했다. 의장과 같은 나라에 거주하고 있는 위원들이 분과의 집행부를 맡아야 하고, 대서양 건너편에 거주하고 있는 위원들은 반드시 부의장직을 맡아야 하고, 자문위원과 협동위원을 맡기로 정했다. 이 협의는 가장 조화롭게 진행되었고, 매우 발전적인 것으로 보였다. 이 분과를 위한 위원들을 선정하는 것은 옥스포드에서 정하기는 너무 어렵고도 중요한 일이었다. 그러나 서신의 교류를 통해서, 오랜 시간의 지체없이 그 완성이 진행되었다. 그것은 하나님께서 인도하시고 기뻐하시는 일이라는 가장 고무적인 징표였다. 위원들을 선정함으로써, 그들이 더 자주 모여 토론하고 협의해야 할 필요를 느끼게 되었다. 이것은 실제적으로 많은 선교사들의 외국의 사역에 스텝으로 일하는 것을 막았지만, 각 분과에는 광범위한 선교 경험을 가진 사람들이 많았다. 하지만 각 분과의 주체가 특정한 나라에서의 특별한 경험이나 흥미의 계통을 잇는 세계 현장의 관점을 가진 사람들로 구성되는 것은 바람직한 일이다. 그러나 각 분과에서 진정한 노력은 현장에서 선교사들의 생각과 다양한 경험의 결과들을 모으고 나누는 것이었다. 질의의 범위가 결정되자마자, 각지의 선교사들로부터 신중한 질문들을 받았고,

거의 모든 선교사들이 그들과 관련된 협회들로부터 분과에 통신원(응답편지를 쓰는 사람)으로 추천되었다. 선교사들로부터 온 응답은 모두 자발적이고 관심을 보였을 뿐 아니라, 답변에 대한 진지함과 그들의 고유한 가치관을 담고 있다는 면에서 모두 놀랄만한 일이었다. 여덟 개의 분과는 성실함과 근면함을 가지고 그들의 임무인 질문지들을 완성하고, 구성하며, 회의가 구성되기 전에 위원들이 정독해서 보고서를 발행하는 일을 추진했다. 응답자들뿐만 아니라 각 분과의 위원들의 명단은 이 보고서에 포함되어 있지만, 그 주제와 여덟 개 분과의 의장명단을 여기에 기록하는 것이 좋을 것이다.

제1분과 — 비기독교 국가들에 대한 선교. 의장 : John R. Mott, LL.D.(법학박사), New York. 부의장 : Dr. Julius Richer 목사, Belzig; George Robson 목사, D.D.(신학박사), Edinburgh.

제2분과 — 선교현장의 교회. 의장 : J. C. Gibson 목사, D.D., Swatow. 부의장 : Bishop Lambuth, D.D., Nashville.

제3분과 — 국민생활의 기독교화에 연관된 교육. 의장 : Bishop of Birmingham, 은퇴목사, D.D.. 부의장 : Edward C. Moore 교수, 목사, D.D., Harvard University.

제4분과 — 비기독교 종교들에 관한 선교적 메시지. 의장 : D.S. Cairns 교수, 목사, D.D, Aberdin. 부의장 : Robert E. Speer, D.D., New York.

제5분과 — 선교사 훈련. 의장 : W. Douglas Mackenzie 총장, D.D., Hartford. 부의장 : J. O. F. Murray 목사, D.D., Selwyn College, Cambridge.

제6분과 — 선교사역의 국내본부. 의장 : James L. Barton 목사, D.D., Boston. 부의장 : J. P. Maud 목사, Bristol; George W.

Macalpine 경, Accrington.

제7분과 — 선교와 정부. 의장 : Balfour of Burleigh. 부의장 : Seth Low, New York.

제8분과 — 선교협력과 교회일치의 증진. 의장 : A. H. L. Fraser 경, Alyth. 부의장 : Silas McBee, New York.

상응하는 대회와 다른 회의들

대회가 하나의 대표적이면서도 심도있는 특성을 띠기로 결정을 했을 때, 그 결정에 따라오는 유일한 의문은 이러한 대회가 행사로서의 필요들과 기회들 양쪽 모두 만족시키는가 하는 것이었다. 그에 따라서 보충 모임에 관한 문의가 추후의 결정을 위해 남겨졌다. 보충 모임이 필요하다는 것이 곧 분명해졌다. 회의를 위한 가장 넓은 적합한 장소로써 가능한 최고의 숙박시설을 갖추어 대표자들보다 다른 모든 사람들을 위해 준비된 수천 개 이상의 장소가 남아있지 않았다. 그리고 각 대표들의 부인, 선교사들과 주최자들, 그리고 언론 기자들을 위한 배려로 준비될만한 일반적인 기독교 공공시설물은 말할 것도 없고, 선교 조력자들의 가정에 변변찮은 방조차도 남아있지 않았다. 동시에 할당된 모든 지역으로부터 연달아 날아오는 각각의 입장에 관한 정보와 질문은 수많은 사람들이 홀 하나를 여러 번에 걸쳐서 채워서 쓰는 것을 보여주었다. 이것은 목회자와 공직자뿐만 아니라 교회의 일반 성도들 중에 선교에 흥미와 노력을 가진 리더들이 크고 분명한 세계관을 갖게 되는 기회와 함께, 세상에서 가장 중요한 선교사역자와 사상가들과 접촉할 수 있는 신선한 영감을 갖는 기회가 되는 점이라는 면에서 분명히 중요한 것이었다. 나아가 이 대회의 특별한 성격인 선교 사업 분야에 대한 설명과 그들의 교회를 향한 호소를 충분히 나타내지 못했다고 생각한다. 그러나 전문가들이 참여한 주의 깊은 연구와 연합된 협의를 위한 대회의 수요가 필수적이면서도, 이 대회는 또한 교회의 전체 구성원의 진지한 관찰과 사상을 잘 밝혀내었다. 그러한 선교 사업은 모든 사람들의 관심과 도움이 없이는 앞으로 진전해 나갈 수 없다. 그러므로 선교사업은 지속적으로 교회에 보고가 이루어져야 하며 일반적으로 보다 큰 순종과 보다 큰 믿음을 가르치기에 적합한 방법으로 발표가 이루어져야 한다. 이러한 고려사항들은 병행이 되는 대회의 개회를 결정하였다. 대회의 일반적 계획을 결정하는 아이디어는 선교사의 학업과 의욕을 북돋우기 위한 학교 시설이었다. 그 아이디어는 제8분과의 보고서에 나타나는데, 이 보고서는 오전 시간에 실행된 연설들의 기초를 형성하였는데, 이는 선택된 분과위원들이 제출한 각 보고서의 주요 포인트를 설명하고 있는 일련의 연설이었다. 반면에 오후 시간에는 부분별 모임으로 시간이 할당되었고, 저녁 시간은 총회실(the Assembly Hall)에서 하던 것처럼 특별 연설들에 시간을 마련하였다. 그 장소로 선정된 곳은 대회실(Synod Hall)로써, 이전에 소위 연합 장로교회의 대회(Synod)의 모임이 있었던 곳이었다. 이 회장은 대회의실(Assembly Hall)보다 200 혹은 300명을 더 수용할 수 있지만 모여서 심사숙고하기에는 적합하지 않았고, 또한 부대 편의 시설도 갖추어 놓지 않았다. 그러나 그 회의실은 대회를 하기에 매우 적합하여서 연설이 연단에서 잘 전달이 되었다. 이 대회는 참석자들의 안전이 잘 예비되어서, 허가 티켓들이 여러 선교단체들에게 그들의 공식적 대표의 숫자에 맞추어 할당되었고, 그 단체들은 그 티켓들을 그 지역 리더들과 사역자들 손에 직접 넘겨주었다. 그럼으로써 그 모임들을 통하여 마치 교육을 받고 영감을 얻은 것처럼 되어, 그들의 본래 사역지에서 보다 효과적인 사역을 할 수 있도록 하였다. 다양한 단체들의 협력으로 인해서 이러한 목적들은 크게 실현될 수 있었다.

그러나 한가지 드러난 문제가 있다면, 대회의 시간이 다가오면서 대회실 모임 조차 모임의 품위나 격려 속에서 함께 나누고자 했던 사람들 전체의 요구사항들을 채워주기에는 충분하지 않았다는 것이다. 톨부스교회(Tolbooth Church) 혹은 스코틀랜드 교회의 총회실(Assembly Hall of the Church of Scotland)은 1,300명을 수용할 수 있었는데 총회실의 개최를 위해 가장 잘 맞는 위치에 있었고, 그 준비도 일련의 공적 모임들을 저녁에 개최할 수 있도록 마련되었으나, 모든 이들에게 공개되어야 했다.

또 다른 차원에서 하나의 특별한 발전이 있었다. 의료 선교단체들은 분과의 관찰 하에 그들이 원하는 곳 어디서든 온당히 대우를 받았다. 그러나 의료 선교에 특별히 관심을 가진 이들이 느낀 것은 무엇인가 좀 더 필요로 했고 바로 그 시간에 무엇인가 발전적인 것을 증명해야 하였다. 준비들은 의료 선교와 연관된 특별한 문제들의 토론을 위하여 분과별 토론을 개최하도록 맞게 마련되었다.

대중의 관심을 일깨움

총회실 준비의 초기 단계부터 다가올 대회실에서 기독교 대중들의 흥미를 일으킬만한 관심이 집중이 되는 문제였다. 이것은 대중의 기도와 도움을 요청할 뿐만 아니라 모든 지역으로부터 완전하고 균형잡힌(인원수의) 선교사 대표들을 확보함으로써 필수적 요건을 메꿀 수 있는 것이었다. 또한 이러한 경우 모든 유익한 것들을 거둬들이기 위한 기독교 대중의 마음을 모을 준비를 하기 위한 필수적 조건이었다. 풍성한 수확이 확보되기를 원한다면, 땅에 좋은 씨앗을 뿌려야만 한다. 교회는 현재 무엇이 일어나는지에 대해 알아야 하고, 모임이 가져오는 기회들을 기대하고, 그 모임의 중요성에 공감하고, 거기에서 오는 메시지를 받을 준비가 되어 있는지 알아야 한다. 다가올 대회에 관심을 기울이도록 할 두 가지 방법이 있다. 그 하나는 대중 언론을 통해서였다. 많은 일간, 주간 신문들의 편집자들은 진심으로 대회의 대표자들을 인터뷰하는 것을 환영했고, The Times 지(志)부터 많은 편집장들은 대회와 관련한 많은 기사들을 실었다. 또한 선교적이고 일반적인 성격을 가진 월간지나 계간지에 기사들이 실렸다. 비슷한 기사들이 미국과 대륙의 언론에 실렸다.

이 때 사용한 또 다른 방법은 공공 회의를 통해서였다. 대회를 18개월 앞둔 즈음에 앤드류 프레이저(Andrew Fraser) 경(卿), 릿처(Richter) 박사와 올드햄의 미국 방문은 이러한 목적에 크게 활용되었다. 그리고 또한 1910년 초에 스피어(Speer)이 스코틀랜드의 더프 선교학 강좌(Duff Missionary Lecturers)를 방문한 것도 마찬가지였다. 스코틀랜드에서는 이런 방법이 가장 널리 사용된 것이 당연하였다. 사람이 가장 많이 모였고 열정을 보였던 백 군데 이상의 모임들은 현재 선교의 위기에 대한 교회의 관심을 불러일으켰다.

뉴스 소식지

공공의 관심을 불러일으키는 것 외에도 다른 무언가가 더 필요했는데, 그것은 곧 도움이 될만한 활동으로 관심을 잘 간직하고, 깊어지게 하고, 유도해야 하는 것이었다. 이런 목적을 달성하기 위한 효과적인 방법들이 점진적으로 발전해 감에 따라, 대회를 위한 모든 준비를 위한 모든 정보들이 공급될 것이고, 동시에 하나님 나라의 확장의 중요성이 다양한 방법으로 제시하게 될 것이다. 대회의 계획과 의도가 더 잘 이해될수록 그 흥미도 깊어져 갔고, 이런 기회들에 대한 비전이 더 명확해질수록 그것을 위한 기도가 더 신실해 지고 명확해져갔다. 이것은 표지를 포함하여 16-24페이지짜리, 멋지게 인쇄를 하고, 8절판 팸플릿인 News sheet 의 발행을 이끌었고, 이것은 1909년 10월부터 1910년 5월까지 매달 발행되었다. 8,000부 이상의 판매부수를 이루었고, 이것은 아주 소중한 것일 뿐만 아니라 다방면에서 아주 유용하였다.

재정

중앙 사무소에서는 본 대회가 감당해야 하는 비용을 대기 위해서는 7,000파운드가 필요하다고 추정했다. 미국 집행부는 관대하게도 시작부터 미국에서의 준비 사역에 관한 모든 일체의 경비를 대기로 하였고, 외국 현장에서부터 오는 그들 대표단과 관련된 비용도 포함하기로 했다. 대륙의 비용은 대체로 대륙의 재원으로 충당했다. 필요한 기금의 충당은 영국에서 즉각적이고, 아낌없이 맡기로 하였으며, 비록 총 액수가 맞아 떨어지지는 않았지만, 결국에는 실제 비용을 충당할 만큼 충분했음이 밝혀졌다.

기도

의심할 여지없이, 대회를 위한 가장 중요하고 유익한 준비는 도우심을 구하며 기도를 드리는 일이었다. 무엇보다 우선, 그러한 모임을 바라보는 전망은 그 가능성의 위대함에 대한 확신을 가지고 그 일을 추진하는 이들의 가슴을 흔들어놓았다. 그럼으로써 그들로 기도하게 하였다. 첫번째 공식 성명과 호소문은 기도를 위한 간절한 요청을 담고 발송되었다. 이것은 큰 반응을 일으켰고, 어떤 지역에서는 대회를 위한 기도가 대회 2년 전부터 매주 모임에서 정기 기도를 드리기도 하였다. 선교현장으로부터 온 응답지는 더욱 뚜렷하였다. 약 2,000명의 선교사들이 다른 분과들의 질문들과 관련하여 서로 의사전달을 주고받았고, 그 모든 사람들이 특별히 기도로 함께 돕겠다고 말함으로써 함께 기도의 자리로 참여하였다. 기노를 부탁하는 작은 종이 팸플렛이 대회 1년 전에 완전히 준비되어 다양한 제목들을 매주 기도 항목으로 사용해도 좋도록 배열해놓았고, 40,000개 이상이 무료로 공급되었다. 1910년 초에는 또 다른 유사한 팸플렛이 보다 완숙하게 준비된 모습으로 발행되었다. 이 팸플렛은 그것들을 요청하는 모든 이들에게 보급되었고, 33,000개가 발행되었다. 그리고 윗슨타이드에서(Whitsuntide)는 영국국교회의 대주교와 스코틀랜드 교회들의 의장과 다른 교회 대표들이 발송한 특별 호소문들에 대응하여, 5월 15일인 주일은 대회를 위하여 특별한 도움의 중보 기도의 날로써 그 땅 전체가 매우 널리 기도에 참여했다. 대회전 여러 달 동안 에딘버러 사무실에서는 대표 총무들과 스텝들 중 수석 비서관들이 기도를 위하여 날마다 만났다. 전체 준비 과정에서 하나님의 도우심과 인도하심의 지속적인 경험이 있었고, 그것을 바로 기도에 대한 지속적이면서도 확장되는 응답이었다. 어려움들이 극복이 되고 위험들이 피하여 지나갔다. 실망스런 일들이 더 나은 일들을 위하여 나아가는 징검다리임이 증명되었고, 필요한 일들이 채워졌으며, 이런 저런 문제마다 새로운 용기가 주어졌고, 그럼으로써 믿음이 굳세게 되고 더욱 큰 일들을 위하여 기도할 용기가 생겨났다. 대회는 세계 각처에서 연합하여 지속적으로 드린 기도에 대한 응답이었음을 대회 속에서 알게 된 사람들에 의해서 올바로 해석될 수 있을 뿐일 것이다.

대회에 대한 일반적 평가

이 평가에서 그림이 든 설명서나 진행에 대한 완벽한 서술을 하려는 것은 아니다. 단지 이 위대한 모임의 배경과 특별한 모습들을 기억하면서 간단히 정리하고자 한다.

에딘버러는 모임을 위하여 적합한 장소였다. 유럽을 전도했던 선교 사업의 초기에, 스코틀랜드보다 눈에 띄는 나라는 없었다. 어떤 나라도 그 크기에 비례해서 지난 세기동안 대규모의 유명하고 헌신하는 선교사들이 세상에 복음 전파에 기여한 곳이 스코틀랜드 외에는 없었다. 고대의 성과 궁전, 그리고 건축물 등에 얽힌 역사적인 서정성뿐만 아니라 스코틀랜드의 수도의 아름다움은 다른 나라들보다 모이기에 매력적인 장소가 되었다. 시민들의 환대도 그 도시를 기독교의 고향으로 바꿔놓았다. 한낮의 짧은 뇌우(雷雨, thunderstorm) 후에 밝게 비치는 태양 빛은 회의에 참석하는 위원들에 대한 도시의 환영과 편안함을 느끼게 해주었다.

지구상에서 하나님 나라의 역사 속에 이러한 모임은 없었다. 더 많은 수가 종교적인 목적으로 모인 적은 있었지만, 이 모임은 선교를 위해서 사람과 물질에 비례하여 기여한 모든 대표자를 보내는 모임이었다. 46개의 영국 협회는 500명이 약간 넘는 대표자들을 대표로 보냈다. 60개의 미국 협회는 역시 500명이 넘는 대표단을 보냈다. 41개의 대륙 협회는 170명의 대표단을 보냈다. 12개의 남아프리카와 호주 협회는 26명의 대표단을 보냈다. 이들 협회는 로마 카톨릭과 그리스 정교회를 제외하고 실제적으로 그리스도의 교회에서 포함하는 교리, 예배, 정치적 조직체의 모든 형태를 대표한다. 그들은 대회에 그들만이 지닌 특별한 간증과 실천들을 남김없이 가져왔고, 그들이 비기독교 세계 속에서 행하였던 복음사역 중에 동료 사역자들과 연관하였던 사역 일반에 대해서 느낀 것들을 가지고 참석하였다. 이전에는 대륙 협회들에서는 어떠한 선교 모임에서도 전체 대표가 참석한 적이 없었다. 이전에는 서양의 오래된 교회의 대표들이 동양의 신생 교회들에 있는 많은 대표들과 이렇게 만난 적도 없었다. 이들 동양 대표들은 일본, 한국, 중국, 아삼(Assam)[1], 버마, 인도, 그리고 실론(Ceylon)[2] 이었다. 두 번의 예외가 있긴 했지만, 모든 연설자들은 영어로 연설을 했고, 심지어 통역을 사용한 일본 대표단도 나중에는 뛰어난 영어로 발표했다. 특이하게 낳은 인원의 대표단들이 선교현장에서, 문학에서, 본국의 교회 사역에서, 또는 공공문제에서 저명한 업적을 통하여, 비록 얼굴은 알려지지 않았지만, 이름이 많이 알려진 사람들이었다. 참으로 감사한 일들 중 하나는 대회 기간 동안 하루에 한번 이상씩 의장이 모임 중 내빈석에 앉아있던 유명한 분들의 이름을 듣는 것이었고, 각각의 대표단들은 복잡한 뒷편 의자의 겸손한 자리를 마다하지 않고 조용하게 있는 것을 보는 것이었다.

이 모임의 특성이 잘 이해되는 곳에서는 어디서든 그러한 모습을 보였고 또한 모든 이들에게 자연스럽게 깊은 관심을 불러일으켰다. 이러한 증거들은 모든 순서들에서 볼 수 있었다. 왕이 발표한 가장 공감하고 감사한 메시지가 대회의 개막식에 발표되었다. 영국, 미국, 그리고 대륙의 대표단뿐만 아니라 캐나다, 호주, 그리고 남아프리카 연합과 일본, 한국, 중국, 아삼, 그리고 아프리카의 대표단들이 이 메시지에 서명을 하고 응답을 드림으로써 왕의 마음을 흡족하게 하고 그것을 수락하게 하였다. 월요일 저녁에 있던 대표단의 시의회 환영행사에서 라 트레베 주교(Bishop La Trobe)는 독일제국식민성(獨逸帝國植民省, Imperial German Colonial Office)에서 온

1) 인도 북동부 주의 이름(역주).

2) 현재 스리랑카의 당시 이름.

주목할 만한 메시지를[3] 읽었다. 또한 루즈벨트 전 대통령으로부터 편지를 받았고, 대회에서 낭독되었다. 할레의 바르넥 박사(Dr. Warneck of Halle)와 로마 카톨릭인 크레모나(Cremona)의 주교로부터 온 아름다운 형제애의 정신이 담긴 편지가 대회에서 거명된 여러 대표단 개인들에게 전해졌다. 그 외에도, 저명한 인사들로부터 온 것뿐만 아니라 기독교와 선교 단체의 대표단으로부터 온 환영과 인사의 메시지들이 있었다. 이런 많은 관심들이 의심할 바 없이 퍼져나가며, 독일, 미국 그리고 대륙의 모든 종류의 월간지, 계간지뿐만 아니라 런던에서는 타임지에 실렸다. 대표위원들은 타임지의 기사 세 개와 미국에서 특별하게 보내온 몇 가지를 포함해서 80개의 기사들을 열람할 수 있었다.

회의를 위해 선택된 홀은 아주 적합하였다. 자유교회(Free Church)와 연합장로교회(United Presbyterian Church)가 연합하여 연합자유교회(United Free Church)가 생긴 후, 1901년에 대회에 적합하다고 판명된 자유교회의 낡은 강당을 대회를 위해 충분한 숙소로 확장되었고, 일반적인 디자인은 변하지 않고 유지되었다. 일반적으로 고정된 연단(演壇)은 없었다. 그러나 홀의 길이를 나눈 북쪽 면에 작은 연단(dais)이[4] 있었는데 바닥보다 네 다섯 계단 정도 높이였다. 그 연단에는 사회자의 책상과 의자, 각 면에 의자 2개씩 있었고, 두어 계단 아래에 정면으로 사회자의 책상 앞으로 다섯 개 의자가 있는 서기의 책상이 놓였다. 그 연단은 울타리를 두른 난간이 있는 20여명 정도 가량 수용할 수 있는 공간이었다. 책상 맞은 편에 있는 긴 의자들은 연단의 반대 쪽으로 점점 올라갔고, 강당 홀의 대부분을 차지하고 있는 양쪽 면의 긴 의자들도 점점 올라가는 형태로 설치되었다. 발표자

3) 그 메시지 내용은 다음과 같다. "독일식민성은 세계 선교대회의 행사들에 대해 대단한 관심을 가지고 동반하여 따라가고 있고 축복과 성공이 있기를 바랍니다. 독일식민사무소는 복음전파의 노력이 온 나라들의 문명과 문화를 축복함으로 나타나고 있음을 흡족하고 감사한 마음을 전해올리는 바입니다. 이러한 의미에서 또한 독일제국식민성 정부의 총비서관의 소망도 여러분의 진행에 동참하는 바입니다."

4) 방 한쪽 끝에 만든 연단(역주).

는 어느 곳에서든 쉽게 전체 청중을 향해 연설할 수 있고, 직접적으로 그들을 대면할 수 있다. 사회자 좌석 뒤를 약간 높여서 홀 길이의 약 3분의 2 정도의 최상층 관람석으로 확장하고, 이 관람석은 강당의 전체 바닥과 함께 대표자들을 위해 예비해 놓았다. 최상층 관람석의 좌우는 대표단과 선교사들의 부인들을 위해 예비해 놓았고, 사회자의 좌석을 마주보고는 회의 주최사들과 일반인들을 위해 넓은 관람석을 마련해 놓았다. 회의장은 New College와[5] High Church(고교회파)를[6] 포함한 훌륭한 건물들에 둘러싸여 있다. 언덕에서부터 주출입구를 통해 들어갈 때 대표자들은 좌측에는 존 낙스(John Knox)의 동상이 있는 훌륭한 대학의 사각형 안뜰을 통과해서 회의장의 정면 복도로 인도하는 계단을 따라 들어간다. 좌측에는 조용한 명상, 기도나 휴식을 위해 늘 열려있는 고교회파가 있었다. 우측에는 위원회를 위한 목적의 교실들과 우편국을 위한 목적으로 준비된 교실들이 있었다. 정면 복도의 끝, 계단의 맨 위에는 회의장과 같은 층에 있는 Rainy Hall 이 있었는데, 휴게실로 사용되었고, 복도 너머에는 집필실, 안내소, 매점과 다른 방들, 주 출입구 위에는 진행위원회를 위해 마련된 도서관이 있었다. 자상한 동료들은 식물과 꽃들로 대학 사각형 안뜰과 회의장의 복도를 장식했고, Rainy Hall 옆의 위쪽 안뜰을 회의 중간 중간 대표자들의 편안함을 위해 많은 의자를 놓은 쾌적한 정원으로 만들었다. 많은 회의들에서 참가자들은 참가를 왕래하지만, 이번 회의의 참가자들은 사실상 처음부터 끝까지 남아있었고, 회의가 계속 진행됨에 따라 놓침없이 결정이 이루어졌고, 마무리 회의로 끝을 맺을 수 있었다.

회의의 과정은 간단하게 설명할 수 있다. 공식문서는 대회 전 외부에서 있었던 네 번의 회의를 통하여 만들어졌고, 특별한 언급들이 있었다. 6월 13일, 월요일 오후, 총회장에서 기도회가 있었고 대단히 큰 규모의 참여가 있었고 프레이저(Andrew Fraser) 경이 주재하였다. 같은 날 저녁에는 스코

5) 옥스포드대학의 단과대학 이름(역주).

6) 로마가톨릭교회와 가장 유사한 영국 국교회의 한 종파

틀랜드의 시장과, 행정관, 그리고 도시협의회의 주관으로 챔버(Chamber) 거리에 있는 과학 예술 박물관에서 대표들을 위한 공식 리셉션이 있었다. 전체 3,000명의 손님들이 참석하였다. 대표들의 공적인 참여 자리후에 시장은 간단한 환영 연설을 하였고, 미국 대표 위원회의 의장인 뉴욕 출신 아더 브라운 박사(Dr. Arthur Brown)와, 대륙 대표위원회의 의장인 라 트레베 주교(Bishop la Trobe), 그리고 대회의 전체 의장인 발포어 경(Lord Balfour)의 답사가 있었다. 14일인 화요일에는 정오에 St. Giles' Cathedral에서 특별 예배가 있었고 다수의 대표들과 전지역에서 온 방문객들이 참석하였다. 설교자는 그 교회의 담임 목사인 윌리엄슨(Wallace Williamson) 목사가 맡았고 "현장은 세계입니다(The field is the World)"라는 제목의 감동적인 설교를 전해주었다. 전체 예배는 적절하며 도움이 되었다. 같은 날 오후, M'Ewan Hall에서는 에딘버러대학교가 세계선교대회를 여는 것을 기념하며 대회에 속한 뛰어난 멤버들에게 명예 학위들을 수여하였다. 대학교의 부총장인 윌리엄 터너 경(Sir William Turner)이 주재 하에 총회장 복도에서부터 최상층까지 가득 메운 관중들 속에서 명예 신학박사 학위를 수여하였는데, 여기에 수여된 인물들은 다음과 같다: The Rev. K. C. Chatterji, 인도; The Rev. W. Douglas Mackenzie, D.D., President of Hartford Theological Seminary; The Rev. F. L. Hawks Pott, D.D., Principal of St. John's College, 상하이; Pastor Julius Richter, D.Th., 독일; The Rev. Canon C. H. Robinson, M.A., Editorial Secretary of the Society for the Propagation of the Gospel; Robert E. Speer, M. A., Presbyterian Board of Missions, 미국; The Rev. R. Wardlaw Thompson, D.D., Foreign Secretary, London Missionary Society; Herr J. Warneck, Foreign Secretary, Rhenish Missionary Society; and of LL.D. upon: —The Archbishop of Canterbury; General James E. Beaver, 미국; The Rev. T. Harada, President of the Doshisha, 일본; The Hon. Seth Low, LL.D., 뉴욕; Professor Carl Meinhof, D.D., Professor of African

Languages at the Colonial Institute, 함부르크; John R. Mott, M.A., General Secretary, World's Student Christian Federation.[7]

대회의 시작 모임은 6월 14일, 화요일 오후 3시에 벌레이(Burleigh)의 발포어경(Lord Balfour)의 주재로 대회의의 구성의 목적으로 진행되었다. 진행위원회(Business Committee)가 임명되었고, 상임회무요원(Standing Orders)과 토론의 규칙들이 채택되었다. 모트박사(Dr. Mott)가 대회의 당일 회무를 위한 의장으로 만장일치로 선임되었고, 분과들의 보고서들이 토론되었다. 올드햄(Oldham)이 대회의 총무로서, 리츤(Ritson)과 토론토에서 온 로웰(Rowell)이 대회의 서기로 임명되었다. 회무는 30분 이내에 진행되었다.

이 회의와 이어지는 모임에 대해서는 인쇄된 회록에 기록되었다. 그러나 여기에서는 일반적인 특성의 몇몇 사항들을 더함으로서 보충될 수 있을 것이다. 대회는 이런 의장을 둔 것이 행운스런 일이었다. 모트 박사는 모든 토론의 회의들을 신속하면서도 정확하게 처리하였다. 회의를 위해 필수적인 직관적 인식과 인도의 능력을 가지고서, 엄격함과 기독교적 법도의 완벽한 연합을 이루면서 진지한 목적과 시시때때로 적합한 유모어를 가지고 회의 구성원들의 존중과 감사를 받기에 충분하였다. 다양한 위원회들과 동료들이 다른 사역 분야들에 대해서 진행한 모든 부서들의 의견들을 잘 배열하는 통찰력과 배려로 인해서 찬탄을 받기에 합당하였고, 이러한 감사는 무엇보다도 올드맨 총무의 덕택이었다. 대회가 만일 순서나 배열의 구체적인 내용들이 주된 사역과 별개로 진행되었다면 결코 구성원들의 관심과 참여를 이렇게 잘 유도해내지 못했을 것이다.

대회의 시간을 많이 절약할 수 있었던 것은 Daily Conference Paper의 발행 덕분으로, 이 소식지는 회원들의 개인 주소들로 초기 우편으로 배달되었고 전날의 절차에 대한 회록, 모든 공식적 광고들과 다양한 비공식적 발표들을 담고 있었다. 그러므로 연단에서부터의 낭독의 시간이 다로 필

7) 지명 외에 문서 고유에 기록된 인명과 학교 등의 명칭을 그대로 남겨두었음(역주).

요하지 않았던 것이다. 토론의 특징은 시간 규칙을 적용한 것이었는데, 의장인 다른 분과의 간부들에게 한 시간의 3/4을 허용하여 그 날의 보고서를 발표하도록 하고 또한 발표자들에게는 7분으로 제한 한 것이었다. 다섯 째 날에는 연설자들을 5분으로 제한하자는 계획이 과반수를 얻는 데 실패 하였지만, 시간을 늘리자는 어떤 계획도 만들어지지 않았다. 이 규칙은 대회로 하여금 어떤 연설자의 말도 성급하지 않게 들을 수 있게 해주었고, 모두들 도움이 되고 적절한 연설을 할 수 있도록 하였다. 종종 연설 도중 단축해야할 필요가 있을 때는 대회가 충분히 들었다고 보았을 때였고, 한 두 경우에서는 회의의 분위기상 시간을 조금 늘려야 할 때도 있었다. 그러나 전반적으로, 그 규칙은 대회에 진정한 도움이 되었음을 증거해주었다. 그 규칙으로 인해서 연설자들은 개인적인 언급이나 별개의 문제들을 간결하고 분명하게 삽입하는 것으로 연설의 시간들을 맞추도록 스스로 절제하며 진행하였다. 그 규칙은 연설자들의 시간을 유용한 시간 내에서 최대한으로 갖도록 지켜주었고, 각각의 연설에서 중요한 요점들을 배제하지 않고 진행할 수 있도록 도왔다.

회의들마다 헌신적인 실천들이 있어서 회의의 준비에 세심한 노력이 있었다. 찬양을 드리는 데 45개의 찬송곡들이 핸드북에 프린트 되었는데 거기에는 교회들의 다양한 종파에서 가장 일반적으로 불리는 것들을 담았고, 시편의 스코틀랜드식 찬송도 몇몇 담고 있었다. 매일 아침을 여는 시간에 아침 예배를 드리고, 이어서 30분간은 특별한 중보기도를 위해 구별되었다. 이것은 날마다 일정에서의 "핵심적인 실행"(central act)으로 간주되었다. 이 대회의 시작 전에, 사람들이 다양한 민족들과 협회들로부터 선택되어 대회실에서 드리는 중보기도와 대회실(Synod Hall)에서 드리는 중보기도를 인도하였다. 그리고 그들은 이 예배를 인도하기에 개인적인 준비에 최선을 다하고 참여하였다. 가장 첫 번째날 전체 대회에서는 이렇게 거대한 연합의 자리에 성령의 임재를 구하였다. 그리고 매일 매일 이 일이 거듭되면서 그들은 그러한 중보기도가 점점 높아지고 묶어지는 영향력을 느낄 수 있었다. 적지 않은 증언들이 있었고 그런 일이 두드러졌는데, 가장 신성한 경험은 신령한 날들이 이어졌는데 이런 날은 대회가 매우 분명하고도 친밀하게 살아계신 하나님을 체험하는 날들이었다. 이러한 경험은 이러한 30분간의 모임 속에만 있는 것이 아니었다. 하나님께서는 기도를 들으신다. 대회의 모든 행위들 중에서 우리는 감히 어떤 것이라도 우리들의 중보 기도의 간청보다도 더 중요하고 더 효율적이라거나 최종적으로 보다 많은 열매를 거둘 것이라고 생각할 수 없었다. 하나님께서는 하나님의 종들이 당신의 이름을 아는 이들이 확장되기를 바라는 그 땅들을 돕는 일에 함께하셨고, 거기에 있는 어린 교회들을 돕는 일에 함께하시며, 선교에 뜻을 둔 모든 사역자들을 돕는 일에 함께하고 계셨다.

이러한 중보기도에서의 연합은 연합의 의미와 형제간의 사랑의 영성을 더욱 확실케 하여 이 대회의 특징을 매우 뜻 깊게 고양하였다. 대회의 구성과 그 필수 사항들을 배열하는 목적은 그리스도 안에서의 연합을 앞당겼고 모든 이의(참석자의) 가슴에 살아있는 능력을 주었다. 형제간의 존중과 사랑을 심어줌으로써 관용과 인내의 태도를 다양한 관점의 한복판에서 가능하도록 만들어주었다. 그럼으로써 그 모든 진행을 아무런 유감스런 진행 없이 쾌청한 조화를 이루며 나아가도록 해주었다. 많은 이들에게 중보기도는 이 땅에서 하나님의 교회의 새로운 개념 뿐 아니라, "예수 그리스도 안에서 생명의 영의 법"에 대한 새로운 경험이 됨을 가르쳐주었다. 매우 중요한 것은 세속 언론이 이 탁월한 연합의 모습을 수용하고, 찾기라도 했던 것처럼 이것을 연재하였다는 것이다.

대회의 한 모임에서만은 특별한 문의가 있었다. 즉 6월 21일인 화요일, 이 날은 북부 여름에서 가장 낮이 긴 날이었다. 대회에서 등장한 시도로부터 해서 대회가 단순히 만나고 나서 그 외에 다른 것을 두지 말고 사라져버릴 것이냐 하는 문제였다. 아니면 그러한 실천을 이어서 선교사들의 사업 안에 하나의 영속적인 협력 사업으로 가능한한 둘 것인가 하는 것이었다. 제8분과에서는 공식적으로 대회 앞에 지속적인 대회에 대한 약정의 계획을 세워 전반적인 문의를 하였다. 대회의 개념과 정신을 지속하고 권장할 만한 실천적 행동들도 구체화하여 제안하였다. 그 계획은 모든 면에서 환영을 받았다. 만일 이 대회가 하늘의 비전에 대하여 가능성 있는 순종을 하지 않고 분산해버린다면 대회에 대한 실천이 없이 봉인을 해버리는 것이나 마찬가질 것이라는 느낌이 들었다. 단체와 협회들 사이에서 동의가 있었고 그 필요와 목적이라는 관점이라는 양면에서도 그 합의가 이뤄졌고, 미래에 실천될만한 일반적인 행동에 해서도 합의가 요청되었다. 투표는 성급히 실행되지는 않았다. 오전 전체 시간 동안 그 안건이 다양한 관점 속에서 논의되었고, 점심 시간에 보다 진전된 조언으로 좋을만한 것을 찾기로 했다. 반면에 대회를 위해 성령님의 인도를 구하는 기도는 중단 없이 High Church의 한 방에서 작은 기도회가 지속되고 있었다. 그 곳에서 대회의 시작부터 끝까지 최종의 날 동안 간절한 기도를 드리는 그룹들이 각각 30분씩 돌아가면서 형제사랑의 중보기도를 이어가고 있었다. 대회의 오후 회무에서 그 논의가 토론이 재개되었고, 거의 한 시간이 지나기 전에 의장이 대회가 투표를 해도 될 것인지를 물었다. 그가 던진 대회를 지속할 것이냐는 안건에 대해서 "예"라는 커다란 답이 전체 대회실에서 나왔다. 그 반대의 의견을 물었을 때, "아니오"라는 소리는 죽은 듯했다. 그 안건이 처리되었음을 알리는 선언과 함께 모든 회중들이 일어섰고 온 마음으로 "Praise God from whom all blessings flow"[8]을 불렀다. 그리고 준비하는 수개월과 모임이 진행되는 동안에 짜여진 모든 약정들이 부주의하게 버려지지 않도록 하였다. 대회의 성원들은 그들이 한데 사랑과 협의와 기도로 함께 어우러진 것에 대하여 감사하였고, 그렇게 실천적인 협력이 그들의 다양성 안에서 신앙과 실천의 덕행을 통하여 그 소중함을 입증하기로 하였다.

그러한 대회가 모든 민족들을 위한 제자들을 만드는 사역에 있어서 새로운 정결과 신앙을 가지고 앞으로 나아가기 위해 모든 교회들을 향하여 현재 시대의 요청의 의미를 지니고 어떤 면에서 음성을 내지 않고서 무엇

---

8) "모든 축복의 근원이신 하나님을 찬양하라"는 의미의 찬송곡(역주).

인가를 담당한다는 것은 거의 불가능한 일이었다. 또한 비기독교 국가에 있는 미약한 교회들에 대하여, 그들을 도와야 하는 거대한 일과, 또한 모든 공감대를 가지고 그들을 도울 마음의 소망을 가져야 하며, 그리스도의 몸으로서의 지체됨으로 인해서 그들을 사랑과 도움으로 함께 해야 함을 말하지 않고 마치는 것은 불가능한 것이었다. 그러므로 이 대회는 두 개의 메시지를 채택하여 하나는 기독교 국가의 교회 멤버들에게, 또 하나는 비기독교 지역들에 있는 기독교 교회의 성원들에게 발송하였다. 그 기록은 본문 108-110 페이지에 기록되었다.

이 대회는 분명 하나의 획기적인 대회였고, 그 마지막 모임도 기념적이었다. 그 순서에 대한 준비는 이전 날들의 진행 상황에 따라 결정짓기로 했었다. 어떤 계획이나 연설자도 미리 발표되지 않았다. 그러나 총회장은 언제보다도 빽빽하게 들어차 붐볐다. 그 모임은 단순하고 엄숙한 감사의 예배였고, 개인적 헌신과 기도에 대한 재확신의 시간이었다. 거기에 하나님의 임재는 풍성하게 깨달아졌고, 회의의 성원들이 절정에 달한 감정은 다음과 같이 맺는 찬송 속에서 찬란하게 울려퍼졌다.

"Now blessed be the Lord our God,
The God of Israel,
For He alone doth wondrous works.
In glory that excel.

And blessed be His glorious name
To all eternity:
The whole earth let His glory fill.
Amen, so let it be."

관련 회의들

병행 대회 — 저녁 공식 회의들 — 의료 선교사 대회 — Glosgow에서의 회의들 — 교회 예배들

병행 대회

6월 15일, 수요일 저녁에 Castle Terrace에 있는 대회실(Synod Hall)에서 병행 대회가 열렸다. 이미 설명한대로, 그 대회는 외국인 선교를 위한 모국 사역자들 중 대표단의 대회였다. 이 모임은 토론을 위한 관점에서 모인 것이 아니라 단순히 그들의 모임을 결성하고 하나님의 목적과 오늘 날의 현실들, 필수요건들, 방법들, 외국인 선교 사업의 긴박성을 함께 생각하는 모임으로 진행되었다. 모임의 시간 배열은 대회실(Assembly Hall)의 대회와 유사했고, 중보기도의 "핵심적인 실행"(central act)도 오전 시간 내내 동일한 장소에서 이루어졌다. 그러나 반면에 이 모임은 대중 집회의 유기체적인 형태와 유사했다. 오전 시간 회의에서는 여덟 개의 분과에서 제출한 보고서에서 밝히는 사실들과 발견들을 발표하는 시간이 있었다. 연설자들은 각 분과에서 선택된 이들이 나와서 발표를 하도록 하였다. 그리고 저녁 모임에서의 주제는 대회실의 것들과 거의 유사했다. 오후 모임 준비는 다양했다.

목요일과 금요일에는 일반적인 모임들이 있었는데 거기에서 거대한 선교현장들이 리뷰를 거치며 통과되었다. 토요일 오후에는 네 개의 모임 중 첫 번째로 남성들만을 위한 모임이 있었고, 토요일 저녁과 주일 오후와 저녁에도 다른 모임들이 이어졌다. 이 회의들은 다양한 지역으로부터 온 다수의 사업가들이 참석한 특별한 주말 회의 형태를 형성하였다. 여성들만은 위한 모임은 토요일 저녁과 월요일 오후 St. George's United Free Church 에서 이루어졌다. 6월 21일 화요일에 있었던 오후 모임은 총회실에서 있었는데, 의료 선교를 위해 헌신되었고, 수요일은 유대인들을 위한

선교, 목요일에는 성서협회와 문서 사역을 위해 전념하였다. 두 번째 주간 Tolbooth Church 또한 병행 대회와 연계하여 사용되었는데, 월요일과 화요일 오후의 모임은 목회자들을 위하여, 수요일 오후는 어린이 사역자들을 위하여, 목요일 오후는 청년 선교 학원 운동(Young Peoples' Mission Study Movement)에 관심을 가진 이들을 위하여 모임이 개최되었다. 이 모든 모임에 대해서 출석자들은 대단하여서, 실제로 그들이 모이는 회의장과 교회들을 채웠고, 저녁 모임에서 총회장도 대단히 붐볐다. 회의의 특성에 있어서 대단히 다양했을 뿐더러 관중들의 구성에 있어서도 매우 다양하였으므로, 대회의 자체에 쏟아진 감동이 참으로 컸다는 사실을 짐작하게 하였다. 병행 대회에 참석했던 대표들의 간증은 거의 동일하게 새로운 비전과 신선한 영감을 받았다는 내용들로 가득했다. 그리고 또한 외국 선교사들을 위한 모국 사역자들 사이에서 확산된 영향력으로부터 얻은 지대한 결과들에 대한 예상들 또한 대단한 것이었다.

저녁 공식 회의들(Evening Public Meetings)

병행 대회에 더불어서 공식 회의가 Tolbooth Church에서 있었는데 거기에도 스코틀랜드 교회의 대회실(Assembly Hall)이 있다. 이 곳에서는 전 지역으로부터 온 대회의 구성원들 중 지도적 멤버들이 연설을 하였고, 그에 감화된 군중들이 매일 밤 교회를 넘치도록 메웠다. 대회실, 대회실, 그리고 Tolbooth Church, 이렇게 세 개의 홀이 동시에 열려서 6,000명의 군중이 매일 밤 모였고, 여덟 번의 밤을 연이어서 선교사들의 연설들을 듣기 위해 찾아왔다.

의료 선교사 대회(Medical Missionary Conference)

의료 선교사역은 여성 사역과 성경 보급 사역과도 같이 다양한 분과들의 보고서에서 나타났다. 의료 선교는 마치 이러한 보고서들 속에서 토론을 위해 선택된 문제들과 연관된 것이었다. 그러나 의료 선교사역은 이 보고서에서 언급된 것보다 훨씬 더 많은 것을 추가한 느낌이 들었다. 그리고 총회실에서의 오후 모임 중에 의료 선교의 가치와 중요성에 대한 발표가 있었지만 그런 일반적인 발표에 더 추가하여, 의료 선교사들과 전문가들의 대회는 그들의 사역과 연관하여 특별한 관심과 중요점들을 발견하고 파악하는 소중한 기회가 되었다. 이 대회의 첫 번째와 세 번째 회무에는 월요일과 화요일 즉, 6뤟 20일과 21일, 이른 아침 에 에딘버러 카페에서 열렸고, 두 번째의 회기는 월요일 저녁에는 Royal College of Physicians의 회의실에서 모였다. 이 대회의 간단한 보고서는 113-120페이지에서 볼 수 있을 것이다.

글래스고우에서의 회의들

글래스고우(Glasgow)는 에딘버러에 근접한 곳으로 대회의 영향력을 그 곳에 있는 다수의 대표들에게 빠짐없이 전달할 수 있는 곳이고, 적어도 한 번 이상의 대회의 회무가 두 번째 주 동안에 Western Capital에서 있었던 일련의 모임들을 위한 모임을 준비하였던 곳이다. 세 개의 모임이 날마다 열렸는데, 이른바 사업가를 위한 모임으로 오후 1시 15분 St. George's Church에서 사업가들에 의해 연설이 이루어졌고, 오후 3시에는 같은 장소에서 일반 모임으로, 그리고 가장 큰 도시인 St. Andrew's Hall에서 공적 모임이 오후 7:30 저녁에 있었다. 모든 모임에서 장소들은 대표 선교사역자들을 위하여 글래스고우 인근은 마을에서부터 지역들에 이르기까지 예약이 이루어졌다. 모든 회의들은 참석이 원활히 이루어졌고, St. Andrew's Hall에서의 저녁 회의는 혼잡스러웠다. 가장 저명한 대표들 중 많은 이들이 글래스고우에서의 모임에서 연설하는 수고를 기꺼이 감당했으며, 모임들 중에 이루어진 감동은 그 각국 대표자들이 이 대회의 마지막까지를 도울 것에 대한 신뢰를 보증케 하였다.

교회의 예배들

6월 19일, 주일에는 대회에서 단지 한 모임만 있었다. 그것은 저녁 8시, 교회의 정규 예배들이 다 마치고 나서 있었다. 아침 9시에는 St. Giles' Cathedral에서 성찬예배가 있었고, 대표자들과 많은 방문객들이 그 곳 목회자와 스코틀랜드 장로교회로부터 초청을 받았다. 이러한 초청에 많은 종파와 다양한 국가들로부터 온 이들이 호응을 하였고, 그 시간 동안 신령함으로 하나가 되는 친교의 시간을 누릴 수 있었다. 이와 연관하여 영국 국교회의 성원들을 위한 날마다의 성체식이 St. John the Evangelist에서 오전 8시에 있었다. 6월 19일 주일에는 에딘버러에 사는 거대한 대다수의 강단들이 대회에 참여하기 위해 온 대표자들에 의해서 메워졌고, 다음 주일에는 대회가 마친 후에, 다수의 대표자들이 교회들마다 설교를 하고, 스코틀랜드 전역의 수많은 도시와 마을들에서의 대중 집회에서 연설을 하였다.

CHAPTER II

대회의 기록들

대회 공식대표자, 위원회, 주최자 명단
LIST OF OFFICE-BEARERS, COMMITTEES, AND CONVENERS

대회 공식 대표자들
OFFICE-BEARERS OF CONFERENCE

의장 PRESIDENT

— 벨레이의 발포어 경 The Right Hon[9]. Lord Balfour of Burleigh, K.T.

부의장 VICE-PRESIDENTS

— 리에이 경 The Right Hon. Lord Reay, G.C.S.I.

— 존 개너웨이 The Right Hon. Sir John H. Kennaway, Bart., C.B., M.P.

— 이레이저 A. H. L. Eraser, K.C.S.I., LL.D

총무 Secretaries

— 올드햄 Mr. J. H, Oldham, M.A.

— 캐네스 맥클레난 Mr. Kenneth Maclennan.

명예 회계 Hon. Treasurer

— 스미스 M. H. W. Smith, W.S., 23 Nelson Street, Edinburgh.

9) Right Honorable을 의미하는 '각하' 존칭과 학위 등은 생략함(역주).

사무실 Offices

— 100 Princes Street, Edinburgh.

대영 대표 위원회 BRITISH EXECUTIVE COMMITTEE

공동의장 Joint-Chairmen.

– 포울와스 The Hon. The Master of Polewarth.

– 던컨 로렌 Mr. Duncan M'Laren.

Mr. F. S. Bishop, M.A.

Mr. Charles H. Bowser.

Mr. G. Graham Brown.

The Rev, E, P. Cachemaille.

The Rev. J, Fairley Daly, B.D,

The Rev. Canon Dawson, M.A,

Mr. F, A. Brown Douglas.

The Rev, W. H. Findlay, M.A.

The Right Rev. Bishop Montgomery.

The Rev. George Packer.

The Rev. George Robson, D.D.

The Rev. John H. Ritson, M.A.

Mr. R. R. Simpson.

Mr. Edward A. Talbot.

The Rev. Tissington Tatlow, M.A.

The Rev. Prebendary H. E. Fox, M.A.

The Rev. John Irwin, M.A.

Mr. N. B. Gunn.

The Rev. A. N. Johnson, M.A,

Dr. Herbert Lankester.

The Rev. T, H. Martin.

The Very Rev. J. Mitford Mitchell, D.D,

The Rev. A. Taylor, M.A.

Mr. John A. Trail, LL.D.

The Rev. R. Wardlaw Thompson, D.D.

The Rev. A. B. Wann, D.D.

The Rev. E. Alport Wareham.

The. Rev. R. J. Williams.

The Rev. C. E. Wilson, B.A.

영국 명예 회계 Hon. Treasurers in England.

– 로버트 매코나치 Mr. Robert Maconachie, C.M.S., Salisbury Square, London, E.G.

– 엘리옷 파이 Mr. Eliot Pye-Smith Reed, 9 Drapers Gardens, London, E.G.

미국 대표 위원회 AMERICAN EXECUTIVE COMMITTEE

의장 Chairman

– 아더 브라운 The Rev. Arthur J. Brown, D.D.

명예 회계 Hon. Secretarie

– 헨리 캐롤 The Rev. Henry K. Carroll, LL.D.

– 헨리 그랜트 Mr. W. Henry Grant.

The Rev Thomas S. Barbour, D.D.

The Rev. James L. Barton, D.D.

The Rev. Harlan P. Beach, D.D.

The Hon. Samuel B. Capen, LL.D.

The Rev. Henry N. Cobb, D.D.

The Rev. Bishop Lambuth, D.D.

The Rev. R. P. Mackay, D.D.

The Rev. W. Douglas Mackenzie, D.D,

Mr. Silas McBee.

John R. Mott, LL.D.

William J. Schieffelin, Ph.D.

The Rev. Paul de Schweinitz, D.D.

Robert E. Speer, M.A., D.D.

The Rev. Alexander Sutherland, D.D.

The Rev. Canon L. Norman

Tucker, M.A., D.C.L.

Mr. R. Mornay Williams.

The Rev. L. B. Wolft, D.D.

Mr. John W. Wood.

사무소 Office

– 156 Fifth Avenue, New York.

대륙 대표 위원회 CONTINENTAL EXECUTIVE COMMITTEE

의장 Chairman

– 라 트레베 비숍 The Right Rev. Bishop La Trobe.

총무 Secretary

– 줄리어스 릿처 Pastor Julius Richter, D.D.

– 선교감찰단 바이스호이프트 Missionsinspector Weisshaupt.

– 선교감찰단 프론마이어 Missionsinspector Lic. Frohnmeyer.

– 선교감찰단 스피이커 Missionsdirector Jobs. Spiecker.

– 알프레드 뵈그네 The Rev. Alfred Boegner, D.D.

– 칼 프리즈 Mr. Karl Fries, Ph. D.

호주 위원회 COMMITTEE IN AUSTRALIA

명예 총무 Hon. Secretary.

– The Rev. Frank H. L. Paton, B.D., Melbourne.

국제 위원회 INTERNATIONAL COMMITTEE

의장 Chairman.

– 던컨 맥로렌 Mr. Duncan M'Laren.

The Rev. James Barton, D.D

The Rev. Arthur J. Brown, D.D.

The Rev. J. Fairley Daly, B.D.

The Rev. W. H. Findlay.

The Rev. Prebendary H. E. Fox

Dr. Karl Fries.

Herr Missionar F. Frohnmeyer.

Mr. Silas McBee.

John R. Mott, LL.D.

The Rev. W. H. Rankine.

Herr Dr. Julius Richter.

The Rev. J. H. Ritson.

The Rev. George Robson, D. D.,

The Rev. Tissington Tatlow.

The Rev. R, Wardlaw Thompson, D.D.

The Rev. Canon Tucker.

The Rev. C. E, Wilson.

총무 Secretary.

– 올드햄 Mr. J. H. Oldham.

재정 위원회 FINANCE COMMITTEE

주관 Convener. – 군 Mr. N. B. Gunn.

대표단 위원회 DELEGATIONS COMMITTEE

주관 Convener. – 완 The Rev. A. B. Wann, D.D.

영접 위원회 HOSPITALITY COMMITTEE

주관 Convener. – 맥커렐 브라운 Mr. J. McKerrell Brown.

명예 총무 Hon. Secretaries.

– 에드워드 깁슨 Mr. Edward F. Gibson, LL.B.

– 패터슨 Mr. W. L. H. Paterson, S.S.C.

문서 편집 위원회 EDITORIAL COMMITTEE

주관 Convener. – 조지 롭슨 The Rev. George Robson, D.D.

대회의장 준비위원회 ARRANGEMENTS COMMITTEE ASSEMBLY HALL

의장 Chairman.

– 마틴 The Rev. Professor Martin, D.D.

명예 총무 Hon. Secretary.

– 헨더슨 G. F. Henderson, W.S.

대회장 준비위원회 ARRANGEMENTS COMMITTEE-SYNOD HALL

의장 Chairman.

– 조지 롭슨 The Rev, George Robson. D.D.

스코틀랜드 에셈블리홀교회에서 열린 모임들

MEETINGS IN CHURCH OF SCOTLAND ASSEMBLY HALL

의장 Chairman.

– 던컨 맥로렌 Mr. Duncan M'Laren.

명예 총무 Hon. Secretary.

– 던컨 맥로렌 Mr. Duncan MacLennan.

영국 발전을 위한 소위원회

SUB-COMMITTEE FOR THE DEVELOPMENT OF INTEREST IN ENGLAND

명예 총무 Hon. Secretaries.

– 리츤 The Rev. J. H. Ritson, M. A.

– 비숍 Mr. F. S. Bishop, M.A.

사무소 Office.

– The Bible House, 146 Queen Victoria Street, London, E.C.

대중모임(스코틀랜드) 위원회

PUBLIC MEETINGS (SCOTLAND) COMMITTEE

주관 Convener. – 존 코완 Mr. John Cowan, D.L.

집행 위원회 BUSINESS COMMITTEE[10)]

의장 Chairman.

– 조지 롭슨 The Rev. George Robson, D.D.

총무 Secretary.

– 올드햄 Mr. J. H. Oldham.

Dr. J. W. Ballantyne, F.R.C.P.E.

The Rev. James L. Barton, D.D.

The Rev. Thomas S. Barbour, D.D.

The Rev. A. J. Brown, D.D.

Mrs. Creighton.

The Rev. President Emeritus J. F. Goucher, D.D., LL.D.

The Rev. J. Campbell Gibson, D.D.

The Rev. President Ibuka, D.D.

The Rev. Bishop Lambuth, D.D.

Dr. H. Lankester.

Sir G. W. Macalpine.

Mr. Duncan M'Laren.

The Right Rev. Bishop Montgomery.

John R. Mott, LL.D.

The Rev. J. N. Ogilvie, M.A.

Mrs. M'Dowell.

Pastor Julius Richter, D.D.

The Rev. J. H. Ritson, M.A.

The Rev. Bishop Robinson.

The Right Rev. Bishop Roots.

Mr. N. C. Rowell, K.C.

10) 집행 위원회는 대회의 집행을 준비하기 위하여 대영제국, 미국, 그리고 유럽 대륙으로부터 온 대표단으로 선임되었고, 6월 14일에 있었던 집행 회의를 통해 대회 기간 동안에도 계속 활동하였다.

The Rev. R. Wardlaw Thompson, D.D.

The Right Rev. Bishop La Trobe.

공식대표단 명단

I. 영국 BRITISH.

1. 영국 대표위원회가 임명한 특별 대표단
SPECIAL DELEGATES APPOINTED
BY THE BRITISH EXECUTIVE COMMITTEE.

His Grace the Archbishop of Canterbury.

The Very Rev. P. M'Adam Muir, D.D., Moderator of the Church of Scotland.

His Grace the Archbishop of York.

The Right Rev. the Bishop of Durham.

The Right Rev. the Bishop of Ripon.

The Right Rev. the Bishop of Salisbury.

The Right Rev. the Bishop of Hereford.

The Right Rev. the Bishop of Birmingham.

The Right Rev. the Bishop of Ely.

The Right Rev. the Bishop of Southwark.

The Right Hon. Lord Balfour of Burleigh, K. T.

The Right Hon. Lord Reay, G.C.S.I.

The Right Hon. Lord Kinnaird.

The Hon. the Master of Polwarth.

The Right Hon. Sir John H. Kennaway, Bart., C.B., M.P.

Sir Andrew H. L. Fraser, K.C.S.I., LL.D.

Sir Francis F. Belsey, J. P., London!

Sir Charles J. Tarring, London.

The Right Rev. the Bishop of Brechin, Primus of Scotland.

The Rev. John Young, D.D., Moderator of the United Free Church of Scotland.

Sir G. W. Macalpine, President of the Baptist Union.

The Rev. James Mellis, M.A., Moderator of the Presbyterian Church of England.

The Rev. W. B. Lark, President of the United Methodist Conference.

The Right Rev. the Bishop of Aberdeen.

The Right Rev. the Bishop of Meath.

The Right Rev. the Bishop of Ossory.

The Very Rev. the Dean of Westminster.

The Rev. V. S. Azariah.

The Rev. J. Baxter, Wigan.

Capt, Alfred Bertrand, F.R.G.S. (Hon.), Geneva.

?.Ir. G. Graham Brown, Glasgow.

The Rev. A. R. Buckland, M.A., Religious Tract Society, London.

Mr. John Cowan, D.L., Edinburgh. -

The Rev. Canon Cunningham

The Rev. Prof. Denney, D.D., Glasgow.

The Rev. S. A. Donaldson, D.D., Magdalene College, Cambridge.

Mr. F. A. Brown Douglas, Edinburgh.

The Rev. Principal Ellis Edwards, Bala, Wales.

The Ven. the Archdeacon of Lewisham.

The Rev. R. T. Gardner, Central Board of Missions of the Church of England, Church House, Westminster, London.

Mr. John Geddes, Glasgow.

The Rev. A. T. Guttery, London.

Principal Charles F. Harford, M.D., Livingstone College, Leyton.

Mr. H. Wilson Harris

The Rev. R. F. Horton, D.D., London.

The Rev. Forbes Jackson, Aberdeen.

Miss Margaret L. Johnston, British Syrian Mission, Beyrout.

The Rev. H. H. Kelly, Kelham.

The Rev. Prof. H. A. A. Kennedy, D.Sc, Edinburgh.

Miss Latham, London.

Mr. Kenneth Maclennan, Edinburgh.

The Rev. W. M. Macphail, M.A., London.

The Rev. J. P. Maud, St. Mary Redcliffe Vicarage, Bristol.

Mr. James L. Maxwell, M.D., Bromley, Kent.

Mr. Duncan M'Laren, Edinburgh.

The Rev. J. Howard Murphy, D.D., Cork.

The Rev. W. M. My res, Oxford.

Mr. J. H. Oldham, M.A., Edinburgh.

Dr. C. M. G. Parkin, Goring, Oxon.

The Rev. Prof. W. P. Paterson, D.D., Edinburgh.

The Rev. Timothy Richard, D.D., Litt.D., Shanghai, China.

Miss Ruth Rouse, London.

Professor M. E. Sadler, The University, Manchester.

Miss Una Saunders, London.

Mr. R. R. Simpson, W.S., Edinburgh.

The Rev. Alex. Smellie, D.D., Carluke, Lanarkshire.

Mr. H. W. Smith, W.S., Edinburgh.

The Rev. J. R. M. Stephens, London.

The Rev. Duncan Travers, London.

The Rev. A. B. Wann, D.D., Edinburgh.

The Rev. E. Alport Wareham, London.

The Rev. R. J. Wells, London.

The Rev. Principal Alex. Whyte, D.D., Edinburgh.

The Rev. A. Wallace Williamson, D.D., Edinburgh.

Major Frank Young, R.A. (Y.M.C.A.), London.

학생자원선교사연합 STUDENT VOLUNTEER MISSIONARY UNION.

- The Rev. Tissington Tatlow, M.A., London.
- Mr. R. P. Wilder, M.A., London.

2. 침례교선교회 BAPTIST MISSIONARY SOCIETY.

The Rev. J. H. Atkinson.

The Rev. F. G. Benskin, M.A.

Mr. C. H. Bowser.

The Rev. E. W. Burt, M.A. (China).

Mr. W. Goode Davies, J. P.

Dr. E. H. Edwards (China).

The Rev. Lawson Forfeitt, (Congo).

The Rev. W. Y. Fullerton

The Rev. R. Glover, D.D.

Mr. H. P. Gould.

Mr. G. B. Leechman.

The Rev. Principal A. M'Caig.

The Rev. T. H. Martin.

Dr. R. Fletcher Moorshead, F.R.C.S.

The Rev. W. B. Nicolson, M.A.

The Rev. T. W. Norledge (India).

Mr. T. S. Penny, J. P.

The Rev. H. Ross Phillips (Congo)

The Rev. Arthur Sowerby (China).

The Rev. Arnold Streuli.

The Rev. S. S. Thomas (India).

The Rev. C. E. Wilson, B.A.

3. 침례교 제난나 선교회 BAPTIST ZENANA MISSION.

Miss A. G. Angus.

Miss Isabel M. Angus (India).

Miss E. G. Kemp.

Mrs. Edward Robinson.

4. 영국 및 외국인성서협회 BRITISH AND FOREIGN BIBLE SOCIETY.

The Rev. G. H. Bondfield.

Mr. A. J. Crosfield.

Mr. C. A. Flint.

Sir William Godsell.

Mr. M. Gutteridge.

The Rev. T. R. Hodgson.

Mr. C. T. Hooper.

Mr. Th. Irrsich.

The Rev. R. Kilgour, D.D.

The Rev. Geo. Lowe.

Mr. H. W. Maynard.

The Rev. H. A. Raynes, M.A.

The Rev. John H. Ritson, M.A.

Mr. E. J. Sewell.

Mr. W. Summers.

The Rev. A. Taylor, M.A.

Mr. C. n. Hay Walker.

Mr. Robert Whyte.

Sir Andrew Wingate, K.C.I.E.

The Rev. A. W. Young.

Mr. A. W. Young.

5. 유대인 전도를 위한 영국 선교 협회
BRITISH SOCIETY FOR THE PROPAGATION OF THE GOSPEL AMONG THE JEWS.

The Rev. J. B. Barraclough, M.A

The Rev. Isaac Levinson, F.R.G.S.

6. 델리를 위한 캠브리지선교회
CAMBRIDGE MISSION TO DELHI.

The Rev. S. S. Allnutt, M.A.

7. 실론 및 인도선교회
CEYLON AND INDIA GENERAL MISSION.

Mr. David Gardiner.

8. 중국내지선교회 CHINA INLAND MISSION.

Mrs. Montagu Beauchamp (Szechwan).

Mr. Marshall Broomhall, B.A.

John Carr, M.D., M.R.C.P.Ed. (Shansi).

The Rev. Samuel Clarke (Kweicheo).

Mr. D. E. Hoste (Shanghai).

Mr. R. J. Landale.

Mr. F. Marcus Wood.

Mr. A. Orr-Ewing (Kiangsi).

The Rev. E. Pearse (Kiangsi)

The Rev. W. D. Rudland.

Mr. W. B. Sloan.

Miss Edith Smith (Kiangsi).

The Rev. J. Southey.

Mr. James Stark (Shanghai).

9. 교회선교사협회 CHURCH MISSIONARY SOCIETY.

Mr. G. Austin,

Mr. T. H. Bailey.

The Rev. C. C. B. Bardsley.

Miss E. Baring Gould.

Miss I. H. Barnes.

The Rev. F. Baylis,

Mr. F. S. Bishop.

The Rev. H. J. Colclough, M.A.

Dr. J. H. Cook (Uganda).

Sir Algernon Coote, Bart.

The Rev. Canon E. C. Dawson.

Sir Matthew B. S. Dodsworth, Bart.

The Rev. R. F. Drury.

Miss R. E. Dugdale.

The Rev. Lord Blythswood.

Mr. J. B. Braddon.

Mrs. G. Wilmot Brooke.

The Rev. Hubert Brooke.

The Rev. Preb. W. E. Burroughs.

Mr. T. F. Victor Buxton.

Sir Archibald S. L. Campbell, Bart.

Mrs. A. Carus-Wilson.

Mrs. Chavasse.

The Rev. C. W. A. Clarke (formerly South India).

Miss I. Clarke (Mid-China).

Mr. S. H. Gladstone.

Miss G. A. Gollock.

Miss M. C. Gollock.

The Rev. T. Good (formerly Ceylon).

The Rev. H. G. Grey (formerly Punjab, India).

The Rev. J. W. Hall (formerly United Provinces, India).

The Rev. Canon C. J. Hamer.

Rev. J. P. Haythornthwaite.

Rev. H. J. Hoare (Punjab).

Mrs. J. C. Hoare (formerly South China).

The Rev. E. Grose Hodge.

Miss R. D. Howard (Japan).

Mr. T. G. Hughes.

The Right Rev. Bishop Ingham (formerly Sierra Leone).

Dr. Catherine M, Ironside (Persia).

Dr. T. Jays (formerly W. Eq. Africa).

The Rev. J. J. Johnson (United Provinces, India)

The Rev. H. Gresford Jones.

Miss G. E. Kennaway.

Dr. H. Lankester.

Dr. F. O. Lasbrey.

The Rev. J. A. Lightfoot.

The Rev. Ll. Lloyd (Fuhkien, China).

Mr. T. R. W. Lunt (formerly W. Eq. Africa).

The Hon. Florence M. Macnaghten (Punjab).

Dr. D. D. Main (Mid-China).

The Rev. G. T. Manley (formerly United Provinces, India).

Miss L. M. Maxwell (formerly W. Eq. Africa).

The Rev. Dr. R. Elliott (formerly Palestine).

Mr. F. T. Ellis (Palestine).

The Rev. J. P. Ellwood (United Provinces, India).

The Rev. H. W. Fox.

The Right Rev. Bishop R. K.

Fyson (formerly Japan).

The Rev. W. H. T. Gairdner (Egypt).

Mr. T. Cheney Garfit.

The Rev. E. Gibbings.

The Rev. D, J. M'Kenzie (Punjab).

Mrs. W. McLean (United Provinces, India).

The Rev. Canon A. J. Moore.

Mrs. Handley Moule.

The Rev. C. G. Mylrea (United Provinces, India).

The Rev. G. C. Niven (Japan).

The Rev. J. B. Ost (Mid-China).

Miss K. M. Peacocke (Japan).

The Rev. R. F. Pearce (Bengal, India).

The Rev. A. J. Pike (formerly E. Eq. Africa).

The Rev. Canon Ransford.

The Right Rev. Bishop Ridley (formerly British Columbia).

The Rev. A. W. Smith (W, Eq. Africa).

Mr. R. K. Sorabji.

The Dean of St. David's.

Mr. Eugene Stock, D.C.L.

Dr. B. Van Someren Taylor.

The Rev. J. Thompson (Ceylon).

Mrs. D. Vl. Thornton (formerly Egypt).

The Rev. Dr. W. St. Clair Tisdall (Persia).

The Rev. C. E. Tyndale-Biscoe (Punjab, India).

Mr. J. Vaughan.

The Ven. Archdeacon R. H. Walker (Uganda).

The Rev. Preb. H. W. Webb-Peploe.

The Rev. D. H. D. Wilkinson.

Colonel R. Williams, M.P.

Miss M. D. Wood (formerly Japan).

Miss A. F. Wright (United Provinces, India)

10. 영국교회 제난나 선교사 협회

CHURCH OF ENGLAND ZENANA MISSIONARY SOCIETY.

Mrs. Bannister.

Miss Bradshaw.

Miss Ewart.

Miss Grover (S. India).

Miss Karney (Ceylon).

Miss L. M. H. Nash.

Miss M. C. Outram.

Dr. Mary Shire (China).

Miss A. M. L. Smith.

Chancellor P. V. Smith, LL.D.

The Rev. C. H. Stileman, M.A.

Miss Thornton-Duesbery.

Miss M. C. W. Tupp.

Sir W. Mackworlh Young, K. C.S.I.

11. 스코틀랜드 외국선교위원회

CHURCH OF SCOTLAND FOREIGN MISSION COMMITTEE.

The Rev. Prof. Cowan, D.D.

The Rev. R. H. Fisher, D.U.

The Rev. J. D. McCallum. B.D.

The Rev. Jas. A. McClymont, D.D.

Mr. W. M. McLachlan, W.S.

Mr. W. H. Mill, S.S.C.

The Very Rev. J, Mitford Mitchell, D.D.

The Rev. John Morrison, D.D.

The Rev. J. N. Ogilvie, M.A.

The Very Rev. Jas. Robertson, D.D.

12. 유대인 회심을 위한 스코틀랜드 교회 위원회
CHURCH OF SCOTLAND COMMITTEE FOR CONVERSION OF THE JEWS.

The Rev. Prof. Thomas Nicol, D.D.

John A. Trail, LL.D. W.S.

13. 외국선교를 위한 스코틀랜드 여성연합회
CHURCH OF SCOTLAND WOMEN'S ASSOCIATION FOR FOREIGN MISSIONS.

Miss Eleanor Bernard (Poona).

Miss A. F. Stevenson.

Miss Eleanor Walker.

Miss M. A. Wingate.

14. 중국을 위한 기독교문서선교회
CHRISTIAN LITERATURE SOCIETY FOR CHINA.

The Rev. W. Gilbert Walshe, M.A.

15. 인도를 위한 기독교문서선교회

CHRISTIAN LITERATURE SOCIETY FOR INDIA.

The Rev. G. W. Jackson.

16. 에딘버러 의료선교회

EDINBURGH MEDICAL MISSIONARY SOCIETY.

J. W. Ballantyne, M.D., F.R.S.

17. 이집트 선교회 EGYPT GENERAL MISSION.

Mr. J. Martin Cleaver, B.A.

18. 스코틀랜드 감독교회 외국인선교협의회

EPISCOPAL CHURCH IN SCOTLAND-FOREIGN MISSION BOARD.

Mr. C. H. Dunderdale.

The Rev. Canon Winter.

19. 스코틀랜드 자유교회 FREE CHURCH OF SCOTLAND.

The Rev. Alex. Stewart.

20. 친구외국선교연합회 FRIENDS' FOREIGN MISSION ASSOCIATION.

Robert John Davidson (China).

Henry T. Hodgkin, M.A., M.B.

Jonathan Backhouse Hodgkin.

John William Hoyland.

Henry Stanley Newman.

Miss Anne Wakefield Richardson, B.A.

Raymond Whitwell, B.A.

Arthur Mounfield.

21. 쿠르쿠 및 중앙 인도 산악 선교회
KURKU AND CENTRAL INDIAN HILL MISSION.

Mr. F. W. Howard Piper, LL.B.

22. 런던선교회 LONDON MISSIONARY SOCIETY.

The Rev. G. Currie Martin, M.A., B.D.

Mr. Basil Mathews.

Mrs. John May.

The Rev. E. P. Powell, M.A.

G. Basil Price, M.D., M.R.C.P.

The Rev. C. F. Rich (Papua).

The Rev. J. E. Newell (Samoan Islands).

The Rev. H. C. Nutter (N.W. Rhodesia).

Mr. F. D. Outram,

E. J. Peill, M.B., Ch.B., F.R.C.S. (Peking, China).

The Rev. G. E. Phillips, B.A. (Madras).

Mr. H. E. Wootton,

The Rev. Chas. Richardson.

Mrs. de Sélincourt.

Sir Albert Spicer, Bart., M.P,

The Rev. R. Wardlaw Thompson, B.A., D.D.

The Rev. G. R. Turner, M.B., Ch.B.

Mrs. Whyte.

Mr. T. E. B. Wilson.

23. 유대사회 기독교 전파를 위한 런던선교회
THE LONDON SOCIETY FOR PROMOTING CHRISTIANITY AMONG THE JEWS.

Mr. F. Batchelor, A.R.H.A.

Miss Burney.

The Rev. E. H. Lewis Crosby, B.D.
The Rev. F. L. Denman, M.A.
The Rev. D. H. Dolman, M.A.
(Hamburg).
The Rev. W. G. Allan, M.A., B.D.
The Rev. E. R. Barrett, B.A.
The Rev. W. Morton Barwell, M.A.
The Rev. W. N. Bitten (China).
The Rev. Wm. Bolton, M.A.
The Rev. T. Boyson.
Miss M. Budden (N. India).
The Rev. H. C. Carter, M.A.
Mr. Cheng Ching-Yi.
The Rev. George Cousins.
Miss H. Davies (Hong-Kong).
The Rev. L. H. Gaunt, M.A.
The Rev. Canon A. L. Elliott, M.A.
Miss Lane.
The Rev. D. A. Maxwell, M,A.
The Rev. W. W. Pomeroy, M.A.
The Rev. S. Schor, Kelso.
The Rev. C. H. Titterton, B.D.
The Rev. E. Greaves.
The Rev. I. H. Hacker (Travancore, S. India).
The Rev. G. A. Hamson.
S. Lavington Hart, M.A., D.Sc.
The Rev. W. Hardy Harwood,
The Rev. A. R. Henderson, M.A.
The Rev. W. S. Houghton.
The Rev. H. M. Hughes, B.A.
The Rev. A. N. Johnson, M.A.
The Rev. H. T. Johnson (Madagascar)

24. 인도 및 동양 나환자선교회
MISSION TO LEPERS IN INDIA AND THE EAST.

Mr. T. A. Bailey.

Mr. Welleslcy C. Bailey.

The Rev. A. H. Bestall.

Mr. John Jackson, F.R.G.S.

Mr. G. W. Place (late I.C.S.).

25. 스코틀랜드국립성경협회
NATIONAL BIBLE SOCIETY OF SCOTLAND.

Sir Samuel Chisholm, Bart., LL.D.

The Rev. R. H. Falconer.

The Rev. James Mitchell, D.D.

Mr. W. J. Slowan.

26. 뉴헤브리디스제도선교회 NEW HEBRIDES MISSION.

Mr. A. K. Langridge.

27. 북아프리카선교회 NORTH AFRICA MISSION.

Mr. Arthur V. Liley (Tunis).

Mr. Ernest E. Shaw.

Col. G. Wingate, CLE.

28. 캘커타를 위한 옥스포드선교회
OXFORD MISSION TO CALCUTTA.

The Rev. Canon Johnston.

29. 영국장로교 외국인선교위원회

THE PRESBYTERIAN CHURCH OF ENGLAND FOREIGN MISSIONS COMMITTEE.

The Rev, Wm, Campbell, F,R,G.S. (Formosa).

Dr. Wm. Carruthers, F.R.S.

The Rev. Alexander Connell, B.D.

The Rev. William Dale.

The Rev. J. Campbell Gibson, D.D. (Swatow).

Professor A. Macalister, M.D., LL.D.

The Rev. D. C. Macgregor, M.A.

30. 영국장로교 여성선교협의회

THE WOMEN'S MISSIONARY ASSOCIATION OF THE PRESBYTERIAN CHURCH OF ENGLAND.

Miss J. P. Craig.

Miss Lecky (China).

Miss Matheson.

31. 아일랜드장로교 외국인선교회

FOREIGN MISSION OF THE PRESBYTERIAN CHURCH IN IRELAND.

The Rev. S. W. Chambers, B.A.

Sir Wm. Crawford, J. P.

The Rev. R. K. Hanna, B.A.

The Rev. John Irwin, M.A., D.D.

The Rev. Wm. Park, M.A.

Miss Sinclair.

The Rev. John Stewart, B.A.

The Rev. George Thompson.

32. 원시감리교파선교협회
PRIMITIVE METHODIST MISSIONARY SOCIETY.

Mr. W. Beckworth, J. P.

The Rev. J. Pickett.

33. 이보에족 선교회 QUA IBOE MISSION.

Mr. R. L. McKeown.

34. 초지역선교사연합회 REGIONS BEYOND MISSIONARY UNION.

The Rev. J. Z. Hodge (Behar, India).

The Rev. J. Stuart Holden, M.A.

The Rev. D. F. MacKenzie, M.A., B.D.

Mr. J. Christie Reid.

The Rev. William Wilkes.

35. 기독교지식증진협회
SOCIETY FOR THE PROMOTION OF CHRISTIAN KNOWLEDGE.

The Rev. Canon F. H. Fisher, M.A.

The Rev. A. Shillito, M.A.

The Rev. W. S. Swayne, M.A.

36. 외국지역복음전파협회
SOCIETY FOR THE PROPAGATION OF THE GOSPEL IN FOREIGN PARTS.

The Rev. G. Dexter Allan.

Mr. T. Batty.

The Rev. M. C. Bickersteth.

The Rev. Dr. S. Bickersteth.

Mrs. Bickersteth.

The Rev. Canon Clarendon.

The Rev. W. J. Conybeare.

The Rev. Oswald Craig.

Mrs. Creighton.

The Rev. L. Dawson.

The Rev. G. R. Ekins.

The Rev. W. H. Frere.

The Rev. Lord W. Gascoyne-Cecil.

Miss Humphry.

The Rt. Rev. Bishop Iliff (Shantung).

Miss Kirkpatrick.

Sister Lilian.

Mr. W. M'Carthy.

The Rt. Rev. Bishop Montgomery.

Mrs. Montgomery.

The Rev. E. H. Mosse.

The Rev. J. O. F. Murray, D.D.

The Rev. Canon Proctor.

The Rev. Dr. Robertson.

The Rev. Canon Robinson, D.D.

Mrs. Romanes.

The Rev. S. Ghose (Delhi).

The Rev. F. J. Griffiths (North China).

Miss G. Gurney.

The Rev. A. W. B. Higgens.

The Rev. J. A. Sharrock.

The Rev. Mackwood Stevens.

Miss C. Trollope.

Brother F. J. Western.

The Rev. Canon H. T. Wood.

37. 남아프리카선교회 SOUTH AFRICA GENERAL MISSION.

Mr. Arthur Mercer.

Mr. J. C. Gibson

Mr. A. A. Head.

38. 남미선교회 SOUTH AMERICAN MISSIONARY SOCIETY.

Rev. H. S. Acworth.

The Rev. J. M. Harris, M.A.

39. 수단연합선교회 SUDAN UNITED MISSION.

Dr. H. Karl Kumm, F.R.G.S.

Mr. W. J. W. Roome, M.R.I.A.I.

40. 스코틀랜드연합자유교회외국인선교위원회 UNITED FREE CHURCH OF SCOTLAND FOREIGN MISSION COMMITTEE.

The Rev. Frank Ashcroft, M.A.

Dr. A. H. F. Barbour.

The Rev. Jn. Bruce (Natal).

Col. Cadell, V.C, C.B.

The Rev. Prof. Cairns, D.D.

Mr. Alexander Callender.

The Rev. Dugald Christie, F.R.C.P., L.R.C.S.E. (Manchuria).

The Rev. J. Colville Peattie, M.A.

The Rev. Dugald Revie, M.B., CM. (Nagpur).

The Rev. George Robson, D.D.

The Rev. John Ross, D.D. (Manchuria).

The Rev. Dr. J. Shepherd (India).

Dr. George Smith, CI.E.

Provost J. A. Tod.

The Rev. Archibald Henderson, D.D.

The Rev. Professor MacEwen, D.D.

The Rev. Prin. Mackichan, D.D. , LL.D. (Bombay).

The Rev. Alexander Miller, D.D.

Mr. G. J. Wildridge.

The Rev. A. W. Wilkie, B.D. (Old Calabar).

Charles Workman, M.D.

The Rev. J. C Young, M.A., M.B., C.M. (So. Arabia).

41. 스코틀랜드연합자유교회유대인위원회

THE UNITED FREE CHURCH OF SCOTLAND JEWISH COMMITTEE.

The Rev. William Ewing, M.A.

The Rev. J. B. Hastings, D.D.

Sir Alexander Simpson, M.D.

42. 스코틀랜드연합자유교회리빙스토니아선교위원회

UNITED FREE CHURCH OF SCOTLAND LIVINGSTONIA MISSION COMMITTEE.

Mr, Thomas Binnie.

The Rev. J. Fairley Daly, B.D.

The Rev. A. G. MacAlpine (Bandawe).

Mr. F. J. M. Moir.

Mr. John Stephen.

43. 스코틀랜드연합자유교회외국인을위한여성선교회

THE UNITED FREE CHURCH OF SCOTLAND WOMEN'S FOREIGN MISSION.

Miss Adam.

Miss Lucy H. Anderson (Nasirabad, Rajputana).

Mrs. Campbell Lorimer.

Miss Paxton (Poona).

Miss Small.

The Rev. Wm. Stevenson, M.A.

44. 연합감리교회선교회 UNITED METHODIST CHURCH MISSION.

The Rev. H. T. Chapman.

Sir James Duckworth, J. P.

Rev. H. T. Lazenby (South India).

The Rev. G. Packer.

The Rev. F. B. Turner (North China).

Mr. Jos. Ward.

45. 웨일즈칼빈파감리교외국인선교회
THE WELSH CALVINISTIC METHODISTS' FOREIGN MISSIONS.

The Rev. J. Ceredig Evans (Assam).

The Rev. G. Griffiths, M.B., CM.

Mr. Wm. Venmore.

The Rev. R. J. Williams.

46. 웨슬리안감리교선교회
WESLEYAN METHODIST MISSIONARY SOCIETY.

Mr. E. G. Barber.

The Rev. F. J. Briscoe (Transvaal).

The Rev. J. Milton Brown.

The Rev, J. Currey (Transvaal).

The Rev. W. T. Davison, M.A., D.D.

Mr. J. Vanner Early,

Mr. J. Wilcox Edge.

The Rev. G. G. Findlay, B.A., D.D.

The Rev, W. H. Findlay, M.A.

The Rev, J. H. Greeves.

The Rev. W, Goudie.

The Rev. H. Haigh.

The Rev. G. Hargreaves.

Mr. E. G. Barber.

The Rev. F. J. Briscoe (Transvaal).

The Rev, J. Lewis.

The Rev. J. Scott Lidgett, M.A., D.D.

The Rev. J. G. Mantle.

The Rev. F. W. Macdonald.

The Rev. C, H. Monahan, M.A. (S. India).

The Rev. T. Moscrop.

The Rev. J. H. Moulton, D.D.

The Rev, H. H. Newham (S. India).

Sir Robert W. Perks, Bart.

Dr. W. C. Plummer.

The Rev. G. L. Pullan (China).

The Rev. H. B. Rattenbury, B.A. (China).

The Rev, J. Lewis.

The Rev. J. Scott Lidgett, M.A., D.D.

The Rev. J. Milton Brown.

The Rev, J. Currey (Transvaal).

The Rev. W. T. Davison, M.A., D.D.

Mr. J. Vanner Early,

Mr. J. Wilcox Edge.

The Rev. G. G. Findlay, B.A., D.D.

The Rev, W. H. Findlay, M.A.

The Rev, J. H. Greeves.

The Rev. W, Goudie.

The Rev. H. Haigh.

The Rev. G. Hargreaves.

R. N, Hartley, M.B.

The Rev. W, W. Holdsworth, M.A,

Mr. A. R. Kelley,

Sir R. Laidlaw.

The Rev. F. Lamb (S. India).

Mr, Edmund S. Lamplough.

The Rev, G. E. Woodford.

The Rev. J. G. Mantle.

The Rev. F. W. Macdonald.

The Rev. C, H. Monahan, M.A. (S. India).

The Rev. T. Moscrop.

The Rev. J. H. Moulton, D.D.

The Rev, H. H. Newham (S. India).

Sir Robert W. Perks, Bart.

Dr. W. C. Plummer.

The Rev. G. L. Pullan (China).

The Rev. H. B. Rattenbury, B.A. (China).

The Rev, J, Reed (N. India).

The Rev. J. D. Russell.

Sir George Smith, The Rev. A. A. Thomas, B.A. (S. India).

The Rev. J. A. Vanes, B.A.

Mr. Peter F, Wood.

47. 웨슬리안감리교선교여성보조회

WESLEYAN METHODIST MISSIONARY SOCIETY WOMEN'S AUXILIARY.

Miss E. Ellis.

Miss A. M. Hellier.

Miss Lidgett.

Miss Olive McDougall, M.D. (S. India).

Mrs. Wiseman.

48. 제난나성경의료선교회 ZENANA BIBLE AND MEDICAL MISSION.

The Rev. A. R. Cavalier.

The Hon. Louisa Kinnaird.

Mrs. Simson.

Miss E. M. Weatherley.

Miss F. D. Wilson (Bombay)

II. 미국 (미합중국과 캐나다)

AMERICAN (United States and Canada).

1. 미국집행위원회에 의해 임명된 특별 대표단

SPECIAL DELEGATES, APPOINTED BY AMERICAN EXECUTIVE COMMITTEE.

The Rev. James L. Barton, D.D.

The Rev. Arthur J. Brown, D.D.

Hon. W. Jennings Bryan.

The Rev, H. K. Carroll, LL.D,

Hon. W. A. Charlton, M.P.

Miss Grace H. Dodge.

Mr. W. Henry Grant.

The Rev. Bishop Yoitsu Honda.

The Rev. Bishop W. R. Lambuth, D.D., M.D.

Pros. W. Douglas Mackenzie, D.D.

Mr. Silas McBee.

The Rev. Prof. Edward C. Moore, D.D.

John R. Mott, LL.D.

The Rev. W. H. Roberts, D.D., LL.D.

Robert E. Speer, D.D.

Bishop J. M. Thoburn, D.D.

The Hon. T. H. Yun.

Hon. Seth Low, LL.D.

안식일교 ADVENTIST.

2. 제7일안식일교 외국인선교회

FOREIGN MISSION SOCIETY, SEVENTH DAY ADVENTISTS.

Mr. L. R. Conradi.

Mr. W. J. Fitzgerald.

The Rev. W. A. Spicer.

BAPTIST.

3. 미국감리교외국인선교회
AMERICAN BAPTIST FOREIGN MISSION SOCIETY.

The Rev. J. S. Adams.

Miss Kate Armstrong.

The Rev. T. S. Barbour, D.D.

The Rev. Alex. Blackburn, D.D.

The Rev. A. K. de Blois, LL.D,

Miss Ada Brigham.

The Rev. G. H. Brock.

Miss Z. A. Bunn.

The Rev. J. B. Calvert, D.D.

The Rev. C. M. Carter, D.D.

The Rev. Yugoro Chiba.

Prof. E. W. Clement.

Joseph L. Colley, LL.D.

Mr. G. G. Dutcher.

Mr. Wellington Fillmore.

Miss Mary A. Greene.

The Rev. H. B. Grose, D.D.

The Rev. F. P. Haggard, D.D.

The Rev. C. H. Harvey.

The Rev. W. H. S. Hascall.

Col. E. H. Haskell.

The Rev. J. H. Haslam, D.D.

The Rev. John Humpstone, D.D.

Mrs. John J. Jones.

The Rev. Thang Khan.

Mr. D. P. Leas.

Miss Ella D. MacLaurin.

Mr. Andrew MacLeish.

Mrs. MacLeish.

The Rev. J. M. Moore.

The Rev. D. D. Munro, D.D.

Mr. H. J. Openshaw.

The Rev. F. W. Padelford.

The Rev. C. E. Petrick.

Miss Nellie Prescott.

The Rev. John Rangiah.

The Rev. A. W. Rider.

Mrs. John E. Scott.

Prof. Gerald R. Smith.

Prof. Ah Sou.

Prof. Tong Tsing-en.

The Rev. B. L. Whitman, LL.D.

Mr. R. Mornay Williams.

4. 남침례회연맹 외국인선교협의회

FOREIGN MISSION BOARD, SOUTHERN BAPTIST CONVENTION.

The Rev. W. J. E. Cox, D.D.

Miss Edith C. Crane.

The Rev. S. J. Porter, D.D.

The Rev. William H. Smith, D.D.

The Rev. E. C. Dargan, D.D.

The Rev. H. A. Porter.

Mr. J. H. Tyler.

Mrs. J. H. Tyler.

5. FOREIGN MISSION BOARD, NATIONAL BAPTIST CONVENTION.

The Rev. W. W. Brown.

The Rev. J. G. Jordan.

6. 감리교자유평의회 외국인선교협의회

FOREIGN MISSION BOARD, GENERAL CONFERENCE FREE BAPTISTS.

The Rev. J. L. Dearing, D.D. (Japan).

Miss Laura A. de Meritte

Mr. Mayne Jordan.

7. 제7일 감리교 선교협회

MISSIONARY SOCIETY, SEVENTH DAY BAPTISTS.

Lt. Col. T. W. Richardson.

8. 연합감리교외국인선교협의회(캐나다)

UNITED BAPTIST FOREIGN MISSION BOARD (CANADA).

The Rev. H. F. Laflamme.

The Rev. J. A. Glendinning.

9. 캐나다감리교외국인선교협의회

BAPTIST FOREIGN MISSION BOARD IN CANADA.

The Rev. J. J. Ross.

Mrs. J. J. Ross.

The Rev. W. T. Stackhouse.

그리스도교회 CHRISTIANS.

10. 그리스도교회 선교협의회 MISSION BOARD, CHRISTIAN CHURCH.

The Rev. J. P. Barett, D.D.

회중 교회 CONGREGATIONAL.

11. 외국인선교위탁미국협의회

AMERICAN BOARD OF COMMISSIONERS FOR FOREIGN MISSIONS.

Mrs. Lyman Baird.

Mrs. James L. Barton.

The Rev, Frederick B. Bridgman (Africa).

The Rev. Howard D. Bridgman, D.D.

The Rev. S. W. Gentle-Cackett.

Edward Warren Capen, Ph.D.

Pres. Samuel B. Capen, LL.D.

The Rev. De Witt S. Clark, D.D.

The Rev. J. D. Davis, D.D.

The Rev. William Horace Day.

The Rev. Frank Dyer.

Mrs. M. L. Gordon.

Mr. J. Livingstone Grandin.

The Rev. Sydney L. Gulick, D.D.

The Rev. George A. Hall.

President Tasuku Haradá, LL. D.

Mr. Chas. E. Harwood.

Mr. Harry Wade Hicks.

Miss Ethel D. Hubbard.

The Rev. R. A. Hume, D.D.

The Rev. John P. Jones, D.D.

Mrs. E. D. Marden (Turkey).

The Rev. Cornelius H. Patton, D.D.

Mrs. Cornelius H. Patton.

Mr. W. W. Peet.

Miss Sarah Pollock.

Miss Mary K. Porter.

Mr. Henry H. Proctor.

Miss Bertha P. Reed.

Mrs. William Renwick.

The Rev. D. Z. Sheffield, D.D,

Dr. F. D. Shepard.

The Rev. Arthur H. Smith, D.D.

Mr. Fred. B. Smith.

The Rev. Edward Lincoln Smith.

Miss E. Harriet Stanwood.

Miss Eva M. Swift (India).

Mr. Lucien C. Warner.

The Rev. E. M. Williams, D.D.

Mrs. E. M. Williams.

Mr. Francis O. Winslow.

The Rev. Samuel H. Woodrow, D.D.

12. 캐나다 회중교회 외국인선교협회

FOREIGN MISSIONARY SOCIETY, CANADA CONGREGATIONAL.

The Rev. J. L. Alexander.

The Rev. E. Munson Hill, D.D.

그리스도 제자단 DISCIPLES OF CHRIST.

13. 외국인기독교선교협회 FOREIGN CHRISTIAN MISSIONARY SOCIETY.

Miss Katherine Blackburn.

Dr. G, W. Brown (India).

The Rev. J. H. Garrison.

The Rev. Errett Gates, Ph.D.

The Rev, O. J. Grainger (India).

Mrs. O. J. Grainger (India).

Prof. R. E. Hieronymus.

The Rev. Edgar D. Jones.

The Rev. J. G. McGavran (India).

Mrs. J. G. McGavran (India).

Miss Mary T. McGavran, M.D. (India).

The Rev. A. McLean.

The Rev. C. C. Morrison.

The Rev. J. M. Philputt.

The Rev. A. W. Taylor.

The Rev. W. S. Lockhart.

14. 기독교여성선교협의회 CHRISTIAN WOMAN'S BOARD OF MISSIONS.

Mrs. E. M. Bowman.

Mrs. Ida W. Harrison.

Mr. S. G. Inman (Mexico).

Mrs. S. G. Inman (Mexico).

Mrs. W. Oeschger.

Miss Mattie Pounds.

Miss Martha Smith, M.D.

복음주의연합회 EVANGELICAL ASSOCIATION.

15. 복음주의연합회 외국인선교회

FOREIGN MISSIONARY SOCIETY, EVANGELICAL ASSOCIATION.

The Right Rev. Bishop S. C. Breyfogel.

The Rev. Christian Staebler, D.D.

16. 복음주의연합교회외국인선교회

FOREIGN MISSIONARY SOCIETY, UNITED EVANGELICAL CHURCH.

The Rev. W. H. Fouke.

친구단 FRIENDS.

17. 미국친구단선교협의회 AMERICAN FRIENDS' BOARD OF MISSIONS.

Charles E. Tebbetts.

William Thompson.

18. 친구단외국인선교연합회

FOREIGN MISSIONARY ASSOCIATION OF FRIENDS.

Walter J. Hairland.

독일인복음주의총회 GERMAN EVANGELICAL SYNOD.

19. 외국인선교협의회 FOREIGN MISSION BOARD.

The Rev. Paul A. Menzel

The Rev. Ernst Schmidt.

루터교 LUTHERAN.

20. 총회외국인선교협의회

BOARD OF FOREIGN MISSIONS, GENERAL SYNOD.

The Rev. Ezra K. Bell, D.D.

The Rev. Luther Kuhlman, D.D

Miss Mary E. Lowe (India).

The Rev. L. B. Wolf, D.D.

21. 총회평의회외국인선교협의회

BOARD OF FOREIGN MISSIONS, GENERAL COUNCIL.

The Rev. George Drach.

The Rev. E. T. Horn, D.D.

22. 남부연합총회선교협의회

BOARD OF MISSIONS, UNITED SYNOD, SOUTH.

The Rev. Arthur J. Stirewalt (Japan).

23. 루터자유교회선교협의회

BOARD OF MISSIONS, LUTHERAN FREE CHURCH.

Prof. J. H. Blegen.

메노나이트 MENNONITE.

24. 메노나이트선교협의회 MENNONITE BOARD OF MISSIONS.

The Rev. J. S. Shoemaker.

25. 메노나이트총회선교협의회

MENNONITE BOARD OF MISSIONS, GENERAL CONFERENCE.

The Rev. Alfred Wiebe.

감리교 METHODIST.

26. 에피스코팔감리교 외국인선교협의회

BOARD OF FOREIGN MISSIONS, METHODIST EPISCOPAL.

The Rev. A. J. Amery.
The Rev. J. C. Arbuckle, D.D.
The Rev. C. E. Bacon, D.D.
Bishop James W. Bashford.
Mr. Ernst G. Bek.
Mr. Ben Blanchard.
The Rev. K. A. Jansson.
The Rev. George Heber Jones, D.D,
The Rev. F. T. Keeney, D.D,
The Rev. C. F. Kupfer.
Mr. J. E. Leaycraft.
The Rev. A. B. Leonard, D.D.
The Rev. Dillon Bronson, D.D.
The Rev. W. H. Brooks, D.D.

The Rev. Fred. Brown (China).

The Rev. A. J. Bucher.

The Rev. J. M. Buckley, D.D.

The Rev. C. W. Burns, D.D.

The Rev. J. W. Butler, D.D.

The Rev. H. R. Calkins (India).

The Rev. H. G. Campbell, D.D.

The Rev. A. P. Camphor, D.D.

The Rev. J. R. Chitamber.

The Rev. F. C. Coman, D.D.

Mr. J. M. Cornell.

The Rev. Isaac Crook, D.D.

The Rev. Homer Eaton, D.D.

Mr. Charles H. Fahs.

The Rev. Fred. B. Fisher, D.D.

The Rev. John F. Fisher, D.D.

The Rev. J. F. Goucher, D.D.

The Rev. A. W. Greenman.

Bishop J. W. Hamilton.

The Rev. W. S. Harrington, D.D,

Bishop Merriman C. Harris.

The Rev. H. L. E. Luering, Ph.D.

The Rev. W. A. Mansell, D.D,

The Rev, Otto Melle.

The Rev. S. A. Morse, D.D.

Bishop William F. Oldham.

The Rev. Ole Olsen.

The Rev. H. F. Randolph.

Bishop John E. Robinson.

The Rev. F. Roesch, Ph.D. (Africa).

The Rev. F. N. Scott.

The Rev. G. A. Simons, D.D.

The Rev. Edmund D. Soper.

The Rev. C. B. Spencer, D.D.

The Rev. Burton St. John (China),

The Rev. S. S. Sulliger, D.D,

Mr. G. W. F. Swartzell.

Mr. Fred. E. Tasker.

The Rev. Bertrand M. Tipple, D.D.

The Rev. E. S. Tipple, D.D.

The Rev. Ralph B. Urmy, D.D.

The Rev. Leon K. Willman, D.D.

The Rev. S. J. Herben, D.D,

The Rev. Karl Hurtig.

27. 에피스코팔감리교여성 외국인선교협회

WOMAN'S FOREIGN MISSIONARY SOCIETY, METHODIST EPISCOPAL.

Mrs. J. W. Bashford,

Miss Clementina Butler.

Mrs. Pearl R. Campbell.

Miss Carrie J. Carnahan.

Mrs. A. J. Clarke.

Miss Grace A. Crooks.

Mrs. John Deal.

Mrs. Oner S. Dow.

Mrs. A. C. Ellis.

Mrs. John Fisher.

Miss Helen R. Galloway.

Mrs. J. W. Hamilton.

Mrs. J. C. Healy.

Mrs. S. J. Herben.

Mrs. E. D. Huntley.

Mrs. S. F. Johnson.

Mrs. J. H. Knowles.

Mrs. J. E. Leaycraft.

Mrs. F. F. Lindsay.

Miss Susan Lodge.

Mrs. W. F. McDowell.

Mrs. John Mitchell.

Mrs. L. V. Mulford.

Miss Elizabeth C. Northup.

Miss Mary Queal.

Mrs. J. E. Robinson (India).

Mrs. J. F. Robinson.

Miss Margaret M. Robinson.

Miss Grace Stephens (India).

Miss Susan B. Sweet.

Mrs. R. L. Thomas.

Miss Ella M. Watson.

28. 남부에피스코팔감리교 선교협의회

BOARD OF MISSIONS, METHODIST EPISCOPAL, SOUTH.

The Rev. W. B. Beauchamp, D.D.

The Rev. O. E. Brown, D.D.

The Rev. James Cannon, D.D.

The Rev. W. G. Cram (Korea).

The Rev. S. L. Dobbs, D.D.

The Rev. R. C. Elliott (Mexico).

The Rev. H. M. Hamill, D.D.

The Rev. Bishop E. R. Hendrix, D.D.

The Rev. N. E. Joyner.

The Rev. Robert Kerr.

The Rev. H. M. Long.

The Rev. J. G. C. Newton, D.D.
(Japan).

The Rev. A. P. Parker, D.D. (China).

The Rev. W. W. Pinson, D.D.

The Rev. E. H. Rawlings, D.D.

Dr. J. P. Scott.

The Rev. O. F. Sensabaugh.

The Rev. T. A. Smoot.

The Rev. J. W. Tarboux.

Mr. F. P. Turner.

29. 남부에피스코팔감리교여성 외국인선교협회

WOMAN'S FOREIGN MISSIONARY SOCIETY, METHODIST EPISCOPAL, SOUTH.

Miss Belle H. Bennett.

Mrs. Jas. Cannon, jun.

Miss Esther Case (Mexico).

Miss Daisy Davies.

Miss M. L. Gibson.

Mrs. J. E. Grubbs.

Miss Mary Helm.

Mrs. A. L. Marshall.

Mrs. J. C. Mimms.

Mrs. A. P. Parker.

Miss L. Roberts (Mexico).

Mrs. Arch. Trawick.

Miss E. Tydings.

30. 감리교개신교외국인선교협의회

BOARD OF FOREIGN MISSIONS, METHODIST PROTESTANT.

The Rev. J. C. Broomfield.

The Rev. Fred. C. Klein.

31. 감리교개신교여성 외국인선교협회

WOMAN'S FOREIGN MISSIONARY SOCIETY, METHODIST PROTESTANT.

Miss Olive I. Hodges.

32. 캐나다감리교회 선교협회

MISSIONARY SOCIETY, METHODIST CHURCH OF CANADA.

Mr A. O. Dawson.

The Rev. George E. Hartwell (China).

The Rev. A. C. Hoffman (China).

The Rev. O. L. Kilborn, M.D. (China).

Mr. G. Herbert Wood.

Mr. H. J. Knott.

Mr. Vincent Massey.

Mr. Newton W. Rowell, K.C.

The Rev. T. E. E. Shore.

Professor F. H. Wallace.

33. 캐나다감리교여성선교협의회

WOMAN'S BOARD OF MISSIONS, METHODIST CHURCH OF CANADA.

Mrs. W. E. Ross.

Mrs. E. S. Strachan.

Mrs. Gordon Wright.

34. 자유감리교총회선교협의회

GENERAL MISSIONARY BOARD, FREE METHODIST.

Mrs. M. L. Coleman.

Bishop William Pearce.

The Rev. B. Winget.

35. 아프리칸에피스코팔감리교외국인선교회

FOREIGN MISSIONARY SOCIETY, AFRICAN METHODIST EPISCOPAL.

Miss H. Quinn Brown.

The Rev. J. W. Rankin.

모라비안 MORAVIAN.

36. 이방인복음전파연합형제단협회

SOCIETY OF UNITED BRETHREN FOR PROPAGATING THE GOSPEL AMONG THE HEATHEN.

The Rev. Paul de Schweinitz, D. D.

장로교 PRESBYTERIAN.

37. 미국장로교외국인선교협의회

BOARD OF FOREIGN MISSIONS, PRESBYTERIAN CHURCH IN THE U.S.A.

The Rev. George Alexander, D.D.

The Rev. A. H. Barr.

General James A. Beaver.

The Rev. H. S. Coffin, D.D.

The Rev. R. F. Coyle, D.D.

Mr. Dwight H. Day.

The Rev. Paul D. Bergen.

Mrs. E. L. Carpenter.

The Rev. K. C. Chatterjee, D.D.

The Rev. H. C. Minton, D.D., LL.D.

The Rev. S. A. Moffett, D.D.

The Rev. D. A. Murray, D.D.

Mr. W. T. Ellis.

The Rev. Professor Charles R. Erdman, D.D.

The Rev. C. H. Fenn.

The Rev. W. H. Foulkes.

The Rev. H. D. Griswold, Ph.D.

The Rev. William Harris.

The Rev. James W. Haukes.

The Rev. D. S. Hibbard.

Miss Margaret Hodge.

The Rev. F. E. Hoskins, D.D.

The Rev. K. Ibuka, D.D.

The Rev. S. Jessup.

Mrs. John S. Kennedy.

The Rev. Warren H. Landon, D.D.

The Rev. G. M. Luccock, D.D.

Mr. Alfred E. Marling.

The Rev. William S. Marquis, D.D.

The Rev. Shivram Masoji,

Mr. David M'Conaughy.

The Rev. W. L. M'Ewan, D.D.

Mr, D. W. M'Williams.

The Rev. Joseph H. Odell, D.D.

Miss Ellen C. Parsons.

Mrs. H. B. Pinney.

The Rev. Wallace Radcliffe, D.D.

The Rev. A. V. V. Raymond, D.D.

Mr. Fleming H. Revell.

The Rev. Frank Russell, D.D.

T. H. P. Sailer, Ph.D.

Mrs. A. F. Schauffler.

Mr. L. H. Severance.

The Rev. J. B. Shaw, D.D.

Mrs. J. B. Shaw.

The Rev. J. W. Smith.

The Rev. J. Ross Stevenson, D.D.

The Rev. John T. Stone.

Mrs. James R. Swain.

Miss J. Livingstone Taylor.

The Rev. Charles L. Thompson, D.D.

Mr. Tsang Ding Tong.

Mrs. A. B. Wadsworlh.

The Rev. Hugh Walker, D.D.

W. J. Wanless, M.D.

38. 미국장로교회외국선교대표위원회
EXECUTIVE COMMITTEE OF FOREIGN MISSIONS, PRESBYTERIAN CHURCH IN U.S.A.

Mrs. E. P. Allen.

Mrs. Champ Clark.

The Rev. Chas. E. Diehl.

The Rev. W. R. Dobyns, D.D.

Prof. J. Lewis Howe.

The Rev. J. C. Painter.

The Rev. G. W. Painter, D.D.

The Rev. P. F. Price, D.D.

The Rev. J, O. Reavis, D.D.

The Rev. W. D. Reynolds, D.D.

Mrs. E. P. Allen.

Mrs. Champ Clark.

The Rev. Chas. E. Diehl.

The Rev. W. R. Dobyns, D.D.

Prof. J. Lewis Howe.

Prof. Marian M'H. Hull, M.D., M.Sc.

Mr. H. C. Ostrom.

The Rev. J. C. Painter.

The Rev. G. W. Painter, D.D.

The Rev. P. F. Price, D.D.

The Rev. J, O. Reavis, D.D.

The Rev. W. D. Reynolds, D.D.

The Rev. J. M. Wells, D.D.

The Rev. Thornton Whaling, D.D.

39. 연합장로교회 외국선교협의회

BOARD OF FOREIGN MISSIONS, UNITED PRESBYTERIAN.

The Rev. J. K. Giffen, D.D. (Egyptian Sudan).

V. M. Henry, M.D. (Egypt).

H. T. M'Laughlin, M.D. (Egyptian Sudan).

Miss Anna A. Milligan.

The Rev. Prof. W. E. Nicoll (India).

Miss J. Phandora Simpson, M.D. (India).

The Rev. Robert Stewart, D.D., LL.D. (India).

The Rev. Andrew Watson, D.D. (Egypt).

The Rev. C. R. Watson, D.D.

Mr. J. Campbell White.

Mr. F. O. Shane.

40. 연합장로교회여성총회선교회

WOMEN'S GENERAL MISSIONARY SOCIETY, UNITED PRESBYTERIAN.

Miss Rena L. Hogg.

Mrs. George Moore.

Miss Anna Y. Thompson (Egypt).

Mrs. John A. Wilson.

41. 개혁장로교회총회외국인선교협의회

BOARD OF FOREIGN MISSIONS, REFORMED PRESBYTERIAN SYNOD.

The Rev. Louis Meyer.

42. 캐나다장로교회외국인선교위원회
FOREIGN MISSIONS COMMITTEE, PRESBYTERIAN CHURCH IN CANADA.

The Rev. A. E. Armstrong.

The Rev. J. Eraser Campbell, D.D.

The Rev. J. M. Duncan, D.D.

The Rev. Prin. R. A. King, D.D.

The Rev. W. A. J. Martin.

Dr. W. M'Clure.

The Rev. J. A. MacGlashen.

The Rev. D. MacOdrum.

Mrs. J. D. Robertson.

The Rev. J. M'P. Scott.

Prof. R. E. Welsh, D.D.

개신교 에피스코팔 PROTESTANT EPISCOPAL.
43. 국내국외선교회 DOMESTIC AND FOREIGN MISSIONARY SOCIETY.

The Rev. Reese F. Alsop, D.D.

The Right Rev. C. P. Anderson, D.D.

The Right Rev. Charles H. Brent, D.D.

Miss Julia C. Emery.

The Rev. C. H. Evans (Japan).

The Rev. W. P. Ladd.

The Rev. Henry M. Ladd.

The Right Rev. William Lawrence, D.D.

Mrs. William Lawrence.

Mr. W. G. Low.

The Rev. Robert B. Parker.

The Rev. Jas. Chappell (Japan).

The Rev. Herman L. Duhring, D.D.

The Rev. J. Houston Eccleston, D.D.

The Rev. F. L. H. Pott, D.D. (China).

The Right Rev. Logan H. Roots, D.D.

The Rev. J. C. Roper, D.D.

Mr. William Jay Schieffelin.

The Rev. Charles IL Smith, D.D.

The Rev. C. T. Walkley.

Mr. John W. Wood.

The Rev. J. de W. Perry, D.D

44. 캐나다 영국교회선교회

MISSIONARY SOCIETY, CHURCH OF ENGLAND IN CANADA.

The Ven. Archdeacon Cody, D.D., D.C.L

The Rev. Canon L. Norman Tucker, M.A., D.C.L.

개혁교회 REFORMED.

45. 미국개혁교회외국선교협의회

BOARD OF FOREIGN MISSIONS, REFORMED CHURCH IN AMERICA.

The Rev. E. J. Blekkink, D.D.

The Rev. John G. Fagg, D.D.

Mrs. John G. Fagg.

Mrs, De Witt Knox.

The Rev. J. Edward Lyall.

Mr. E. E. Olcott.

Mrs. E. E. Olcott.

The Rev. A. Pieters.

The Rev. Prof. J. P. Searle, D.D.

The Rev. S. M. Zwemer, D. D.

46. 미합중국개혁교회외국인선교협의회

BOARD OF FOREIGN MISSION, REFORMED CHURCH IN U.S.

The Rev. Allen R. Bartholomew, D.D.

The Rev. James I. Good, D.D.

The Rev. William E. Lampe, Ph.D.

The Rev. H. K. Miller.

The Rev, John H. Prugh, D.D.

그리스도연합형제단 UNITED BRETHREN IN CHRIST.

47. 연합형제단외국인선교회

FOREIGN MISSIONARY SOCIETY, UNITED BRETHREN.

The Rev. S. S. Hough, D.D.

The Rev. Bishop G. M. Mathews, D.D.

48. 연합형제단여성외국인선교회

WOMEN'S FOREIGN MISSIONARY SOCIETY, UNITED BRETHREN.

Mr. A. A. Moore.

Mrs. Delia Todd (Africa).

초교파 INTERDENOMINATIONAL.

49. 미국평의회아프리카내지선교회

AFRICA INLAND MISSION, AMERICAN COUNCIL.

Mr. G. E. Davis.

The Rev. C. E. Hurlburt.

50. 미국성서협회 AMERICAN BIBLE SOCIETY.

The Rev, E. J. Aiken.

The Rev, Marcellus Bowen, D.D.

The Rev. Glenn Flinn.

The Rev. W. I. Haven, D.D.

The Rev. John Hykes, D.D.

The Rev. Frank Mason North, D.D.

The Rev. Henry A. Stimson, D.D.

The Rev. H. C. Tucker.

Mr. James Wood.

The Rev. Minot C. Morgan.

51. 캔톤기독대학교 CANTON CHRISTIAN COLLEGE.

The Rev. Samuel Macauley Jackson, D.D., LL.D.

52. 중국내지선교회 CHINA INLAND MISSION.

Mr. Wm. Borden.

The Rev. A. Imrie

The Rev. John McNicoll.

53. 기독교인과선교사연맹 CHRISTIAN AND MISSIONARY ALLIANCE.

The Rev. Matthew Birrel.

Mr. David Crear.

The Rev. M. B. Fuller (India).

The Rev. F. E. Marsh.

The Rev. A. E. Thompson.

The Rev. J. D. Williams.

54. 청년기독교연합국제위원회
INTERNATIONAL COMMITTEE, YOUNG MEN'S CHRISTIAN ASSOCIATION.

Mr. H. P. Andersen.

Mr. G. I. Babcock (Mexico).

Mr. F. S. Brockman (China).

Mr. George Sherwood Eddy.

Mr. Galen M. Fisher (Japan).

Mr. Franklin Gaylord.

Mr. A. C. Harte (India).

Mr. C. D. Hurrey (Argentina).

Mr. W. W. Lockwood (China).

Mr. Richard C. Morse.

55. 여청년기독교연합국제협의회
NATIONAL BOARD OF YOUNG WOMEN'S CHRISTIAN ASSOCIATIONS.

Mrs. Thomas S. Gladding.

Miss Harriet Taylor.

56. 북미스칸디나비안연합선교회
SCANDINAVIAN ALLIANCE MISSION OF NORTH AMERICA.

Mr. William Englund.

Mrs. Englund.

57. 시리아 개신교 대학 SYRIAN PROTESTANT COLLEGE.

The Rev. Jas. R. Swain.

58. 예일외국인선교회 YALE FOREIGN MISSIONARY SOCIETY.

The Rev, Harlan P. Beach, D.D.

59. 여성연합선교회 WOMEN'S UNION MISSIONARY SOCIETY.

Mrs. S. T. Dauchy.

Miss Elizabeth B. Stone.

Miss Mary S. Stone.

60. 미국집행위원회에서의추가명단
DELEGATES APPOINTED BY THE AMERICAN EXECUTIVE COMMITTEE TO FILL VACANCIES IN LISTS OF BOARDS.

The Rev. Charles R. Cooke, M.D. (India).

The Rev. J. Dixen.

Dr. Charles H. Frazier (China).

Dr. W. H. Howitt.

Mr. Delavan L. Pierson.

The Rev. Alvaro Reis.

The Rev. A. C. Strachan.

The Rev. Judson Swift, D.D.

The Rev. Daniel Thomas.

The Rev. Bishop Alex. Walters.

III. 대륙 CONTINENTAL

대륙 집행위원 특별 지명 대표단
SPECIAL DELEGATES APPOINTED BY THE CONTINENTAL EXECUTIVE COMMITTEE.

Pastor J. R. Callenbach, Dr. Theol.

Professor J. Eggeling, Ph.D.

Professor K. Meinhof.

Pastor Julius Richter, D.D.

Pastor von Velsen.

Skt. Frederic Vernier (Madagascar).

벨기에 BELGIUM.

벨기에 기독교선교회 EGLISE CHRÉTIENNE MISSIONAIRE BELGE.

Pasteur R. Meyhoffer.

덴마크 DENMARK.

1. 덴마크선교회 DANSKE MISSIONSSELSKAB.

Pastor Bachevold.

Herr L. Bergmann.

Missionar Bittmann.

Graf Moltke.

2. 인도선교회 SANTALMISSIONEN (INDIAN HOME MISSION)

Professor Blegen.

The Rev. P. O. Bedding (Bengal).

Pastor Oldenburg.

핀란드 FINLAND.

1. 핀란드선교회 FINSKA MISSIONSSÄLLSKAPET.

Missionsdirektor Joos Mustakallio, M.A.

The Rev. Erland Silvonen (China).

Baron K. A. Wrede.

Mr. Anton Wuorinen, M.A., LL.B.

2. 루터교외국인복음선교회 LUTHERSKA EVANGELIFORENINGEN.

Frl. Sigrid Uusitale.

프랑스 FRANCE.

파리복음선교회 MISSIONS ÉVANGÉLIQUES DE PARIS.

Pasteur E. Allégret (Mission du Congo français).

Pasteur Appia.

Directeur A. Boegner, D.D.

Pasteur A. Casalis (Basutoland Mission, South Africa).

The Rev. F. Chrislol (Basutoland Mission, South Africa).

Pasteur Daniel Couve.

The Rev. R. Pl. Dyke (Basutoland Mission, South Africa).

Pasteur G. Lauga.

Professeur Ch. Mercier.

Pasteur J. de Visme,

독일 GERMANY.

1. 전체 개신교선교단체

ALLGEMEINER EVANGELISCH-PROTESTANT-ISCHER MISSIONSVEREIN.

Pfarrer Fischer..

Missionsinspektor Witte. Lic.

2. 바젤선교회 BASLER MISSIONSGESELLSCHAFT.

Pfarrer Correvon.

Missionar Dilger.

Pfarrer C. Eisenberg.

Pfarrer Grein.

Missionar Gsell.

Missionar Arthur Jehle.

Missionar Kutter.

Pfarrer Lanterburg.

Stadtvikar Mayer.

Fräulein Metzger.

Pfarrer H. Möller.

Missionar Munz.

Herr Carl de Neufville.

Missionsinspektor öttli.

Stadtpfarrer Pfisterer.

Fräulein Raaflaub.

Pfarrer Schlatter.

The Rev. W. Spaich.

Dr. Stokes.

Missionsinspektor Würz.

3. 베를린선교회 BERLINER MISSIONSGESELLSCHAFT.

Missionsinspektor Axenfeld, Lie. Theol.

Oberverwaltungsgerichtsrat Berner.

Pastor Blümske.

Missionsdirektor Gensichen, D.D.

Missionsinspektor Glüer.

Pfarrer Haegeholz.

Cand. theol. Ohly.

Missionsinspektor Schlunk.

Missionsinspektor Wilde.

4. 독일 동아프리카선교회 DEUTSCH-OSTAFRIKANISCHE MISSIONS-GESELLSCHAFT.

Missionar Gleiss.

Missionsinspektor Trittelvitz.

5. 독일 동양선교회 DEUTSCHE ORIENT-MISSION.

The Rev. Jobs. Awetaranian

(Muhamed Schükri Effendi).

Direktor Dr. Joh. Lepsius.

6. 독일 중국연합선교회, 바르멘
DEUTSCHE CHINA-ALLIANZ-MISSION, BARMEN.

Missionar C. Polnick.

7. 독일 기독교사랑운동협회
DEUTSCHER HILFSBUND FUR CHRISTLICHES LIEBESWERK.

Gräfin Else Baudissin.

Pfarrer Brunnemann.

The Rev. S. Wasserzug.

8. 고센선교회 GOSSNERSCHE MISSIONSGESELLSCHAFT.

Missionar Pfarrer Hertzberg.

Superintendent Dr. Matthes.

Pfarrer P. Richter.

Pfarrer Vogel.

9. 헤르만스부르크선교회
HERMANNSBURGER MISSIONSGESELLSCHAFT.

Pfarrer Isenberg.

Pfarrer Maurer.

Pfarrer Meyer.

Pfarrer Robbelen.

Pastor von Staden.

Graf von Wedel.

10. 카이저스베르터시설 KAISERSWERTHER ANSTALTEN.

Pfarrer Disselhof.

Pfarrer Stursberg.

11. 리벤첼중국내지선교회 LIEBENZELLER CHINA INLAND MISSION.

Pfarrer Cörper.

Missionssekretär Kirmann.

12. 라이프찌히선교회 LEIPZIGER MISSIONSGESELLSCHAFT.

Missionsinspektor Bemmann.

Praepositus Bernhardt.

Pfarrer Cordes.

Missionar Gehrmg.

Missionssenior Handmann.

Kirchenrat G. Kurze, D.D.

Pastor Lichtenstein.

Konrektor Steck.

Pfarrer Ziegler.

13. 모라비안선교회 MISSION DER BRÜDERGEMEINE.

The Rev. J. Connor.

Miss Louisa Hanna.

The Right Rev. Bishop E. R. Hassé.

The Right Rev. Bishop P. O. Hennig.

The Right Rev. Bishop La Trobe.

The Rev. Henry Weiss.

The Rev. Prof. Mirbt, D.D.

The Rev. H. P. Mumford.

The Rev. P. von Schweinitz, D.D.

The Right Rev. Bishop F. Stähelin.

Mrs. Stähelin.

Herr Pastor Lie. Henry Ussing.

14. 독일침례교선교회 MISSION DER DEUTSCHEN BAPTISTEN.

Redakteur Hoefs.

Missionsinspektor Mascher.

15. 노이엔델사우선교회 NEUENDETTELSAUER MISSION.

Pfarrer Küffner.

Pastor Seiler.

16. 노이키르히너선교회 NEUKIRCHNER MISSIONSANSTALT.

Pfarrer Krüsmann.

Herr Rud. Kühnen.

17. 북부독일선교회 NORDDEUTSCHE MISSIONSGESELLSCHAFT.

Missionsdirektor Schreiber.

Prases Joh. Schroder.

18. 라인선교회 RHEINSCHE MISSIONSGESELLSCHAFT.

Missionar A. Bettin.

Pfarrer Lie. Dr. Böhmer.

Kommerzienrat E. Colsmann.

Pastor Hartmann.

Prof. Haussleiter, D.D.

Pfarrer Hense.

Missionar A. Hoffmann.

Kommerzienrat Mittelsten-Scheid.

Superintendent Müller.

Dr. med. Olpp.

Missionsinspektor Warneck, Lie.
Theol.

Missionsinspektor Wegner.

Pfarrer Wilm.

Pfarrer Witteborg.

19. 슐레스비히홀스타인선교회
SCHLESWIG HOLSTEINSCHE MISSIONS-GESELLSCHAFT.

Missionsinspektor Lucht.

Missionssekretär Pohl.

Missionar Wohlenberg.

네덜란드 HOLLAND.
1. 자바위원회 JAVA COMITÉ.

L. J. van Wijk.

2. 네덜란드선교협회 NEDERLANDSCH ZENDELING GENOOTSCHAP.

Techn. Stud. J. W. Gunning.

The Rev. P. J. Muller, D.D.

Prof. Van Nes, D.D.

3. 네덜란드선교학교 NEDERLANDSCHE ZENDINGSSCHOOL,

Dr. Theol. A. M. Brouwer.

4. 네덜란드선교회 NEDERLANDSCHE ZENDINGS VEREENIGING.

C. Ch. J. Schroeder.

J. J. Voortman,.

5. SANGIR AND TALAUT 위원회 SANGIR AND TALAUT COMITÉ.

Miss H. B. de la Bassecour-Caan.

6. UTRECHTSCHE 선교학회 UTRECHTSCHE ZENDINGS VEREENIGING.

Dr. Theol. J. A. Cramer, J. P.

Pastor Henzel.

Missionsdirektor Rauws.

7. 네덜란드개혁교회선교회
ZENDING VAN DE GEREFORMEERDE KERKEN IN NEDERLAND.

Ds. H. Dijkstra.

Ds. W. B. Renkema.

Ds. W. W. Smitt.

노르웨이 NORWAY.

1. 노르웨이교회선교협회
NORSKE KIRKES MISSION VED SCHREUDER.

Pastor Skaar.

2. 노르웨이루터교중국선교연합
NORSKE LUTHERSKE KINAMISSIONSFORBUND

Formand Brandtzaeg.

Missionar P. S. Eikrem.

Missionar O. M. Sama.

3. 노르웨이선교회 NORSKE MISSIONSSELSKAB.

Missionsdirektor Dahle.

Dr. Fox-Maule.

Pastor Klaveness.

The Rev. L. S. Koren.

Pastor Lögstrup.

Pastor Munck.

Pastor Myhre.

Dr. J. E. Nilsen.

스웨덴 SWEDEN.

1. 복음주의포스터랜드선교재단 EVANGELISKA FOSTERLANDS STIFTELSENS.

Missionspastor Hedberg.

Missionsdirektor Lindgren.

Fräulein Vivi Rinman.

Missionspastor Ruthgvist.

Missionspastor Sundström.

2. 이스라엘선교회 FÖRENINGEN FÖR ISRAELSMISSION.

The Rev. Axel Svanberg.

3. 스웨덴교회선교위원회 SVENSKA KYRKANS MISSIONSTYRELSE.

Propst Hogner.

Missionsdirektor Ihrmark.

Pfarrer Johansson.

The Right Rev. Bishop W. H. Tottie, D.D

4. 스웨덴중국선교회 SVENSKA MISSIONEN I KINA.

Herr Erik Folke.

5. 스웨덴선교연합회 SVENSKA MISSIONSFORBUNDET.

Missionar L, E. Högberg(East Turkestan).

Missionar C. O. Orest.

Missionssekretär Wilh. Sjöholm.

Missionar A. P. Tjellström (China).

스위스 SWITZERLAND.

로만데선교회 MISSION ROMANDE.

The Rev. G. Bugnion.

Secretaire Grandjean.

The Rev. H. A. Junod.

특별대표단 SPECIAL DELEGATES.

아래의 대표들은 늦게 선임된 명단으로 공석을 채운 분들이지만, 이들의 신상이 어떤 단계와 연결되어 있는지의 여부는 확인할 수 없다.

Mr. Ivor Aasen, Cand. Phil.

The Rev. Jakob Bystrom.

The Rev. A. H. Ewing.

Mr. C. Henrlk Tjäder.

IV. 남아프리카 및 호주 대표단

SOUTH AFRICAN AND AUSTRALASIAN.

1. 남아프리카의독일개혁교회

DUTCH REFORMED CHURCH OF SOUTH AFRICA.

The Rev. D. Bosman.

The Rev. Henri Gonin

The Rev. Prof. J. I. Marais, D.D.

The Rev. B. P. J. Marchand, B.A.

2. 남아프리카독일개혁교회여성외국인선교회

DUTCH REFORMED CHURCH OF SOUTH AFRICA

WOMEN'S FOREIGN MISSION.

Mrs. D. Bosman.

3. 남아프리카선교회(웨슬리안)

SOUTH AFRICAN MISSIONARY SOCIETY (WESLEYAN).

Mr. T. E. Duckies.

The Rev. John Gould.

The Rev. R. T. Hornabrook.

4. 호주교회선교연합회

AUSTRALIAN CHURCH MISSIONARY ASSOCIATION.

The Rev. W. A. Charlton.

The Right Rev. the Bishop of Gippsland.

The Rev. J. S. Needham.

5. 뉴질랜드교회선교연합회

NEW ZEALAND CHURCH MISSIONARY ASSOCIATION.

The Rev. T. A. R. Ebbs.

6. FURREEDPORE 선교법인 FURREEDPORE MISSION, INCORPORATED.

The Rev. Peter Fleming.

7. 호주장로교회외국인선교부

PRESBYTERIAN CHURCH OF AUSTRALIA — FOREIGN MISSIONS DEPARTMENT.

The Rev. Johannes Heyer, B.A.

Mr. W. S. Park.

The Rev. David Ross, M.A.

8. 호주감리교선교회

METHODIST MISSIONARY SOCIETY OF AUSTRALASIA.

The Rev. W. L. Blamires.

Mr. B. B. Chapman, M.A.

The Rev. J. Nettleton.

The Rev. M. Scott-Fletcher, M.A.

9. NEW SOUTH WALES 주재 호주장로교회외국인선교위원회

PRESBYTERIAN CHURCH OF AUSTRALIA IN THE STATE OF NEW SOUTH WALES — FOREIGN MISSIONS COMMITTEE.

Colonel J. H. Goodlet.

10. 뉴질랜드장로교외국인선교위원회

PRESBYTERIAN CHURCH OF NEW ZEALAND-FOREIGN MISSION COMMITTEE.

The Rev. John Mackenzie, M.A.

The Rev. A. T. Thomson.

11. 빅토리아침례교외국인선교회

VICTORIAN BAPTIST FOREIGN MISSION.

The Rev. W. T. Whitley, M.A., LL.D.

12. MELANESIAN 선교회 MELANESIAN MISSION.

The Rev. C. W. Browning.

The Rev, W. C. O'Ferrall.

The Rev. J. M. Steward.

대회의 회의록

회무 진행 — 6월 14일

세계선교사대회에 임명된 대표들은 에딘버러의 회의장에서 오후 3시에 만났다. 버레이의 밸포어경(The Right Hon. Lord Balfour of Burleigh, K.T.)이 의장을 맡았다.

Ⅰ. C. C. B. Bardsley 목사가 기도로 모임을 시작했다.

Ⅱ. 공식 대표단 명단이 제출되었고, 만장일치로 통과되었다, 그리고 대회는 절차에 따라 구성되었다.

Ⅲ. 다음의 결의안들이 Andrew Fraser 경에 의해 제출되었고, Seth Low 경이 재청하고 만장일치로 통과되었다.

"대회의 업무를 준비했던 영국과 미국, 그리고 유럽 대륙의 대회의 진행위원회로 만장일치로 임명되었던 진행위원회는 대회의 업무를 계속 하기로 하고, 대회의 업무에 관련된 모든 다른 일들에 대해서도 주의를 기울이도록 한다."

Ⅳ. 다음과 같은 제안이 진행 위원회의 의장으로서 조지 롭슨 목사에 의해 제출되었고, 브라운 목사가 재청하고 만장일치로 통과되었다.

(a) 대회 진행의 규정은 다음과 같다 :

대회 진행의 규정 STANDING ORDERS

Ⅰ. 대회는 목요일까지 매 평일마다 오전 9시 45분에 모이고, 오후 4시 30분을 넘기지 않고 마친다. 그리고 오후 1시부터 2시 30분까지는 휴식시간을 갖는다. 매일 대회는 12시 30분에 마치고, 12시 30분부터 1시까지 사이에 연합 중보기도 시간을 갖는다. 대회는 메일 저녁 8시부터 9시 30분까지 한다. 주일에는 오후 8시에만 모인다.

Ⅱ. 매일 예배로 시작하며, 개회 후의 첫 업무는 "Daily Paper"에 인쇄된 전날의 회의록을 승인하는 것이고, 승인을 위해 제출할 때, 회의록을 낭독하고 승인후 제출하도록 했다. 그 후에 분과들의 보고서에 대한 검토사항이 그 날의 전체 시간을 차지하게 될 것이고, 진행위원회의 재청이나 휴회를 위한 시간 전까지 그 사항을 검토하게 될 것이다. 진행위원회의 권고사항을 정하는 이른 시간까지의 낮 시간 전체를 차지하게 될 것이다. [Note — 회의록의 미세한 수정사항들은 총무에게 기록으로 전달되도록 하여 대회시간을 절약하도록 하였다.]

Ⅲ. 대회에서 분과들의 보고서들을 수령하고 검토할 때, 위원회(Committee)로 모인 자리에서 이루어지게 될 것이다. 개회식에서 대회는 분과의 모임들을 주재하게 될 의장을 선출할 것이다. 하지

만 때때로 필요한 경우에 의장과 교대할 수 있도록 부의장을 임명할 수 있다. 보고서들이 검토 중인 모든 회의에서, 대회는 임명된 회장, 부회장 또는 다른 의장이 일정 시간 동안 자리를 지켜야 한다.

Ⅳ. 각 보고서의 토론은 가능한 45분을 넘지 않는 시간으로 발표하도록 배정되었다. 할당된 시간은 일반적으로 보고를 하는데, 또는 서론을 발표하고 특정한 부분만을 차후에 보고하도록 하고, 응답까지 포함해서 사용하는지에 대해서는 분과가 결정하고, 그러한 보고들도 의장이나 분과의 위원들에 의해 결정될 것이다. 보고서를 검토하는 시간 중 나머지는 보고하는 분과의 위원들이 아닌 대표단들을 위해 할당되었다. 예외적인 경우에, 의장의 권한으로 분과의 시간이 다 소진되었거나 배정되었다 할지라도, 보고하는 분과의 위원에게 15분을 초과하여 사용할 수 있게 하였다.

Ⅴ. 토론에 시간을 가장 효과적으로 쓸 수 있기 위해서, 의장이나 각 분과의 대표자들의 협의 하에 진행위원회는 분과의 추천이나 대회의 위원들이 보내온 제안들을 검토함으로써, 당 회무에 주의를 요하는 보고서의 요점들을 기록한 안건목록을 준비해두어야 할 것이다. 각 주제에 할당해야 할 시간의 양은 대회 의장의 재량에 따르게 될 것이다.

Ⅵ. 각 보고서와 관련한 요점을 발표하려고 하는 모든 위원들은, 그 중요성을 강조하든지, 비평을 하든지 간에, 늦어도 전날 오후 2시 전에는 그 명단을 진행위원회의 총무에게 그들의 위치, 대표하는 단체, 그리고 발표하고자 하는 점을 명시하여 제출해야 할 것이다. 어떤 멤버이든 토의 중에 발언하고자 하는 자는 회의실의 해당 담당자를 통하여 의장에게 그의 이름을 알려야 할 것이다. 담당자는 그 사람에게 이런 목적상 기록해 놓은 카드를 줄 것이다. 그러나 시간의 제약으로 인해서, 이 안내문을 가졌다고 해서 발언의 기회

를 충분하게 가졌다는 뜻이 아님을 이해해야 할 것이다.

Ⅶ. 의장의 재량으로 발언자를 요청할 수 있지만, 그렇게 하는 것에 의장은 각 다른 나라와 단체들의 공정한 대표성을 인정해주어야 할 것이며 각기 다른 의견들의 적당한 표현들에 유념해야 할 것이다.

Ⅷ. 보고서를 토론하는 각 발표자에게 할당된 시간은 7분을 넘지 않도록 한다.

Ⅸ. 모든 발표자는 보고서와 관련한 주제의 토론을 내어놓을 때 그들 자신들의 요점을 지적해주어야 한다. 대회의 시간을 절약하기 위해서, 보고서의 부정확하거나 부족한 논평들에 대해서는 모두 수정하여 진행위원회의 총무에게 서면으로 제출해서 그 보고서의 최종 수정사항에 반영되도록 해야 한다.

Ⅹ. 의장이 토론자에게 발언할 때, 의장은 "예" 혹은 "아니오"라는 가부를 묻는 의견을 얻기 위해서, 간결한 질문을 해야 한다. 결론이 나지 않으면, 의장은 거수로 가부를 물을 것이고, 가능하면 표결을 하지 않아야 한다. 진행 규정에 대하여 다수결로 분명한 요청이 있지 않는 한 어떠한 규정의 정지도 허용되지 않는다.

Ⅺ. (a) 대회는 결의안을 통과시키기 위해 소집되지 않고, 분과들의 결론을 투표로 결론을 내는 일이 없도록 하고,

(b) 대회에 참석한 사람들 자체에 다른 신앙과 정치에 대한 어떤 문제에 대해서 다루는 결의는 대회의 규정에 해당되지 않는다.

(c) 그러나 그럼에도 불구하고, 대회의 의지에 대한 확실한 표현이 있어서 (b)항에서 보여 지는 것과는 다른 몇몇 문제와 관련하여 만장일치 혹은 거의 만장일치를 이룬다면 예외적일 수 있다.

어떤 결의안도 3분의 2의 대다수의 진행위원회가 대회의 목적에 적합한 결의안이라고 승인하지 않으면 대회에 제출되지 않기로 동의했다.

진행위원회가 제출하기로 승인한 어떤 결의안도 "Daily Paper"에

두 번 삽입 발행되도록(two issues)하는 것이 바람직하다. 어떤 경우에도, 제출된 그 날의 "Daily Paper"에 나와야 한다. 만장일치로 승인되지 않은 채 제출된 결의안의 경우에, 거수로 찬반을 위한 투표를 해야 할 것이고, 의장은 찬반을 위한 투표에 나타난 수를 대체로 언급해야 할 것이다.

이 진행 규정(Standing order)은 그 조항과 관련하여 제출된 결의안의 실정에 영향을 미치는 모든 개정안에 적용하고, 그러한 개정안들은 대회의 제출안에 적합한지에 따라 진행위원회의 3분의 2의 찬성을 얻은 후에 제청할 수 있다.

XII. 모든 규정과 순서에 대한 질문과 관련해서는 의장의 결정이 결정적이다. 진행위원회는 대회가 회원들에게 다음과 같은 요청사항을 채택하기를 추천한다.

(a) 연합기도 시간을 위해 매일 오전의 구별된 시간 동안 아무도 회의장에 들어가거나 남지 않기를 정중히 요청한다. 연합 기도는 매일의 행사에서 가장 중요한 부분이고, 다른 어떤 것보다도 이번 대회에 임하는 축복의 실현은 바로 그 기도회에 달려있다.

(b) 모든 회원들은 개회 예배와 기도회에 참석할 수 있도록, 그리고 늦게 도착하는 회원들로 인한 방해와 소란이 없도록 매일 아침 9시 40분까지 장소에 도착해 있기를 요청한다.

XIII. 대회의 진행 절차와 편의에 관한 어떠한 제안이 있는 회원들은 진행위원회에 제출하기를 바란다.

토론의 규칙

1. 결의안의 발의자는 답변을 할 권리를 가진다. 그러나 발의자는 개의(改議)할 수는 없다. 그 답변은 반드시 새로운 동의에 대하여 진전된 논의로 발언하는 것에 한정한다.
2. 진행 규정의 조항 XI에 따라서 제출된 결의안에 실질적으로 영향을

미치지 않는 개정한은 대회의 플로어(floor)에서 제안할 수 있다. 하지만 제안자는 제안 전이나 제안시에 서면으로 제출되어야 하고, 담당안내인을 통해 의장에게 제출하며, 의장은 개정안이 규칙에 의해 인정될 수 있는지를 결정할 재량권을 가지게 된다.

3. 결의안이나 개정안이 발의되어 재청되면, 대회의 동의 없이는 철회될 수 없다.
4. 어떤 회원도 대회의 동의 없이는 하나의 결의안이나 개정안에 한번 이상 발언할 수 없다.
5. 어떤 다른 주제의 결의안도 검토 중인 하나의 결의안이 처리될 때까지 제출될 수 없다.

이 사항은 이것은 철회(규칙 3), 채택, 혹은 거절, 혹은 다음의 동의안에 의해 시행된다.

(1) 용어를 생략 혹은 추가함으로써 결의안을 변경하는 경우.

(a) 개정안이 수행되어야 한다면, 그 개정안으로서의 동의는 독립적인 동의가 되며, 즉히 그 개정안이 제출되어야 한다.

(b) 어떤 발표자가 두 번째 개정안을 제안하려는 의도를 가졌다 하더라도, 첫 번째 개정안이 처리 될 때까지는 두 번째 개정안이 제출될 수 없다.

(2) 대회 전에 이루어진 기안이 있을 때라도 다음의 동의안들은 유효하다.

(a) "결의안(혹은 결의안과 개정안)이 대회 전에 집행될 수 없다"라는 동의가 발의되면 토론 없이 의장이 직접 그것을 다루어야 한다.
만일 이런 절차가 진행되었으면, 개회 전에 있었던 결의나 개정안은 시행될 수 없다. 만일 그렇지 않은 상태라면, 토론이 진행될 수 있다.

(b) "다음 진행이 대회의 명령으로 인해 현재 이루어져야 한다."

(c) "질문이 확정된 어느 시간이나 나중 정해진 시간으로 연기되어

야 한다."

(d) "질문이 위원회에 회부되어야 한다."

6. "지금 투표가 이루어져야 한다"라는 동의안은 누구든 제안할 수 있다. 그러나 그 후에는 어떤 토의도 허락하지 않는다. 만일 그 동의안이 투표자의 최소한 2/3의 대다수에 의해 제출된다면, 의장은 곧 회원들에게 내어놓을 것이고, 만약 누구든 거기에 답변을 할 권한이 있다면, 즉각 발언 후에 질문을 내어놓을 수 있다.
7. 결의안과 개정안은 표결에 부치기 전에 낭독될 수 있다. 개정안에 대한 표결이 먼저 있어야 한다. 의장이 대회 앞에 "the Question"이라는 말을 던진 후에는 표결이 마치기까지 누구도 말을 할 수 없다.

(b) J. H. Oldham 박사가 대회의 총무(Secretary)로 임명되었다.

(c) John R. Mott 이 진행규정에 따라서 위원회에서 대회의 의장으로 임명되었다.

(d) J. H. Ritson 목사(런던)와 Newton W. Rowell(토론토)가 대회의 기록서기로 임명되었다.

런던의 Church Missionary Society Committee에서 온 전보와 요한복음 17장 21절의 말씀을 낭독하고, 의장이 폐회를 선언했다. S.P.G의 총무인 Bishop Montgomery 목사가 축도를 했다.

저녁 회기 — 6월 14일

대회는 버레이의 벨포어(Lord Balfour of Burleigh) 경의 주재로 8시에 모였다. "All people that on earth do dwell" 찬송을 부른 후에, Whyte 목사가 대회를 위해 기도했다.

대왕폐하께서 친히 성은으로 의장을 통하여 대회에 다음과 같은 말씀을 보내어 주셨다.

"왕께서 내게 명하사 여러분께 전해주시기를 원하신 바, 현재 에딘버러에서 열리고 있는 세계선교사대회에 대하여 깊은 관심을 표명하셨습니다.”

“폐하께서는 많은 교회들과 단체들의 형제 사랑으로 보여준 협력을 만족해하시며 지켜보셨는데, 미합중국과 유럽, 그리고 영국 연방에 있는 나라들이 서로 협력하여 세계 도처에 기독교적인 방법으로 기독교의 지식과 원리를 전파하는 데 앞장 선 것에 대하여 감사하게 여기셨습니다.”

“폐하께서는 이번 일을 참으로 중요한 것으로 여기셨으며, 국제적 친선을 견고히 하고 평화를 가져오며, 인류의 행복에 기여하는 일로 보셨습니다.”

“폐하께서는 위대하신 각국 대표들이 영연방 대표 도시들 중 하나인 에딘버러에 모이는 것에 대하여 환영의 뜻을 밝히셨으며, 그 분의 간절한 소망으로서 이 대회의 진행이 하나님의 지혜로 인도하심을 받고, 그리스도인들 사이에서 단합을 일구어내는 수단이 될 것을 기원하신다고 말씀하셨습니다. 그래서 이 대회가 고귀하고 유익한 결실을 얻기를 소망한다고 밝히셨습니다.”

청중들은 “God save the King(하나님께서 왕을 구원하신다)”을 불렀다.

버레이의 벨포어 경이 대회의 회장으로서 개회연설을 했다.

캔터베리의 대주교가 “교회의 생명에 있어서 중심이 되는 선교(The Central Place of Missions in the Life of the Church)”를, 뉴욕의 Robert E. Speer 이 “교회의 선교사역을 인도하시는 그리스도(Christ the Leader of the Missionary Work of the Church)” 라는 주제의 연설을 하였다.

회의는 캔터베리의 대주교의 기도로 폐회되었다.

아침 회기 — 6월 15일

대회는 찬송가 35장 “Jesus shall reign(예수께서 다스리시리)"을 부름으로 시작되었다.

스코틀랜드교회 대표(Moderator of the Church of Scotland)인 P. M'Adam Muir, D.D. 목사의 기도와 사도행전 17장을 읽고, 간단하게 앞에

있었던 것을 논평했다.

10시에 John R. Mott 박사가 의장석에 앉았다.

진행위원회의 의장 George Robson, D.D. 목사가 Mott의 대회의 의장과 1분과의 의장의 이중 책무의 어려움을 보고했고, 1분과의 보고서를 발표하는 동안에 Mott을 회의 주재의 업무를 덜어주자고 요청했다. 진행위원회는 그 제안을 따르는 것을 현명하다고 여기지 않았다. 대신에 Mott 이 자유롭게 보고서를 발표하거나 토론하는 시간 동안에 아무 때나 의장직을 대신할 사람을 요청하기로 제안했다.

대회는 이 제안을 승인하였고, Mott 은 Andrew Fraser 경에게 의장직을 대신 맡도록 부탁했다.

Andrew Fraser 경은 의장직을 맡았고, 모트는 1분과의 보고 "비기독교 국가들에 대한 선교(Carrying the Gospel to all the non Christian World)"를 발표하였다.

Mott이 다시 의장직을 맡았다.

대회의 다음 위원들이 다음 선교 대상들에 대해 발표했다.

아프리카

Dr. Robson 목사, 위원회 부의장

Dr. H. Karl Kumm 수단연합선교회

A. Grandjean 목사, 동아프리카의 Swiss Romande Mission

일본

Yogoro Chiba 목사, 일본의 미국침례협회

J. D. Davis 목사, 신학박사, 일본의 미국위원회 위원

중국

James W. Bashford 주교, 신학박사, 재중(在中) 미국 감리교 감독교회

T. Y. Chang , 재중(在中) 미국 장로 위원회

한국

T. H. Yun, 재한(在韓) 감리교감독교회

인도

G. S. Eddy, 인도 국제 YMCA

V. S. Azariah 목사, 국가선교협회, Tinnevelly

Robert Stewart 목사, 신학박사, 재 인도 미국 연합 장로교 위원회

몽골

G. H. Bondfield 목사, 영국과 외국의 성경협회, 중국

중앙아시아

L. E. Hogbert 선교사, Svenska Kyrkans Missionstyrelse, 스웨덴

남아메리카

H. C. Tucker 목사, 미국 성경 협회

남태평양군도

Joseph Nettleton 목사, 웨슬리안 감리교 선교협회, 피지

W. L. Blamires 목사, 호주 감리교 선교협회, 폴리네시아

유대인

Wm. Ewing 목사, 스코틀랜드 연합자유교회 유대인 선교

Louis Meyer 목사, 미국 개혁장로위원회

서양에 있는 동양학생들

F. S. Brockman, YMCA, 상하이

12시 30분 찬송가 13장 "Rejoice, the Lord is King(기뻐하라 주님이 왕이시다)"을 부르며 위원회에 합류했다.

웨슬리안 감리교 선교협회의 W. H. Findlay 목사가 "인도를 위한 중보기도"의 제목으로 헌신적인 연설을 하고, 위원들이 침묵으로 기도하는 동안 대회의 기도 제목들을 인도했다.

회의는 1시에 폐회되었다.

오후 시간 — 6월 15일

대회는 2시 30분에 John R. Mott 박사를 의장으로 소집되었다.

회의 절차는 찬송가 24장 "Soldiers of Christ, Arise!(그리스도의 군사들이여, 일어나라!)"를 부르며 시작되었다.

특별한 관심이 필요한 1분과의 보고서에 주의를 기울이면서 의장은 Warneck 박사의 편지 수령을 보고했다. 이 편지의 두 문단은 대회를 위한 Warneck 박사의 바람과 기도로 이루어져 있고, 극동지역과 아프리카 지역에서 이슬람 영향력의 성장하는 것에 대해 관심을 집중할 것을 강조했다.

대회는 "교회가 즉시 기독교가 전해지지 않은 지역을 찾아 들어가야 하는지, 아니면 일단 이미 사역을 하고 있는 곳에서 그 활동을 확장시켜야 하는지?"에 관한 질문에 관심을 가졌다.

이 질문에 대해 이슬람에 대해 특별한 견해를 가진 사람들이 대답했다.

S. M. Zwemer 목사, 신학박사, 미국 개혁교회

W. H. T.Gairdner 목사, 이집트의 교회선교협회

W. St. Clair Tisdall 목사, 박사, 페르시아의 교회 선교 협회

"선교현장에서 교회를 세우는 데, 무엇이 개인의 개종에 상대적으로 강조되는지, 그리고 기독교 영향하에 공동체가 변화하는 데 무엇이 중요한지"에 대해 다음과 같은 위원들이 강연을 하였다.

Missionsinspektor Azenfield, 베를린 선교 협회
J. E. Robinson 주교, 재 인도 미국감리교 감독교회
Ashley Carus — Wilson 부인, 교회 선교 협회
Robert E. Speer 박사, 미국 장로선교회

"선교사가 원주민 복음 협의회가 발전하도록 도와주고, 일으켜 세우는데 주된 관심을 기울여야 하는지, 아니면 직접적인 복음사역을 해야하는지?"에 관한 질문에는 다음과 같은 사람들이 대답을 했다.

L. Roots 주교, 명예목사, Hankow에 있는 미국 프로테스탄트 감독교회
P.F. Price 목사, 외국 선교 실행위원회, 미국 장로교회
D. E. Hoste, 중국 내륙 선교

"외국원조에 의지한 비기독교도들 가운데서 복음전도사역을 위한 대규모의 원주민 기관을 갖는 것이 합당한가"에 관한 주제가 다음과 같은 이들에 의해 발표되었다.

C. H. Monahan 목사, 재 인도 웨슬리안 침례교 선교협회
Eugene Stock 박사, 교회선교협회
John Ross 목사, 박사, 만츄리아의 스코틀랜드 연합 자유교회
S. A. Moffet 목사, 박사, 재 한국 미국장로교회
J. Campbell 목사, 박사, 재 중국 영국장로교회

"비기독교 국가에 그리스도를 알리는 것과 관련해서 협조를 위한 바람한 방법"에 관한 주제는 1분과의 부의장중 한 명인 Herr Pastor Julius Richter(신학박사, 독일)가 발표했다.

대회의 일정은 Bishop Montgomery 명예 목사의 기도로 4시 30분에 폐회했다.

저녁 회기 — 6월 15일

대회는 Seth Low 박사를 의장으로 8시에 모였다. 찬송가 15장 "At the Name of Jesus"를 부른 후에 G. Currie Martin 목사(런던선교협회)가 대회를 위해 기도를 인도했다.

"기독교, 종말론적이고 보편적인 종교"라는 연설을 — (1) "구속으로" 주제 강연을 W. P. Patterson 박사, (2) "도덕적인 이상에서"라는 주제의 연설을 Henry Sloan Coffin 박사가 발표했다.

회의는 W. P. Patterson 목사의 기도로 9시 30분에 마쳤다.

아침 회기 — 6월 16일

John R. Mott 박사를 의장으로 9시 45분에 묵상기도로 대회가 시작되었다. 찬송가 16장 "Come, Holy Ghost, our souls inspire"를 부른 후에 필리핀 주재 미국 개신교 감독교회의 Bishop Brent, 신학박사, 명예목사가 대회를 위해 기도하고 시편 139편을 읽었다.

찬송가 6장 "Praise to the Holiest in the height"를 부른 후에 6월 15일 모임의 회의록이 발표되고 채택되었다. 의장이 1910년 5월 16일 런던이라고 날짜가 적힌 전 대통령 T. Roosevelt 의 대표단으로 그 의무를 다할 수 없는 유감과 세계 위에서 성령의 하나됨의 최고의 필요를 강조하는 편지를 낭독했다.

2분과의 의장으로서 스와토우의 영국장로교회의 Dr. J. C. Gibson 목사가 "선교현장에서의 교회"의 주제에 관한 보고서를 발표했다. 그는 1, 5, 3장을 오전에 다루고 2, 6, 4장은 오후에 다루기로 제안했다. Gibson 박사는 보고서에서 중요한 주제들을 지적하여 대회가 중요히 다루어야 할 것임을 표명하였다.

"교회의 조직과 구조"에 관한 주제는 다음과 같은 위원들이 발표했다.

Arthur J. Brown 목사, 박사, 미국 장로교회, 뉴욕

Robert A. Hume 목사, 박사, 재 인도 미국위원회 이사

A. Pieters 목사, 재 일본 미국 개혁교회

Bishop Honda 목사, 일본 감리교회, 일본어로 대회에서 연설하였고, Galen M Fisher 이 통역을 하였다.

D. A. Murray 목사, 신학박사, 재 일본 미국 장로교회

W. Nelson Bitton 목사, 재 중국 영국선교협회

Mr. Cheng Ching Yi, 중국 교회의 영국선교협회

Henry T. Hodgkin 박사, 총무,

찬송가 40장 "The Church's one foundation"을 부른 후에 토의가 다시 시작되었고, 다음의 회원들이 발표했다.

Dr. Gore, 명예목사, 버밍햄의 대주교

Jas. E. Newell 목사, 런던선교협회, 사모아, 남태평양

T. E. Duckles, 남아프리카의 웨슬리안 감리교회

Bishop Robinson, 재 인도 미국 감리교 감독교회

Yun Chi Ho, 재 한국 미국 감리교 감독교회

F. Baylis 목사, 우간다에 관해 발표한 교회선교협회의 총무

12시 30분에 대회는 더햄 주교, 명예목사의 인도로 정오기도회를 열었다. 이날의 주제는 "기독교인과 비기독교인들의 접촉"이었다.

찬송가 14장 "Thy Kingdom Come, O God"을 부르고 데살로니가 전서 5장을 읽고 간단히 말씀을 듣고 주교가 기도했다.

회기는 1시에 폐회했다.

오후 회기 — 6월 16일

대회는 2시 30분 Dr. John R. Mott를 의장으로 소집되었다. 찬송가 "Jesus, Thou Joy of Loving Hearts"를 부른 후에, 런던선교협의회 총무

인 R. Wardlaw Thompson 목사가 기도를 인도했다. 제2분과의 부의장인 남부 미국 감리교 감독 교회의 Boshop W. R. Lambuth 목사가 "선교현장에서의 사역"의 주제에 심화토론을 소개했다.

"사역자들의 훈련과 고용"이라는 주제로 다음과 같은 위원들이 발표했다.

J. P. Jones 목사, 재 인도 미국 위원회 위원

J. R. Chitamber 목사, 재 인도 감리교 감독교회, 미국

O. Hertzberg 목사

B. Fuller 목사, 재 인도 기독교인과 선교 동맹

Bishop Brent 명예목사, 재 필리핀 미국 개신교 감독 교회

Edward Bickersteth 여사, 재 일본 복음 전파 협회

Geo. Heber Jones 목사, 재 한국 미국 감리교 감독교회

C. H. Fenn 목사, 중국 북경의 미국 장로교회

찬송가 7장 "Jesus calls us"를 부른 후에 "교회 훈련"의 주제로 다음과 같은 위원들이 발표했다.

J. I. Marais 목사, 교수, 신학박사, 남아프리카에 있는 독일 개혁교회

J. A. Sharrock 목사, 재 인도 복음전파협회

Leonard Dawson 목사, 복음전파협회, 전 캐나다 인디언 선교

A. Bettin 목사, 레니쉬 선교

"기독교 공동체의 계발, 성인과 청소년"의 주제로 다음의 위원들이 발표했다.

D. E. Hoste , 상하이 중국 내륙선교

T. Harada 목사, 박사, 교토의 Kumiai 교회, Doshisha 의 의장

Lord William Gascoyne-Cecil 목사, 런던복음전파협회

J. Campbell Gibson 목사, 신학박사가 토론을 마쳤다.

4시 30분에 모라비안 교회의 Bishop La Trobe의 축도로 일정이 마쳤다.

저녁 회기 — 6월 16일

대회는 저녁 8시에 General Beaver를 의장으로 모였다. 찬송가 39장 "O God of Bethel"을 부른 후에 T. S. Barbour 목사, 신학박사가 기도를 인도했다.

"The Missionary Enterprise in the Light of History"에 관한 연설을 했다.

(1) H. A. A. Kennedy 목사, 교수의 "근대 선교사업의 태도에 관한 초기 교회의 선교"

(2) W. H. Frere 목사, 교수의 "근대 선교사업의 태도에 관한 중세선교"

일정은 W. H. Frere 목사의 기도로 9시 30분에 폐회했다.

아침 회기 - 6월 17일

9시 45분 Dr. John R. Mott를 의장으로 대회가 묵상기도로 시작되었다.

찬송가 21장을 부른 후에 모라비안 교회의 Bishop La Trobe 목사의 기도와 고린도전서 13장을 읽었다. 예배는 찬송가 9장을 부르고 Bishop La Trobe의 축도로 마쳤다.

6월 16일 회의의 회록이 발표되고 채택되었다.

진행위원회의 총무인 J. H. Oldham 이 기독교 문서에 대한 주제가 제2, 3, 8분과 영역에서 나타난다고 밝혔고, 진행위는 이 주제를 월요일 오후에 특별 심사로 모이기로 했다.

제3분과의 의장인 버밍햄의 대주교인 Dr. Gore 명예목사는 "국가 생활의 기독교화와 관계한 교육" 을 주제로 보고서를 발표했다.

Bishop Gore 는 보고서와 관련한 주제와 보고서가 제안한 방향을 따라 즉각적인 행동을 지적하였다. 의장은 아침 회기에 중국과 일본외의 다른 선교현장에서의 상황을 토론하기로 하였고, 오후 회기에서 중국과 일본의 상황을 토의하기로 언급하였다.

대회의 다음과 같은 위원들이 토론에 참여하였다.

인도

William Goudie 목사, 웨슬리안 선교 협회 런던 (전(前) 인도)

A. H. L. Fraser

J. P. Haythornthwaite 목사, 성요한 대학 총장, 교회선교협회

Dr. Mackichan, 목사, 스코틀랜드의 연합자유교회, 봄베이의 윌슨

대학 총장

Stephen S. Thomas 목사, 델리침례교회

Dr. R. A. King 목사, 캐나다의 장로교회, 인도어 대학 총장

Dr. A. H. Ewing 목사, 미국 장로교회, 알라하밧의 미국장로교대학 총장

J. A. Sharrock 목사, 복음전파협회, S.P.G. 대학의 전 총장, 남인도

아프리카

Dr. Andrew Watson 목사, 이집트에 있는 미국 연합 장로교회

W. H. T, Gairdner 목사, 카이로의 교회선교협회

H. A. Junod 목사, 스위스 로망드 미션, 뉴챠텔, 스위스

R. H. Dyke 목사, 파리 복음 선교, 감독, 보통 학원, 바수토랜드, 남 아프리카

C. H. Harvey 목사, 미국침례외국인선교협회, 콩고

레반트[11)]

Franklin E. Hoskins 목사, 신학박사, 시리아 베이루트의 미국 장로교회

이 토의는 영국 맨체스터 대학의 M. E. Sadler 교수에 의해 마쳤다.

찬송가 19장을 부른 후에, 12시 30분 대회는 미국 프린스톤의 Erdman 목사, 교수의 인도로 정오 기도회를 열었다.

이날의 주제는 "이슬람 지역 아프리카와 원시 종족들" 이었다.

어드만 교수가 이 주제로 기도회를 이끌었고, 대회 몇몇 위원들이 기도했다.

일정은 1시에 끝났다.

오후 회기 — 6월 17일

John R. Mott 를 의장으로 2시 30분에 시작되었다.

찬송가 34장, "Lord, Thy ransomed Church is waking"을 부른 후에 영국과 외국 성경협회의 John H. Ritson 목사가 기도했다.

제3분과 보고서의 연구는 페르시아의 교회 선교 협회의 Dr. W. St. Clair Tisdall 목사가 페르시아에 대한 특별한 관심을 지속하였고, 그 현장에 대한 발표를 하였다. 미국 하버드 대학의 교수인 Edward Caldwell Moore 목사, 신학박사이자, 3분과의 부의장은 중국과 일본에 관련한 보고서의 몇몇 요점들을 발표하였다.

대회의 다음과 같은 위원들이 중국에서의 교육사역에 관해 발표하였다.

Dr. F. L. Hawks Pott 목사, 상하이에 있는 미국 개신교 감독교회

Mr. R. J, Davidson, 재 중국 친구들의 외국인 선교 협회

Dr. Paul D. Bergen 목사, 중국 산퉁의 미국 장로교회

11) 동부 지중해 연안 제국, 시리아, 레바논, 이스라엘 등(역주).

Dr. D. Duncan Main, 중국의 교회선교협회

W. Jennings Bryan 경, 미국

J. M. Buckley 목사, 미국 감리교 감독 교회

Bishop Roots 목사, 중국 한코우의 미국 개신교 감독 교회

Bishop W. F. Oldham 목사, 말라야의 미국 감리교 감독 교회

대회는 찬송가 33장 "Lord, bless and pity us"를 부르고, 일본에서의 교육에 관해 계속 진행했다.

발표자는 다음과 같다.

Dr. K. Ibuka 목사, Meiji Gakuin, 일본 도쿄

Ernest W. Clement 교수, 일본에 있는 미국침례협회

Miss Dora Howard, 일본에 있는 교회선교협회

Dr. Sidney L. Gulick 목사, 재 일본 미국 위원회 위원

버밍햄의 대주교가 토론의 결론을 이어갔고, 침묵 기도 후에, Dr. Robson 목사의 축도로 마쳤다.

저녁 회기 — 6월 17일

대회는 오후 8시 캐나다 토론토의 W. A. Charlton을 의장으로 모였다. 찬송가 36장 "A safe stronghold our God is still"을 부르고, H. Gresford Jones 목사가 기도했다.

"유럽 대륙에서 선교 지도자들의 관점에서의 선교 사업체" 에 대한 연설이 행해졌다.

(1) D. Mirbt 목사, 교수의 "독일 사업체의 확장과 성격" ; (2) Henry Ussing 목사의 "선교사업체에 홀란드와 스칸디나비아의 기여" ; (3) Pasteur Boegner 의 "프랑스 개신교 교회의 선교 업무"

저녁에는 찬송가 23장 " Fight the good fight"를 부르고, 9시 30분 H. Gresford Jones 목사가 인도하는 기도로 대회를 마쳤다.

아침 회기 — 6월 18일

9시 45분 Dr. John R. Mott를 의장으로 대회가 시작되어 몇 분간의 침묵 기도 후에 찬송가 35장 "Jesus shall reign where're the sun"를 불렀다. 남아프리카의 J.I. Marais 목사, 신학박사가 히브리서 8장의 몇 절을 읽고, 그 말씀을 나누고 기도했다.

찬송가 22장 "Breathe on me, Breathe of God"을 불렀다.

6월 17일 회의의 회의록을 발표하고 승인했다.

진행위원회의 의장, Dr. Robson 목사가 조지 5세로부터 온 메시지에 대한 답장을 읽고 위원회의 초안을 작성했다. 투표로 그것을 만장일치로 채택했다. 또한 위원회는 대회의 의장과 총무와 진행위원회에서 선출된 몇몇 대표단이 서명하는 것에 동의했다.

지엄하신 대왕폐하께,

대왕폐하께 기쁨이 충만하시길 기원합니다.

저희들은 많은 나라와 왕국들에서 소집되어 지금 에딘버러에 모인 세계 선교대회의 위원들로서, 폐하의 영광스런 메시지에 깊은 존경과 감사를 드립니다.

이 대회와 이 대회의 목적에 폐하의 깊은 관심의 표현에 우리는 깊이 감사드리고, 우리는 세상을 통하여 기독교의 지식과 원리를 보급하는 사역이 폐하의 진정한 소망 중에 이 사역이 진행되고 성공하게 되어 기쁘게 생각합니다. 폐하가 우리에게 보여주시는 호의는 이 목적에 분명히 기여하게 될 것입니다.

전능하신 하나님께서 폐하로 하여금 이 위대한 제국을 통치하도록 하셨고, 그 분의 섭리가 모든 영적인 축복과 함께 폐하와 왕실을 풍요하게 하실 것이고, 황제 폐하의 통치가 온 세상에 걸쳐서 기독교의 발전을 이루는데 크게 도움이 되실 것입니다. 대회의 의원들이 친애하는 황제폐하를 위해 드리는 진심어린 기도로 평강이 가득하시옵소서.

매일 예배를 회기 끝날 때 드리는 대신에 아침 회기 중간에 드리기로 결정하였다.

제4분과의 의장인 에버딘의 연합자유교회 대학의 교수 D. S. Cairns 박사가 "비기독교 종교와 관련한 선교사의 메시지" 보고서를 발표하였고, 그 중에 대회가 가장 우선적으로 토론해야할 내용들을 지적하였다.

의장은 진행위원회가 이번 보고서의 토론 연설과, 발표되는 다른 보고서들의 길이를 규정으로 7분 대신에 5분으로 제한해야 한다고 추천하는 것을 보고했다.

간단한 토의 후에, 의장은 표결에 부쳤다. 이 추천은 필요한 다수의 수를 얻지 못했다.

"애니미즘 종교들과 관련한 선교 메시지"의 질의가 계속 되었고, 대회의 다음과 같은 위원들이 이 토의에 참여했다.

A. G. MacAlpine 목사, 스코틀랜드의 연합자유교회, 리빙스토니아 선교, 니아살랜드, 중앙아프리카

J. R. Callenbach 목사, 신학박사, 홀란드에서 온 특별한 대표단

Dr. T. Jays, 교회선교협회

L. Dahle 목사, 노르웨이 선교, 노르웨이

C. H. Monahan 목사, 웨슬리안감리교선교협회, 남인도

Dr. Joh. Warneck 목사, 라인강유역선교협회

찬송가 36장 "A Safe Stronghold our God is still" 을 부른 후에, "중국의 종교들과 관련한 선교 메시지"의 질의가 시작되었고, 다음과 같은 위원들이 토론에 참여했다.

Ll. Lloyd 목사, 중국선교협회, 푸초우

Tong Tsingen 목사, 침례교

Dr. J. Campbell Gibson 목사, 장로교회, 영국, 스와토우, 중국

Dr. A. H. Smith 목사, 외국선교를위한미국위원회회장, 북경
Geo. Heber Jones 목사, 신학박사, 재 한국 미국감리교 감독교회

찬송가 9장을 부른 후에 11시 45분, 대회는 중국내륙선교의 재 중국 감독인 D. E. Hoste 의 인도로 일일 기도회로 모였다.

이 날의 주제는 중국이었다.

Hoste 은 기도하는 것에 방해되는 것에 대해 간략하게 말했고, 그 주제로 대회의 기도를 인도했다. 침묵 기도와 찬송가 6장을 부른 후에, 기도회는 Hoste의 축도로 마쳤다.

12시 15분, 대회는 "일본의 종교들과 관련한 선교 메시지"의 주제를 가지고 4분과의 보고서의 발표를 재개하였다. 다음과 같은 위원들이 발표하였다.

G. C. Niven 목사, Gifu의 교회선교협회, 일본
Dr. T. Harada, 쿠마이 교회, 일본
Galen M. Fisher, 국제 YMCA, 도쿄

Ossory의 주교인 Dr. C. F, D'Arcy 명예목사가 이 질의에 대한 토론을 마쳤다.

"이슬람과 관련한 선교 메시지" 보고가 다시 시작되었고, 다음과 같은 위원들이 발표했다.

W. H. T. Gairdner 목사, 교회선교협회, 카이로
Dr. S. M. Zwemer 목사, 아라비안선교, 재미국개혁교회

1시에 Dr. Barton 목사의 축도로 일정이 마쳤다.

오후 회기 — 6월 18일

Dr. John Mott가 의장이었다. 찬송가 23장 " Fight the good fight"을 부른 후에 대회가 침묵으로 기도했다.

"이슬람과 관련한 선교 메시지" 주제의 토론이 계속되었다.

Dr. Lepsius 목사, 독일동양선교회의 감독

"힌두교와 관련한 선교보고"의 주제로는 다음과 관은 대표단들이 발표했다.

Dr. John Morrison 목사, 스코틀랜드 선교대학 교회, 캘커타

G. E. Phillips 목사, 런던선교협회, 마드라스

F. J. Western 형제, 복음전파협회, 델리

W. A. Mansell 목사, 미국 감리교감독교회, 인도

Dr. K. C. Chatterji 목사, 미국인장로교, 인도

G. T. Manley 목사, 교회선교협회, 런던

W. Dilger 목사, 바젤선교협회, 인도

Dr. J. P. Jones 목사, 미국위원회 위원장, 인도

Dr. Mackichan 목사, 스코틀랜드연합자유교회, 봄베이

Canon Robinson 목사, 신학박사, 복음전파협회, 런던

대회는 찬송가 12장 "Crown Him with many crowns"를 부르고, "모든 종교들에 적용되는 일반적인 질문들"에 대한 토의를 진행하였다.

발표자는 다음과 같다.

Dr. Robert A. Hume 목사, 미국위원회 위원장

Dr. Henry T. Hodgkin, 친구들의 외국인선교협회, 전 재 중국

Professor MacEwen 목사, 신학박사, 스코틀랜드연합자유교회

위원단을 대표하여 Dr. Robert E. Speer, 장로교회외국선교회 총무, 미국

찬송가 12장 “Crown Him the Lord of peace”의 마지막 2줄을 부르고, 대회는 4시 30분에 Dr. Cairns 목사의 기도로 일정을 마쳤다.

저녁 회기 — 6월 18일

대회는 8시에 덴마크의 Count Moltke를 의장으로 모였다. 찬송가 32장, “For My sake and the Gospels go”를 부른 후에 Arthur H. Smith 목사가 기도했다.

“최근 선교 문제들의 성격의 변화와 선교사업의 그것들의 효과”에 관한 연설이 있었다.

(1) Bishop Bashford 목사, 신학박사의 “극동지방에서” ; (2) W. H. T. Gairdner 목사, MA의 “이슬람의 땅에서” ; (3) R. Wardlaw Thompson 목사, 신학박사의 “원시시대와 퇴보하는 민족들 사이에서”

저녁모임에서는 찬송가 25장 “For all the Saints”를 부르고, 9시 30분에 Bishop Bashford 목사의 기도로 마쳤다.

저녁 회기 — 6월 19일 주일

대회는 버레이의 벨포어(Balfour of Burleigh) 경을 의장으로 8시에 모였다. 찬송가 5장 “O Thou my Soul, bless God the Lord”를 부르고 Dr. Mackichan 목사가 기도했다.

“기독교인들의 의무”라는 제목으로 뉴욕의 Seth Low 신학박사이자 요크의 대주교가 연설을 하였고, 일본의 회장 Tasuku Harada이 “그리스도의 몸에 비기독교인들의 기여”라는 연설을 하였다.

저녁 모임에서는 찬송가 35장 “Jesus shall reign”을 불렀고, 모임은 찬송가 45장 ”His Name for ever shall endure”를 부르고 요크의 대주교가 축도함으로써 9시 30분에 마쳤다.

아침 회기 — 6월 20일

9시 45분, Dr. John R. Mott를 의장으로 침묵 기도를 하면서 대회를 소집했다.

브리스톨의 침례교선교협의회의 Dr. Richard Glover 목사가 대표단의 헌신을 이끌었다. 찬송가 5장 "O Thou, my soul, bless God the Lord"를 부른 후에, Dr. Glover가 성경의 몇 구절을 읽었고, 연합을 주제로 간단히 말씀하고, 기도했다.

대회는 찬송가 34장 "Lord, Thy ransomed Church is waking"을 불렀다.

6월 18일과 10일의 대회 의사록이 발표되고 채택되었다.

대회와 7분과의 의장인 버레이의 벨포어(Balfour of Burleigh) 경이 대표단 앞에서 그가 속한 분과 위원회에게 보고서를 다루는 가장 좋은 방법에 관한 제안을 하였다.

분과의 부의장인 뉴욕의 Seth Low경, 법학박사가 보고서를 발표하였고, 그 내용을 간략하게 개요를 말하였다.

다음과 같은 문제들을 놓고 분과의 토론이 시작되었다.

(1) 선교와 정부의 조화로운 관계

(2) 기독교 선교사들을 위한 입국권

(3) 원칙 성명의 준비

이 같은 주제로 다음과 같은 사람들이 발표했다.

Rev. A. Boegner 박사, 파리선교사협회의 감독

Colonel Williams, 교회 선교사협회, 런던

Rev. J. M. Duncan, 캐나다장로교회

Lord Reay 명예 경, G.C.S.I. 런던

C.C. Wang 박사, 런던선교사협회, 상하이

T. Jays 박사, 교회선교사협회,

F. D. Shepard 박사, 아인탭의 미국위원회, 터키

터키에서의 사역을 위한 참고 문서를 작성하기 위해 대회는 잠시 휴회를 하였고, 커햄(Curham) 주교가 기로를 인도하였다.

토론이 다시 시작되었고, 다음과 같은 이들이 발표했다.

Pfarrer Kuffner, Neuendettelsauer 선교, 독일

Rev. Arthur Grandjean, 일반 총무, 스위스 선교 로망드

Rev. L. Dahle, 노르웨이선교

찬송가 45장을 부른 후, 중국 한코우의 명예 목사겸 주교인 Roots의 인도로 11시 30분에 대회가 중보기도 시간을 가졌다.

이날의 주제는 "통합" 이었다.

"통합"에 관련한 성경의 선택된 부분을 읽은 후에 Roots 주교는 그에 관해 말씀을 전하고, 통합을 위한 기도회를 인도했다. J. H. Oldham 이 또한 대회에서 기도했다.

중보기도회는 주기도문으로 대회를 끝마치고, Roots 주교의 축도로 마쳤다.

12시에, 찬송가 40장 "The Church's one foundation"을 대회는 제 7분과의 보고서의 검토를 재개하였고, 분과를 대신하여 베를린 선교사 협회의 회장이자 선교사업의 독일 식민정부의 개인 변호사인 Herr Oberverwaltungsgerichtstrat Berner 가 (3)"기독교 식민지 세력의 책임감"과 (5) "선교의 정부 규정"의 검토에 관하여 발표했다.

대회의 다음과 같은 위원들이 이러한 질문들을 하였다.

Rev. Bishop Breant 명예목사, 개신교 감독 교회, 미국, 필리핀

Charles F. Harford 박사,

Rev. J. K. Giffen, 신학박사, 연합장로교회 미국, 이집트 수단

William Jennings Bryans 경, 링컨, 네브라스카

Rev. B. P. J. Marchand, 네덜란드개혁교회, 남 아프리카

Rev. F. B. Bridgeman, 외국선교를위한미국위원회, 남아프리카

Seth Low 경이 토론을 끝마치고, 1시에 Dr. John R. Mott가 축도하였다.

오후 회기 – 6월 20일

대회는 Dr. John R. Mott를 의장으로 오후 2시 30분에 다시 소집되었다.

찬송가 13장 "Rejoice the Lord is King"을 부른 후에, Bishop Ingham 명예목사가 기도를 인도하였다.

대회는 7분과의 보고서 중에서 다음과 같은 조사결과들을 숙고하기 시작하였다.

(4)원주민 기독교인들의 권리

(6) 영국령 인도의 선교

분과를 대신하여, 캘커타의 스코티쉬 교회 대학의 최근 총장인 Rev. A. B.Wann, 신학박사가 토론을 소개하고, 다음과 같은 위원단들이 또한 발표하였다.

W. B. Sloan , 중국내지선교회, 런던

Rev. John Ross, 신학박사, 맨츄리아에 있는 스코틀랜드의 연합자유교회

Rev. Than Khan, 인도 가로힐스의 미국위원회 위원

"벨기에의 콩고"에 대한 보고서의 부분은 다음과 같은 위원단이 발표하였다.

Rev. T.S. Barbour, 신학박사, 미국침례협의회, 7분과 위원

Dr. H. Van Nes 교수, 네덜란드인선교사협회, 네덜란드

Rev. C. E.Wilson, 침례교선교사협회, 런던
Pasteur R. Meyhoffer, 에글리제 크레티엔느 선교사, 벨기에

제7분과의 보고서에 관한 토론은 분과 의장인 버레이의 벨포어 경이 끝냈다.

찬송가 36장 "A safe stronghold our God is still"의 마지막 두 절을 부른 후, 3시 45분에 대회는 2, 3, 8분과의 보고서가 다루는 기독교 문학에 관한 주제로 관심을 돌렸다. 런던의 종교지역협회의 Rev. A. R. Buckland는 진행위원회가 규정했던 다음과 같은 방침에 대해 토론했다.

1. 사람들이 그들 자신이 속한 사회에서 문서 선교사로서 자신을 자리매김 할 때 필수적인 요건.
2. 개심자들이 자신들의 경험을 담은 문서들을 양산해낼 수 있도록 훈련하고 격려하는 특별한 문서를 담고 있고, 각각의 언어와 지역 혹은 사람들의 사상과 감정을 반영하는 문헌들의 필요성.
3. 현재 있는 문서 사역들의 중복을 방지하고 가장 필요한 것들을 잘 생산해낼 수 있도록 하기 위해 서로간의 연합과 협력에 대한 요청.
4. 문서의 배포-가장 효과적인 증진의 방법.

이에 대해 다음과 같은 이들이 토론을 시작했다.
Rev. Timothy Richard 박사, 중국 기독교인 문학 협회, 상하이
Rev. H. D. Griswold, 라호어의 미국 장로교 선교, 인도
Rev. H. F. Laflamme, 캐나다인 침례교 선교, 인도
Rev. Edwin Greaves, 런던 선교사 협회, 베네어스, 북인도
Rev. Franklin E. Hoskins, 신학박사, 미국 장로교 선교, 시리아
Rev. W. Gilbert Walshe, 중국 기독교 문학 협회. 런던의 총무

Rev. G. W. Jackson, 인도 기독교인 문학 협회

일정은 4시 30분에 Rev. A. B. Wann 박사가 축도함으로 마쳤다.

저녁 회기 — 6월 20일

대회가 8시에 시작했다. 의장은 G. C. S. I 의 Reay 경이 맡았다.

찬송가 5장 "O, Thou, my soul, bless God the Lord"를 부른 후에 Rev. W. Goudie가 기도를 인도했다.

Hankow의 주교 Logan H. Roots 목사, Rev. K. Ibuka 총장, Rev. V. S.Azariah의 "외국과 현지 사역자들 사이에서의 협력의 문제"에 대한 발표가 있었다.

저녁 회기 중 찬송가 7장 "Jesus calls us"의 첫 절과 마지막 절을 부르고, 찬송가 43장 "Now may He who from the dead"를 부르고, Roots 주교이자 명예 목사의 기도로 대회는 9시 30분에 마쳤다.

아침 회기 — 6월 21일

John R. Mott 박사를 의장으로 9시 45분에 대회가 소집되었고, 침묵 기도로 시작하였다.

미국의 장로교회, 인도의 Punjab의 Rev. K. C. Chatterji, 신학박사가 대표단들의 예배를 인도하였다.

찬송가 10장, "All hail the power of Jesus' Name"을 부른 후에 Chatterji 박사가 고린도 전서 3장의 말씀을 읽었다.

대표단들은 사도신경을 함께 하고, Chatterji 박사의 기도로 기도회를 마쳤다.

대회는 찬송가 33장, "Lord, bless and pity us"를 불렀다.

6월 20일의 모임의 회의록을 발표하고 채택하였다.

제8분과 의장인 A. H. L. Fraser 경이 분과의 보고서인 "통합의 협력

과 증진"을 발표하였고, 보고서에서 주장하는 분과가 제안하는 방법을 간략히 설명하였다.

"선교현장에서의 협력"에 관한 토론이 시작되었고, 다음과 같은 질문들이 있었다.

(a) 무엇이 선교현장에서의 예절과 협력에 관한 실제적인 가능성인가?

(b) 무엇이 그러한 예절과 협력을 규정하는 원칙입니까?

다음과 같은 대회 위원들이 토론에 참석하였다.

Rev. O. L. Kilborn, 의학박사, 침례교회, 캐나다, 쳉투, 서중국

Rev. E. W. Burt, 영국침례교 선교, 산퉁, 북중국

Dr. Maxwell, 영국 장로교 선교

M.C, Harris 주교, 감리교 감독교회, 미국, 서울, 한국

Cheng Ching-Yi, 런던 선교사 협회, 중국인 교회

Miss Ewart, 영국 제나나 선교사 협회 교회,인도

Bishop Brent 명예목사, 미국 개신교 감독교회, 필리핀

Rev. S. Thomas, 영국 침례 교회, 회장, 침례교학교, 델리

Rev. G. Currie MArtin, 총무, 영국 선교사 협회

Rev. James L. Barton, 신학박사, 외국 선교를 위한 미국 위원회의 총무

이러한 질문들에 관한 토론은 Southwark의 주교, 명예목사에 의해 마쳤다.

대회는 찬송가 6장, "Praise to the Holiest in the height"를 불렀고, 캠브리지대학교 Selwyn 단과대학의 학장인 Rev. Murray 박사의 인도로 기도와 예배로 30분을 보냈다.

찬송가 12장, "Crown Him with many Crowns"를 부르고, 다시 시작되었다.

제8분과를 대표하여, Andrew 경이 진행위원회의 승인을 받는 다음과

같은 결의안을 제출하였다.

Ⅰ. "세계선교대회의 계속위원회가 선정되고, 국제적이고 대표적인 성격을 띠어 대회 자체의 노선들을 지속하여 수행하는 것이 바람직하다. 이는 초교파적이지만, 유기적이고 교회연합적 개념이라기보다는 다음과 같은 책임을 지니도록 한다.

(1) 선교사역의 방법으로서 세계선교사대회의 정신의 중요성을 견지함으로써 미래의 발전을 위하여 건전한 노선들을 향해 나아가고, 세계복음전파를 위한 영적 영향력의 새로운 예비 방안들을 협력하도록 한다.

(2) 세계 선교사 대회가 끝난 이후에 남은, 그리고 계속 언급될 연구들, 또는 연구의 결과물들을 정식화하는 것들을 끝마쳐야 하는 것에 대한 책임.

(3) 추후의 세계 선교사 대회가 언제 열리는 것이 바람직한 것인지, 그리고 초기 준비들은 언제 해야 하는지에 관해 고려하는 것에 대한 책임.

(4) 세계선교사대회가 사역자들의 다양한 실체들 사이에서 격려하였던 관계를 견지하도록 계획을 고안하는 책임. 예를 들어, 문서나 혹은 상호보고서와 동등한 어떤 조직과 같은 것들로 견지하도록 함.

(5)어떤 단계들 중에는 문서사역자들이(한 개 혹은 그 이상의 분과들로부터 받을 수 있는 추천에 따라서) 친근한 상호 조언과 실제적인 협력을 얻을 수 있도록 모국 위원회에서 제공해주는 도움들을 수용, 배치하는 것.

(6)선교단체나 협의회들에게 최선의 방법, 즉 대회의 분과들과 대회와는 다른 여러 선교의 지체들이 공히 제안하였던 지속적 국제선교위원회가 구성되도록 하는 것.[12]

---

12) 분과들이 건설적인 사역이라고 동의했던 원칙들은 그들 보고서에서 다음과 같이 시작되

(7) 이러한 작업의 단계들을 특별 위원회를 구성함으로써 수행할 소망을 더하는 것, 아니면 분과들의 보고서에 마련된 제안들을 수행하도록 하는 것.

Ⅱ. 계속위원회의 사역은 제8분과 보고서로부터 인용한 다음과 같은 단서의 내용들에 따라야 한다.

"만일 그와 같은 국제 위원회가 실행이 된다면 세계선교대회의 계속 위원회는 그리로 전체가 혹은 부분들이 이전되도록 재가되어야 한다. 그 업무는 대회로부터 수령된 것으로 진행될 것이다. 그러나 만일 국제 위원회 구성이 되지 않는다면, 계속위원회는 전체든 부분적이든 그 위원회에 할당된 일들을 수행해야 한다."

Ⅲ. 계속위원회는 세계선교사대회에서 35명의 멤버로 구성될 것이며, 다음과 같이 나누어질 것이다. 10명은 북미로부터, 10명은 유럽대륙, 10명은 대영제국, 그리고 호주, 중국, 일본, 인도, 아프리카에서 각 한 명씩으로 한다.

Ⅳ. 이 대회의 진행위원회는 계속위원회의 인원들로 구성되도록 추천된다.

이 미국장로교협의회 총무인 결의안은 Arthur J. Brown에게 재청을 받았고 다음 사람들에게 지지를 받았다.

Mr. Newton W. Rowell, Methodist Church of Canada.

Dr. Julius Richter, of Germany.

그리고 다음과 같은 이들이 발언을 하였다.

었다. (a) 처음부터 그런 일은 다양한 교파들이 지닌 교리적이거나 교회연합적인 차이점들에 대해 고려하는 문제들을 사전에 차단하도록 한다. (b) 이러한 것이 보장이 되야 하는데, 가능한한 폭넓은 대표들을 참석하도록 해야 한다. (c) 그러나 그러한 일은 순수하게 자문을 주고 조언적인 협의체가 되도록 하여, 어떤 권위를 행사하는 것이 아니라, 본질적으로 섬김의 가치 속에서 나누도록 하는 의미를 지닌다.

The Rt. Rev. the Lord Bishop of Durham;

Jonathan B. Hodgkin, Friends' Foreign Missionary Association in London.

이때 대회의 의장이 다음 사람의 부고를 알리는 전보를 읽었다: Rev. Dr. H. Grattan Guinness, senior, of the Regions Beyond Missionary Union, London.

대회는 모두 합하여 찬송 25장, "For all the saints who from their labours rest"를 부르고, Wardlaw Thompson가 대표로 기도하였다.

회무가 한 시에 마무리 되었다.

오후 회기 — 6월 21일

대회는 Dr. John R. Mott를 의장으로 오후 2시 30분에 다시 모였다.

찬송가 3장 "All people that on earth do dwell"을 부른 후에 Dr. Eugene Stock이 기도를 인도했다.

대회는 계속 위원회의 임명안의 고려사항을 요약하였고, 다음과 같은 위원들이 결의안을 지지하여 연석하였다.

Rev. Lord William Gascoyne-Cecil, 복음전파협회

Rev. Wm H. Roberts 박사, 미국내 그리스도 교회의 연방위원회의 의장, 미국 장로교회

Rev. J. Campbell Gibson 박사, 영국장로교회

Bishop Montgomery 명예목사, 복음전파협회

Rev. J. R. Callenbach, 신학박사, 네덜란드의 특별대표단

Eugene Stock 박사, 교회선교사협회

Rev. R. Wardlaw Thompson 박사, 런던선교사협회

Bishop J. E. Robinson, 감리교 감독 교회, 인도

Rev. A. Wallace Williamson, 신학박사, 영국의 특별대표단

Bishop Roots의 제안으로, 진행위원회는 실질적인 영향을 주지 않는 결의안의 형태를 구두로 변경할 수 있는 힘을 가져야 한다는 의견이 동의에 부쳐졌다.

의장은 "표결에 부쳐야 할까요?"라고 질문하였고, 대회는 이를 만장일치로 승인했다. 의장은 토론을 마치기 위해 이 결의안의 상정자로 A. H. L. Fraser 경을 불렀다.

A. H. L. Fraser 경이 계속 발표하기를 원하지 않았기 때문에, 그 결의안은 의장에 의해 상정되었고, 만장일치로 통과되었다.

대회는 "Praise God from Whom all blessings flow"를 함께 불렀다.

대회는 "본국(home base) 협력의 가능성과 원칙들"에 관한 토의를 시작했고, 위원회의 부의장인 Silas McBee 이 위원회의 추천을 지지하는 연설을 하였다.

다음 위원들이 토의에 참여하였다 :

H.D. Wootton, 런던 선교사 협회, 호주 멜버른

Rev. J. P. Jones, 신학박사, 외국선교를위한미국위원회, 인도

Romances 여사, 복음전파협회

Rev. W. T. Stackhouse 박사, 온타리오와 서부캐나다의 침례교 외국인선교위원회

Bishop of Gippsland 주교, 명예목사, 호주 교회선교사협회

토론은 영국과외국성경협회(the British and Foreign Bible Society)의 총무이고, 위원회 위원인 Rev. J. H. Ritson에 의해 마쳤다.

몇 분의 침묵기도 후에, 일정은 중국에 있는 미국 감리교 감독 교회 Bashford 주교의 축도로 마쳤다.

저녁 회기 — 6월 21일

대회는 교회 선교사 협회의 회장인 John Kennaway 경을 의장으로 오

후 8시에 모였다.

찬송가 6장 "Praise to the Holiest"를 부른 후에, 매사추세츠의 Wm Lawrence 명예목사가 모임을 위한 기도를 인도하였다.

"선교사업으로 인해 교회에서 이루어지는 요구들(The Demands made on the Church by the Missionary Enterprise)"에 대한 연설을 인도의 George Sherwood Eddy 이 하였고, President Goucher 목사가 기도하였다. 또 같은 주제로 Rev. James Denney 박사가 다시 한 번 발표하였다.

찬송가 4장 "Father Of Heaven"을 부르고 모임은 Denney 박사의 축도로 마쳤다.

아침 회기 –6월 22일

대회는 John R. Mott 박사를 의장으로 오전 9시 45분에 모였다. 몇 분간의 침묵기도가 있었다.

미국 밴더빌트대학(Vanderbilt University)의 교수이자 목사인 O. E. Brown이 경건회를 인도하였다. 찬송가 2장 "Holy, holy, holy, lord God Almighty"를 부르고, 브라운 교수가 기도를 인도하고, Great Commission에 관해 간단히 설교하였다.

대회는 찬송가 7장 "Jesus calls us"을 합심해서 불렀다.

6월 21일 모임의 회의록이 제출되고 승인되었다.

총무의 광고가 있은 후에, 의장이 미국 하트포드 신학대학원(Hartford Theological Seminary)의 총장이자 제5분과 의장인 W. Douglas Mackenzie 박사에게 "선교사의 준비"에 관한 보고서를 발표하도록 하였다. 그 보고서의 주요 내용의 개요를 발표한 후에, 복음전파 협회의 Creighton 여사와 위원회의 위원이 또한 발표하였다.

다음과 같은 위원들이 "선교현장에 보낼 후보자를 찾고 선택하고 임명하는 데 있어서 선교협의회의 책임과 방법(The Responsibilities and Methods of the Mission Boards in Seeking, Selecting, and Appointing Candidates to the

Mission Field)"에 관한 주제로 토의하였다.

Rev. D. H. D. Wilkinson, 교회 선교사 협회, 런던

Rev. Fred P. Haggard 박사, 미국 침례교 F.M. 협회

W. Mackworth Young 경 K.C.S.I, 영국 제나나 선교사 협회 교회, 런던

Bishop J. M. Thoburn 명예목사, 미국

Missiondirektor Gensichen, 신학박사, Berliner Missionsgesellschaft

Bishop Ridley 명예목사, 교회선교사 협회, 전 칼레도니아의 주교

Rev. Alexander P.Camphor 박사, 감리교 감독 교회, 미국

의장이 중국의 Changsha 선교단체에서 온 전보를 읽고 그들을 대신하여 기도를 요청하였다.

대회는 찬송가 29장을 부르고, General Thanksgiving from the book of Common Prayer를 읽으면서 기도의 시간을 가졌다. 런던의 친구들을 위한 외국 선교 협회의 Henry T. Hodgkin 박사가 이사야서 6장을 읽고 대회를 위해 말씀을 전하고, 다같이 기도하였다.

찬송가 30장, "O Christ, Thy love to all the world"를 부른 후에 대회는 "Is the Present General Preparation of Various Classes of Missionaries Adequate?"의 주제로 돌아가서, 다음과 같은 대표들이 발표하였다.

Miss Belle H. Bennett, Woman's Foreign Missionary Society, Methodist Episcopal Church, U.S.A.

Miss Rouse, World's Student Christian Federation.

Miss Ellen Humphry, Chairman of the Women's Candidates' Committee, Society for the Propagation of the Gospel.

Miss Mary A. Greene, American Baptist Foreign Missionary Society, Vice-President, Woman's Auxiliary.

Mrs. F. D. Wilson, Zenana Bible and Medical Mission.

Miss Jane L. Latham, Special British delegate, recently the Head of St. Mary's College in London for Training Teachers.
The Rev. R. H. Dyke, Paris Evangelical Missionary Society, Principal, Normal Institute, Basutoland.

회기는 Mackenzie 박사의 축도로 마쳤다.

오후 회기 — 6월 22일

John R. Mott 박사를 의장으로 대회는 오후 2시 30분에 다시 소집되었다. 찬송가 23장 "Fight the good fight(선한 싸움 다 싸우고)"를 부르고, 마드라스의 밀러 총장이 대회를 위해 간단히 연설하고, 대표단은 일반적인 주제 "Is the Present General Preparation of Various Classes of Missionaries Adequate" 에 관한 토론을 계속 하였다. 다음 대표단이 발표하였다.

Rev. W. J. Wanless, 의학박사, 인도에 있는 미국 장로교 선교
Dr. Charles F. Harford, 런던 리빙스톤 대학의 총장
James A. Beaver 장군, 미국 장로교 교회
Rev. W. H. Frere, 복음전파협회
Honda 주교, 일본 감리교회

대회는 다음과 같은 주제의 토론을 시작했다.
"Ⅲ. 특별 선교사 준비의 범위와 방법은 무엇이 되어야 하는가?"
"Ⅳ. 언어 학습에 관하여"
"Ⅴ. 이런 특별한 준비와 언어 학습은 어떻게 준비되어야 하는가"
분과 위원인 Edward W. Capen 박사가 이러한 질문들을 하였고, 다음과 같은 위원들이 참가하였다.
Walter B. Sloan , 중국 내륙 선교

A. P. Parker 박사, 감리교 감독교회, 미국, 상하이

Rev. Joh. Bittmann, 덴마크인 선교

Rev. A. B. Leonard, 신학박사, 감리교 감독 교회, 미국(외국인 선교위원회의 총무)

Rev. Arthur H.Smith, 신학박사, 외국인 선교를 위한 미국 위원회, 북경

Rev. C. G. Mylrea, 교회 선교사 협회, Lucknow

진행위원회의 의장인 Rev. George Robson 박사가 진행위원회의 보고서를 발표하였다.

진행위원회는 아래의 위원들을 계속 위원회로 추천하였다.

영국 대표

Mrs. Creighton.

Sir Andrew Eraser.

Dr. H. T. Hodgkin.

Sir G. W. Macalpine.

The Rev. J. N. Ogilvie.

The Rev. J. PI. Ritson.

The Rev. George Robson, D.D.

The Right Rev. The Lord Bishop of Southwark, D.D.

Mr. Eugene Stock, D.C.L.

The Rev. R. Wardlaw Thompson, D.D.

북미 대표

The Rev. T. S. Barbour, D.D.

The Rev. James L. Barton, D.D.

The Rev. Arthur J. Brown. D.D.

President Goucher.

The Rev. Bishop Lambuth.

Mr. Silas McBee.

Dr. John R. Mott.

Mr. N. W. Rowell, K.C.

The Rev. Canon Tucker.

The Rev. Charles Watson, D.D,

유럽 대륙 대표

Professor Haussleiter(Germany).

Bishop Hennig(Germany).

Herr Würz(Germany).

Dr. Richter(Germany).

Dr. Boegner(France).

Inspektor Dahle(Norway).

Ds. Gunning(Holland).

Count Moltke(Denmark),

Missionsdirektor Mustakallio(Finland)

Bishop Tottie(Sweden)

남아프리카 대표

Professor Marais.

호주 대표

The Right Rev. the Bishop of Gippsland.

일본 대표
Bishop Honda

중국 대표
Mr. Cheng Ching-Yi.

인도 대표
Rev. Dr. Chatterji(그들의 사무요원들과 보궐을 임명하는데 권한을 부여함).

Robinson 박사의 발의에 보고서는 만장일치로 채택되었다.

제5분과 보고서의 토론이 다시 시작되었고, 다음과 같은 위원들이 발표하였다.

Professor Meinhof, Berlin Mission.

Professor H. P. Beach, Yale University Foreign Missionary Society.

토론은 분과 회장인 W. Douglas Mackenzie 총장에 의해 마쳤다.

회무 일정은 Rev. J. Mitford Mitchell 박사의 축도로 끝났다.

저녁 회기 — 6월 22일

대회는 미국, 보스톤의 Samuel B. Carpen 을 의장으로 오후 8시에 모였다. 찬송가 8장 "Jesus, Thou joy of loving hearts"를 부른 후에, Rev. Wallace Williamson 박사가 기도를 인도하였다. 연설의 주제는 "하나님의 충분하심(The Sufficiency of God)"이었다. 첫 번째 연설자는 필리핀의 주교 Charles Brent목사였다. 그의 연설 끝에 대회는 찬송가 9장 "When I survey the wondrous cross"를 부르고, Hampstead의 Rev. R. F. Horton 박사의 두 번째 연설이 있었다. 대회는 Horton 박사의 기도로 마쳤다.

아침 회기 — 6월 23일

John R. Mott 박사를 의장으로 오전 9시 45분에 대회는 침묵 기도로 시작했다.

아침 경건회는 스코틀랜드의 연합자유교회의 대회의장인 Rev. Young 박사가 주재하였다. 찬송가 17장 "O Spirit of the Living God"을 부르고 이사야서 62장을 읽었다. Young 박사가 간단한 말씀을 전하고 기도하였다.

대회는 찬송가 31장 "Thou whose Almighty Word"를 불렀다.

6월22일의 회의록이 제출되고 채택되었다.

Rev. Robson 박사는 형식적인 투표가 제출되지 않았음에도 불구하고, 위원단들이 대회의 성공을 위해 다양한 역할들로 힘들게 일한 사람들에게 깊은 감사를 표했다. 진행위원회의 의장으로서 그는 제출된 결의안의 다음과 같은 초안을 낭독했다.

"대회는 감사하는 마음을 기록으로 남겨두고 하는바 대회의 회원으로 환영을 받으며 참여하게 된 것과 함께 에딘버러 시(市)의 시장과 시의 협력에 대단히 감사하는 바입니다. 에딘버러대학교에서 모이고 영예로운 학위들이 이 대회의 뛰어난 회원들에게 수여된 것을 감사하고, Tolbooth Church의 목회자들과 총회로부터 받은 도움, 그리고 다른 교회 연합적이고 시민 기구의 수많은 도움들을 다 열거할 수가 없습니다. 그리고 에딘버러에 계신 수많은 시민 개개인들과 근처에서 거주하며 대표들에게 즐거움을 제공한 이들에 감사를 드립니다. 이 대회가 풍성해지도록 여러가지로 도와주고 협력한 자발적인 협조자 분들에게 감사를 드립니다. 하나님의 강복하심이 에딘버러 시에 머무르며 하나님 나라의 진척을 위하여 도우시는 모든 교육기관에 함께 하시기를 기원합니다."

이 결의안은 북미를 대표하는 Rev. A. J. Brown 박사가 제출하고, 대륙과 유럽을 대표하는 La Trobeml 주교가 재청하였고, 기립투표로 만장일치로 통과시켰다.

Rev. Robson 박사가 대회 전에 진행위원회에서 초안 작성한 다음의 메시지를 마련하였고, 채택을 위해 제출하였다.

이 메시지의 채택은 Hankow의 Roots 주교가 재청하였고, 대회에서 만장일치로 받아들여졌다.

J. H. Oldham이 저녁 회기 모임을 위한 준비를 발표하기 위해 일어섰고, 대회는 그에게 훌륭한 서비스를 제공해준 데 대해 깊고 진심어린 감사의 마음을 박수로 표현하였다. Oldham은 그의 동료들의 헌신된 노력에 그 공을 돌렸다.

미국 위원회의 총무이자 제6분과 의장인 Rev. James L. Barton 박사는 "선교의 본거지"라는 주제로 보고서를 발표하고, 논평하였다.

토론의 첫 번째 주제는 "How to present the world-wide problem, that confronts Christianity, to the imagination of the Church so that it shall become an impelling and dominating motive in all its life." 이었다.

다음과 같은 대표단이 대회에 발표하였다.

The Rev. Canon L. Norman Tucker, Church of England in Canada.

The Rev. C. R. Watson, United Presbyterian Church, U.S.A.

The Rev. C. C. B. Bardsley, Church Missionary Society, London.

Miss E. Harriet Stanwood, Congregational Women's Board of Missions, Boston, U.S.A.

Sir Robert Laidlaw, Wesleyan Methodist Missionary Society, London.

Dr. T. H. P. Sailer, Young People's Missionary Movement, U.S.A.

Mr. T. R. W, Lunt, Church Missionary Society, London.

Mr. W. T. Ellis, Presbyterian Church, U.S.A.

The Rev. Professor D. S. Cairns, D.D., United Free Church of Scotland.

The Rev. H. M. Hamill, D.D., World's Sunday School Association.

대회는 연합기도회의 중심 예배(Central Service of Intercession)를 위해 잠시 휴회하였다. 찬송가 24장 "Soldiers of Christ! arise, 그리스도의 군사들아, 일어나라"를 부르고, 미국 볼티모어의 Rev. J. Ross Stevenson 박사가 이 날의 주제 "The Awakening of the Whole Church to its Missionary Duly(선교사의 사명에 대한 온 교회의 각성)"과 관련된 성경말씀을 읽었다.

침묵기도를 한 후에, 대회는 Fletcher Brockman과 Rev. Alexander 박사가 기도하였고,이 연합기도회 예배는 Dr. Stevenson의 기도와 찬송을 부르고 마쳤다.

제6분과 보고서의 토론이 다시 시작되었고, "외국 선교사의 봉사를 위한 삶의 적절한 제공의 필수적인 기밀"의 질의가 있었고, 다음과 같은 위원들이 발표하였다.

Mr. R. P. Wilder, Secretary, Student Volunteer Movement, Great Britain.

The Rev. Bishop La Trobe, Moravian Church.

The Rev. Tissington Tatlow, General Secretary, Student Christian Movement of Great Britain and Ireland.

The Rev. Dr. S. M. Zwemer, Reformed Church in America, Candidate Secretary, Student Volunteer Movement.

Miss Saunders, Student Volunteer Movement, Great Britain.

Mr. H. W. Hicks, Young People's Missionary Movement of the United States and Canada, also American Board of Commissioners for Foreign Missions.

이 일정은 침묵 기도와 미국의 감리교 감독교회의 Rev. Carroll 박사의 축도로 마쳤다.

오후 회기 — 6월 23일

대회는 John R. Mott 박사를 의장으로 2시 30분에 다시 모였다. 찬송가 45장 "His name for ever shall endure"를 부른 후에 대회는 질의에 대한 토론을 시작했다.

Ⅲ. "교회의 선교 계획을 증진시키기 위한 성직자들 자신의 확신과 금기에 영향을 끼치는 가장 중요한 부분. 우리 신학 대학과 다른 기독교 대학들이 세계 정복을 위한 열정을 자극 할 수 있도록, 그리고 본 교회의 외국 선교사역들에서의 지도력을 위한 장비들을 공급할 수 있도록 무엇을 할 수 있을까?

대회의 다음과 같은 위원들이 발표하였다.

The Rev. S. J. Porter, D.D., Secretary, Foreign Mission Board, Southern Baptist Convention, Richmond, U.S.A.

The Rev. S. A. Donaldson, D.D., Master, Magdalene College, Cambridge.

The Rev. J. Henzel. Utrecht Missionary Society.

The Rev. Judson Swift, D.D., American Tract Society The Rev. G. Reynolds Turner, M.B., London Mission, Amoy, South China.

The Rev. O. E. Brown, D.D., Methodist Episcopal Church South, U.S.A.

The Rev. Bishop Hasse, Moravian Church.

Ⅳ. "어떻게 평신도의 힘과 영향을 체계적인 선교사의 사역에 평신

도의 시간과 노력을 바치게 할까?"는 평신도의 선교사운동의 총무인 J. Campbell White에 의해 소개되었고, 찬송가 12장 "Crown Him with many crowns"를 부른 후에 다음과 같은 위원들이 발표하였다.

Sir A. H. L. Fraser, Vice-President of the Conference.

Dr. Samuel B. Capen, President of American Board of Commissioners for Foreign Missions.

Captain Alfred Bertrand, Gen ve, special delegate.

Mr. Mornay Williams, American Baptist Foreign Missionary Society, Vice-Chairman of Laymen's Missionary Movement.

Mrs. Thomas S. Gladding, Chairman, Foreign Department of Y.W.C.A. of U.S. of America.

Rev. Dr. Cornelius H. Patton, American Board of Commissioners.

Ⅴ. "개인 기독교인들이 증가하는 재정적인 능력과 현재의 필요에 거의 상응하는 그들의 재능을 사용하는 것 보다 더 많은 재정적인 일을 할 수 있는 선교사의 재능을 증가시키는 법"에 대해 토의하였고, 다음과 같은 위원들이 발표하였다.

Dr, J. W. Ballantyne, Edinburgh Medical Missionary Society.

Mr. Charles A. Rowland, Chairman, Laymen's Movement, Southern Presbyterian Church, U.S.A.

The Rev. A. E. Armstrong, Foreign Mission Committee, Presbyterian Church in Canada.

Mr. A. E. Marling, Presbyterian Church in U.S.A.

이 보고서의 검토는 그 분과 위원인 Rev. J. P. Maud에 의해 이루어졌으며 대회에 참석한 모든 위원들의 중요성을 강조하고, 그들이 본국에 돌아가 기도의 영에 붙들린바 되기를 강조하고, 그럼으로써 그들의 모든 사역지가 새로운 영으로 채울 것을 요청하였다.

일정은 침묵기도와 Rev. J. P. Maud의 축도로 끝났다.

저녁 회기 — 6월 23일

Andrew H. L. Fraser 경이 8시에 의장으로 회의를 시작하였고, 대회는 침묵기도로 연합하고, 찬송가 37장 "Our God, our help in ages past"를 불렀다.

스코틀랜드 선교 교회의 의장 Rev. J. N. Ogilvie이 시편 118편을 읽고 기도를 인도하였다.

Rev. Robson 박사가 계속위원회가 23일의 세 번의 회의의 회의록을 비준할 수 있도록 권한을 부여해 주기를 제안하였고, 그 제안은 만장일치로 동의되었다.

Andrew Fraser가 연설하였다. 찬송가 5장 "O Thou my soul, bless God the Lord"를 부르고, 웨슬리안 감리교 선교협회의 Rev. W. H. Findlay가 감사의 예배를 인도하였다.

대회는 찬송가 25장 "For all the saints who from their labours rest"를 불렀고, Dr. John R, Mott가 대표단들이 하나님께 봉헌하도록 하였고, 모든 사람들이 찬송가 45장 "His name for ever shall endure"를 합심하여 부르고, 스코틀랜드의 연합자유교회의 Rev. Henderson 박사가 축도하였다.

대회가 교회에 전하는 메시지

기독교국가에 있는 교회의 성도들에게

사랑하는 기독교 교회의 교우들에게, 우리 에딘버러에 모인 세계 선교사 대회의 우리 위원들은 애정을 담아 여러분들께 메시지를 보냅니다. 지난 열흘 동안, 우리는 비기독교 국가에 있는 기독교의 입장에 대해 밀접하고 반복되는 연구를 계속하였습니다. 이 연구에서 우리는 그것의 직업을 위해 유효한 선교사 사업과 효력의 분야를 조사했습니다. 2년 동안 우리는 기독교 선교의 각 부분에 관한 전문적인 증거를 모았고, 이 증거는 우리가 제시할 수 있는 특정한 결론을 이번 전체 대회를 통해 가져왔습니다.

우리의 조사는 우리에게 현 시대의 중대한 특성을 강하게 새겨지게 하였습니다. 우리는 많은 사람들로부터 위대한 국가들의 각성에 관하여, 오랜 기간 닫힌 문의 개방에 관하여, 그리고 우리는 교회 앞에서 그리스도를 위해 승리케 되는 모든 것들이 세워지고 있는 운동에 대하여 들었습니다. 다음 10년은 인류 역사의 전환점이 될 가능성이 아주 높고, 보통의 경험을 가진 수 세기보다 인류의 영적인 평가를 결정짓는 대단히 중대한 시기가 될 것입니다. 그러한 세월들을 허비한다면, 그 시간들은 회복될 수 없는 대혼란을 초래하게 될 것입니다. 반면에, 그 시간들을 바로 사용하게 된다면 그 시간들은 기독교 역사에서 가장 영광스러운 일이 될 것입니다.

그러므로 우리는 현존하는 단체들을 연합하고 통합함으로써, 그들의 행정력을 증진시킴으로써, 그리고 그 단체를 훈련시킴으로 선교단체의 현존하는 힘을 최고로 사용할 수 있는 방법의 면밀하고 철저한 조사를 하는데 많은 시간을 투자해야 할 것입니다. 우리는 경제와 효율을 도모하기 위하여 우리의 힘 안에서 모든 것을 해야 합니다. 이러한 노력으로 우리는 수 세기 동안 기독교 교회에서 얻어진 것 보다 공동 행동의 위대한 연합에 도달하게 됩니다.

하지만 우리는 현존하는 힘의 경제적인 면과 재구성 하는 것에 도달되는 것보다 무언가 더 위대한 일이 필요하다는 것이 점점 더 명확해 집니다. 우리는 온 세상의 복음 전파를 명령하신 전능하신 하나님을 신뢰하는 것에 더 깊은 책임이 필요합니다. 그 신뢰는 우리 선교사들에게, 또는 우리 사회에, 또는 이 대회의 회원으로써의 우리에게 어떤 특별한 방법에 전념하는 것이 아닙니다. 그것은 가족으로서의 기독교인 안에서 모두가 그리고 각자가 전념하는 것입니다. 교회의 일원으로서, 기독교인의 삶-신앙, 희망, 그리고 사랑의 기본적인 선생으로 말입니다. 인간을 크리스천으로 만드는 것은 그를 또한 이 신뢰를 함께 공유하는 사람으로 만드는 것입니다. 이런 원칙은 모든 이들이 받아들이는 것입니다. 그러나 우리는 조금 새로운 차원에서 그것을 높이 바라보며 수행해야 할 것입니다. 중대한 국가적인 재난에 새로운 애국심의 기준과 모든 시민의 참여가 필요하듯이, 현 시대 상황과 선교 사명에 모든 크리스천과 모든 신도들, 선교사의 열정과 봉사의 현존하는 기준의 변화와 영적인 견해의 상승이 필요합니다.

오래된 기준과 이상(理想)은 현존하는 것을 중단시키는 세상의 상태로 집어넣는 것입니다. 그러한 것들은 더 이상 옛 것의 몰락이 일어나는 새로운 세상에 적합하지 않습니다. 이러한 새로운 정신이 요구되는 것은 단지 개인이나 회중뿐만이 아니다. 거기에는 전체로서의 국민의 삶과 영향을 기독교화 하는 긴요한 영적인 요구가 있습니다. 상업적이고 정치적인, 서양에서 동양으로의, 강한 민족에서 약한 민족으로의 전체적인 영향이 선교사업에 관한 메시지를 악화시키지 않고 확신할 수 있도록 말입니다.

하나님의 섭리는 우리 모두를 기회와, 위험과, 의무의 새로운 세계로 인도하고 있습니다.

하나님은 우리 모두에게 삶의 새로운 질서와, 예전보다 더 고되고 자기희생의 성품을 요구하고 계십니다. 하지만 우리가 믿는 것처럼, 의무의 방법이 구원의 방법이라면, 이런 긴요한 의무의 소명으로 하나님은 다른 사람이 꿈꾸는 것보다 더 위대하시고, 더 사랑이시고, 더 가까우시고, 우리의 도움과 위로에 더 유용하신 분이라는 잠재된 확신이 분명히 나타나는 것입니다.

분명히, 우리는 우리 자신을 위해, 교회를 위해, 세상을 위해 하나님의 은혜와 능력의 새로운 발견자가 되도록 부름 받은 것입니다. 그리고 하나님 안에서 굳고 든든한 힘을 가지고 새로운 세대와 새로운 임무에 직면하도록 부름 받은 것입니다.

비기독교국가에 있는 기독교 교회의 성도들에게

사랑하는 기독교 교회의 교우들에게, 에딘버러에 모인 세계 선교사 대회에서 우리 주님의 이름으로 문안 인사를 보냅니다. 열흘 동안 우리는 비기독교 국가에서 그리스도의 사역을 잘 감당하기 위한 최고의 목적을 가지고 기도와, 토론 그리고 선교사의 문제점들을 연구하였고, 토론을 통하여서 우리의 마음이 당신들에게 유대감과 사랑으로 나아가게 되었습니다. 하나님께 대한 감사의 많은 이유들이 모든 선교현장들을 마음에 품고, 함께 고려하는 중에 생겨났습니다. 최근에 눈뜨게 된 나라들에서 기독교 교회들의 수적인 그리고 열정과 파워의 꾸준한 성장에 관해 각 방면에서 전달된 간증들 외의 더 기쁨은 없었습니다. 각 교회들로부터 온 회원들보다 더 우리에게 필요한 것은 없었습니다. 여러분들이 보여준 복음 전파의 힘의 정신에, 그리고 그로 인한 승리에 하나님께 감사를 드립니다. 우리는 당신들 사이에서 매우 두드러지고 오늘날 우리 자신의 가장 깊은 갈망 중에 하나인 연합을 원하는 것에 하나님께 감사합니다. 우리는 본국으로 가져오는 당신들의 사례에서 주는 모든 영감들에 깊은 감사로 가득 차 있습니다. 이런 사례는 거기에서 기독교 교회가 시도하려고 하는 용광로의 가장 뜨거운 부분을 쥐고 있는 영광스런 자리에 있는 특별한 어려움을 가지고 있기 때문에 더 고무적인 것입니다.

우리의 깊고 애정 어린 공감을 받아주시고, 하나님이 당신들의 동포들의 개종에 하나님의 사역이 달성될 수 있도록 잘 단련된 무기로 불같이 쓰실 것임을 확신하십시오. 오직 궁극적으로 이 사역을 마칠 수 있는 사람이 당신입니다. 하나님께서 여러분 자신의 사람들을 확신하도록 하시는 말씀이 바로 우리의 말씀이어야 합니다. 그리고 그 사람들로 그리스도를 위하여 승리하게 하시는 삶이 생명이요 혹은 거룩함이요 윤리적 힘일 것입니다. 마치 여러분이 그 사람들 자신 족속의 사람들로서 앞으로 나아가기 때문입니다. 하지만 우리는 이 사역에 당신의 조력자가 됨을, 그리고 당신의 어깨에 있는 무거운 짐을 지고 하나님의 은혜로 더욱 권한을 갖게 됨을 기뻐합니다. 열정을 가진 책임, 사랑하는 성도들, 그리고 그 사명을 통해 전해지는 하나님의 능력을 계속 하십시오. 그리하면 우리는 우리 앞에 보이는 위대한 역사를 보게 될 것입니다.

한편, 우리는 또한 우리 하나님이 그에게로 이끄시는 많은 민족들로부터 우리 자신을 더 많이 알게 되어 기뻐합니다. 그리고 우리는 하나님 안에서 온 나라들의 연합으로부터 온 모든 결과에 풍성한 믿음을 기대합니다.

우리 마음속에 기뻐할 이야기가 너무 많이 있지만 한 가지 문제로만, 무엇보다도 가장 중요한 문제에 국한시켜야 합니다.

기도의 가장 강력한 협조가 모든 그리스도의 나라를 하나로 단결시킵니다. 그러므로 우리가 당신들을 위해 기도하듯이, 우리들, 본국에 있는 기독교 단체들을 위해 기도하십시오. 우리가 당신들의 어려움을 기억하고 있듯이 하나님 앞에서 우리의 어려움들을 기억해 주십시오, 하나님이 우리 각자에게 필요한 도움을 주시기를, 그리고 우리 모두에게 하나님의 보복된 의지에 따라 그리스도의 몸된 동료로 필요한 도움 주시기를 간구해 주십시오.

대회를 향한 인사의 메시지

대표로 오신 지체분들과 선교의 유명한 동료들의 대회에서 발표한 수많은 서신들을 다 기록하기에는 너무 많은 공간이 필요하고, 또 각각의 리스트를 기록할 필요도 없는 것 같습니다.

그 가운데서 다음과 같은 것들을 받았습니다.

대회 중보의 간절한 바람과 희망을 표현하는 Upper and Lower Houses of convocation of the province of Canterbury 결의안은 그리스도의 왕국의 진보를 위한 지혜와 이해의 노력을 가진 그리스도인들 사이에서 흥미를 증진하고 더 큰 열망을 갖게 하는데 중요한 것으로 입증되었다고 본다.

전능하신 하나님의 인도하심에 따라 대회의 사역의 간절한 바람을 표현하는 Central board of Missions of the Church of England(영국교회선교중앙위원회)의 결의안은 해외 선교에 관한 기독인들의 의무에 관한 더 넓고 깊은 인식과 선교사역에서 부딪히는 문제점들에 관한 더 철저한 이해를 이끌게 되었다.

최고의 만족과 대회를 향한 감사를 기대하는 General Assembly of the Church of Scotland 의 결의안은 전체 교회의 기도와 지지를 감사하고, 더 나아가 다른 나라에서부터 온 대표단과 방문객들을 환영하며, 진심으로 전 세계 기독교도들의 모든 교회의 개혁되기를 바라는 마음으로 대회가 선교적인 정신의 주목할 만한 회복을 완수하게 될 것이라 믿는 바이다.

대회가 해외 선교 사업의 중요성에 관해 더 깊이 인식하도록 교회를 각성시키는 도구가 되도록 기도하는 General Assembly of the United Free Church of Scotland(스코틀랜드의 연합자유교회의 총회)의 결의안은 더욱 서로 연합하고 체계적인 행동이 되는 결과가 되었다.

대회에 깊은 감사를 표하면서, 대회에서 같이 토론을 했던 위원회의 위원들이 희망을 가진 General Synod of the Church of Ireland(아일랜드 총회)의 결의안은 교회의 우선적인 의무로써 선교 사업을 완전히 인식하게 하고, 이 땅에 그리스도의 왕국이 전파될 수 있도록 하는 노력을 널리 이해시키는 결과를 가져왔다.

그리스도의 사랑 안에서 따뜻한 형제애의 인사를 보내고, 성령님의 인도하심과 지도하심 아래서 진정으로 기도하는 Yearly Meeting of the Society of friends의 회의록은 선교 사업의 효율성과 모든 기독교 교회의 회복을 촉진하게 되었다.

Primitive Methodist Conference의 결의안은 대회에 따뜻한 인사말을 보내고, 모든 선교 협회가 그리스도에게로 온 세상이 항복할 수 있도록 야망을 가지고 하나님이 실제적인 지도하시기를 기도하는 바이다.

General Assembly of the Presbyterian Church in the U.S.A(미합중국장로교총회)의 결의안은 온 교회의 지도자들에게 대회를 칭찬하면서 대회에 총회의 인사말을 전달하였다.

일본 Conference of Federated Missions of Japan에서부터 대회로 안부를 전하며, 모든 비기독교 국가들 중에서 가장 발전되었고 가장 발전하고 있는 나라임을 확인하면서 세상이 줄 수 있는 일을 진지하게 찾고 있다. 그리고 그 나라에서 선교사역의 초기 50년은 증명하기를 일본이 만일 최고의 남 • 여성 선교사들을 통하여 복음이 전파되고, 가능한 가장 빠른 시간내에 가장 좋은 교육기관들을 통하여 전파가 이루어 질 때 그 최고의 종교를 수용하게 될 것이다.

캘커타 선교 대회에서부터 온 메시지는 대회에 인사를 전하며, 세계 복음 전파 사역과 관련한 다른 분과들의 사역을 토론하였다.

1910년 5월 미국 워싱턴에서 열린 the World's Sixth Sunday School Convention(세계 제6회주일학교협의회)에서 온 기념문은 대회에 인사하고, 선교사역의 또 다른 형태로 가치 있고 필수적인 부속물로서 기독교국가와 비기독교 국가 모두에서 주일학교의 중요성을 촉구하였다.

2만개의 협회와 오십 만 회원들을 가진 국가 형제애(National Brotherhood) 자문회에서 온 인사는 대회를 환영하고 그들의 기도로 대회 성공을 확신하였다.

의료 선교 대회

세계 선교 대회와 관련하여 선교사역의 의학적인 면을 다루기 위한 부분 대회가 열렸다. 이 대회에는 130명의 회원들, 세계 선교사 대회에 참석한 57명의 대표단들, 대표단이 아닌 46명의 의료선교사들, 그리고 에딘버러와 그 인근에 거주하거나 또는 도시를 방문한 27명의 의사들이 참석하였다. 3개의 회의가 열렸다. 즉, 아침 회기일 6월 20일 오전, 에딘버러 카페에서의 첫 번째 모임, 당일 저녁 내과의 Royal College of Physicians 에서 모임, 6월 21일 화요일 아침에 에딘버러 카페에서의 세 번째 모임.

첫 번째 회기

Alexander R. Simpson 의학박사가 주재하였다. 에딘버러 의료 선교사 대회의 회장인 Dr. J. W. Ballantyne이 의료 선교사의 훈련에 대해 토론을 시작하였고, 그의 연설을 마치면서 런던과 에딘버러 위원회가 공동으로 신중하게 준비해야 하는 다음과 같은 "결론"들을 제안하였다.

"의료 대표단, 의료 선교사 그리고 선교 사업의 의료적인 측면에 관심이 있는 다른 의료인들의 이 부분적인 모임은 위원회에게 '온 세상에 복음을 전달하기 위하여'를 제출하기를 만장일치로 원하였다."

(1) 의료 선교는 기독교 교회의 선교사역 가운데 필수적이고 본질적인 부분임을 인정해야 한다."

(a) 그리스도의 본보기로써 그리고 그리스도의 명령을 따르기 때문에 사람에게 하나님을 나타내기 위한 방법으로서, 치료의 사역을 해야 한다.

(b) 복음 전파의 일이 여러 국가들에서 거듭해서 나타낼 수 있도록 한다."

(2) 적절한 스태프들과 장비를 잘 갖춘 병원들과 원주민 간호사들을 잘 지휘 감독할 수 있는 유럽 또는 미국인 선교사 간호사들과 더불어 완전히 자격을 잘 갖춘 의료 선교사들의 책임 아래서 의료 선교가 계속되고 확장 되어야만 한다.

"선교사들의 준비"에 관한 위원회에서 그들의 공통된 의견은

(1) 의료 선교사는 의료 선교의 영적인 사역에 분명한 책임을 가지고 있어야 하고, 그러한 사역을 위한 영적인 준비와 관련하여 5분과 보고서의 추천을 진심으로 찬성한다.

(2) 의료 선교사들의 전문적인 준비는 빈틈없이 철저해야만 해서, 인정된 시험 위원회로부터 의료 학위과정을 마치지 못했거나 의약분야

에서 학위나 수료증이 없는 사람에게는 의료 선교사의 책임을 줄 수 없다.

(3) 각 교파별로 의료 선교사 훈련 기관을 자체적으로 갖는 어려운 일이기 때문에 기존의 초교파적인 훈련기관을 소개하면

i.에딘버러에 위치한 에딘버러 의료선교사협회;

ii. 런던에 위치한 런던 의료선교사협회;

iii. 미시간, 배틀크릭에 위치한 미국 의료선교사대학;

iv. 런던에 있는 성 누가대학;

v.독일 튜빙겐에 있는 독일과 스위스를 위한 의료 선교사 협회들이 그 역할을 감당하고 있고, 의료 선교에 관심 있는 모든 지도자들에게 뜨거운 찬사를 보냅니다."

(4) 모든 의료 선교사들은 외국 현장으로 파견되기 전에 인정된 병원에서 수련의 지위를 가져야 하며 특정한 분야에서, 안과나 열대지방의 질병에 관한 학위 후 과정을 공부해야만 한다.

우간다의 Dr. J. H. Cook(교회선교사협회)는 열대지방 질병에 관련된 과정의 중요성을 강조하였다.

교회 선교사 협회의 총무인 Dr. H. Lankester는 의료 문제를 다룰 수 있도록 선교 위원회의 의료선교의 필요성을 강조하였다.

서인도 Miraj의 Dr .W. T. Wanless(미국 장로교)는 선교현장에서 학위 후 과정과 사역의 기회를 제공할 대규모의 선교 병원의 가치에 관해 언급하였다.

중국 Tungkun에서 이전에 레니쉬 선교의 의료 선교사 협회의 Dr. Olpp는 독일에서 순조롭게 시작했던 그 사역들을 설명하였다.

터키(A.B.C.F.M) 애인탭의 Dr. F. D. Shepard는 의료선교사의 해당국 언어 습득의 중요성으로 관심을 끌었고, 이러한 목적으로 그는 의료 선교 센터에서 처음에 선교사의 과한 의학적인 책임감보다는 언어 공부의 기회

를 주는 것을 추천하였다.

Dr. C. F. Harford. 열대지방 의료와 위생에 관한 협회의 명예 총무, 런던;

Dr. J. L. Maxwell, 런던 의료선교사협회;

Dr. O. L. Kilborn, 서중국, 청두(감리교회, 캐나다);

Bishop Lambuth, 의학박사, 내슈빌(미국 감리교 감독 교회);

Dr. T. Kirkwood, Tientsin(런던 선교사 협회);

Dr. Basil Price, 런던;

Dr. Sargood Fry, 에딘버러 의료 선교사 협회의 총무 또한 연설하였고, 그 후에 회의에 제안들이 제출되고 만장일치로 통과되었다.

이번 회기에서 토론된 두 번째 사안은 "선교사 간호사의 훈련" 이었다. 이 주제에 관한 보고서는 "간호사들의 선교사 연맹"의 회장이 제출하였고, 이 연맹의 총무는 52 Lower Sloane Street, S. W. 의 주소를 가진 H. Y. Richardson 양이다.

"간호사들의 선교사 연맹"의 편집자 Macfee 양은 100 병상 이상의 병원에서의 3년간의 훈련의 필요성을 강조하였다.

런던 F.R.C.S 의 W. M'Adam Eccles 은 그 자신의 간호사 훈련에의 15년 경험을 발표하였고, 선교 간호사들이 개인적인 구제에 관한 지식을 가지고 있어야 하고, 최소한 3년 이상의 자격을 가지고 있어야 한다고 강조하였다. 원주민 간호사들을 훈련시키는 것이 그들의 의무이고, 이렇게 함으로써, 결국에는 미래의 위대한 사역이 이루어질 수 있다고 하였다.

Nurse Fear, 남인도(런던선교사협회);

Dr. Edith Brown, Ludhiana;

Dr. P.W.Brigstocke, 팔레스타인, 가자(교회선교사협회);

Dr. Mary Dodds, 푸나(스코틀랜드의 교회) ;

Dr. Catherine Ironside, 페르시아(교회선교사협회) ;

Dr. H. T. Hodgkin, 친구들의 외국인 선교사 협회의 총무, 런던 ;

Dr. J. F. Morse, 미국 의료 선교사 대학, 배틀 크릭, 미시건 ;

Dr. D. D. Main, Hangkow(교회선교사협회) 또한 발표하였다.

간호사 선교사 연맹을 대신하여 Margaret C. Outram 양이 "간호사 훈련" 보고서에 인쇄된 문장을 강조하여 말하였다. "물론, 절대적으로 선교 간호사들의 영적인 기준은 다른 후보자들만큼 높아야 한다는 것은 사실이다.

(1) 외국 선교현장에서 자격있는 간호사들의 필요는 여전히 중요하다

(2) 그러한 간호사들을 위한 적절한 훈련은 필수적이다.

(3) 그 훈련은 아래와 같아야 한다

(a) 일반직 — 잘 장비를 갖춘 병원 또는 상주하는 의료진이 있는 병원에서 3년

(b) 특수직 — 간호사들이 가져야만 하는 자격증 취득 후, 조산사, 투약조제, 기초 위생, 요리, 도시 빈민가에서의 지역 사업, 그리고 안과와 고열 간호에 관한 훈련을 받아야 한다.

이것은 만장일치로 통과되었다.

Alexander Simpson 경이 기도로 회의를 마쳤다.

두 번째 회기

"선교사들을 위한 기초 의료 훈련(Elementary Training in Medicine for Missionaries)"의 주제를 소개하면서 회의를 주재한 F. R. C. S.의 W. M' adam Eccles, 의학사는 이렇게 말하였다.

"기초 의료 훈련을 함으로써, 외국 선교사 자신의 건강을 유지 할 수 있는 실제적인 방법, 동료 선교사들의 건강을 도와주고, 검증된 의료 지원이 어렵거나 얻기 불가능한 곳에서의 질병이나 부상을 완화할 수 있는 의료, 수술 그리고 관련된 과학들을 이해 할 수 있다."

Alexander Macalister 교수, 의학박사, 캠브리지

Dr. J. Howard Cook, 우간다(C. M. S)

Rev. Robert Elliott 박사, C. M. S. 의료 선교사 협회 총무

Dr. Rutter Williamson, 인도 푸나(스코틀랜드의 연합 자유 교회)

Dr. F. M. Graham, 에딘버러

Dr. D. Christie, 묵덴(스코틀랜드의 연합 자유 교회)

Dr. W. Frohlich, Assuan(독일 수단 선교)

Dr. A.H.F. Barbour, 에딘버러

Dr. Basil Price, 런던 선교사 협회의 내과의사

들이 발표하였다.

리빙스톤 대학의 총장 Dr. C. F. Harford가 다음과 같은 결론을 제안하였고, 만장일치로 통과 되었다.

의료 대표단, 의료 선교사들, 그리고 선교사역의 의료적인 면에 관심이 있는 다른 의료진들의 부분 모임은 "선교사들의 준비"라는 분과에서 대신하기를 바라고, 그들의 의견은

(1) 모든 협회는 선교사들이 위치하고 있는 모든 지역에, 다른 검증된 의료 보조원이 가능하지 않을 때 완벽하게 검증된 의료 선교사들을 보내야 한다.

(2) 외국으로 나가는 모든 선교사들은 그들 자신과 가족들의 건강을 보호할 수 있는 지식을 가져야만 한다.

(3) '의료 선교사'가 없거나, 검증된 의료원 혹은 외과적 보조원이 없는 곳에 가게 되는 선교사들은 가벼운 질병이나 사고를 처치할 수 있는 지식을 가지고 있어야만 한다.(4) 선교사들이 이러한 지식을 무분별하게 사용하는 점을 고려해서, 또는 자격이 없는 채로 그런 일을 맡지 않도록, 이 훈련은 특별한 필요를 위해 적당하게 계획되어야 하고, 의과학생들과 함께 훈련 받아서는 안 될 것이다.

(5) 선교사 협회는 그런 선교사들이 의료직의 책임을 맡지 않도록, 어떤 상황에서도 '의료 선교사'의 자격을 가지지 않도록, 자격 있는 의

료인의 지위를 갖지 못하도록 해야 한다.

M'Adam Eccles 이 기도를 인도하고 감사를 전하였다.

선교사 협회의 의료진 협회의 명예총무인 Dr. G. Basil Price 박사가 "해외 선교사들의 건강과 관련한 체계적으로 수집되고 기록된 본국(의료부문) 통계자료의 필요"에 관한 보고서를 제출하였다.

Dr. Charles F. Hartofd, 교회 선교사 협회 내과의

Dr. F. D. Shepard, 애인탭(A.B.C.F.M)

Dr. A. H. F. Barbour, 에딘버러

이들이 연설하였고, 다음과 같은 제출안들이 만장일치로 통과되었다.

의료 대표단, 의료 선교사들, 그리고 선교사역의 의료적인 면에 관심이 있는 다른 의료진들의 부분 모임은 "선교의 본국(the Home Base of Missions)" 분과에서 다루기로 하였다.

(1) 모든 외국 선교사 협회와 관련하여 명확한 의료부서가 있어야 한다. 이 부서는 선교사, 그 부인들, 그리고 가족들의 체력 연마와 건강 보호에 관련한 모든 질의를 다루어야만 한다. 이 부서는 의료 선교사들과 최소한의 외국 의료 경험을 가진 의료진들로 구성된 명예 의료 위원회의 감독하에 있어야 한다. 의료 위원회의 일반적인 지도하에 모든 질의사항들을 다뤄야 하는 가능하면 유급직의 의료 담당자가 있어야만 한다. 규모가 작은 협회의 경우에는 몇 개의 협회를 대표하는 하나의 의료 위원회와 의료 담당자가 있어야 함을 제안한다.

(2) 죽음과 은퇴를 포함하는 외국 선교사들의 건강과 관련한 통계, 사례와 체계적인 기록이 필요하다.

"이것과 다른 자료들로부터 얻은 추론들은 다음과 같은 문제점들과 관련하여 중요성을 가질 것이다.

(1) 휴가와 휴일의 빈도와 기간

(2) 때때로 건강 규제에 관한 발표와 개정의 필요성
(3) 질병, 쇠약, 죽음에 대비하는 선교사들의 생명 보험
(4) 해외에서 선교사 자신들의 건강을 유지하기 위한 기초적인 의료 지도를 받을 필요성"

"1890년 이후로 60% 이상의 선교사들의 죽음의 원인이 예방할 수 있는 희생이었다는 것이 의료협회의 의료 담당자 협회의 지도 아래 최근의 연구 결과로 강조되었다.

이러한 정보는 다양한 나라들에 있는 주된 질병의 잠재성, 선교사들이 직면하고 있는 건강의 위험성, 그리고 그러한 상태를 방지하기 위한 최선의 방법들을 강조하게 될 것이다."

세 번째 회기

의장 — Dr. J. W. Ballantyne, 에딘버러 의료 선교사 협회 회장

인도 의료 선교사 협회의 회장인 서인도(미국 장로 위원회), Miraj의 Dr. W. T. Wanless가 원주민들의 의료 훈련에 관한 주제를 소개하였다. 그는 대회전에 인도 의료 선교사 협회에 다음의 2가지 제출안을 가져오도록 요청했다고 하였다.

"진료소 지점들은 병원사역의 가치 있는 확장이고, 특히 기독교인들이 도시 속에서 흩어져 있는 지역에서 아주 특별하다. 단지 훈련되고 경험 있는 보조원들이 중앙 병원과 관련하여 지점들의 책임을 맡고, 가까이 위치해서 철저히 감독을 받아야만 한다.

"일단 설립이 된 병원이 문닫는 일 없이 적절한 정기휴가와 임시휴가를 제공하기를 원하는 관점에서, 또한 그런 병원사역에 대하여 진지하게 수행하는 책임감의 관점에서 볼 때, 전적으로 실력을 갖춘 두 명의 의사를 각각 의료 선교 정규 직원으로 두는 것은 매우 필수적인 일이며 모국의 선교회나 협의회에서 긴급하게 해결해야할 일이 아닐 수 없다. 특히 여성들의 선

교의 경우는 더욱 그렇다."

연설자들의 명단은 아래와 같다.

Dr. D. D.Main, Hangchow(C.M.S)

Dr. Edith Brown, 루디아나 여성 의료 학교 총장

Rev. James Shepherd 박사, 라즈푸타나(스코틀랜드의 연합자유교회)

Dr. Van Someren Taylor, 후초우(C.M.S)

Dr. P. Anderson, 포모사(영국 장로 교회)

Dr. O. L. Kilborn, 청두, 서부중국(캐나다 감리교 교회)

Dr. Charles C. Walker, 방콕, 시암(미국 장로 교회)

Dr. J. H. Cook, 우간다(C.M.S)

Dr. D. Christie, of Moukden(United Free Church of Scotland)이 다음과 같은 런던과 에딘버러 위원들의 제안의 채택을 상정하였다.

의료 대표단, 의료 선교사들, 그리고 선교사역의 의료적인 면에 관심이 있는 다른 의료진들의 부분 모임은 "국가 생활의 기독교화와 관련한 교육" 분과에서 그들의 이의없는 의견을 발표하기를 원하였다.

(1) 더욱 더 철저하게 장비를 잘 갖춘 의료 학교가 적절한 선교지에 세워져야만 한다, 그리고, 가능한 많은 원주민들이 다음의 두 가지 이유로 의료 선교사역의 다양한 지점들에서 훈련 받아야만 한다.

(a) 선교 병원을 중심으로 모여드는 사역, 그리고 의료 복음 전파의 사역은 외국인 의사는 결코 따라잡을 수 없기 때문에, (b) 원주민들은 외국인이 결코 할 수 없는 방법으로 그 원주민들에 가까이 다가갈 수 있기 때문에 달성하기에 더 쉽고 지원하기에 더 경제적이고 다양한 선교현장에서, 유능한 간호사, 병원보조원, 내과의, 외과의 그리고 의료 선교사들이 될 수 있도록, 그리고 중국의 많은 경우에서처럼, 정부와 다른 공공 기관과 관련하여 중요한 위치를 차지할 수

있기 때문에, 그곳에서 기독교 의료진들이 그리스도를 위한 강력한 영향력을 펼칠 수 있기 때문이다.

(2) 이의 없는 또 다른 회의의 견해는 보다 많은 고등교육을 받은 원주민들이 의료 선교학교나 의대에서 공부를 할 수 있도록 하자는 것으로, 현재 많은 나라들에서 이런 학교들이 생겨나고 있다.

또한 "협력과 연합"의 분과위의 견해로서는

"현재 중국과 다른 곳에서 많이 세워지고 있는 기독교 의과대학에서, 어느 특정한 지역에 있는 선교사역들 사이에서 가능한 완전한 협력이 함께 협력해서 얻는 영적인 이유 뿐 만이 아니라 의료 선교현장의 원주민 노동자들의 준비에 있어서 경제적이고, 효율적이고, 영속적인 목적 때문에 대단히 바람직하다." Dr. Wanless 박사가 제출한 이런 안건들은 만장일치로 통과 되었다.

Dr. C. F. Harford 가 제출하고 Dr. Frohlich가 재청한 의견은 다음과 같다.

"의료 대표단, 의료 선교사들 그리고 선교사역의 의학적인 면에 흥미를 가진 다른 의료인들의 분과 모임은 현장의 의료 선교사들과 본국의 의료인들 사이의 소통 방법을 높일 필요가 긴급하다. 위원회는 이러한 안건을 의료 선교회에 상정하고 고려토록 하였고 반드시 이루어져야 할 문제로 보았다."

이 의견은 만장일치로 통과되었다.

이 모임은 영광송 찬송하며 마쳤다.

대회장에서의 회의안

개회 모임 — 6월 15일 수요일 오후 8시

의장 — A. H. L. Fraser 경, K.C.S. I, 법학박사

주제 : 최종적이고 보편적인 기독교:

(a) 도덕적인 이상으로서 Rev. A. Wallace Williamson, 신학박사

(b) 구원의 종교로서 Rev. Elvest Lewis, 문학석사

(c) 대사로서의 특권 Durham의 대주교

6월 16일 목요일

10:30 – 12:30 ; 제1분과 보고서 발표

"비기독교 국가들에 대한 선교"

의장이 보고서를 발표하였다. — Rev. George Robson, 신학박사

"중국의 복음 전파의 상황" — Rev. Harlan P. Beach, 신학박사

"인도의 복음 전파의 상황 "— Julius Richter 목사, 신학박사

"여성 사역의 필요성" — Miss Rouse

"본 교회의 영적인 삶에 대한 선교 사업의 관계" — Rev. J. P. Haggard, 신학박사

12:35 – 1:00 오후 ; 중보 기도 모임

인도자 — Rev. R. S. Simpson

2:30 – 4:15 오후 ;

"일본, 중국, 인도의 문제점들"

의장 — Jas. A. Beaver 장군, 법학박사

연사 — Rev. J. D. Davis 박사, Rev. A. H. Smith 박사, G. Sherwood Eddy

8:00 – 9:30 저녁 ;

"초기 선교사 시대의 교훈"

의장 — Rev. P. M'Adam Muir, 신학박사

"처음 세기의 기독교의 확장" — Rev. MacEwen 교수, 신학박사
"영국의 복음전파" — Rev. Stalker 교수, 신학박사

6월 17일 금요일
10:30 – 12:30 ; 제6분과 보고서 발표
"선교사역의 국내본부"
의장 — Rev. J. L. Barton, 신학박사
연사 — G. W. Macalpine 경, H. Lankester 박사, J. Campbell White

12:35 오후 ; 중보 기도회
인도자 — Rev. W. Bolton

2:30 – 4:15 오후;
"아프리카, 이슬람, 그리고 손대지 않은 곳에서의 문제점들"
의장 — Ingham 대주교 명예목사
연사 — Parkin 박사, C. M. G., Rev. S. M. Zwemer, 신학박사, Rev. C. R. Watson, 신학박사

8:00 – 9:30 저녁 ;
"복음전파 사역의 원주민 교회의 위치"
의장 — Eugene Stock, D. C. L
연사 — 한국의 윤치호(The Hon.Yun Chi IIo, of Korea), Rev. K. C. Cjatterji, 신학박사, 인도

6월 18일 토요일
10:30 – 12:30 ; 제3분과 보고서 발표
"국민의 기독교화에 관계된 교육"

의장 — 버밍햄의 대주교
"중국과 일본의 문제점들" — Rev. E. C, Moore 교수, 신학박사
"조직과 협동" — Rev. J. F. Goucher, 신학박사
"문헌" — Rev. A. R. Buckland, 석사
"여성의 교육" — Miss Richardson

12:35 – 1:00 오후 ; 중보기도 모임
인도자 — Rev. G. Goforth

2:30 – 4:15 오후 ; 남성들의 모임
"교회 선교 사업에 대한 비전문가들의 기여"
의장 — R. Williams 대령, 하원의원
"지원의 비전문가들의 공유 — Newton W. Rowell, K.C
"지지의 비전문가들의 공유 — Samuel Capen 의장, 법학박사
"행정에의 비전문가들의 공유 — T. F. V. Buxton

8:00 – 9:30 저녁 ; 남성들의 모임
의장 — Seth Low 경, 법학박사
"교육의 기본으로서의 종교에 관한 선교" — M. E. Sadler 교수
"상업적인 조건에 관련한 선교" — F. S. Brockman

8:00 – 9:30 저녁 ; 여성들의 모임. 성 조지 연합 자유 교회에서
"선교사역에서의 여성들의 기여"
의장 — Barbour 여사
"여성들을 위한 많은 방치된 현장" — Gladding 여사
"미래를 위한 수업" — Small 양
"여성에게 호감을 주는 선교의 기본" — Rouse 양

6월 19일 주일 — 남성들만을 위한 모임

3:00 오후 ;

의장 — York의 대주교

"기독교의 신앙과 실제에 관한 현대인의 생활의 영향" — Rev. F. W. Macdonald, 문학석사

"기독교인 생활의 자원 " — Rev. R. F. Horton, 신학박사

6월 20일 월요일

10:20 - 12:30 ; 제4분과 보고서 발표

"비기독교 종교들에 관련한 선교적 메시지"

의장 — D. S. Cairns 교수, 신학박사

연사 — Ossory의 대주교, 명예목사, W. P. Paterson 교수, 신학박사, Robert E. Specer , 신학박사

12:30 - 1:00 오후 ; 중보기도 모임

인도자 — W. H. Frere 목사

2:30 - 4:15 오후 ; 목회자들. Tolbooth Parish 교회

"세계 복음 전파에 관련된 목회자들의 책임"

의장 — Rev. C. C. B. Bardsley

연사 — Robert E. Speer, 신학박사, Rev. J. H. Odell, 신학박사, Followed by open conference

2:30 - 4:15 오후 ; 여성들. 성 조지 연합 자유 교회

"여성 사역과 관련해서 선교현장에서의 특별한 위기의 입장"

의장 — MIss Grace Dodge
"교육 선교에서의 위기 : 인도" — Latham 양
"중국에서의 위기" – Bashford 여사
"중국 여성의 현재의 필요" — Ida Kahn 박사
"일본에서의 여성 사역의 긴급한 요청" — Macdonald 양

8:00 — 9:30 저녁 ;
의장 — John Kennaway 경, 준남작
"인종문제와 관련한 기독교" — Rev. A. J. Brown, 신학박사
"그리스도 안에서 인류의 연합" — Southwark의 주교

6월 21일 화요일
10:30 – 11:30 ; 제7분과 보고서 발표
"선교와 정부"
의장 — Seth Low 경
연사 — Rev. A. B. Wann, 신학박사

11:30 – 12:30 ; 제2분과 보고서 발표
"선교현장의 교회"
의장 — Rev. J. Campbell Gibson, 신학박사
"원주민 교회의 성장" — Rev. W. Goudie
"원주민 교회의 임무" — Rev. W. R. Lambuth 주교, 신학박사

12:30 – 1:00 오후 ; 중보 기도 모임
인도자 — Rev. Webb Peploe

2:30 오후 ; 의료 선교 모임. 대회장 홀

의장 — Donald Macalister 경
"의료 선교와 아프리카의 희망" — J. H. Cook 박사
"인도 원주민의 의료 훈련" — Wanless 박사
"중국의 의료 선교 대학" — Christie 박사
"외부에서 보여지는 것으로서의 의료 선교사역" — Macalister 교수

2:30 오후 ; 목회자를 위한 모임. Tolbooth Parish 교회
의장 — Rev. John Young, 신학박사
"대회의 도전"
"어떤 대답을 의미하는 것일까?" — Rev. J. Ross Stevenson, 신학박사
"대담한 신앙의 가능성" — Rev. R. F. Horton, 신학박사

8:00 – 9:30 저녁 ;
"교회에의 선교의 요구"
"개인과 관련하여" — Bishop Robinson 목사, 신학박사
"교회 조직과 관련하여" — Rev. C.C.B.Bardsley

6월 22일 수요일

10:30 – 12:30 ; 제8분과 보고서 발표
"선교협력, 그리고 교회일치의 재고"
의장 — Andrew Fraser 경, K.C.S.I., 법학박사
"연합"— Southwark의 대주교
"본국에서의 협력" — Rev. A. J. Brown, 신학박사
"선교현장에서의 협력" — Rev. W. H. Findlay, 문학석사
"연합을 이끄는 협력" — Silas McBee

12:30 – 1:00 오후 ; 중보 기도 모임
인도자 — Rev. V. S. Azariah

2:30 오후 ;
"유대인들에게 선교"
의장 — John H. Kennaway 명예 경, 준남작, C. B.
연사 — "교회 선교사 프로그램에서 이스라엘의 위치" – Rev. Thos. Nicol 교수, 신학박사
"기독교 국가에서 유대인 선교의 과거의 업적과 현재의 위치" – Rev. S. Schor
"비기독교 국가에서 유대인 선교의 과거의 업적과 현재의 위치" –Andrew Wingate
"이스라엘 복음 전파의 문제점" — Rev. Louis Meyer 와 Rev. S. B. Rohold

2:30 오후 ; Tolbooth Parish Church
"어린이와 선교"
의장 — Rev. D. S. Cairns, 교수, 신학박사
연사 — "선교사 교육에의 과학의 필요성" — Rev. W. Hume Campbell
"어린이 사이에서 사역의 가능성들" — H. Wade Hicks
"미래의 정책" — T. R. W. Lunt

8:00 – 9:30 저녁 ; Synod Hall(대회장 홀)
"하나님의 충만하심"
의장 — Rev. Geo. Alexanderm 신학박사
연사 — Rev. J. D. Adam, 신학박사 ; Robert E. Speer, 신학박사

6월 23일 목요일

10:30 – 12:30 ; 5분과 보고서 발표–

"선교사들의 준비"

의장 — Douglas Mackenzie 총장, 신학박사

"여성 선교사들의 훈련" — Creighton 여사

"선교사들의 훈련에 관련된 본 교회" — Rev. J.O.F. Murray, 신학박사

12:30 오후 ; 중보 기도 모임

인도자 — Rev. H. Gresford Jones

2:30 오후 ; 대회장 홀

"성경 협회와 문서 사역"

의장 — Samuel Chisholm 경

"문자가 없는 민족들을 위한 성경번역" — Rev. J. Nettleton

"문자가 있는 민족들을 위한 성경 번역" — Rev. W. D. Reynolds, 신학박사

"선교의 보조로써 성경협회" — Rev. R. Wardlaw Thompson, 신학박사

"선교사 대행인으로써 성경협회" — Eugene Stock, 교회법 박사 (Doctor of Cannon Law)

2:30 오후 ; Tolbooth Parish Church

"젊은이들 사이에서의 선교연구"

의장 — Rev. Geo Robson, 신학박사

"본 교회에서 선교사 교육을 위한 필요" — Rev. Tissington Tatlow, 석사

"젊은이들 사이에서 선교사를 위한 운동" — Harry Wade Hicks
"교회 생활에서 선교사 연구의 중요성" — T. H. P. Sailer , 철학박사

저녁 ; 폐회 모임
의장 — Samuel B. Capen 총장, 법학박사
연사 — D. S. Cairns 교수, 신학박사, R. P. Wilder, 석사

Tolbooth Parish 교회에서 일반인 회의의 회의안

6월 15일 수요일
의장 – Duncan M'Laren
"대회의 근본적인 동기와 중요성" — Rev. John Timothy Storie 박사 (시카고)
"아프리카를 위한 새로운 날" — Rev. A. P. Camphor, 신학박사 (알라배마 버밍햄)
"중앙 아프리카의 심각한 사정" — H. Karl Kumm 박사, F. R. G. S

6월 16일 목요일
의장 – The Master of Polwarth
"중국의 위기"
Rev. Harlan P. Beach 교수, 신학박사, 예일대
Tong Tsingen 교수(상하이)
Logan H. Roots 은퇴목사, 신학박사, Bishop of Hankow.

6월 17일 금요일
의장 – Kinnaird의 명예 경
"나무의 열매" — William Jennings Bryan 경

6월 18일 토요일

의장 – Rev. A. Wallace Williamson, 신학박사

"일본과 한국의 기독교"

Rev. Ibuka 총장(도쿄)

Rev. H. K. Miller 문학석사(도쿄)

Rev. George Herber Jones ,신학박사(한국)

Rt. Rev. Merriman C. Harris 주교, 신학박사(한국)

6월 20일 월요일

의장 – Rev. John Kelman, 신학박사

"인도에서의 의료 선교사역" — W. J. Wanless, 의학박사 (Miraj)

"종교에 대한 인도의 천재성" — W. F. Oldham 주교, 신학박사 (싱가포르)

"인도의 각성" — George Sherwood Eddy

6월 21일 화요일

의장 — Rev. Martin, 교수, 신학박사

"오늘날 이슬람 세계의 상황"

Rev. W. H. T. Gairdner(카이로)

Rev. C. R. Watson, 신학박사

Rev. S. M. Zwemer, 신학박사(아라비아)

6월 22일 수요일

의장 – Andrew Fraser 경, K. C. S. I. 법학박사

"남성들의 반란" — W. T. Stackhouse 박사

"선교 사업체가 젊은 여성들에게 전력해야하는 이유" — S. T. Gladding 여사

"남성과 선교" — General James A. Beaver, 법학박사

6월 23일 목요일

폐회 모임

의장 — Rev. Whyte 총장, 신학박사

Rev. J. Ross Stevenson, 신학박사

J. Campbell White

글래스고우에서의 회의안

정오모임. 오후 1:15 — 2:00

St. George's Church, Buchanan Street

6월 20일 월요일

의장 — R. H. Sinclair

"선교에 미국인 사업가들의 흥미" — Wm. Jay Schieffelin , 철학박사, 뉴욕

6월 21일 화요일

의장 — Alexander Sloan, 공인회계사

"중국의 현재 가장 큰 요구" — Archibald Orr Ewing, Kiukiang, 중국

6월 22일, 수요일

의장 — Richard H. Hunter

"외국 선교에 대한 사업가들에게 하는 직언" — Alfred E. Marling , 뉴욕

6월 23일, 목요일

의장 — William Bilsland 경, bart

"선교사의 동기" — R. Mornay Williams , 뉴욕

오후 모임. 오후 3:00–4:20

St. George's Church, Buchanan Street.

6월 20일 월요일

의장 — Rev. Harlan P. Beach 교수, 신학박사, 예일

"온 세계에 복음을 전하는 것" — Julius Richter 목사, 신학박사, 독일

"중국에 현재의 운동" — Rev. Bishop Bashford, 북경, 중국

6월 21일 화요일

의장 — Rev. W. Goudie, 총무 웨슬리안 선교사 협회

"선교현장의 교회" 제2분과 — Rev. C. E. Wilson, 총무, 침례교 선교사 협회

"일본의 현재 상황과 기독교의 전망" — Rev. Ibuka 총장, 일본

6월 22일 수요일

의장 — Eugene Stock , 법학 박사, 교회 선교사 협회

"선교의 본거지" — Rev. Bishop Lambuth, 신학박사, 내슈빌

"외국 선교를 위한 여성들의 사역" — Harriet Taylor 양, 외국인 총무, Y.W.C.A. 뉴욕

6월 23일 목요일

의장 — Campbel 경, 대주교,

"제8분과 보고서" — Rev. J. H. Ritson, 총무, 영국과 외국 성경 협회

"연합의 협력과 증진" — Silas McBee , 뉴욕

저녁 모임

St. Andrew's Hall

6월 19일 주일, 오후 6:30

의장 — A. H. L. Fraser 경, K.C.S.I. 법학 박사, 대회 부의장

"외국 선교에 관한 한 정치인의 감동" — William Jennings Bryan 경, 네브라스카, 미국

6월 20일 월요일 오후 7:30

의장 — Rev. P.M'Adam Muir, 신학박사, 스코틀랜드 교회의 대회실

"외국 선교, 남성의 일" — James A. Beaver, 법학박사, 펜실베니아주 지사

"적절한 선교 정책" — John W. Wood , 총무, 개신교 성공회 외국 선교 위원회

6월 21일 화요일, 오후 7:30

의장 — A. I. Campbell 명예목사, 신학박사, 글라스고우의 주교

"일본의 현재의 상태" — Rev. Sydney L. Gulick, 신학박사, 일본

"현 세대로의 부름" — Ed. E. Soper , 젊은이의 선교 운동, 뉴욕

6월 22일 수요일, 오후 7:30

의장 — Rev. R. Wardlaw Thompson, 신학박사, 영국 선교사 협회

"인도 교회의 가능성" — Rev. V. S. Azariah, 남 인도

"동쪽으로의 이동" — Rev. Arthur J. Brown, 신학박사, 뉴욕

6월 23일 목요일, 오후 7:30

의장 — John Young 은퇴목사, 신학박사, 연합 자유 교회의 대회실

"한국에서의 위치 The Position in Korea." — 윤치호, 전 교육부 장관, 한국.(The Hon. Yun Chi-ho, Ex-Minister of Education, Korea.)

"하나님의 충만하심(The Sufficiency of God)" — Robert E. Speer, 신학박사, 뉴욕

6월 15일 수요일

여학생들을 위한 퀸즈 룸(Queen's Rooms)에서의 모임. 연사 — Miss Saunders, Grace Dodge 양, 뉴욕

6월 19일 주일

남학생들을 위한 퀸즈 룸(Queen's Rooms)에서의 모임. 연사 — A. H. L. Fraser 경, George Sherwood Eddy , 뉴욕

CHAPTER III

계속위원회

계속위원회

이번 대회는 어떤 면에서, 특히 그 중요성의 위대함에 있어서 앞선 모든 국제 대회들과는 구별이 된다. 대회는 위원회가 그 정신을 지속하고, 그 사역을 계속하기로 결정하였다. 이전의 어떤 대회도 이렇게 할 수 있도록 구성된 적이 없었다. 왜냐하면 어떤 경우도 선교단체들로부터 적절한 대표성을 공식적으로 부여받은 적이 없고, 결국 합당한 권위가 주어진 적이 없었기 때문이다. 게다가 이전의 어떤 대회도 대회 전에 제8분과의 보고서처럼, 보편적인 선교 사업체의 두드러진 문제점들을 서로 해결하도록 돕고, 세계에 복음을 전파하는 일을 함께 협력하는 연구와 같은 업무를 명확하게 맡아서 모인 적이 없었다. 이런 임무는 대회에서 완성되어 본 적이 없었다. 그런 경우들은 다만 시작에 불과할 뿐이었다. 대회로 인해서 그 임무가 더 분명히 이해될수록 다양한 각도에서 더 완전한 연구가 필요하다는 것이 더 분명해 졌다. 대회에서 달성된 것들은 선교단체들이 서로 접촉하게 되었다는 것이고, 그렇게 함으로써 그들의 연합함의 기초를 깨닫게 되고 상호 이해와 확신과 사랑을 이루게 된다는 것이다. 그럼으로써 그들이 도의적으로나 영적으로 방어해줌으로써 그 단체들이 수행하는 사역들이 개별적으로 진행된 것으로 믿고자 하는 욕심을 막아주는 역할을 해주는 것이다. 바로 이것이 계속 위원회를 설립하는 정신의 기초였다.

위원회의 허가와 이러한 설립의 목적은 6월 21일 회의록 페이지 95-7

에 기록되어 있다. 이 위원회는 35명의 위원들로 구성되어 있는데, 미국, 영국과 대륙 각각 10명과 호주, 남아프리카, 일본, 중국 그리고 인도에서 각 한명씩이다. 그 위원들의 이름은 6월 22일 회의록 페이지 101-2에 기록되어 있다.

계속위원회는 6월 23일 목요일 오후에 간단한 모임을 가졌고, 3번의 연장된 모임이 24일 금요일과 6월 25일, 그리고 토요일에 장시간의 모임으로 있었다.

Dr. John R. Mott가 의장으로, Dr. Eugene Stock 과 Dr. Julius Richter가 부의장으로, 토론토의 Newton W. Rowell이 회계로 선정되었다. Andrew L. Fraser 경, Rev. R. Wardlaw Thompson 박사, Rev. Arthur J. Brown 박사, Rev. James L. Barton 박사 이 4명이 임원으로 결정되었고, Moltke 백작이 집행위원회를 구성하였다. 이 계속위원회는 J. H. Oldham을 총무로 임명하였고, 그의 업무 시간을 이 일을 하는데 헌신하도록 하였다.

일시적으로 채택된 절차의 규정 중에, 최소 5개 국가들이 집행위원회를 대표해야 하고, 집행위원들이 다음번 정기 모임의 폐회까지 재직해야 함을 규정하였다. 게다가 계속위원회의 다음 정기 모임은 1911년에 개최되어야 할 것이고, 그 이후의 위원회는 2년에 한 번 모일 것이다. 15명의 위원들이 최소한 6개국이 대표하기로 규정한 정족수를 구성하게 될 것이다. 하지만 특별한 목적으로 다른 나라들의 위원들이나 또는 국가들의 모임으로 불리는 집행위원회가 특별 모임으로 모이게 될 것이다. 임원 모임은 최소한 일 년에 한 번씩 열리고, 위원들의 대다수가 최소한 3개 국가를 대표하는 정족수를 구성해야 한다. 임원의 투표는 서신으로 하지만, 4개국을 포함하는 집행 위원 전체의 3분의 2 이상의 결정을 필요로 한다. 임원의 모든 모임의 회의록은 그들의 사역에 계속 관계하며 도울 수 있는 다른 자료들과 함께 계속위원회 위원들 모두에게 송부된다. 또한 계속 위원회의 밖에 있는 전체 혹은 부분적인 위원들도 위원회의 다른 목적을 수행하고,

정보를 얻기 위해 특별 위원회를 구성하였지만, 그러한 위원회의 의장은 어디서든 업무수행을 가능하도록 계속위원회에서 선출된다.

계속위원회는 기독교 지역과 비기독교 지역의 기독교회들에게 대회의 메시지를 전달하는 준비를 하였다. 계속위원회는 또한 선교현장에 있는 선교사들에게 대회의 업무에 기여한 깊은 감사를 전하고, 계속 위원회의 계획과 구성을 알리는 내용의 편지를 준비해서 발표하는 것에 동의했다.

계속위원회는 대회의 분과들에서 시작된 연구를 더 특정한 방향으로 수행할 수 있도록 하였고, 대회의 진행 절차가 바람직하게 보일 수 있는 새로운 연구를 하도록 하였다. 이러한 목적으로, 특별 위원회가 위에서 언급된 규정과 일치하여, 다음과 같은 주제들을 진지하게 다룰 수 있도록 정해져야 한다. 계속 위원회의 외부에서부터 위원들의 임명의 문제에서 특별 위원회의 구성에 관해서는 아직 완성되지 않았고, 단지 의장의 이름만 명시되었다.

1. 정해지지 않은 부분 — 의장, The Rev. Charles R. Watson, D.D. 임원위원회는 미국에서, 자문위원회는 유럽에서 열리도록 한다.
2. 선교사들의 준비를 위한 대영제국에 학문협의회 구성 — 위원회는 영국의 성원으로 구성되어 위원회의 분과를 세우고 선교사들의 준비를 돕도록 한다. 의장 Mrs. Creighton
3. 선교사 양성학교 개발 — 의장 Dr. H. T. Hodgkin. 임원위원회는 영국에서 열리고 자문위원회는 미국에서 열리도록 한다.
4. 선교현장에서의 기독교 교육(선교현장의 특수성에 맞추어진 교육 상황 속에서 계속적 교육을 목적하고, 교육적인 선교사역에 있어서 협력과 조화를 키워갈 수 있는 방법들을 검토하도록 함). 의장, Sir Andrew L. Fraser. 부의장, President J. F. Goucher, D.D. 위원회는 두개의 협력 분과를 두어 사역하도록 하고, 유럽 분과는 특별히 인도와 아프리카에서의 교육 상황에 대하여 검토하고, 미국 분과는 일본, 중

국과 레반트지역을 특별한 관심을 두고 검토하도록 한다.

5. 기독교문서(선교현장, 특히 자국어로 완성되는 기독교 문서에 대해 특별한 관심을 두고 출판과 배부에 있어서 협력을 증진하도록 함) 의장, the Rev. George Robson, D.D. 임원위원회는 영국에서, 자문위원회는 미국에서 갖도록 한다.
6. 통계보고에서의 일관성을 지키는 것 — 의장, Dr. Julius Richter.
7. 제7분과 보고서에서 제출된 것처럼, 정부기구와 관계성을 갖고 공인된 원리들의 문장들을 완성하기 위하여 법적 전문가로 구성된 국제 위원회를 구성하기로 함 — 의장, Mr. Newton W. Rowell, K.C. 임원위원회는 미국에서, 자문위원회는 영국에 두도록 함.
8. 일반 출판사에서 선교적인 정보를 위해 보다 넓은 지역을 확보하는 최선의 방법을 강구함 — 의장, Dr. Eugene Stock — 영국과 아일랜드 지역 담당, The Rev. James L. Barton, D.D. — 미국 담당, Dr. Julius Richter — 대륙 담당. 독립적인 세 개의 분회 위원회들을 두고 상호 긴밀히 협력하도록 한다.
9. 선교와 정부기구들 사이에 있는 문제들을 다루기 위해 어떤 조직이나 기구를 세우는 선교단체나 협의회에 타당한 답변을 제공하기 — 의장, Dr. John R. Mott. 위원회는 임원이 되는 대표인들로 구성하고 또한 the Bishop of Southwark과 함께 한다.

Rev. J. N. Ogilvie를 의장으로 하는 소위원회가 전체적으로 혹은 부분적으로 선교사의 메시지를 담은 분과가 받은 증거들을 발행할 가능성에 대해 검토할 것을 지적하였다.

또한 특별 위원회들을 지명하는 일이 계속위원회의 다음 모임에서 검토되어야 한다.

이 성명문으로부터 시작하여 대륙위원회에 위탁된 의무가 더 이상 작은 것이 아님을 볼 수 있게 될 것이다. 다양한 관점과 실천들의 노선들을 따라 이루어진 사역은 분명 고되고 힘든 것이다. 그런 사역은 신중함과 인내를 요구하며 근면함도 요구한다. 그러나 그런 사역은 선교사업에게는 셀 수 없는 유익함의 가능성을 담고 있다. 많은 선교사들의 효율적이고 헌신적인 협력은 선교사역에 대한 동기에서 나오는 것으로 열심히 추구되었고 그들의 연합하여 이루어낸 수고는 하나님의 강복하심으로 말미암아 교회의 선교사역이 새로운 역사 속에서 물리적으로 이루어진 비전의 실현으로서 회집한 대회 앞에서 그 소망을 보고한 것이라 할 수 있다. 그러나 이 일은 오로지 이 전체 사역이 성령님의 인도하심과 그 분의 능력 안에서 이루어지고 보호된 것이라 할 수 있을 뿐이다. 이 대회를 위하여 기도하고 그들의 기도에 응답해준 감사한 이들에게 뜨거운 마음으로 증거한 모든 이들에게, 그리고 대회 전체에 그리스도를 섬김으로써 믿음과 소망과 사랑의 확장을 누린 모든 이들에게, 또한 하나님의 교회의 연합의 새로운 비전을 이루고, 그 나라의 오심이 온 세상을 향하여 이루어지고 있음을 깨달은 자에게, 그들의 소망이 열렬한 기도 속에서 이루어지는 것을 허락하신 성령님께서 지도하심과 힘주심과 풍성한 열매를 이루게 하심으로, 계속위원회에 모든 사역과 특별위원회들에 지명된 모든 사역들을 통해 성령님 당신의 목적을 이루어주시기를 구하는 바이다.

CHAPTER IV

저녁 회의에서의 연설들

개회 연설

벌라이의 발포어 경

BY The Lord BALFOUR OF BURLEIGH, K.T.

6월 14일 화요일 저녁, 대회실에서

대왕으로부터의 메시지

친애하는 신사 숙녀 여러분, 나는 영예와 존경을 받기에 합당한 대왕 폐하로부터 온 메시지를 여러분에게 대행하여 전하는 바입니다. 메시지는 이와 같습니다.

"왕께서 내게 명하사 여러분께 전해주시기를 원하신 바, 현재 에딘버러에서 열리고 있는 세계선교사대회에 대하여 깊은 관심을 표명하셨습니다.

폐하께서는 많은 교회들과 단체들의 형제 사랑으로 보여준 협력을 만족해하시며 지켜보셨는데, 미합중국과 유럽, 그리고 영국 연방에 있는 나라들이 서로 협력하여 세계 도처에 기독교적인 방법으로 기독교의 지식과 원리를 전파하는 데 앞장 선 것에 대하여 감사하게 여기셨습니다.

폐하께서는 이번 일을 참으로 중요한 것으로 여기셨으며, 국제적 친선을 견고히 하고 평화를 가져오며, 인류의 행복에 기여하는 일로 보셨습니다.

폐하께서는 위대하신 각국 대표들이 영연방 대표 도시들 중 하나인 에딘버러에 모이는 것에 대하여 환영의 뜻을 밝히셨으며, 그 분의 간절한 소망으로서 이 대회의 진행이 하나님의 지혜로 인도하심을 받고, 그리스도인들 사이에서 단합을 일구어내는 수단이 될 것을 기원하신다고 말씀하셨습니다. 그래서 이 대회가 고귀하고 유익한 결실을 얻기를 소망한다고 밝혔습니다.

신사숙녀 여러분, 제가 생각건대 임원 위원회에서는 폐하의 이러한 사려깊은 메시지에 감사하는 답신을 마련하는 것이 좋으리라 봅니다.

이 대회의 개회에 있어서 제가 담당한 것이라면 저 바다 너머에서 찾아와주신 모든 분들에게 우리 스코틀랜드가 제공할 수 있는 최대한의 뜨거운 환영의 예의를 다 갖추는 것입니다. 한 나라요 한 대영제국으로서 우리는 대왕의 서거를 맞아 커다란 슬픔 속에 있으며, 모든 문명국들이 우리와 이 슬픔을 함께 하고 있습니다. 제가 막 읽은 메시지에서는 형제의 우애와도 같은 협력에 대한 언사들이 있었고, 국제적인 평화가 오늘밤 여기에 계신 모든 분들의 마음으로부터 우러나오기를 바라시는 말씀이 있었습니다.

우리는 결코 작거나 무의미한 모임이 아닙니다. 우리는 약 1,200 명의 구성원으로 결성된 첫 번째 모임을 열고 있습니다. 이 모임은 160 개 교파와 단체를 대표하고 있고, 이들은 모두 그들 선교현장의 대표자들입니다. 오늘 밤 여기에는 유럽 대륙, 미합중국, 그리고 해외 영연방에 속한 여러 나라들로부터 온 대표자들이 있습니다. 우리들은 지금 아시아와 아프리카 그리고 여러 도서 지역에서 실제로 선교사역을 감당하는 수백명의 선교사들이 모여있습니다. 우리가 이번 대회에 기여한 많은 분들의 명단을 보면서 아마도 우리 마음에 드는 두 가지의 느낌이 있으리라 생각합니다. 아마도 첫 번째는 우리들의 다양함은 필연적으로 이렇게 다양한 단체들을 만들어냈다는 데 대하여 큰 슬픔이 있다는 것이요, 둘째는 그럼에도 우리는 어떤 면에서는 분열되었을지라도, 지금 우리는 필시 이전 시대에는 모두 관심이 있었던 이 거대한 사업을 한번도 함께 해보지 못했던 것을 지금 함께 해내고 있다고 하는 기쁨과 감사가 있으리라 생각합니다. 우리는 어떤 면에서는 분열되었습니다. 그러나 하나의 거대한 명령 아래에서 하나가 되었습니다. "모든 족속으로 나아가 모든 피조물에게 복음을 전하라" 하는 말씀에 대해서 말입니다. 우리는 지금 동일한 진군 대열에 서 있습니다. 그 대열은 분명 단순하고 일반적 타당성을 지닐 뿐 아니라, 보편적 수용성을 지니고 있는 것이기도 합니다. 누구도 부인하지 않으며 부인할 수 없이 순종해야 할 것입니다. 그 명령이 근 이십 세기 전에 던져졌을지라도 아직 완전히 성취되지 못하였다는 사실은 다소 비참한 일이라 할 수 있지 않을까요?

사실상 인류의 삼분지 일 외의 사람이 아직 명목상으로도 기독교인이 아니요, 또한 오늘 우리들 이 세상에서 살아가는 인류의 주류가 복음을 듣지 조차 못하였다는 사실은 중요한 일일 것입니다. 그리스도의 명령은 분명하고 보편적 적용이요 온 시대 속에서 지탱되는 말씀일 것입니다. 우리는 분열되었을지 모릅니다. 우리는 서로 독립적일지 모릅니다. 우리는 다양한 지역에서부터 왔을지 모릅니다. 그리고 우리는 다양한 방법들을 추구할지 모릅니다. 그러나 우리는 동일한 명령을 깨닫고 있으며, 동일한 목표를 인식하고 있습니다. 어떠한 분열이 있다해도 그것이 우리를 그 명령에 대한 순종으로부터 우리를 떼어내지 못할 것입니다. 우리가 배우고 있는 위대한 교훈은 우리 중 누구도 그 명령에서부터 멀어질 수 없다는 것입니다. 만일 우리가 여기에서 성공한다면, 우리는 이전 과거 어떤 경우에도 얻지 못했던 위대한 연합을 이룰 수 있게 될 것임에 틀림없을 것입니다. 우리가 그 명령에 대하여 부정할 수 없습니다. 우리는 이 대회의 모임이 우리로 하여금 그 명령을 부정하지 못하도록 격려한다고 믿습니다. 동력의 중복이나 낭비, 남녀 인력의 낭비, 물질 자원들의 납이 같은 것은 바로 우리가 믿는바 우리 모두의 주님이신 하나님에 대한 반역 외에 다른 것이 아닐 것입니다. 분명 하건대, 우리가 분열보다 연합으로 나아가야 하는 이유는 더 많이 있을 것입니다.

저는 지금 우리가 다르다는 사실의 중요성에 대하여 간과하고자 하는 것이 아닙니다. 도리어 우리는 소망컨대 한가지 사실을 함께 느끼기 시작하고 있다고 봅니다. 즉 연합하는 이들은 우리를 분열시키려드는 이들을 모든 면에서 이겨낼 수 있는 소중함을 지닌다고 말입니다. 잊지 말아야 할 사실이 있습니다. 이 대회를 시작하면서 아무런 의견도 내놓지 않았듯이, 우리는 우리가 각각 달리 지니고 있는 교리나 교회 정치에 대한 어떤 논쟁도 들어가지 않도록 할 것입니다. 이 내용은 매우 의도적으로 준행된 것이며, 분명히 정중하게 지켜질 것이라고 믿습니다. 그러나 우리는 온 인류에 대하여 하나의 우정을 지니기를 소망하고 있으며, 영원한 생명을 가르쳐주기를 갈망하고 있습니다. 하나님의 아버지와 성자의 사랑과 성령님의 능력, 그리고 기독교인의 삶의 정결함과 기독교인의 소망의 위대함들이 우리 모두의 공통적인 믿음일 것입니다. 우리는 서로 서로에 대하여 보다 깊은 만남을 갖기를 원합니다. 우리는 각기 다른 이들의 방법들과 다른 이들의 사역들에 대하여 보다 친근해지기를 원하고 있습니다. 우리는 각각 다른 이들의 성공을 기뻐하고 있으며, 다른 이들의 실패나 좌절에 대하여 가슴 아파 하고, 무엇보다도 우리는 이러한 성공과 실패의 경험들에 의해 배우기를 원하고 있습니다. 제8분과 보고서의 결론 부분에서는 연합의 문제를 다루고 있으며 이런 위로의 문구가 쓰여 있습니다. "한 차례라도 함께 모인 선교사역자들은 결코 분열되지 않는다. 그리고 협력의 영역은 경험을 통하여 넓어진다. 놀라운 증언이 있다면, 사람들 앞에서 서로가 서로를 알고자 하는 것만큼이나 뭔가 동의를 이루어내는 일은 때로 어려움이 있는 반면에, 일단 서로 서로 접촉을 가졌던 사역자들로 하여금 일을 도모하게 하는 것은 결코 어려움이 없다."

만일 기독교인들의 마음 속에 있는 것들이 직면해야 하는 거대한 다양성이 어떤 것인지에 대해 깨닫는 것 외에 다른 일들이 없었더라면, 이 대회는 아무런 소용이 없는 일이었을지 모릅니다. 제가 보다 특별히 참여했던 분과에서 이 부분이 많이 부각되었습니다. 항구적인 어려움으로 직면하게 되는 것은 시민들과 영적인 능력에 관련된 것이었습니다. 여러분은 문명화된 국가 정부를 두고 문명화되었으나 기독교화되지 않는 이들을 두고 있을지도 모르겠습니다. 여러분은 마치 중국과 같이 원시와 문명화가 공존하는 경우도 있을 수 있을 것입니다. 혹은 여러분은 기독교 정부로서 이슬람인이나 힌두인들을 지배하는 경우도 있을 수 있습니다. 전혀 문명화되지 못한 곳을 지배하는 유럽 섭정 지역도 있을 수 있고, 다양한 단계의 문명화에서 다양한 계층들과 다양한 문제들이 토론 중에 등장할 수 있는 이들이 있을 것입니다. 여러분의 마음을 일본을 향하여, 중국과 인도와 네덜란드령을 향하여 던져봅시다. 특별히 아시아 대륙에 있는 이슬람 지역 나라들, 이를테면 페르시아와 터키, 이집트와 수단, 그리고 북아프리카, 중앙아프리카, 동부 아프리카, 서부 아프리카, 남아프리카를 향하여 마음을 열어봅시다. 그러면 여러분은 여러분이 직면했던 어려움들이 정치적 어려움 때문이 아니라, 종교적 어려움 때문이었다는 사실을 깨닫게 될 것입니다. 시민정부의 영역들이 실제적으로 그 동일한 지역들에 고루 있습니다. 동일한 목표를 지닌 선교사들이 있습니다. 그러나 문제들이 발생하는 것은 주로 정부가 양심의 자유의 원칙에 대하여 모호하게 인정하는 경우에서는 거의 일어나지 않는다고 볼 수 있습니다. 여기에서 여러분은 가장 일반적인 원리들을 여러분을 문제들의 초급 단계보다 훨씬 더 다양하고 복잡한 상황으로까지 이끌어갈 것임을 놓치지 말아야 합니다. 국가 정부는 중립적일 수 있고, 적대적일 수도 있고, 최저에서 최상의 문명화를 이루는 다양성을 지니고 있을 수 있습니다. 그리고 국가 정부는 아마도 내부의 광신적인 요동들로 인해 많은 문제들을 갖고 있을 수도 있습니다.

또 다른 면을 살펴보도록 합시다. 전반적인 동의가 있다시피 바로 지금 우리는 하나의 거대한 기회에 봉착했다고 할 수 있습니다. 동양에 있는 나라들이 깨어나고 있습니다. 그들은 두 가지를 찾고 있습니다. 그 하나는 계몽이요 또 하나는 자유입니다. 모든 종교들 중에 기독교만이 이들의 요구를 최상의 수준으로 채워줄 수 있습니다. 자유가 없으면 기독교는 있을 수 없습니다. 최소한 기독교적 이념을 통한 제약이 없는 자유라고 하는 것은 위험천만한 것입니다. 모든 종교들 중에 기독교에만이 계몽적이고 발전적인 능력이 독특하게 있습니다. 그 이유라면 기독교의 뿌리와 기초 자체가 자기희생과 사랑의 정신 안에 있기 때문입니다. 우리가 경건하고 열정어린 소망을 말할 수 있다면, 하나님께서 이 대회를 쓰셔서 전 세계를 향하여 깊은 책임을 가지고 그리스도를 주로 고백하는 이들이 더 많이 나타나기를 기원합니다.

이제 결론으로 한 마디를 하고자 합니다. 제 마음에 소망으로 피어오르는 것이 있습니다. 그것은 바로 연합이라는 것이 선교지에서 시작된다면, 그것은 결코 거기에서 멈추지 않는다는 것입니다. 웅대한 꿈이 있다면 선교지에서 시작되는 연합은 그 영향이 뻗어나갈 것이며 고국에 있는 우리들과 전세계 오랜 문명국들을 향하여 나아갈 것입니다. 그것은 우리에게게 세계 수많은 나라들 가운데서 국제 평화에 대해 보다 큰 희망을 가져올 것이며, 적어도 형제우애적인 협력과 모국에 있는 교회의 여러 사안들에서도 보다 높은 수준의 연합을 가져오게 될 것입니다. 하나님께서 은혜를 주셔서 선교사역지에 있는 남녀 선교사들의 자기희생의 직접적인 열매로서 곧 나타나게 될 것으로 믿습니다. 이런 선교사들의 구호라면 잘 알려진 찬송가의 후렴구에서 잘 보여주고 있습니다.

믿는 사람들은 군병 같으니
앞에 가신 주를 따라 갑시다!
Onward, Christian soldiers,
Marching as to war
With the Cross Jesus
Going on before!

고국에 있는 우리는 힘과 신념을 가지고 우리가 현재에서는 얻을 수 없는 것에 대한 신뢰와 힘을 가지고 다음과 같은 찬양을 할 수 있을 것이라 생각합니다.

말씀을 주소서 온 나라 가운데
복음의 나팔 소리 울리게 하소서.
세상의 구원을 증거하며
세상의 땅 끝까지 울리게 하소서.
Give the word; in every nation
Let the gospel trumpet sound,
Witnessing a world's salvation
To the earth's remotest bound.

교회생활에 있어서 선교의 중심적 위치

캔터베리의 대주교
By the archbishop OF CANTERBURY
6월 14일 화요일 저녁, 대회실에서

지상에 있는 그리스도의 연합체로서 교회의 영적 전쟁을 수행하시는 동료 사역자 여러분, 발포어 경이 여러분들의 마음에 환기해주셨습니다만, 아마도 이 분보다 더 명쾌하고 효과적이며 명료하게 말씀해주실 수 있는 분은 거의 없으리라 생각합니다. 오늘 이 모임의 자리에서 논의되는 것은 그 수적 의미보다 중요성면에서 볼 때 어느 곳에서도 볼 수 없던 역사적인 일이라 생각합니다. 신사 여러분, 그렇습니다. 이 대회는 어떤 면에서 매우 특별다고 할 수 있습니다. 즉 단순히 선교사적인 역사에서 뿐 아니라, 모든 역사적 의미에서 그렇습니다. 언제 어디에서 1200명의 명석한 남녀가 모여서 직접적으로 얻을 수 있는 동일한 지식들을 위하여 헌신적으로 토론하였습니까? 실제적으로 볼 때 문자 그대로, 전 세계 모든 지역에서 온 이들이 한데 모여 능력들(forces)에 대하여, 과거와 현재에 대하여 보이는 것과 보이지 않는 세계가 사람들의 삶을 빚어가고 있는 것들에 대하여, 그리고 문명과 야만에 대하여 논의하였던 적이 있습니까? 게다가 여러분은 무심하게 무책임한 말을 하기 위해서 온 것이 아닙니다. 여러분이 알고 있는 것에 대하여 계획성 없이 말하고자 온 것이 아니요, 수백 군데의 사역 현장들로부터 깨닫게 되고, 직접 이끌어낸 논쟁의 결론들을 가지고 오신 것입니다. 필적(筆跡)된 논의들은 숙성된 경험들을 통하여 여러분을 그러한 결론들과 결의들을 이끌어온 것이요, 또한 이미 잘 검토와 숙고와 비교를 거친 자료들인 것입니다. 발포어 경께서 바로 우리 모임이 지닌 이러한 특별한 의미를 훌륭히 지적해주셨습니다. 하나님께서 이 모임에 열매들을 통하여 더욱 특별하세 해주시실 기원합니다. 우리 주 하나님께서 은총을 베푸셔서 오늘밤 그 분 앞에 가지고 나온 모든 것들이 그 분께 속하기를 기원합니다.

신사 여러분, 진심으로 말씀드리건대, 저는 충성과 경외의 마음으로 이 모든 토론의 첫 번째 발언자로서의 명령에 순종하는 바입니다. 저는 어떤 새로운 것을 가지고 이 자리에 기여할 수는 없으리라 생각합니다. 있다고 해도 그것은 매우 적을 것입니다. 그러나 제가 여러분들께서 제게 주신 특권을 올바로 해석하고 있는 것이라면, 저는 이 자리에 하나의 특별한 목적을 가지고 섰습니다. 말하자면, 우리 나라의 종교적 삶의 분야에 중심적인 책임을 맡고 있는 사람으로서의 관점에서 볼 때, 우리들의 실제적 사역은 단조롭다고 할 수 있으나, 우리들은 어떤 표현보다 더 강력한 마음으로 그리스도의 교회 안에서 우리들에게 주어진 책임과 감명의 내용들 중에서 선교적 사역이야말로 가장 중심의 위치에 있어야 되는 것이라고 느끼고 있습니다. 그런 의미에서 아마도 제가 가지고 있는 몇 가지 지식을 가지고 말씀드릴 것이 있을 것입니다. 저는 십 년의 기간 동안 네 차례에 걸쳐서 램버스(Lambeth) 에서 있었던 거대한 주교회의에서 역할을 맡았습니다. 그 주교들은 원근 각처에서 지상의 그리스도의 교회의 거대한 사역 분야에서 얻은 지식들을 가지고 온 분들이었습니다. 우리의 최근의 모임은 1908년에 있었으며, 240명의 주교들의 모였습니다. 외람된 표현이 아니길 바랍니다만, 아마도 대영제국의 이 섬에서 그와 같이 주내내 매일, 그리고 거의 매시(每時)마다 그토록 다양한 소통의 흐름들을 가지며 교회의 활동들과 문제들, 교회의 실수들과 실패들, 그리고 지구 전체 표면으로부터 제 방에 이르기까지 성실하게 그만한 권위와 관리 지도 하에 이루어진 적이 없었을 것입니다. 물론 그 안에 기도가 중심이요 혹은 교제였습니다. 그리고 다행스럽게도 그 안에서 성취되고 이루어지는 것들은 서면 뿐만이 아니라, 남녀 사역자들의 만남이었습니다.

주 예수 그리스도 안에서 형제요 자매 여러분, 여러분께 제가 의도적으로 말씀드리고 싶은 것이 있습니다. 아무리 어리석은 자라도 이런 자리에 있다 보면 어떤 것들을 조금씩은 알게 되는 법이죠, 제가 점차로 그런 지식들이 늘어가면서 보다 확신이 깊어지는 것을 깨닫게 됩니다. 그것은 곧 가장 중요한 일이요 가장 두드러지게 나타나게 될 사안이 바로 선교사역이며, 그러한 사역은 우리가 이번 뜻 깊은 2주간 점검하고 계획하고 있는 분야라는 것입니다. 여러 차례에 걸쳐서, 어떤 순전한 마음을 가지고 주인을 섬기는 일에 전념하는 이들, 그래서 아프리카의 태양이나 북극 한계권에서, 혹은 폭풍치는 바다의 섬에서 사역하는 분들과의 조용한 대화들을 거치고서, 저는 문자 그대로 충격적으로 비천함과 더불어 뜨거운 열정이 혼합되는 느낌을 발견하였습니다. 즉 저는 그런 분이 보여주신 하나님을 향한 인내심 있는 자기 희생의 가치관과 영광스러움이 우리 자신의 지닌 고국에서의 보잘 것 없고 흔한 가치와 상반되는 것을 깨달을 수 있었습니다. 저는 무릎을 꿇어 기도하며, 조용한 중에 지켜보시는 하나님께서 우리에게 보다 더 능률적인 방법으로 협력할 길을 보여주실 것을 간구했습니다. 그리고 그 사람들의 사역과 제 사역이 현재 우리가 연결되어 있는 것 보다 더 지혜롭고 효과적으로 연결될 수 있기를 구했습니다. 아마도 제가 보건대 우리가 이번 주에 여기에 있는 것은 그러한 간구로 인함이 아닌가 생각합니다. 이미 말씀드린 바와 같이 우리는 교회가 비기독교 세계의 전반 분야에서 이미 꾸준하게 보여 왔던 가장 중요한 시도를 위하여, 그리고 그러한 시도의 의미와 도전들을 파악하기 위하여 모였습니다. 우리는 그러한 시도를 어떤 동등한 기준이나 지리학적 인종학적 혹은 인구학적 기준에서 보려고 하지 않습니다. 우리들 중에 누구도 선교사가 의식적으로 지녀온 뚜렷한 확신들을 조금이라도 축소하고자 하지 않습니다. 그 면에서 우리의 토론 속에서 형성될 여러 가지의 헌신의 가치들이 부분적으로 자리 잡을 것입니다. 그러나 우리는 분명히 살아계신 우리 주님에 속한 연합체 안에서 하나입니다. 그 분 앞으로 우리 모두가 나아오게 되는 것입니다. 제자들이 첫 번째 전파 사역을 마치고 돌아왔을 때, 그들은 주님을 향하여 두 가지 즉, 그들이 행한 일과 그들이 가르친 것을 말씀드렸습니다. 그들은 또한 서로서로 그런 말을 나누었습니다. 그리고 그 결과물들은 우리가 아는 바와 같습니다.

여러분들이 이번 주에 주로 다루게 되는 것은 바로 우리 시대의 특별한 기회들과 특별한 어려움들에 대한 것입니다. 기회들에 대하여 말하자면, 저는 하나의 용어 즉 주의(caution)라는 말를 떠올는데, 경고(warning)가 아니라 주의라는 말입니다. 아마도 예상되는 일이지만 한 세대 혹은 시대의 기회들이 다른 시대와는 대조가 되는 것에 대하여 과히 결정적인 교리화를 하는 것은 위험한 일입니다. 우리는 모든 것을 아시고 판단하시며 파악하시는 하나님의 지속적인 인도하심을 믿습니다. 우리들 중 어떤 이들에게 — 개인적으로 바로 제 경우 — 왜 지난 수백년 이전 시대의 기독교 지도자들과 교사들이 매우 비교적 적은 지역에서 선교적인 수고를 보여주고 있는지에 대해 솔직히 이해할만 합니다. 우리 주 전능하신 하나님께서 통치하십니다. 하나님은 우리가 믿는 것처럼 하나님께서 오늘 우리를 인도하심처럼 우리의 아버지들을 인도하셨습니다. 필시 우리가 존경하는 분들은 그들이 이루어낸 사역을 위해 문필이든 구어체로써 그들의 세대를 위해 최선을 다했을 것이며, 우리들에게 속한 기회가 아니라 그들에게 속했던 기회들을 사용했을 것입니다.

"시와 때를 아는 것은 너희에게 속한 것이 아니라, 아버지께서 그 분 자신의 권위 속에 두셨다. 그러나 너희는 능력을 받게 될 것이다." 이 말씀은 분명한 것입니다. 즉 "너희는 성령이 네게 임하게 될 때 능력을 받게 될 것이다." 다시 말해 그 능력은 현재의 기회를 바라보는 것이요 그것을 사용하는 것입니다. "그리고 너희는 내 증인이 될 것이다 … 땅 끝까지 이르도록." 이 말씀은 다른 날들에 해당되는 사실들이야 무엇이었든지, 바로 우리 자신에 속한 사실들임에 대하여 의심할 여지가 없습니다. 기회는 거의 무한하다고 할 수 있습니다. 그것은 급박하고 커다란 소리를 내고 있습니다. 그것은 아마 일시적이면서 동시에 지나가고 말 것입니다. 그리고 그것은 바로 우리들의 시대에 속한 것입니다. 그것을 사용함에 있어서 "여러분은 권능을 받게 될 것"입니다. 금번의 다가 오는 두 주간과 예비 단계인 18개월을 거친 사업은 "주께서 왕이시라는 사실"을 이방민족들 사이에 간접적으로나마 전하게 되는 매우 좋은 방편이 될 것이라 믿어 의심치 않습니다. 이러한 일은 사도들의 시대 이후 기독교 역사의 시간들 어느 때보다 유망한 일일 것입니다. 저는 여기에 있는 모든 분들의 마음과도 같이 오늘의 기회란 무엇인지, 그리고 무엇을 의미하는 것인지에 대하여 다시 묘사할 필요가 없으리라 봅니다. 전 세계는 급속도록 가까워지고 접근하기 쉬워졌습니다. 극동의 수백만 인구가 고대의 우둔한 거인과 같은 잠에서 깨어나고 있습니다. 그리고 지금까지 가로막혀 있었던 지식과 교류들을 요구하고 있습니다. 민족주의는 모든 힘들과 위험들을 무릅쓰고 아시아의 민족들 사이에서 어떻게 살아남을 것인지에 대하여 고민하고 있습니다. 민족주의는 우리를 향하여 예수께서는 민족들에 대하여 무엇이라 정의하셨으며 예수께서 여러 민족들 각각에 보여주신 보편적인 선행은 어떤 것이었는지를 알고 싶어 합니다. 그리고 또한 캐나다 대평원 위에 거하는 강인한 사람들로 구성된 새로운 민족은 동양과 서양에 근접해있고 양쪽 방향을 좋은 면으로 인도할 수 있게 되었습니다. 저는 쉽사리 추리할 수 있습니다. 여러분은 즉시 알아차릴 것입니다. 때와 방법은 그 분의 것입니다. 단지 그 일은 우리들의 것입니다. "너희는 권능을 받을 것이다." 주님께서 우리에게 때와 방법을 알려주실 것입니다.

그리고 그런 기회들과 더불어, 특별한 어려움들이 우리에게 있을 수 있습니다. 유럽인의 지식, 즉 동쪽으로 전달되고 그 곳에서 수용된 유럽인의 과학은 어떤 제재나 역사나 우리 자신들이 지녀야 했던 태동과 양육과 성장이라고 하는 오랜 훈련의 기간이 없었다는 점입니다. 물질적인 부와 편리는 말씀이 전달된 "기독교" 국가들 사이에서 눈에 보이는 신 혹은 목표가 되었습니다. 기독교 국가의 지도자들의 비기독교적 삶의 문제도 있습니다. 그리고 아마도 무엇보다도 백여 개의 선교 지역에서 온 메시지들을 보시면 아시겠지만 모국 교회의 무관심과 열의 없는 태도가 있습니다. 사실은 이른바 이 모든 기회와 위험들에 직면하고 있는 경건하고 하나님을 두려워하는 기독교인들인데도 말입니다.

여기에서 우리는 앞으로 걸어 나갈 하나의 분명한 해답을 가지고 있습니다. 만일 그 일이 다 이루어지게 된다면 우리는 분명히 사람들로 하여금 알고 느낄 수 있도록 할 것입니다. 예, 분명히 추상적인 이론으로가 아니라 살아있고 불타오르는 사실로서 깨닫고 느끼게 할 수 있을 것입니다. 곧 하늘 아래 사람들에게 주신 이름 중 우리나 어느 민족에게도 생명과 구원을 줄 수 있는 다른 이름을 주신 일이 없음을 말입니다. 오로지 우리 주 예수 그리스도밖에 없다는 말씀을 말입니다. 이 말씀은 강력하고 분명하며 명쾌한 뜻을 지니고 우리는 그리스도 안에서 하나님께 빚을 진 자로서, 이 전쟁은 우리의 것이 아니라 주님의 것임을 바라보며 맥박과 신경이 뛰는 것을 느끼게 됩니다. 그러나 형제 자매 여러분, 이 말씀은 곧 노력을 의미합니다. 이 말씀은 곧 주님께서 제자들의 값을 치르실 때 찾고 요구하시던 희생을 의미하기도 합니다. 또한 우리의 수줍고 과묵한 사람들 전적으로 부족한 용기를 의미합니다. 그것이 바로 우리의 것이요 그들을 용기 주도록 함입니다. 다시 한번 말씀하건데 하나님께서 우리에게 길을 보여줄 것입니다. 그러나 분명하게 해야 할 것은, 오늘밤 저의 유일한 초점으로서 교회의 생존에 있어서 선교의 자리는 다른 곳이 아니라 바로 중심이 되어야 할 것입니다. 그것이 중요한 문제인 것입니다. 사람들로 하여금 그것을 부여잡게 합시다. 그러면 그것은 가장 단순하면서도 분명하게 전달되어야 하는 말씀으로 기억될 것이며, 그것은 모국에 있는 우리를 위하여 뿐 아니라 현지에 있는 이들에게도 전해지게 될 것입니다. 우리의 계획들과 정책과 기도들 속에 바로 이 초점을 분명하게 합시다. 그 이유는 분명, 이 주제가 우리의 것이 아니라 하나님의 것이기 때문입니다. 그러나 이 주제가 잘 이루어진다면, "오늘밤 여기에 서 있는 이들 중 그들이 오기까지 죽음을 보지 않을 자로 있으리라" 하신 말씀을 이룰 수도 있을 것입니다. 바로 여기 지상에서 우리가 지금은 알지 못하는 방법으로 말입니다. "하나님의 나라가 권능으로 임하시옵소서."

교회 선교사역의 지도자이신 그리스도

로버트 E. 스피어 박사, 뉴욕
By ROBERT E. SPEER, D.D., New York
6월 14일, 화요일 저녁 대회실에서의 연설

이 저녁 이 자리에 모인 우리 모두는 지금 이미 선교 사업에 있어서 우리 주 예수 그리스도의 지도자 되심에 대하여 이미 분명한 깨달음이 있을 것입니다. 우리의 협력 경험은 우리 주님께서 우리의 일상의 삶에 가장 분명한 사실로써 머리되심을 입증하는 것이었고, 그리고 우리는 이 저녁 이 자리에 모인 것 자체로 이러한 협력 관계 속에서 주님께서 우리의 길을 다스려주시고 우리로 하여금 주님의 이름 안에서 여기에 모이게 하셨음을 깨닫게 됩니다. 그리고 우리의 협력 경험 속에서 가장 깊은 사실로써 믿게 되는 것은 바로 우리가 우리의 개인적인 삶에서도 느끼는 것이기도 합니다.

원근 각처에서 온 우리들 중 누구도 그 스스로의 방법으로 주인이시요 친구 되시는 구세주의 인도하시는 손을 따라갈 수 있다고 믿는 이는 없을 것입니다. 저는 이 저녁 바로 그 확신을 전하고자 하는 것입니다. 즉 예수 그리스도 당신 스스로 선교 사업의 지도자가 되신다는 사실입니다. 그 어떤 사람도 우리들이 가슴에 친숙한 것 외의 것을 말할 수는 없을 것입니다. 저는 오로지 단순히 우리의 관심사를 이미 친숙한 내용들로 되돌리고자 합니다. 첫째는 사실을, 두 번째는 방법을, 그리고 세 번째는 이러한 위대한 리더십의 의미로서 그것은 바로 우리의 가장 친근하고 깊은 확신인 것입니다.

우리 기독교 신앙의 시초로부터 이러한 리더십에 대한 충성은 모든 기독교 신앙과 영성에 근원이요 원리였습니다. 주님께서 이 곳 지상에 세실 때 사람들을 향하여 우리 주님의 첫 번째 부르심은 단순히 "나를 따르라" 하시는 인격적인 부르심이었습니다. 주님의 지상에서의 공생애 전반에 걸쳐서 주님께서는 단지 그저 그 말씀을 다양하게 사용하셨고 사람들에게 보다 새롭고 풍성한 방법으로 그 특이성과 허용의 의미를 보여주셨습니다. 이를테면, "내게로 오라," "내게 배우라", "내 안에 거하라" 하시는 말씀이었습니다. 그리고 주님께서 승천하신 후에 그분의 개인적인 리더십의 의미는 약해지기는 커녕 수천 배나 강력하게 되었습니다. 주님은 멀리 떠나가셨고 그 제자들에게 명령하셨습니다. 왜냐하면 그것이 주님께는 더욱 유익한 일이 되기 때문입니다. 그들로 하여금 주님깨서 그들 가운데서 보여주신 것들에 대하여 보다 더 깊은 의미의 인식을 할 수 있을 것이었기 때문입니다. 그리고 주님께서 그들 중에 영원히 임재하심으로 그들로 하여금 온 세상 가운데서 그들에게 명령하신 주님의 사명을 이어갈 수 있도록 하셨습니다. 그들의 생명은 주님과의 인격적 관계를 통하여 주님 자신의 지속적인 임재하심 가운데서 인식하게 되는 것입니다. "이는 내게 사는 것이 그리스도라." 그들이 사람들에게 전하는 메시지는 동일한 인격적 용어로 표현할 수 있을 것입니다. "우리는 십자가에 달리신 그리스도를 선포하노라." 모든 시대들을 거슬러오며 사람들은 그리스도의 인격적인 지도력과 동일한 의미선 상에서 그리스도인으로서의 삶을 살아왔습니다. 세상 속에서 기독교 교회의 성장에 대한 증거는 이러한 사역 속에서 그리스도의 지도력에 대한 사실을 인식하는 것에 대한 날마다 새롭고 성장하는 인식으로 존재해 왔습니다. 우리는 이 저녁에 여기에 한데 모여 그러한 위대한 확신 가운데 우리 심령의 안식을 누리게 됩니다. 만일 그리스도께서 여기까지 우리를 이끄시지 않았더라면, 우리는 결코 여기에 있을 수 없었을 것입니다. 만일 우리가 이 기간 동안에 주님의 인도하심 아래 있다는 사실에 대한 확신이 없었다면, 우리는 오늘밤 흩어지는 것이 나았을 것입니다.

이러한 인도하심의 길이 선교적 사업 안에서 이루어지는 교회의 생명력 안에서 깊고 진정하다는 사실을 증거해 줍니다. 우리가 알건대 교회의 전체적 생명은 우리 자신의 삶이 현재 변화하고 있듯이 함께 변화하고 있습니다. 이것이 사실이이라 한다면 세상은 먼저 우리 주님 그리스도의 생애와 사역 속에서 그러한 원리를 배웠습니다. 우리 주님의 원리들은 세상을 향하여 퍼져나갔습니다. 선교사업은 이러한 원리들의 실현이라 하겠습니다. 여기에서 우리는 오늘밤 교회들의 생명에 관한 초자연적 인도하심에 대한 위대한 증거들을 양산할 수 있는 작품들이 있습니다. 우리는 우리가 과거 시대들을 돌아보면서 어떤 인간의 생각이나 의지보다 더 큰 생각과 의지가 우리의 생명들을 계획하고 인도하셨음을 알게 됩니다. 역사 속에서의 가르침에서 뿐만 아니라, 인간의 사고가 한 세대 내에서는 가능하나 다른 세대에서는 불가능할 수도 있는 경향을 띠면서도 우리에게 그러한 가르침을 줍니다. 오늘 우리가 이 자리에 모인 것은 바로 그러한 인도하심 아래에서 주님께서 우리가 속한 세대 속에서 인간의 사상을 빚어오셨다는 것을 믿는 것입니다. 그리고 오늘 기독교를 믿는 사람들의 마음과 생각을 이루어오게 하셨으며, 결국은 마침내 이 이십 세기가 흘러가고 우리가 아는 바 주님의 위대하신 목적과 열망이 성취되게 하시는 것입니다. 그리고 이보다도 더 깊은 의미을 지니고 우리는 이 저녁 선교사역들 속에서 우리 주님의 인도하심을 믿으며 이 자리에 모인 것입니다. 우리의 신앙은 살아계신 성령님을 믿는 것이요 그 분은 오늘 우리 사람들을 인도하십니다. 우리는 하나님의 오늘날 우리와 함께 하시는 임재하심을 믿습니다. 즉, 살아계시고 내주하시고 조정하시는 리더십을 성령님이 발휘하셔서 우리 생각과 우리의 심령들과 우리의 생명들 가운데서 인도하시고 조정하시고 형성해가시면서 하나님의 명령을 성취하도록 이끌어 가십니다.

끝으로, 선교사역 속에서 그리스도의 이러한 지도력은 여기에 있는 우리에게 깊은 의미와 특이성을 부여합니다. 그리스도의 지도력은 온 세상의 복종과 연관됩니다. 누구든 땅 끝까지 향하여 주님을 따르지 아니하면 결코 그 분을 따를 수 없을 것입니다. 이러한 사명을 향하여 세워진 그 분의 소망을 갖지 아니하고서는 결코 그 분의 인도하심 아래 거하지 못할 것입니다. 우리가 그리스도의 인도하심을 따르는 한, 우리는 모든 민족들을 향하신 그 분을 따라갈 것입니다. 주님의 인도하심은 선교 사업의 목표와 원리와 방법을 처방해주십니다. 그 목표란 우리가 온 세상을 향하여 그리스도 안에서 살아가는 생명임을 전하는 것이요, 그 원리란 모든 인류 속에 구속의 가능성이 있음을 바라보는 희망의 원리를 뜻합니다. 또한 그 방법은 구세주께서 이루신 것과 같은 사랑의 방법을 의미하는 것입니다. 이는 우리에게 이러한 목표와 원리와 방법을 보존하여 그들을 우리 자신의 것이 되게 하고자 하는 데 대하여 명확한 사고를 늘 생생히 지니도록 해줍니다. 우리는 우리 자신 전적으로 그리스도의 생각으로 들어가지 못하였음을 압니다. 그리고 우리는 여기에 그리스도를 세상 모두에 알리기 위한 사업에 있어서 그 마음과 특질과 떨어져서는 배울 수 없는 무언가를 배우기 위해 모여진 것입니다. 이러한 인도하심은 우리에게 있어서 우리가 항상 한 분의 보편적 지도자를 따르는 사람들 속에 존재해야 하는 것과 같은 관계성을 의미합니다. 한 지도자가 있는 곳에는 하나의 몸이 따라갑니다. 그리스도의 이러한 보편적 지도자되심은 이제 우리로 하여금 모이게 하셨고 가능한 것들을 이루어낼 수 있도록, 즉 기독교 교회를 위하여 불가능한 것을 가능하게 하십니다. "세상 속의 그리스도인들은 무엇을 위한 존재입니까? 아니면 하나님의 도우심을 받아 불가능한 것들을 성취해가는 사람들입니까?" 그러한 지도자됨에 있어서 너무 어려운 일들이 있습니까? 우리가 하나님의 승리를 갈망해오신 분 뒤에 따라갈 때, 즉 땅위에나 아래에 어떤 능력도 그 하나님의 승리를 빼앗을 수 없는 그 분 뒤를 따라갈 때, 우리가 할 수 없는 어떤 일이 있겠습니까? 우리는 어리석은 낙관주의로 그릇 인도되는 사람들이 아닙니다. 우리는 세상의 실제들(facts)을 바라보고 있는 것입니다. 우리가 신뢰하건대, 우리는 극복되어야 하는 어려운 문제들에 관한 환상 아래 놓인 것이 아니고, 무너져야할 원수들이나 성취되어야 할 엄청난 과제들과 연관된 착각 아래에 있는 것도 아닙니다. 우리는 여기 이 대회에 우리가 그러한 착각을 지녔다면 모두를 쓸어버리기 위해 이 자리에 모인 것입니다. 우리는 그러한 일을 수행하는 것이 얼마나 위대한 일인지 알고 있습니다. 또한 우리는 수세기 전에 한 분이 그러한 일을 감당하기를 두려움 없이 시작하셨고, 비록 세상의 눈으로는 실패라는 모습으로 분명하게 면면히 기록되었으나, 수 세기에 걸쳐 끊임없이 나타나는 결과들을 멀리 바라보셨던 것을 알고 있는 것입니다. 우리는 마침내 반드시 이루어질 위대하고 소망에 찬 주님의 예언의 말씀들 없이는 지나온 세기들이 흘러갈 수 없었음을 분명하게 믿으면서 주님께서 지니셨던 오래 참음의 소망을 가지고 확신 가운데 거해야 합니다. 주님께서 갈망하시던 그 때는 지금 도래한 것인지도 모릅니다. 사람들을 구속함에 있어서 하나님의 능력을 우리가 제한하고 있다면 우리는 누구입니까? 우리 구세주요 우리 주님의 승리의 날을 우리가 미루고 있다면 우리는 누구입니까? 만일 우리가 믿기를 예수님이 우리의 인도자요 그 분의 교회의 인도자라고 믿는다면, 우리는 또한 주님의 승리의 날이 속히 오기를 더디려는 우리 믿음의 연약함도 알아야 합니다. 그리고 만일 그리스도에 대하여 그러한 인식이 우리 가운데서 일어난 것이라면, 살아있는 믿음은 그리스도께서 세상을 즉시 정복하시기 위하여 우리를 사용하실 것입니다. 우리는 여기에 그 분의 이름으로 모였습니다. 모든 사람들 너머에 계신 주님을 향해 바라보며 그 분이 여기 우리 가운데 계실 것임을 보고 있습니다. 우리 자신과 우리의 편견들과 우리의 자랑과 우리의 자기 희생조차 잊어버리고 우리의 생명을 오로지 주님께 열고서 그 분이 우리를 빚어주시기를 기원하면서 말입니다. 우리는 풍성한 복이 우리와 함께 하심을 믿습니다. 성령께서 우리를 멀리 내다보게 하시고 우리에게 환상을 주심으로, 우리는 우리 믿음의 시작이요 나중이신 예수님을 향하여 우리의 고개를 돌릴 수 있게 되는 것입니다.

기독교, 최종적이고 보편적인 종교(1)

I. 구속의 의미에서(AS REDEMPTION)

에딘버러대학교 교수 패터슨 박사
By the Rev. Professor W. P. PATERSON, D.D., Edinburgh University
6월 15일(수요일), 대회실에서의 연설

친애하는 의장과 동료 학자 여러분, 외국 선교 운동은 엄청난 예측을 불러일으키는 거대한 사업입니다. 그 예측이라는 것은 곧 기독교가 지구상에 존재하는 혹은 존재해오는 다른 모든 종교들보다 우위에 있음을 보여주는 것이요, 결국 우리는 모든 족속 혹은 민족이 아직 기독교인이 되지 않았다면 그들의 조상의 믿음을 우리의 종교로 바꾸도록 설득할 자격과 의무를 지녔다고 할 수 있을 것입니다. 오늘밤 제가 말하고자 하는 것은 바로 이러한 거대한 예측에 대한 몇 가지의 생각들입니다.

최선의 시험은 무엇이 종교적 신념과 연관되어 있는가를 묻는 것입니다. 즉 세계의 종교들 속에 보편적인 목표가 무엇인지를 묻고서, 기독교가 절대적이고 완전한 종교로서 분명하고 장엄하도록 앞서가고 있는지를 고려해보는 것입니다. 이제, 저는 여러분들이 다양한 종교들 사이에 존재하는 수많은 다른 점들을 관찰하셨으리라 보면서, 세 가지 면에서 서로 비교할 수 있는 것이 있음을 보고자 합니다. 첫째는 지상에 뿌리를 내린 모든 종교는 매우 거대한 악으로부터 놓임을 받았다고 가르치고, 사람들을 진정하고 영속적인 선(善)에 속하도록 인도해왔다. 두 번째로 생각할 수 있는 것은 항상 기대와 소망이 되어 온 것은 신적 존재들 혹은 존재와의 연합 혹은 친밀성 혹은 연합을 통하여서 이러한 목적이 성취될 수 있다고 믿었다는 것입니다. 세 번째는 여러분이 관련한 모든 종교 경우들마다 다루는 이론이 있는데, 그것은 곧 인간은 무엇을 해야 하며, 어떤 사람이 되어야 하며, 그럼으로써 그 사람이 이러한 신적 존재 혹은 능력과 친밀감을 얻을 수 있고, 그러한 연합으로 말미암아 세상에 속한 악을 물리쳐 승리할 수 있다는 것입니다. 이제 모든 종교가 개념 속에 구속에 대한 가르침을 지니고 있다면, 예상컨대 기독교의 탁월함을 깨닫게 하는 것은 기독교를 다른 종교들과 비교함으로써 가장 진리의 종교임을 보여주어야 한다고 봅니다. 그 세 가지는 첫째는 약속된 은혜요, 둘째는 신적 존재 혹은 능력에 대한 개념이며, 셋째는 구원에 대한 이론이라 할 것입니다. 저는 이 세 가지의 관점에서 기독교에 대해 간단한 비교 연구를 함으로써 제 주제를 전개해보고자 합니다.

첫 번째로 제가 말한 것은 어쨌든지 어떤 틀을 갖춘 모든 종교는 일종의 해방과 구원, 대속을 강조해왔다고 하는 것입니다. 오늘날 우리는 종교의 아름의 다른 대상들에게도 주고 있습니다. 만일 한 사람이 무한한 것들에 대한 깊은 묵상 안에서 경외감에 빠져있을 때, 우리는 아마도 이러한 느낌들을 그가 종교적 본질에 심취했다고 말할 것입니다. 우리는 또한 때때로 사상들 중의 한 권을 종교화되는 것으로 표현기도 합니다. 한편 우리는 윤리와 종교를 동일한 것으로 보기도 합니다. “선한 사람의 덕행은 그의 종교의 핵심이요, 고로 모든 종교는 어떤 사람이든 지닐 필요가 있는 것이다.” 오늘날, 분명한 사실은 이러한 심미학적 느낌이나 윤리를 종교와 동일시하는 개념은 완전히 전적으로 잘못된 것입니다. 종교는 항상 강조하기를 마치 농업이나 제조업과도 유사하게 인간의 필요들에 대한 만족 안에서 역할을 감당하며 그러한 공급처가 되어야 한다고 해왔습니다. 그래서 인간을 악으로부터 보호하고 그가 최고의 선으로 여기는 것을 얻도록 하는 일을 감당했습니다. 나아가 생각해볼 때, 종교가 인간을 위하여 추구하는 것은 제가 발견하건대, 세 가지의 두드러진 답들을 제공하고 있습니다. 우선은 순전히 이교도적인 답변으로써 인간이 종교를 통하여 물질의 복을 얻는 것을 의미합니다. 그러한 인간은 그의 종교를 자신을 병으로부터 보호하고, 재난과 죽음으로부터 보호하는 것으로 봅니다. 만일 그 사람이 미개한 사회에 고위층이라고 한다면 그의 종교가 그에게 비를 내려주고 풍족한 수확과 풍족한 아내와 아이들, 그리고 그의 적들을 대한 승리를 가져다 주리라고 기대할 것입니다. 순전히 이교도적인 개념은 단순하게도 종교란 하나의 가치있는 상업적이고 군사적 자산인 것입니다. 그러한 관점은 일반적으로 애니미즘적인 수준에 있는 종교들에 대한 서적을 읽는 기회를 얻으면서 확인된 것입니다. 두 번째 유형은 매우 다릅니다. 그것은 제가 비관적이라(pessimistic)이라 부르는 것인데, 인도에 있는 고등종교들의 핵심에 들어있는 사상으로 나타납니다. 브라만교와 불교에서는 이 세상에서 복을 신으로부터 받겠다 하는 사상이 전혀 없습니다. 이 세상은 하나의 환상에 불과한 것이요, 세상의 것들은 허상이든지 그보다도 못한 것입니다. 그러한 사상은 존재 자체가 악이라는 개념에 힘을 얻습니다. 그리고 인간이 추구하는 진정한 해방은 피로하고 무용한 미로(迷路)로부터의 해방인데, 이는 내면의 해방에 의해 이루어지는 것인데 바로 무한 속에 있는 소멸(extinction) 혹은 흡수(absorption)로 인도해가는 것입니다. 이러한 회의적 사상 속에는 우리가 모두 공감할 수 있는 무언가가 있습니다. 그러나 우리는 그보다 더욱 커다란 사상을 수용하고 있는데, 이는 우리의 종교로부터 얻을 수 있는 내면적인 부요함으로, 이는 단순히 사람들이 구하는 물질적 축복이 아닙니다. 결국 지고의 선 위에 있는 마지막 용어는 하나의 단순한 부정어입니까? 우리는 담대하고 보다 긍정적인 복락의 관점을 갖도록 자격이 부여된 이들로서, 세상을 지배하시는 권능의 편 위에 세워진 사람들이 아니겠습니까? 그리고 세 번째 이르러, 기독교의 대답은 인도의 고등 종교들에 대한 답변과 어느 정도는 일치하면서도, 어떤 중요한 면에서는 다른 면을 보이고 있다고 보는 것입니다. 기독교적 관점에서 브라만교와 불교는 우리가 종교의 목적으로 구하는 지고의 복락 사상들이 영혼의 내적 구원과 소유를 의미한다는 면에서 동의가 됩니다. 의심할 바 없이, 기독교인들이 하나님에 대하여 순전히 이교도적인 사상을 지니고 있을 때가 수도 없이 있었습니다. 즉 그 분이 우리로 영원한 복락을 약속하기 위해 존재하시는 분으로 여기는 사상으로 말입니다. 일반적인 기독교인들은 그들이 하나님에 대한 신앙을 잃어버릴 때, 그 이유는 그들의 사업에 재난이 닥치거나, 그들의 집에 아내나 자녀의 죽음을 인해 절망이 찾아왔을 때입니다. 그러나 모든 신뢰받는 권위들에 따르자면, 구별된 그리스도인의 믿음은 분명히 다릅니다. 종교가 주는 최고의 복은 영적 구원(spiritual salvation)의 속성을 말하는 것입니다. 우리의 요리문답의 언어들 중에서, 가장 큰 복은 칭의(justification)로서, "하나님께서 우리의 모든 죄를 용서하시고, 우리를 의롭다 하시는 것"입니다. 그러한 복은 또한 성화(sanctification)로서 "우리가 점점 더 죄에 대해서는 죽고 의에 대해서 살아나는 것"을 말합니다. 동일한 맥락에서 우리는 이러한 중심이 되는 복락과 동반하는 내용 목록들을 갖고 있는 바, "하나님의 사랑의 확증, 양심의 평안, 성령의 기쁨, 은혜의 확장, 그리고 끝까지 그 안에 거하는 것"이 그것입니다. 바로 그러한 정도에서는 동일한 내용들이 존재합니다. 그러나 그 다음에 다른 점들도 있습니다. 인도의 고등 종교에 있어서 궁극적인 악이 존재하는 반면, 기독교에서 우리가 그 속박으로부터 벗어나야 하는 지고의 악은 존재하는 것이 아니라 죄악일 뿐인 것입니다. 또한 영혼불멸의 주제에 대한 기독교의 가르침에서 비관적인 압박을 어떻게 단절하는가에 대해 주목해보십시오. 한 위대한 종교 철학에 대한 오늘날의 저자는 말하기를 종교가 존재하는 것은 가치의 보존을 위함이라고 했습니다. 만일 그렇다면, 분명히 시간의 지고한 산물이라고 하는 성품이라는 것이 신의 존재 속에서 흡수됨에 의해 무의식 중에 소멸되거나 상실되는 것은 완전한 종교라고 할 수 없을 것입니다. 확실히 말씀드리자면, 완전한 종교의 요점은 바로 성품의 보존을 가르치는 것입니다. 또 다른 거대한 대조점을 들자면 바로 이러한 면에서 구체적인 형태를 볼 수 있을 것인데, 바로 탁발 수도자(begging friar) 개념이 인도의 종교에 있음에 반해, 기독교적 사상은 기독교 정치인이나 기독교인 혹은 과학, 혹은 심지어 기독교 상인이나 농부에 의해서 나타난다는 것입니다. 한마디로 우리는 그리스도인으로서 우리 종교의 최고의 은혜들을 내면적이고 영적인 것으로 믿으며, 우리는 세상을 경멸하는 것과는 거리가 멀다는 것입니다. 우리는 믿기를 하나님의 언약은 우리로 땅을 차지하게 하신다는 것입니다. 우리는 바로 그 언약이 우리가 땅에 충만해야 하는 목적임을 믿고 있는 것입니다. 그 땅을 향하여 거룩함과 의로움으로 채울 뿐만 아니라, 문명의 기계문물로 채우고, 땅의 족속들과 민족들을 위하여 그들 가운데서 실현되거나 실현가능한 인류의 가치의 요소들로 채워가야 하는 것입니다. 이는 바로 하나님 나라의 보다 포괄적인 전체의 협력을 필요로 하는 것입니다.

저의 두 번째 강조점은 보다 간략하게 말씀드리겠습니다만, 바로 하나님에 대한 개념입니다. 세상에는 많은 무신론자들이 있다고 말합니다. 저는 그들을 믿지 않습니다. 제가 생각건대 종교적 개념에 대한 본질적 개념이라고 하는 것은 신적 존재 혹은 존재들과의 연합되는 것을 통하여, 아니면 적어도 신적 세계 질서에 대한 연합 안에서야 볼 수 있는 것으로, 사람은 모든 악으로부터 해방되고 진실되고 지속적인 선의 소유자에 의해 창조된 존재인 것입니다. 이제 상승 음계(ascending scale)을 주목하여 보십시오. 애니미즘의 관점이라면 인간 존재는 누구에게서 이러한 축복을 찾을 수 있겠습니까? 그 배경에는 막연한 하나의 지고한 신개념이 있긴 하지만, 그들의 신들은 모든 실제적인 목적들을 위하여 그들의 조상들의 영이거나 다른 영들을 뜻합니다. 물론, 무용한 존재들인 것입니다. 여러분 중 어떤 이들은 아마도 하이네(Heine)가 밀로의 비너스를 보았을 때, 그녀가 넋을 잃도록 아름다움에도 팔이 없음을 보고 울음을 터트린 것을 기억하실 것입니다. 그것이 바로 애니미즘을 믿는 부족들이 비난을 받을 일인 것을 뜻합니다. 조상 제사는 감상적인 면에서는 아름다운 면이 있습니다만, 하나의 종교로서 그것은 망상이요 함정에 불과한 것입니다. 그것은 어떤 값어치가 있을런지 모르지만 기껏해야 강신술의 요소들을 담고 있다고 볼 수 있는 것입니다. 종교의 두 번째 유형에 관련하여, 아마도 수용될 수 있는 생각일 것입니다만, 이 대회에 제출된 증거자료들에 기초해 볼 때 인도의 고등 종교가 소중히 여기는 신에 대한 전반적인 이해는 다신론적(pantheistic) 개념들입니다. 그게 무슨 뜻입니까? 두개의 문장으로 요약하자면 이렇습니다. 그 하나는 “신은 당신(Thou)으로서가 아니라 타자(it)로서 일컬어진다”는 것입니다. 또 다른 문장은 앞으로 인용할 계획 중에 있는데, “힌두교도들은 결코 인격적인 신을 믿을 만큼 낮은 곳으로 타락하지 않았다”는 것입니다. 자, 만일 종교적 관점에서 볼 때, 조상 제사에 대하여 격렬한 시각의 비판이 조상제사를 받는 존재들은 도움을 줄 팔이 없는 존재라고 한다면, 다신론적 조직들 속에 있는 결정적인 비판은 그들의 신은 연민의 눈도 온정의 가슴도 없다고 하는 것입니다. 바른 선택은 세 개의 일신교적 종교들 중 하나와 함께 있어야 하는 것입니다. 그런데 유대교는 불가능하다고 보는 것이, 우리의 고백에 볼 때 유대교는 기독교를 위한 예비적 단계에 있다는 것입니다. 이슬람의 모하메드 사상도 될 수 없는 것은, 이슬람은 신학적 진리와 윤리들 중 많은 요소들을 담고 있긴 하지만 이슬람의 신은 그 속성 속에 다소 변덕과 동방의 폭군이 지니는 교활함을 간직하고 있음을 알 수 있습니다. 우리는 결국 기독교만 남겨놓게 되는데, 그 신의 종교는 무한의 속성을 지니고 있고, 성육신의 성품을 지니고 있습니다. 우리에게 남겨진 것은 바로 그 개념입니다. 분명하게도 가장 숭고하고 적합하게 인식되는 신의 개념은 모든 능력을 지니고, 죄인들과 슬픔의 멍에를 멘 인류의 자손들을 향하여 복을 내리고자 하시는 전적 의지를 지니신 분인 것입니다. 그 신은 한편으로는 무한하신 하나님으로서의 전능하심과 지혜를 지니신 분이요, 또 한편으로는 그 가슴에 사랑을 가지셔서 예수 그리스도 성육신하신 아들로 죄를 입은 남녀를 사랑하되 끝까지 사랑하도록 하시는 분이신 것입니다.

저의 세 번째 강조점을 간략히 요약하고자 합니다. 그것은 바로 구원에 관한 이론입니다. 질문은 우리는 어떻게 해서 이른바 우리로 세상을 이기게 해주시는 분과의 친밀함 속으로 들어갈 수 있을 것인가 하는 것이었습니다. 모든 종교는 그 문제 자체를 해결하고자 했습니다. 여기에서 우리는 다시 한번 세 가지의 답을 가지게 됩니다. 저는 가장 낮은 답, 즉 이방인의 답으로부터 시작하고자 합니다. 아마도 매우 이해하기 쉬울 것입니다. 우리가 매우 강력한 사람의 비위를 맞추려 한다고 상상해봅시다. 그리고 우리가 사용한 방법들에 대하여 매우 고상한 원리들을 갖고 있지 못하다고 상상해봅시다. 그러면 우리는 그 사람을 위하여 선물을 준비하고 아부하는 말을 하고자 할 것입니다. 이것이 진정한 이교도의 생각으로서 일반적으로 희생의 형태로 신에게 예물을 드리고 기도나 노래로 그를 찬양하고자 하는 것입니다. 우리가 구약 성경의 예언의 메시지에서 얼마나 많은 비난과 멸시가 쏟아졌는지를 볼 때, 그러한 이론이 전체를 이루는 것은 이는 얼마나 무가치한 일이겠습니까? 두 번째의 이론은 일반적으로 세계의 거대한 윤리적 종교들 속에서 볼 수 있는 것들입니다. 여러분은 불교나 브라만교와 이슬람교에서 어느 정도 발견할 수 있을 것이며, 바빌로니아와 앗시리아, 고대 이집트 그리고 그리스와 로마의 문헌들 속에서도 발견할 수 있을 것입니다. 그 사상은 바로 신을 기쁘시게 해드리는 길은 덕행의 길을 따르는 것이라고 여기는 것입니다. 신은 윤리적 법도들의 주창자요 집행자입니다. 그분의 호감에 맞도록 하는 길은 이러한 윤리적 법도들에 복종을 드리는 것입니다. 만일 우리가 그리하면, 우리를 보호하고 복주실 것이고, 반면 우리가 이러한 법들을 무너뜨리면 그 분은 우리를 찾아와 벌하시거나, 그것이 파멸을 줄 것입니다. 구약 성서의 종교는 바로 그러한 사상을 가장 분명하고 강력한 형태로 나타내 보여줍니다. "여호와께서 말씀하시되, 너희의 무수한 제물이 내게 무엇이 유익하뇨?"(사 1:11, 역주) — 이것은 바로 순전히 이교도의 사상에 대한 부정을 뜻합니다. "여호와께서 네게 구하시는 것은 오직 정의를 행하며 인자를 사랑하며 겸손하게 네 하나님과 함께 행하는 것이 아니냐?"(미 6:8, 역주) 사람들은 아마도 이 말씀이 바로 종교적 사상에 도달할 수 있는 가장 최고의 수준을 뜻하는 것이라고 상상했을지도 모릅니다. 좋은 사람이 되라 그러면 너는 하늘에 계신 위대하신 아버지의 용서와 보호를 누리게 될 것이다. 그러나 또 다른, 보다 풍성한 사상은 바로 기독교의 계시를 통하여 세상에 도래하게 됩니다. 물론 기독교도 역시 거대한 윤리적 종교들 중 하나입니다. 사실상 모든 종교들보다 가장 윤리적인 종교라고 할 수 있습니다. 어떠한 종교에도 책임의 기준이 그렇게 높이 잡혀지지 않는다고 말할 수 있습니다. 어떠한 종교에도 의로움과 섬김에 대하여 그토록 성실과 열심을 요구하는 경우가 없습니다. 그러나 사도바울에 의하면 윤리적 종교들에 들어있는 것과 동일한 종류의 의로움을 기독교가 요구하고 있지 않다는 사실을 주목할 필요가 있습니다. 다른 윤리적 종교들의 메시지는 이렇습니다. "신의 도덕적 법도를 준행하라. 그리하면 그의 사랑을 얻게 될 것이다." 그러나 기독교는 거기에서 돌아서서, 시작점을 예수 그리스도로 돌립니다. 즉 그 의를 우리의 죄를 전적으로 사하시는 그리스도의 공로로 돌리는 것입니다. 그리고 기독교는 우리로 우리의 길을 감사의 깊은 감동 아래로 나아가고, 하나님의 성령님의 영향 아래로 나가갈 것을 종용합니다. 그것이 바로 서기관들과 바리새인들의 의(義)보다 위대한 의(義)를 성취하는 것임을 강조합니다. 첫 번째가 복음의 메시지요 그 다음이 윤리인 것입니다. 저는 바로 이 점에서 기독교의 분명한 특성을 두고자 하는 것입니다. "너희는 그 은혜에 의하여 믿음으로 말미암아 구원을 받았으니…"(엡 2:8, 역주) "내가 하나님의 모든 자비하심으로 너희를 권하노니 너희 몸을 하나님이 기뻐하시는 거룩한 산 제물로 드리라. 이는 너희가 드릴 영적 예배니라."(롬 12:1, 역주) 은혜가 없는 종교란 종교로서 무용한 것이요, 윤리가 없는 종교는 경멸스런 것입니다. 또한 우리가 완벽한 종교로서 인정하고 있듯이 기독교는 영향력 있는 윤리성을 제공하고 있음과 동시에, 그 사상의 가장 중심에 하나님의 말로 다할 수 없는 사랑을 두고 있으며 아무리 연약하고 악한 자라도 능력을 얻을 수 있는 구원의 조건에 대하여 강조합니다.

저는 이러한 저의 발언이 기독교의 진리에 대하여 완전하고 결정적인 설명을 하고 있다고 보지는 않습니다. 기독교가 모든 다른 종교들보다 우위에 있다는 사실을 입증하는 것이 어렵다고 생각하지 않습니다. 기독교는 인간을 향하여 축복을 언약하시는 면에서 뛰어나며, 무한한 능력을 무궁무진한 사랑으로 통합하시는 하나님에 대한 이해의 면에서도 뛰어나며, 경이롭고도 풍성한 개념으로써 우리가 믿음으로 말미암아 의롭다함을 얻는 진리의 면에서도 모든 종교들보다 우월하다고 할 수 있습니다. 그러나 여러분이 바로 그러한 완벽한 종교로서의 입증을 한다고 할지라도 여전히 과연 기독교가 신뢰할 수 있으며 진실된 것인지의 여부를 묻는 질문들의 문제가 남아있을 것입니다. 아마도 그것은 비록 단지 상상 속에만 존재했던 것이라 할지라도, 인류가 신음하고 고통 당해온 원수된 것들부터 보호받을 길을 찾고자 애써온 모든 시도들의 기나긴 줄기에서 마지막 단계에 해당되는 부분일 것입니다. 바로 그 부분에 대하여 제가 맺고 싶은 두 개의 결론적인 관측을 내어놓고자 합니다. 첫째로, 기독교가 완벽한 종교 — 사상 면에서 완벽한 — 라고 한다면, 우리는 그것을 신뢰할 책임이 있다는 것입니다. 인류의 행동과 과학, 예술, 윤리의 모든 다른 노선들과 더불어, 우리가 알건대 우리는 푯대를 향하여 나아가고 있습니다. 그리고 이 말은 만일 우리가 본 역사의 장에서만 다르다고 여겼다면, 우리가 살아가는 방식과는 대조되는 것입니다. 만일 우리가 여기에서만 가장 위대한 것의 성취된 것을 발견했다고 이해하였다면, 그것은 하나의 환상의 기초가 없는 줄기라고 말할 수 있을 것입니다. 두 번째로 우리가 고려할 것은 세상에 존재해온 모든 종교가 일할 것을 주장했다는 것이요, 만일 우리가 이미 이룬 일로써 기독교 진리를 증명한다면, 제가 주장하는 바 기독교의 진리가 세워질 것입니다.

그러나 우리는 그러한 일들을 모두 증명할 수가 없습니다. 왜냐하면 결과들의 일부가 베일에 가려져 있기 때문입니다. 그러나 그들 중 어떤 것들은 우리가 증명해낼 수 있습니다. 우리는 성품을 변화시키는 기독교의 능력을 알고 있습니다. 그 능력은 세상에서 나타난 가장 높은 윤리적 에너지의 근원들의 시작에서 있고, 어떤 다른 종교들도 내어놓을 수 없을 정도의 종교적 확신 속에 있는 것입니다. 마치 인간이 가시나무의 포도송이와 엉겅퀴에서 무화과를 거둘 수 없는 것처럼, 우리가 말하고자 하는 것은 기독교는 인류의 영적 생활의 가장 높은 요소들을 기여하였고, 이러한 종교는 영원한 진리에 뿌리를 두고 있음에 틀림이 없다는 사실입니다.

기독교, 최종적이고 보편적인 종교(2)

II. 윤리적 이상으로서의 기독교

헨리 슬로안 코핀 목사, 목회학 박사
BY THE Rev. HENRY SLOAN COFFIN, D.D.
6월 15일 (수요일), 대회실에서의 연설

기독교는 종교로서 그 윤리성을 예수 그리스도 안에서 발견합니다. 기독교의 하나님은 예수께서 그의 아버지, 즉 영원히 그리스도와 같은 하나님에 대한 경건한 체험을 통하여 계시됩니다. 기독교의 윤리적 이상은 그 하나님의 왕국을 말하는데, 그 왕국은 예수께서 선포하셨고 그 왕국을 위하여 그 분의 생애를 사셨습니다. 이 왕국은 하나의 구속된 공동체적 질서요, 그리스도와 같은 하나님의 통치 아래 있으며 그 안에서 모든 관계성이 그리스도와 같이 됩니다. 또한 그 왕국은 개인과 사회적 공동체들, 즉 가족과 사업 조직, 국가 등을 위하여 섬김을 받고자 함이 아니라 섬기기 위해 오시고, 하늘에 계신 아버지가 완전하심처럼 완전하신 나라입니다. 고로 인류 사회 전체는 나사렛의 예수님 안에서 구현된 하나님의 사랑을 입게 된 것입니다.

기독교의 윤리적 이상은 근본적으로 하나님의 왕국이라는 면에서 사회적(social)인 것입니다. 개인은 그의 개인적 기준들을 하나님의 사회적 목적과의 관계에서만 발견합니다. 그는 그의 권리들에 대하여 생각하는 것이 아니라, 복종에 대하여 생각하여야 합니다. 그는 그의 온전케 됨을 그것을 추구함으로써 얻는 것이 아니라, 그 자신의 마음과 영혼과 뜻과 힘을 정결케 함으로써 얻게 됩니다. 그리하여 그의 모든 형제들을 위하여 온전케 됨을 의미하는 사회적 질서를 가져오게 하는 것입니다. 이러한 그리스도다운 사회적 질서는 어떤 특별한 경제적 혹은 정치적 제도와 동일시 되어서는 안됩니다. 그리스도다운 사회적 질서는 이기심과 불의, 폭정이나 형제사랑이 없는 것과 함께할 수 없습니다. 무엇이든 동기와 결과에서 그리스도답지 않은 것과는 양립할 수 없는 것입니다. 기독교 윤리의 표현 양식의 고정된 틀에서 하나의 중요한 예외가 있는데, 그것은 바로 가족에 대해서입니다. 주님께서는 스스로 신적인 이상에 대하여 결정적인 선포를 하셨는데 그것은 한 남자와 한 여자가 결혼하도록 하는 것이었습니다. 그리고 기독교 가정에서 우리는 가장 편리한 출발점을 발견하는데, 바로 거기로부터 하나님의 왕국에 속한 모든 다른 사회적 그룹들을 위한 하나의 이상이 비롯되는 것입니다. 정치 혹은 경제적 역할들이 매우 가족과 같은 형태를 띠지만, 가장 가정적 관계성들은 기독교의 원리와 가장 일치하는 것들이라고 할 수 있습니다. 그러나 이러한 원리는 결코 우리에게 보편적으로 설정되어야만 하는 양식들을 제공하는 것은 아닙니다. 우리는 비기독교 세계의 사회적 구조들과 정치적 체제들을 대면할 때, 하나님 왕국의 본질로서 특별한 산업 조직이나 특수한 정책의 방법을 가지고 만나는 것은 아닙니다. 우리는 하나의 종교와 성령의 윤리를 선포하며, 확신컨대 예수 그리스도의 성령께서는 어떤 세대이든 어떤 지역에서든 예수 그리스도의 종교적 신념들에 대한 표현을 위한 형태들과, 그리스도의 윤리적 원리들의 실현을 위한 형식들을 택하시고 변화시키시고 또한 사용하실 것입니다.

이것이 바로 기독교 윤리의 영성이며, 표현에 대한 고정된 형태들의 기독교의 독립성이요, 보편적이 되도록 기독교가 조정하는 접촉을 양산하는 어떤 형태와의 호환성이라 할 것입니다. 기독교는 스스로 가장 단순한 부족의 생활 속으로 육화(incarnate)될 수 있습니다. 혹은 가장 복잡한 국제 관계들 속에서도 실현될 수 있습니다. 기독교는 비천한 노동꾼에게 영감이 될 수 있으며, 정치인과 재무사의 집행 원리가 될 수도 있습니다. 기독교는 물물교환하는 미개인들과 가장 광범위하고 복잡한 주식 시장의 거래 과정들 사이의 가장 기초적인 교류 시스템에도 적용될 수 있습니다. 기독교의 하나의 끊임없는 요구는 예수 그리스도의 생각과 심령이 거리낄 것 없는 표현으로 주신 바 된 "그 스스로 한 몸" 되시고자 하는 것입니다.

그러므로 우리가 하나님의 사회적 질서를 아무런 고정된 경제적 혹은 정치적 형태 없이 식별하는 반면, 우리는 또한 하나님 나라의 조명 안에서 모든 존재하는 형식들을 면밀히 검토하도록 강요받고 있습니다. 또한 우리는 상업적 관계들이나 교육적 이상들, 그리고 정치적 조정들 속에서 기독교에 대한 적개심들을 발견하도록 강요받고 있습니다. 우리는 국내에서든 해외에서든 단지 개별적인 의로움을 선포함으로써 스스로 만족할 수는 없을 것입니다. 그것은 곧 하나님 나라의 시각을 상실하는 것입니다. 의심바 없이 오늘날의 선교사는 반드시 종종 마치, 사도바울이 자신의 노예와 같은 대우를 감수한 것처럼, 간접적으로 적대적인 사회 구조들을 향하여 공격을 해야 합니다. 그러나 그 위대한 사도처럼, 우리는 사람들을 사랑하신 그리스도다운 관계들에 대하여 하나의 분명한 비전과 하나의 명백한 메시지를 가지고 있어야 합니다. 그럼으로써 우리는 공공연히 공격을 하지는 않으나, 조용히 실행 원리를 세울 것이요 결과적으로 모든 형제스럽지 못한(unfraternal) 사회적 구조들을 무너뜨리게 될 것입니다. 그리고 우리의 기독교를 전도함에 있어, 우리는 반드시 이런 그리스도다운 질서와 소위 "근대 문명"이라고 불리는 것 사이의 차이를 신중하게 분별하여야 합니다.

국내에서와 해외에서 적대적 비평들을 생각하지 않는 사람들은 자주 "기독교 문명"이라는 말을 합니다. 그것은 거의 항상 그릇된 명칭으로 쓰이고 있는 것을 봅니다. 우리가 하나님께 감사한 마음을 드리는 것은 복음이 주는 감화가 가정이나 무역 거래나 오락이나 교육이나 정부에 이르기까지 이상적인 영향력을 미치고 있으며, 예수 그리스도께서 오래토록 선포해오신 이 땅에서 이루어지고 있다는 사실입니다. 반면에 우리는 솔직히 아직 기독교의 윤리적 이상이 사회적 협력을 이루어내지 못하고 있는 세계와 직면해야만 합니다. 우리는 기독교 윤리의 이상이 예수님 안에서 개인적인 성육신이 이루어졌음을 압니다. 또 어느 정도는 그의 제자들의 삶 가운데서도 이루어진 것을 알고 있습니다. 그러나 아직도 우리가 그 분에게 모든 것으로 복종하는 공동체나 나라를 볼 수가 없습니다. 우리는 아시아와 아프리카의 민족들이 하나님 나라의 도래를 위하여 굳이 유럽이나 미주의 나라들처럼 변하도록 하지 않아도 될지 모릅니다. 우리는 부끄러움을 가지고 고백건대 상업과 외교에 있어서, 정의의 집행과 교육에 있어서의 지배적인 동기들이 그리스도의 것이라기보다는 더 벨리알(악 자체를 사랑하는 자, 역주)의 것이라는 사실을 알아야 합니다. 이른바 기독교 왕국과 저 너머 땅들 사이에서 만나게 주된 접촉점들이 바로 그렇다는 사실을 부끄러운 마음으로 고백해야 하는 것입니다.

"근대 문명"은 아마도 기독교 복음을 선포하는 일에 있어서 오늘날 가장 큰 훼방입니다. 교회가 전 세계 복음화에 진지하면 할수록, 기독교 왕국의 실현에 있어서 불일치를 공격받게 될 일들이 보다 끊임없이 이어질 것입니다. 교회가 외부적으로 폭넓은 운동을 힘차게 실행하면 할수록 교회는 또한 내부집중적인 사역을 더욱 철저하게 해야합니다. 그리하여 기독교로 하여금 우리 사회에서 단순한 겉치장 단판(單板)이 아니라 전반적으로 스며드는 누룩이 되도록 해야 합니다.

그리고 우리는 기독교국가들의 윤리적 이상들을 하나님 나라의 표현들로서 가리킬 수는 없을 것이지만, 우리는 기독교 윤리가 비기독교 민족들의 윤리들의 적대자로서 앞서가지 않아야 한다는 것을 신속하게 알아야 합니다. 기독교 윤리는 다른 나라들의 윤리를 무너뜨리려 가는 것이 아니라 완성하기 위해서 가는 것입니다. 기독교 윤리는 그 이상 속에서 힌두교와 불교에 대하여 알고 있으며, 유교와 이슬람교에 대하여 알고 있습니다. 그리고 상당 부분 그리스도의 영의 사역과 유사한 면들이 있습니다. 유대의 율법과 같이 그 종교들의 법전들은 사람들에게 그리스도께로 인도하는 몽학선생인 것입니다. 완성자는 종종 날카로운 대구(對句)를 끌어와 말씀하셨습니다. 즉 "너희는 구시대에 그들에게 들었다. 그러나 내가 너희에게 말한다." 그러나 예수께서 가끔 이방인들 상에서 이스라엘 백성 중에서는 볼 수 없었던 믿음의 사람들을 만나신 것처럼, 주님께서는 다른 믿음들의 윤리들 속에서 저토록 수련된 사람들 속에서 우리가 아직 달성하지 못한 특성들을 발견하지 않으시겠습니까? 비록 우리들의 배후에는 기독교적 세기(世紀)가 이어오고 있음에도 말입니다. 다른 종교들의 경전들로부터 히브리 예언자들의 말씀들과 신약 성서의 가르침과 매우 유사한 윤리적 격언들을 방대한 분량 찾아내는 것은 결코 어려운 일이 아닙니다. 또한 이러한 윤리적 이상들의 자극 하에 어떻게 그러한 덕행들이 거의 기독교 윤리와 매우 근접하게 개발되었는가를 지적해내는 것도 가능할 것입니다. 마치 우리가 오늘날 우리 자신들 속에서 발견하게 되는 그러한 덕행들보다 더 기독교와 근접하게 된 것에 대해서 말입니다. 우리는 특별히 수동적 자질들에 대한 예를 들어볼 수 있을 것입니다. 즉, 인내, 온유, 만족, 친절, 등이 그것이요, 종교적인 덕행으로서 경외, 경건, 성찰, 그리고 사회적 충성심을 조상들과 혈연집단, 동료 일꾼들, 공동체 사람들에게 보이는 것 등이 있습니다. 기독교 윤리는 보완이 필요하지 않습니다. 미래의 이상들은 다양한 믿음의 모습들로부터 유래된 요소들의 혼합이 될 것입니다. 그러나 그리스도의 영은 그리스도께서 우리들 중 많은 이들에게서 불완전하게 적용된 기독교 세대들의 산물들을 발견하실 것이지만, 다른 윤리적 종교들에게 밀착되어 있는 것들을 완성시킴에 있어서는 기독교보다 더 많은 보완 부분을 발견하실 것입니다.

지상에서 기독교 선교에 반대하는 이들에게는 불교와 이슬람 유교의 윤리관에서의 가치관이 대단히 지배하고 있습니다. 그러한 현상은 독특한 속성들을 없애고자 하는 경주에 심각한 상실이 될 수도 있습니다. 그러한 속성들 중에는 이러한 이상들로부터 양육된 것들 중 훌륭하다 할 수 있는 것인데, 우리가 오로지 말할 수 있는 것은 가치있게 보전된 것은 아무것도 무너지지 않을 것이라는 것입니다. 다소의 사울에 있었던 선한 것 모두는 기독교인이 된 바울에게도 남아있었습니다. 귀중한 것은 무엇이라도 복음의 흔들림 아래 이미 복음의 길로 나온 사람들에게서 감소되지 않았습니다. 반대로 이스라엘의 예언자들이 이상들을 말함으로써 예수 그리스도와 기독교 교회가 도래하기까지 기다려야 함을 예언했던 것처럼, 고타마 싯다르다, 공자, 그리고 모하메드는 그들 자신에게 쌓아둔 찌끼들이 정화되고 모든 부족한 것들을 보완함으로써 완성될 것입니다. 그때에 그들의 이상들이 지배해왔던 인생의 왕국들은 우리 하나님의 나라가 그리스도의 왕국이 될 것입니다. 기독교 윤리는 보편적이 되기에 타당합니다. 왜냐하면 그것이 다른 이상들 속에 있는 가치관의 모든 것을 보전할 뿐 아니라 완성시킬 것이기 때문입니다.

그러나 다른 종교들의 이상에 있는 기독교 윤리와의 유사점들에 대하여 우리는 기독교 윤리에 담긴 특별성(uniqueness)을 주장하는데 있어서 그릇 이해하고 있는 것은 아닙니다. 기독교 윤리의 특별성은 예수 그리스도 그 분만의 유일성을 의미합니다. 우리 주님의 속성이 비교불가한 상위에 높으신 것처럼, 우리가 부여잡고 있는 수식어인 그리스도다움이란 공동체적이며 개인적 이상은 그 자체로 독특하고 탁월한 자질을 의미합니다. 기독교의 이상 속에 있는 모든 덕행은 그리스도의 성품으로 말미암은 증류과정(alembic)을 통하게 되는 것이며, 성령에 의해 정화(distilled)되어 나오는 것을 의미합니다. 우리가 목표하는 바는 "그리스도 안에서 모든 사람에게 전하는 것"이요, 사회를 변화시켜 그리스도의 가득한 분량에 이르도록 변화시켜 가는 것입니다.

기독교 윤리는 예수 그리스도의 영의 실천적 속성과 연결됩니다. 마치 기독교 윤리가 그 두 개의 가장 심각한 비난을 오늘날 직면해야 하는 것에 대하여 어떤 동기를 가지고 조정하는가 하는가 하는 문제이기도 합니다. 우선 우리는 기독교 윤리가 자연과 더불어 변화의 도상에 있기 때문에 유용하지 않다는 말을 듣습니다. 어떤 자연 과학자들은 기독교 윤리에 우주의 물리법칙에 반대되는 부분들을 강조하여 말하고, 실용적인 사람들은 기독교 윤리가 "인간의 본성"에 위배된다고 주장합니다. 니체와 그의 추종자들은 예수님에 대하여 "노예적 도덕성"(slavery morality)라고 빈정대고, "초인"(the superman)을 소리 높여 외칩니다. 그들의 윤리는 완전히 우리의 상업적이고 정치적인 세계들 속에서 있는 많은 것들과 일치합니다. 그리고 우리 대학들과 클럽들 중에 적지 않은 곳에서 그들의 태도들을 찬동합니다.

기독교인에게 있어서 자연은 선(善)에 대한 규정을 제공하는 것이 아니라, 선의 지배에 대해 복종하도록 하는 조항들을 갖추어 놓습니다. 우리는 "자연스런 것이 무엇이냐?"고 결코 물어서는 안될 것이며 "자연적인 것으로부터 무엇이 만들어질 수 있는지"를 물어야 하며, 그럼으로서 "자연적이 되는 것"에 대해 물어야 할 것입니다. 우리가 발견하는 것은 자연이 진정으로 무엇인지에 관한 것입니다. 단지 어제에 있었던 것과 오늘 있는 것에 대해서만 물음으로써가 아니라, 내일 있을 수 있는 어떤 것에 대해서 물음으로써 말입니다. 그런 의미에서 볼 때 자연법은 예수에 대항되는 것으로 언급될 수 없습니다. 톰슨 교수는 최근 머틀 강좌에서 이 문제를 과학자의 입장에서 접근하며 이렇게 말합니다. "사랑과 사귐, 그리고 협력과 희생을 통한 윤리적 발전의 이상들은 경험에 대조되는 단순한 유토피아가 아니라 자연 세계의 중심적인 진전 과정 최고의 표현들이라고 해석될 수도 있을 것입니다." 인간 본성에 대해서 말하자면, 우리는 이 인간의 본성을 하위적 존재 즉 하위의 인간 형태로 판단하는 경향이 있습니다. 설사 이런 타입의 사람들이 그들 스스로를 초인으로 자부할 때조차도 말입니다. 그러나 보편적이고 전형적 인간상으로 예수 그리스도를 닮고자 합니다.

반면에, 많은 이들은 우리에게 말하기를 예수님을 어디서건 보통 인간 사회로부터 구별되는 분으로서 성인으로서 간주하는 것이 적합할 것이라고 합니다. 그러나 그 분의 이상으로는 세상의 경영을 하는 부분이나 사회의 조직들을 끌어가는 이들을 이끌기에는 합당하지 않다고 말하기도 합니다. 한 명석한 영국인은 "한 중국인 관리의 편지들"이라는 글 속에서 예수님의 가르침에 대한 논평을 이렇게 하고 있습니다. "수 세기 전에 한 순진한 동방의 열혈자는 글을 기록하지도 않았고, 여행을 하지도 않았으며, 경험을 직접 한 것도 아니지만 선포하여 말하기를, 그 사람들은 그들의 부드러우면서도 감동을 주는 방법으로 형제 우애의 사랑을 호소했다는 면에서 탁월했다고 할 수 있습니다. 인간이 지닌 탁월함의 모든 다른 요소들에 대하여 반감이나 차별을 두는 방법이 아니라 형제우애의 사랑에 호소하는 면에서 … 부(富)의 생산과 분배, 권력의 균등, 노동자들과 재산과 무역에 대하여 규정하고 있는 법들 등, 이러한 것들은 예수님의 관심에서 저 멀리 떨어져 있는 것이었습니다. 사람이란 존재는 한 종교 형태를 세우는데 더 잘 기여할 수가 없었던 것이며, 하나의 연방국가를 세우고 지도하는데 또한 더 잘 하지도 못했을 것입니다."

그러한 명제에게 주는 유일하고 만족스런 답변은 그 명제 자체를 하나의 도전으로서 받아들이는 것입니다. 예수 그리스도의 성령이 한 나라를 지배할 수 있습니까? 성령님이 과연 생산 산업을 조정하며 남녀 사람들로 하여금 외국으로 이동하도록 인도할 수 있습니까? 아직 성령이 지배적으로 인정되고 수용되지 않은 세계 속에서 말입니다. 기독교가 하나의 실패라고 말할 수 없는 하나의 냉소적인 발언을 뒷받침하는 몇 가지 근거가 있습니다. 기독교의 윤리가 사회적 관계들과는 너무도 부족하게 적용되어 왔습니다. 그리고 기독교의 윤리가 적용되었다면, 우리 주님께서는 우리에게 분명하게 그 분의 제자들이 기대해야 하는 것을 말씀하셨습니다. 즉 십자가 말입니다. 십자가란 "우리가 하나님 나라에 들어가기 위해서 져야만 하는 많은 고통들"을 의미하는 것입니다. 어떤 개인과 어떤 민족도 그리스도의 십자가를 지고 그 분을 좇으려는 것을 담대히 갖지 못한다면 결코 그 나라에 들어갈 수 없습니다. 예수께서는 오늘날 천국의 시민으로서 십자가의 고통을 감당하고 하나님 나라를 위하여 투신할 준비가 되어 있는 추종자들을 기다리고 계십니다. 그 사람이 사업가라면 그리스도의 마음이 아니라 다른 마음에 의해 동기를 부여받기보다는 도리어 실패를 감당할 것입니다. 또한 주님이 기대하시는 사람들은 무한한 미래를 향하여 미루는 것이 아니라, 모든 관계성들을 향하여 우리 주님의 성령님을 적용하는 사람이요, 할 수 있는대로 오늘날의 조직들과 그들 자신의 삶 속에서 인내와 믿음과 소망과 연단을 이루어내며 모든 것들을 이기며 나가아가는 사람들인 것입니다. "좋은 씨앗은 하나님 나라의 어린이들"입니다. 그러나 추수를 거두는 씨는 반드시 땅에 떨어져 죽을 준비가 되어야 하는 것입니다. 기독교 윤리는 하나님의 나라가 참으로 좋아서 그것이 참으로 진리임을 믿는 사람들을 갈망하고 있습니다. 그 사람들은 기독교의 이상이 실제적으로 성취되고 달성될 수 있어야 함을 믿으며, 그들 앞에 놓인 부끄러움을 이기고 십자가를 견딜 수 있는 기쁨을 세운 사람들인 것입니다. 한 땅의 지배자들은 예수를 땅에서 십자가에 못 박았습니다. 그들의 동료 지방 사람들이 그 분을 믿었다면 그들은 그들의 땅과 나라를 잃어버렸을 것입니다. 실제로 그들은 땅과 나라를 잃어버렸을 뿐만 아니라, 하나님 나라가 세계 전역으로 세워져 가는 과정에 하나님의 메시아적인 민족이 되는 기회를 놓치고 말았습니다. 그것은 그들이 "평강에 속한 것들을" 알지 못하였기 때문이었습니다. 그리스도의 영으로 하여금 모국에서는 물론이요 외국에 이르기까지 그 나라의 정책 사항들에 대하여 강력한 영향력을 미치도록 할 만큼 믿음이 충실한 기독교 국가가 소위 있겠습니까? 그리고 하나님의 종이 되어서 세상을 이끌어 평화와 선정(善政)의 시대를 이루어 어린 양의 영광으로(사자나 독수리의 영광으로서가 아니라) 그 시대를 밝히며, 이 땅에서 아직 구속받지 못한 사람들을 만날 때마다 대속의 사랑으로 빛나는 그런 종된 나라가 있습니까? 대영제국이 그런 나라가 되고, 독일과 미합중국이 그런 나라가 될 수 있겠습니까? 그렇지 않다면, 우리의 방문의 의미를 알지 못하고 있으므로 인해, 어떤 다른 곳으로부터 놓임을 받아야만 하는 것일까요?

기독교 윤리의 결과에 대해서는 설명할 수가 없을 것입니다. 사실들이 모두 이루어지기까지는 어떤 것도 입증될 수 없을 것이며, 이러한 경우 시간 이상의 것을 필요로 합니다. 기독교의 이상은 그것이 실현되기까지 영원을 요구합니다. 그리스도와 같이 되기를 기대하는 모든 사람들에게 있어서 필수적으로 믿는 것은 영혼 불멸이라는 것입니다. 우리는 영원한 도상에 서 있습니다. 죽음은 사랑의 나라를 위하여 수고하는 하나의 사건일 뿐입니다. 시간은 결코 그러한 이상을 품고 사역하는 이들을 계산해낼 수 없을 것입니다. 그 이상은 하루가 천년 같음을 알고 있으며, 그를 믿는 사람들은 천년을 하루같이 인내할 수 있는 충분한 확신을 그 이상 속에 담고 있기 때문입니다. 우리는 지치지 않을 뿐더러 조용히 일할 준비가 되어 있는 사람들이요 의(義)가 살아있는 새로운 하늘과 새로운 땅이 오기를 갈망하는 사람들인 것입니다.

기독교 윤리의 결국이라는 것은 우리가 하나님 나라를 인간의 사회 속에서 세워보려는 우리의 노력을 흠없이 수행해 낼 수 있다는 것을 의미하는 것도 아닙니다. 기독교가 가정하는 것은 우리는 어린아이요, 하나님께서는 우리의 실수할만한 위험들을 취하시고 자유로운 의지를 주도권으로 하여 우리로 하여금 독립적이요 우애있는 아들들과 딸들이 되도록 교육받게 하시는 분이신 것입니다. 그러나 그리스도다운 사랑은 어떠한 실수도 저지르지 않습니다. 그리고 하나님이 사랑이시라면 그리스도다운 사랑은 가장 지고한 지혜인 것입니다.

이러한 확신은 우리로 하여금 그리스도의 영이 우리의 궁극적인 권위가 되심을 확증케 합니다. 우리를 위하여 윤리적 이상은 예수님 안에서 계시되었데, 그것은 이제까지 발전하고 있는 인간성에서 나온 최고의 산물이라고 단순하게 말할 수는 없습니다. 기독교 윤리의 이상은 영원하신 하나님의 성품의 폭로일 것입니다. 모든 관계성이 그리스도다운 곳의 사회적 질서는 저 우주 그 자체의 구조와 연관되어 있는 것입니다.

"세상 심장 깊은 곳에서
그 기초를 세우고
만물과 어울렸으며
모두를 가지고 둘을 이루었도다"[13]
"Deep in the world-heart
Stand its foundations,
Tangled with all things,
Twin-made with all."

별들이 그들의 궤도를 지키고, 수세기들이 흘러가고, 인류의 세대들이 성취를 향하여 기획된 것은 영원한 목적이 있는 것입니다. 예수 그리스도의 아버지께서는 하늘과 땅의 주인이시요, 그 곳에서 하나님 나라의 씨앗이 있으며 땅은 그 속에 열매를 잉태하고 있습니다.

우리들이 지닌 이러한 믿음은 전적인 근거가 없는 것이 아닙니다. 우리는 기쁨을 가지고 모든 혈통과 인종과 민족들 중에서 수세기 동안이나 하나님 나라와 그 의를 우선 이루기 위해 애써온 사람들의 성품들을 지적할 수 있습니다. 또한 우리는 자유와 진리와 정의와 사랑을 성취해온 것들을 지적할 수 있습니다. 그러나 보편성의 논증과 기독교 윤리의 결국은 스스로 실천적인 질문을 던집니다. "우리는 하나님 나라를 모든 사람들에게 열망할 수 있도록 결국 해낼 수 있을까요?" 예수 그리스도는 우리의 믿음을 도전하시고 우리의 용기를 도전하시며 우리의 정결함을 도전하십니다. 우리는 하나님께서 그 나라를 전하신 것처럼, 그 아들이 우리를 위하여 그 생

13) 시인 William Watson 경의 시, "England, My Mother" 중 한 연을 인용한 것(역주).

명을 내어주신 모습으로 우리 또한 하나님의 나라를 전할 수 있습니다. 우리의 이상에서 가장 소중히 여기는 것은 논리로 입증할 수는 없습니다. 그것은 대속의 사랑으로 논증해낼 수 있습니다. 우리는 그리스도의 고난에 대하여 부족한 존재이므로 모든 것을 온전히 그 분께 맡기고 순종하기 위하여 우리의 자리를 채워가야 합니다. 그리고서야 그 분의 하나님께서 이 모든 것을 이루실 것입니다.

근대 선교에 영향을 미치는 초대교회의 선교

교수, 목사 케네디 신학박사

Rev. Professor H. A. A. KENNEDY, D.D., D.Sc.

6월 1일 (목요일), 대회실에서의 연설문

1. 기독교를 위한 준비 단계 — 선교현장에 있어서 오늘날과 원시 상황을 비교해보며 날카롭게 대립되는 것을 일반적으로 볼 수 있다면, 그것은 기독교가 선교를 위하여 그리스-로마 세계의 준비하는 것과, 그리고 선교사가 이방 민족들 사이에서 선교운동에 돌입할 때 선교사들이 직면하는 마음의 태도, 그 사이에 있음을 발견할 수 있습니다. 그 대립 속에는 솔직하게 인정할 수 있는 요소들이 있습니다. 디아스포라의 유대 회당들은 일신론과 응보(應報)와 같은 교리들을 가지고 활발한 포교가 이루어졌는데 무의식적으로 포교의 씨앗을 수정하고 있었던 것입니다. 동양을 향하여 열망을 품고 바라보는 시선이 있었고, 사람들은 동방의 신앙들을 전하는 순례 설교자들이 들려주는 신비로운 명상과 제의에 적응할 준비가 되어 있었습니다. 오래되고 원시적인 종교들은 쇠락해가고 도의적 의식(意識)의 요구들이 스스로를 역설하고 있었습니다. 이 모든 영역에서 신적 존재와의 연합을 위하여 물질 세계를 극복하고자 하는 광범위한 열망이 있었습니다. 외

부 조건 또한 "그 때의 성취"에 대한 증거들을 잉태하고 있었습니다. 통상 언어와 감정의 공감, 일반적으로 획득된 문명의 질서, 지배 권력의 통일 등 이러한 모든 현상들은 "주의 길을 예비함"에 있어 범상치 않은 영향력들이었습니다. 그러한 도움들에 대하여 분명한 확신은 아마도 오늘날의 선교사들의 마음에 분명하게 담겨져 있을 것이라 여겨질 것입니다. 수많은 언어들이 영적인 각성과 가르침을 위하여 적당한 도구로 쓰이기 위해 형성되어야 하는 그 필요성을 생각해 볼 때, 선교현장에서 문화 속에 내재되어 있는 수많은 범상치 않은 요소들과 선교사들이 직면해야 하는 사회적 요소들의 복잡한 배열, 그리고 이방 민족들 중에서 끊임없이 문명과 정치적 조직들의 부재 등을 떠올리게 될 것입니다. 이러한 복잡한 문제들이 당신에 존재하는 상황적 요소들을 상상하게 합니다. 이것은 마치 초대 시대에 사람들과는 대조되는 것으로 보입니다. 그러나 아직 도외시 되어서는 안 될 두 시대의 균형을 잡아주는 요소들이 있습니다. 이러한 증거는 충분히 이번 대회에 제출된 보고서에 찾아볼 수 있습니다.

그렇게 매우 중요한 모든 것들 중에 비기독교 세계를 접촉하는데 있어서의 탁월성을 생각해보지 않을 수 없습니다. 이러한 접근성과 상호 친숙함의 견지에서 볼 때, 교육을 받고 영향력 있는 계층들에 있어서 비기독교적인 종교들이 쇠락해가고 있는 현상을 포착할 수 있습니다. 이러한 일반적인 특징은 고대 신앙들의 부흥들이 산발적으로 있었다는 사실로 인해 축소될 수는 없는 일입니다. 가령 버마와 실론에서 불교의 새로운 활황이나, 최근 중국에서 공자의 신격화(神格化), 그리고 인도에서는 브라모사마지(the Brahmo Samaj)나 아리아사마지(the Arya Samaj) 같은 신힌두 사상 학교의 활동과 그들의 흥미로운 종교적 혼합주의 등이 있습니다. 그러나 그러한 현상은 직접적으로 초대 기독교 선교의 환경을 회상하게 합니다. 그리고 우리가 감사함과 놀라움으로 보듯이 한국에서의 영성의 조류와 인도에서 "좌절스런" 대중들이 기독교로 개종하는 것, 중국에서 교육을 받았든 문맹인들 사이에서든 기독교가 놀라운 흡수력을 지니고 있는 것 등을 주목할 만 한 일입니다. 우리가 알건대, 질문할 것도 없이 수년 동안의 수고로운 준비가 오래토록 새로운 영적 가능성의 시대를 열어오고 있었던 것입니다.

2. 선교사역에 있어서의 창의적 특성 — 그리스-로마 세계는 그리스도를 위해서 그 현장을 잘 예비한 것이었고 사도바울과 그의 동료 사역자들에 잘 전해지고 가르쳐졌습니다. 바로 이 시작에서, 영감 있고, 강력한 성격의 선교 사업을 위한 최고의 가치에 직면해 있습니다. 살아 계신 구주를 믿으며 누구도 꺾을 수 없는 강한 믿음과 주를 섬기기 위한 그들 자신의 완전한 포기를 통해서 사도바울과 바나바, 그리고 이름 없는 수많은 선교사들과 같은 초기 선교사들은 특별한 영적인 능력자들임이 분명합니다. 그들은 특별한 종교적인 힘이 있었습니다. 사도바울의 성격은 그야말로 창조적이었습니다. 그리스도의 영향 하에 그가 가져온 그의 접촉의 특징은 그의 편지들에 분명히 나타나있습니다. 기독교 문학에서 최초의 선교사 자료를 보면, 데살로니가에게 보낸 처음 편지였습니다. 2장에서 보면 선교사와 그의 개종자들 사이의 상당히 친근한 관계를 묘사학 있습니다. "우리는 그리스도의 사도로서 마땅히 권위를 주장할 수 있으나 도리어 너희 가운데서 유순한 자가 되어 유모가 자기 자녀를 기름과 같이 하였으니 우리가 이같이 너희를 사모하여 하나님의 복음뿐 아니라 우리의 목숨까지도 너희에게 주기를 기뻐함은 너희가 우리의 사랑하는 자 됨이라"(살전 2:7-8). 여기에 이 구절의 상황적 묘사가 있습니다. 이것은 훌륭한 선교사의 이상(理想)에서 출발합니다. 사도바울이 전도했던 지역들을 위한 그 선교사로서의 이상(理想)의 중요성은 결코 과대평가할 수 없습니다. 왜냐하면 "모든 선교사역에서 최선의 도구는 선교사 그 자신의 인격이다"라는 말은 매우 당연한 것이기 때문입니다. 우리는 기독교 선교의 초기 역사를 통해 이에 대해 수많은 예를 가지고 있습니다. 저는 사도바울의 시대에 교육받은 계급들 사이에서 기독교 신앙의 영향과 전파를 위한 알렉산드리아의 오리겐(Origen)의

특별한 중요성을 여러분에게 알려드려야 할 필요를 느낍니다.

사실상 우리는 바로 이 시점에서, 초기 선교사업 시대의 많은 중심 사상 속에서 기독교가 시작된 영적 견고함에 대하여 설명해주는 내용 중 하나를 분명하게 해줄 수 있을 것입니다. 전능하신 능력을 가진 성령의 역사하심과 더불어, 초기 기독교 공동체들은 예수 그리스도의 복음을 전하기 위해 자기희생을 하는 각 개인들의 온전한 헌신위에 세워졌습니다.

사도바울이 이런 애정어린 인간관계를 보여주고자 매진했던 그 열심은 우리에게 그러한 열심의 이유가 무엇을 위한 것인가를 보여줍니다. 그리고 선교현장에서 이러한 헌신의 결과야말로 진정으로 가치 있는 것입니다. 이러한 이유로 사도바울은 그의 개종자들에게 이렇게 말 할 수 있었을 것입니다. "형제들아 너희는 함께 나를 본받으라"(빌 3:17). 오늘날의 선교사역을 위한 이 대담한 언어의 중요성은 바르넥(Warneck)이 말한 "복음의 살아있는 힘"이라는 제목의 다음과 같은 문장들에서 분명하게 드러납니다. "이방인 그리스도인들에게 본으로서 예수의 모습은 많은 사람들이 도달할 수 있는 그 어떤 단계 보다 더 높은 단계의 그리스도의 삶을 의미합니다. 인도제도의 그리스도인들 중 대다수는 연장자들과 선생님들을 그들의 삶의 모범으로 여기는데, 선교사들에게도 그렇습니다." 그러나 초기 선교에서 기독교인의 성품에 바른 영감을 전하기 위하여 도와주는 상황들에 대하여 완전히 그릇된 이해가 있었던 것 같습니다. 즉 고립된 개인들의 관점에서,그리스도의 구속의 선물들을 그들 개인적 차원에서만 강조해왔던 것입니다. 사실상 사도바울과 그의 동역자들의 선교 활동이 2세기의 순회설교자들과 다른 점이란 것은 이른바 유세비우스에 의하면, 그들이 선교로 나아가면서 이전에 세워진 교회들과 매우 긴밀한 관계를 유지하면서 하는 관계가 불가피했다는 것입니다. 그러므로 특징적이라고 분명하게 말할 수 있는 것은 바로 "개인의 사역이라는 것은 실제로 그 사람을 통하여 교회가 활동으로 간주되었다는 것"입니다(Hauck). 그러므로 우리는 사도행전 14장 26절에 기록된 말씀을 다시 한번 생각하게 됩니다. "거기서 배 타고 안디옥에 이르니 이 곳은 두 사도가 이룬 그 일을 위하여 전에 하나님의 은혜에 부탁하던 곳이라."

3. 선교사 설교의 본질 — "말씀의 목회는 특별히 초기 교회에서 선교사의 도구를 의미한다."(Lindsay). 우리는 가장 간단한 방법으로 초기 선교사 설교의 주요 특색을 추정할 수 있을 것입니다. 이것은 결코 쉬운 일이 아닙니다. 나는 사도바울 그 자신에 대하여 분명한 그림을 그려낼 수는 없을지 모릅니다. 2-3세기 기독교 문학은 기독교의 다양한 내용들을 보여주는 가장 확실한 요소들이고, 그러한 요소들은 그 기독교 문학 속에 인간의 마음을 향하여 호소하는 것들을 가지고 있습니다. 아직도 어떤 원시적 설교의 길을 인도하는 원리들이 확실한 방법일 것입니다. 그리고 이런 이유로 우리는 자연스럽게 사도바울의 편지들과 사도행전에 의지하게 되는 것입니다.

다양한 학자들은 로마서 처음 세 장이 사도바울이 이교도들에게 그의 뜻을 전하는 전형적인 예를 보여준다고 주장합니다. 이 사실은 두 가지 면에서 가능성을 지닙니다. 먼저, 사도는 유대인 만큼이나 비유대인에서도 하나님에 관한 자연적이고 본능적인 지식을 갖고 있다고 믿고 있습니다. 다른 한편으로는, 사도가 모든 사람은 죄를 지었고, 구원 받아야 할 자리에 있다고 전제하고 시작합니다. 우리는 이 두 가지 요소들이 항상 사도바울의 선교의 설교에 분명히 있음을 볼 수 있습니다. 기본적인 자리에 있는 좋은 증거는 고린도 =전서 2장 2절에서 찾을 수 있습니다. "내가 너희 중에서 예수 그리스도와 그가 십자가에 못 박히신 것 외에는 아무 것도 알지 아니하기로 작정하였음이라".

다른 하나는 루스드라와 아테네에서 전한 사도바울의 연설에서 강력하게 증거될 수 있습니다. 이제 이러한 두 가지 주요 위치에서 모든 선교사의 설교들을 고찰해볼 수 있습니다. 한 가지는 사도바울 자신의 종교적인 경험에서 얻어집니다. 그리스도는 죄와 도덕적인 실패에서 구원할 수 있고,

구원자 그리스도는 그 자신과 더불어 모든 사람들을 살아있는 공동체로 인도하기를 갈망하는 모든 신령한 하나님의 아버지 같은 마음을 완전히 나타내 보였다는 것을 사도바울은 그 자신을 위해 증명해 보였습니다. 이것은 모든 시대와 모든 사람들을 위한 복음입니다. 선교사가 가진 어떤 재원이라도, 그 자신이 가진 영적인 경험의 빛을 설명할 수 있는 메시지를 가져야만 합니다. 사도바울의 두 번째 기초가 되는 관점은 고린도전서 9장의 유명한 구절에 요약되어 있습니다. 그 말씀은 이러한 말들로 결론짓게 됩니다. "내가 여러 사람에게 여러 모습이 된 것은 아무쪼록 몇 사람이라도 구원하고자 함이니"(9:22). 여기에 사도는 선교사의 노력에 관한 필수적인 원칙에 대한 놀라운 통찰력을 드러냅니다. 그들이 진정한 예수 그리스도의 사도들이 되기로 한다면, 그가 설교하는 것들에 대한 얼마나 많은 종교적이고 도덕적인 개념들이 궁극적으로 변형되어야 하는지를 알고 있습니다. 그러나 그는 파괴적인 방법 보다는 건설적인 방법으로 시작해야 할 것입니다. 그리고 그는 소위 "하나님의 진리"(롬 1:25), "불의한데서", "억압받고", "방해받는" 인류가 가진 진리(롬 1:18)를 갈망한다는 점에서 그를 듣고 있는 사람들과 접촉점을 찾습니다.

그의 관점은 가장 넓은 가능성의 범위를 지닙니다. "형제들아 무엇에든지 참되며 무엇에든지 경건하며 무엇에든지 옳으며 무엇에든지 정결하며 무엇에든지 사랑 받을 만하며 무엇에든지 칭찬 받을 만하며 무슨 덕이 있든지 무슨 기림이 있든지 이것들을 생각하라"(빌 4:8). 처음 3세기에 이런 상호 보완적인 방법들을 따랐던 정확한 규모를 예측하기는 어렵습니다. 사도바울이 했던 것처럼 기독교 계시의 그 심오한 깊이를 꿰뚫는 선교 설교자들이 많았을 것 같지는 않습니다. 그러나 죄로부터의 구원과 도덕적인 도움을 얻는 것은 사실적 증거였고, 반의식적이든, 진심이든간에 도덕적이고 영적인 구원을 갈망하는 사회에 넓은 의미에서 구세주로서 그리스도를 선포하는 것은 초기 선교사 설교의 가장 중심적 사역이 아닐 수 없습니다. 이것과 함께, 사도바울의 호소에 다른 압박감의 흥미로운 발전이 있었습니다. 이것은 특별히 기독교 옹호자들의 사역에서 분명해집니다. 이 기독교 옹호자들은 이런 사상들이 기독교도와 이교도의 사상에 보편적임을 강조합니다. 그러나 그들이 받아들인 기독교가 그 자체내에 이방인 열망의 가장 큰 가치를 담고 있다는 사실을 논증하기 위하여, 이방으로부터 온 이러한 회심자들은 냉정한 관찰자들의 위치를 차지하는 것이 아니라, Kahler가 쉽게 강조하든지 그들의 변론들로 "설명을 해주면서 그들 자신들의 삶에서 내면적 운동이 일어나도록 해야하는 것"입니다(Angewandte Dogmen, p. 421).

이 큰 두 가지 원칙에 의해 분명히 보여주는 것처럼, 근대 선교사역과 관련한 사도바울의 방법은 너무나 분명해서 긴 논증이 가능합니다. 우리가 여기서 진실한 복음주의의 불변의 필수불가결함을 강조할 필요는 없을 것입니다. 이것은 대회에서 발표된 분과의 보고서에 분명하게 강조되어 있습니다. 예를 들어 "인도가 필요로 하는 첫 번째 요소는 복음을 전하는 것"이라는 분명한 동의가 있습니다"(Vol. 1, 132). 하지만 무엇이 그의 청중들과 공통점을 찾는 사도바울의 규범적인 원칙일까요? 여기에 선교사역의 가장 시급한 문제가 있습니다. 우리는 그 해결책을 찾는데 얼마나 많은 고심을 하는지 알고 있습니다. 제4분과 보고서에서는 중국의 기독교 교육과 설교자들은 대개 불교의 용어를 적절히 사용한다고 합니다. 또한 우리는 예를 들어 일본에서는 리요드(Arthur Lloyd)가 신슈 신학(Shinshu theology)을 통해 일본 불교도들에게 그리스도의 신앙을 통역하기를 시도했다고 들었습니다. 인도에서는, 힌두이즘의 종교적 사상에 대한 깊은 지식이 사람들의 종교적인 의식으로 접근하는 통로가 됨을 보여줍니다. 로빈슨(Canon Robinson)이 말하기를, "만약 기독교가 예수 그리스도에 대한 개인적인 복종과 헌신으로서 정의할 수 있다면, 인도의 박티 의례의 요건인 라마(Rama) 나 크리슈나(Krishna)에 대한 열정적인 헌신이 기독교 신앙의 뜻과 기본을 이해할 수 있도록 그 예배자들의 마음을 준비해야만 한다"(The Interpretation of the Character of Christ to Non-Christian Races, 44). 이 보고서들 가운데 하나가 "몇몇 뛰어난 선교사들이 인도의 다신교를 극복하도록 그 속에 들어가서 그 자신들을 완전히 헌신해야 함"을 제안했다. 이런 제안을 이행하는 훌륭한 방법들의 예가 호그(A. G. Hogg)의 카르마와 구원(Karma and Redemption)에 관한 연구에서 나타난다. 이것은 동양 종교들에 동감하는 연구에서부터 기독교 신학이 나올 수 있음을 나타내 보여준다.

4. 기독교 확장의 원인으로써의 선교 사업의 효과 — 처음 3세기 동안의 역사에서 가장 분명하게 두드러지는 것은 당시 달성된 선교사역의 효과가 도리어 또한 기독교 신앙을 전파하는 원인이 되는 것이었다. 당시 기독교인들의 이교도 이웃들은 인간의 삶에 기독교가 실제적인 힘이고, 실제적 사실로 생각했다. 이것의 몇몇 증거들은 특별히 인상적이었다. 예를 들어, 악한 영이라는 환경에 사로잡힌 존재로부터 두려움의 영을 몰아내는 것이 그것이다. 그것은 구원을 깨닫게 되는 그 기쁨으로 인해 이루어지는 일이었습니다. "만약 하나님이 우리를 위해 계시다면, 누가 우리를 대적할 수 있는가?" 이것은 하나님 안에 그리스도와 함께 감추인 새로운 삶, 영원한 삶인 것입니다. 그리고 새로운 영은 감정을 뛰어넘는 것이었습니다. 그 열매들은 최상의 의미에서 볼 때 매우 실제적인 것이었다. 그것은 특별하게 사랑과 형제애의 태도를 나타낸다. 일반적인 한계를 넘어선 사랑(Compassion)은 길드나 협의체에서 그 실체가 이루어진 것을 봅니다. 바르넥 교수가 목도한 것처럼 "기꺼이 돕는 사랑의 힘은 그들 자신 이교도의 위치, 즉 원주민 기독교인의 입장으로부터 앞으로 나아갔다는 것입니다(Allgem. Missions-Zeitschr., xxx. 410). 이런 분위기를 통해서 사회적인 차별이 대개 없어진다. 기원 후 200년경에는 노예가 로마의 사제가 될 수 있었습니다. 형제애에 관한 이같은 이상은 한 기독교 공동체가 다른 공동체와 연결해서, 급속히 강력한 사회를 만들어 내고, 바로 이런 강력한 사회의 존재는 이러한 원인을 제공한 지지자들을 위하여 강력한 도구가 되어주는 것입니다.

이런 현상들의 대부분은 근대 선교사역과 평행하게 이어집니다. 반드시 언급되어야 할 특별한 한 가지는 사도 시대의 상황이 얼마나 생생하게 우리 자신을 반영하고 있느냐 하는 것입니다. 이미 사도바울의 편지들에서부터, 초기 기독교 사회에서는 참된 신앙과 매우 결함이 있는 도덕성이 한 사회에 나란히 존재 할 수 있음을 분명히 보여줍니다. 빛이란 대회에서 발표되는 보도서를 통하여 여러 차례 두드러진 상황 위에 쏟아집니다. 즉, 죄에 대한 인지는 이방의 사상으로부터 개심한 사람의 의식 속에서 상대적으로 늦은 성장이며, 그 개심자가 그리스도와 갖게 되는 새로운 관계성에 의해서 새롭게 창출되어야 합니다. 그러나 이 현상은 통전적으로 볼 때 개인이 속한 사회 조직과 직접적으로 연관되어 있습니다. 결국 내가 결코 여러분에게 상기시킬 필요가 없는 구성단위인 가족이 모든 전통과 관습의 유산들과 함께 개인들의 유기체로서 존재하는 것입니다.

5. 이교도적 사회 생활에 대한 선교사들의 관계성 — 우리는 초기 선교사들이 직면해야 하는, 그리고 외국 현장에서 사역을 여전히 당혹스럽게 하는 문제들을 만나게 됩니다. 어떤 태도로 이교도의 생각과 정서와 조화롭게 속해야만 하는 것일까요? 여기에 완벽하게 명료한 몇몇 사안들이 있다. 데살로니가에 보낸 편지에서, 사도바울은 그들의 새로운 관점을 "너희가 어떻게 우상을 버리고 하나님께로 돌아와서 살아 계시고 참되신 하나님을 섬기는지"(살전 1:9)를 기본원칙으로 선택했습니다. 이때에 그들 과거와의 완벽한 단절 시간은 필연적이었습니다. 그는 고린도 사람들에게 "너희가 주의 잔과 귀신의 잔을 겸하여 마시지 못하고"(고전 10:21)라고 충고하고 있습니다. 이런 태도는 초기 기독교 선교에 있어서 일상적 규범이었습니다. 우상 숭배와는 어떤 타협도 있을 수 없었습니다. 이 상황의 실제적인 중요성에 대하여 바르넥(Herr Inspektor Warneck)이 해석하기를, 사도바울은 배교자를 위해 신적 용서가 있기를 갈망한 것이 아니라, 배교의 행위는 양심에 심각한 둔화를 가져온다고 해석합니다(Living Forces of the Gospel,

p. 294). 하지만 선교현장에서의 많은 도덕적인 상황은 더 복잡하였습니다. 고린도 교회에서의 2가지 두드러진 어려움 - 이(異)종교간의 결혼과 이교도 제사에서 사용된 음식을 먹는 일-에 대하여 사도바울이 다루는 과정에서는 성숙한 절제적 태도와 영적인 지혜로 가득합니다. 사도바울이 수준 높은 종교적인 단계로 토론을 끌어올리는 반면, 사도바울은 엄격한 규정을 주장하지 않도록 주의하고 있습니다. 그러나 그것은 바로 호의적 방종(favouring laxity)과는 다른 노선입니다. 기독교 선교 초기에는 사도바울의 가르침과 같이 균형 잡힌 지혜가 항상 가능했던 것은 아닙니다. 그리고 심각한 결과들이 발생했습니다. 신앙이 가장 빠르게 성장했던 소아시아는 교회에서 이교도신앙이 다시 나타났던 지역이었습니다. 그 시대에 소아시아는 종교적인 혼합주의의 선택된 본거지였습니다. 그래서 필연적이다시피, 특정한 외국 부류들이 기독교와 혼합되는데, 그것들은 기독교의 영성을 손상시키고, 외형주의적(externalism) 경향을 띠었습니다. 예를 들어, 유명한 교회 지도자인 그레고리 타우마투르구스(Gregory Thaumaturgus)는 이전의 규율을 의도적으로 완화시켰고, "저속한 대중들이 그들의 종교축제를 즐길 수 있도록" 했습니다만, 외형적 그리스도인으로(in Christian guise) 행세하게 했습니다. "순교자들의 의식(Harnack에서 인용하였음)이 오래된 지역의 제례의식들을 대신하였고, 예전 숭배의 대상들이 성자들의 유물들로 계승되었습니다"(Expansion, 208). 기독교는 의심할 여지없이 유명해 졌지만, 그로 인한 대가는 너무 컸습니다. 오늘날 선교 사업체가 직면한 모든 상황들처럼, 유사한 상황들이 조합되어 있는 것을 봅니다. 이미 기독교로를 향하여 대중의 움직임은 구체화되고 있습니다. 3세기처럼, 이질적인 생각들이 기독교 사회로 흘러 들어오는 통로가 되고 있습니다. 그러한 것들 사이에서 선한 것을 깨닫고 악한 것을 피하는 것은 고도의 영적인 통찰력과 실제적인 지혜를 요구합니다. 의심할 여지없이, 모든 독단적인 행동은 반드시 피해야만 합니다. 선교사는 이교도의 사상을 나타낼 지도 모르는 종교적인 가치의 영향력에 반대해서 그 눈을 완전히 감아버릴 수는 없는 일입

니다. 이것들은 견고한 기독교인의 자리에 나아가는 진정한 디딤돌임이 될 수 있음을 입증하는 것이다. 어떠한 경우에도 이교 사회의 기저에 있는 사상과 관습들을 편견 없이 연구해야만 합니다. 우리는 제2분과 보고서에서 읽은 내용을 들었습니다. "그리스도의 종교는 성육신의 관점으로 해석되고 모든 곳에 있는 사람에게 빛을 비추는 의미와 그리스도 안에서 하나님을 아는 지식의 특권을 누리지 못하는 이들에게 조차 진리의 파편을 전해주는 잠재적 말씀(seminal Word)을 향하여서도 빛을 비춘다. 그렇게 훈련을 받은 선교사는 어떤 관습을 그 안에 진리는 무엇이고 그를 통해 이러한 많은 세기들 속에서 이루어지게 된 관습에 의문을 지닙니다" (Vol. II., 113).

이런 문제점은 인도의 카스트 지상주의에서 전형적인 예가 됩니다. 비슷한 종류의 문제점이 중국의 조상숭배와 관련해서 나타납니다. 어떤 경우에서도 우리가 상기해야 할 것이 있습니다. 그 보고서에서 적절하게 인용했듯이 "우리 주님과 사도바울이 만나고 대하는 사람들마다 그들의 개인들의 성품에 깊은 존중을 보였던 것처럼 존중의 태도를 지녀야 합니다. 그럼으로써 훈련하시고 인도하시는 법도의 궁극적 목표가 죄에 대한 인식을 개발하는 것이요, 다른 말로 하자면 기독교인의 양심을 우리 돌봄 아래에 두고 교회 안에서 훈련받도록 하는 것입니다."

깊숙하게 스며들어가는 것과 함께 멀리 도달하는 전도라고 하는 것은 기독교 선교로 하여금 이교사회에 속한 요소들과의 어떤 관계성을 요구합니다. 최소한 현재 인종에 대한 사고와 감정과 판단에 대한 통합적 능력을 요구하고, 판단에 대한 차이점들이 그들 스스로를 드러내고 있고, 제한되어 있는 상황을 향하여 사도적 원리로서의 적용하는 능력을 요구하고있는 것입니다.

6. 선교현장에서 교회의 본질과 조직 — 그러나 내가 원주민 교회의 필요성을 강조하고자 하는 마지막 질문에서처럼, 실제적인 확신의 일치가 있음이 나타납니다. 여기에 사실상, 조직과 관리의 궁극적인 형태와 관련하

여 큰 견해의 차이가 있을 수 있습니다. 그러나 모두가 아니라면, 대부분 유능한 관찰자들은 비기독교 종족들이 그 자신들의 친척과 친지들로 구성된 교회들에 의해 전도되어야 한다고 믿는 것 같습니다. 아마도 이것은 대부분 초기 기독교 선교의 신중한 설문에서 현대적 선교운동에 대해 배울 수 있는 영역입니다. 나는 여기서 2세기가 끝날 때까지 기술적으로 소위 "선교적" 효과라고 불릴 어떤 구체적인 조직화된 체계가 없었음을 상기하게 합니다. 사실상, 어떤 순회 설교가들만 있었음을 알게 됩니다. 하지만 그들의 사역들은 기본적인 중요 요소들이 있었을 것 같지는 않습니다. 그리고 아직은 기독교의 영향이 급속히 확장되어가는 시기였습니다. 그 비밀은 조직화된 기독교 공동체의 선교사의 열정에서 발견됩니다. 사도바울의 활동 계획은 우리 모두에게 익숙한 것입니다. 사도바울은 전략적인 위치를 선택했고, 이러한 점에서 강력한 교회를 개척했으며, 기독교의 영향이 필연적으로 온 세상으로 뻗어나가야만 한다고 주장했습니다. 이런 목적을 위해서 이러한 공동체들의 조직을 숙고하는 것은 불필요한 일입니다. 한편, 사도바울과 같은 유명한 사도들에 의해 설립된 조직들과 영적인 아버지로서 그를 인정하는 것은 이러한 이유로, 강력한 끈으로 서로 연결되어 있습니다. 반면에, 최소한 처음 2세기동안, 이러한 공동체들의 각각은 다소간 독립적인 지역단위, 즉 하나님의 교회 그 자체의 대리인이라는 것이 초기 기독교 서신에서 분명히 나타납니다. 초기 시대에는 이러한 조건에 예언자나 지역 목회자의 존재가 일치했습니다. 예언자는 공동체 안에서 흔하였고, 지역목회자는 한정된 교회에 속하였습니다. 의심할 여지없이, 이러한 분리된 교회는 아주 초기 단계에서는 하나의 거대한 교회(one great Church)의 일부분이라는 의식을 가지게 되었습니다. 터툴리안이 말하기를 이것은 "형제로서 서로를 간주하는 평화의 인사를 주고받고, 환대하는 교류를 연습했기 때문"이었습니다. 그러므로 로마제국의 각 지역에 있는 많은 기독교 공동체들은 선교 활동의 중심이 되었습니다. 아마도 각 공동체들의 처음 개종자들은 교육의 선도적인 부분을 담당했고, 그 회중의 관리를 담당하게 되었을 것입니다. 어떠한 경우에도, 직접적으로 그 교회들의 사역을 주로 담당했던 사람들은 그 지역의 원주민들이었습니다. 이런 이유로 소아시아나 아프리카, 이탈리아의 교회들은 그 나라의 천재를 따라 발전하였습니다. 그들에 대한 이국적인 면은 없었습니다. 그들은 스스로를 규제하고, 스스로를 지원하고 그리고 높은 수준의 자신들의 모습을 전파하였습니다. 조직과 전도의 그들의 방법들은 그들의 환경에서 동시에 성장해야만 했습니다. 이것은 이러한 예들에서 증명될 수 있습니다. 그들의 전파(복음전파)의 강력한 충동은 그들의 설립자들로부터 받아들였던 기독교의 영감의 강렬함을 증명합니다. 사도바울은 그 자신의 영혼 속에서 엄청난 고통을 가지고 있는 그의 개종자들을 훈련하였습니다. 그들은 그 이웃들에게 '빚진자'라고 느꼈습니다. 그리고 그들은 하나님을 위해 사람을 이길 수 있는 모든 종류의 기회들을 전부 포용하였습니다. 예를 들어 미누키우스 펠릭스(Minucius Felix)가 쓴 옥타비우스(Octavius)에서 즐거운 여행길에 있는 세 친구의 이야기는 흥미롭습니다. 그 속에서 두 명의 기독교인은 그리스도를 위해 이교도에게 영향을 주기 위해서, 대화법을 만들어 갑니다. 이런 노력은 교육받은 사람들 사이에서, 그리고 기능 보유인들 사이에서 모든 방향에서, 모든 세대들에, 모든 거리에서, 계속 되어갔습니다. 기독교 운동의 성공을 위해 셀 수 없는 가치의 또 다른 특징은 교회의 일원들이 차지한 공통의 장에 놓여있고, 그들은 교제에 그 목적을 가지고 있습니다. 관습과 사상의 공통의 유산, 공통의 교육, 공통의 사회 생활, 어떤 외부인도 완전히 이해할 수 없는 정서의 친밀함이 있는 공동체- 이러한 것들은 항상 국가적인 제약을 초월하는 복음의 이해를 위한 결정적인 요인이 되었음에 틀림이 없습니다. 그리고 기독교 사회의 훌륭한 발전은 "지역에서 지방의 교회로, 그리고 대회(synod)의 작은 단위에서 큰 교회들의 연합에 이르기까지" 이런 모든 열정적인 활동을 지지합니다. 오늘 근대 상황에서 초기 기독교의 이러한 요인들의 직접적인 영향은 아무리 강조해도 모자랄 것입니다.

초기 기독교 선교의 역사는 토착 교회들의 문화적 적응에 대한 충분한 증거가 있습니다. 많은 에너지가, 그리고 넓은 에너지가 건강한 조직을 구성하는 데 집중되었습니다. 이러한 조직들은 초기 교회의 그것들처럼, 토착 제도의 뼈대를 따라, 그들의 성공에 필수적인 것처럼 보이는 과정을 따라 형성되었습니다. 아마도 더 많은 관심이 "영적이고 정신적인 에너지의 기본 선물의 발전"(제2분과의 보고서에서 인용)을 선교현장에 이루기 위해 필요로 할 것입니다. 또 자신들의 특징적인 발전을 위한 공간에서 교회를 위한 보호의 방책으로서도 많은 관심이 필요할 것입니다. 초대 교회의 예는 그 시대가 원시교회 속에서 교회 주변의 비기독교인들에게 대한 책임감을 매우 깊이 인식하고 있었음을 보여줍니다.

우간다에서의 선교 경험은(보다 최근 한국과 만주에서의 선교사 경험중에서도) 가장 인상적으로 증거해 보여주고 있는 것이 있습니다. 즉 우리의 세기가 열리던 때에 얻은 방법의 지혜입니다. 그리고 이 주제에 관하여 제1분과의 추천문은 초대교회의 근본적인 원리들을 근대의 상황에 지혜롭게 채택하도록 인도합니다.

저는 근대 선교사역을 위해 영원한 가치를 가진 초대 교회 선교의 요소들과 방법들이 오늘날에도 특별한 중요성을 지닌다는 것을 말씀드리고자 하였습니다. 그러나 우리가 그리스도의 말할 수 없는 가치의 그 풍성한 감동을 나누지 않는다면, 그리고 우리의 마음과 영혼에 그리스도의 복음이 "그리스도를 믿는 모든 사람에게 구원에 이르도록 하는 하나님의 능력이 있음"을 믿지 못한다면 이러한 모든 훌륭한 예들의 영향은 사라지고야 말 것입니다.

근대 선교에 영향을 주는 중세의 선교

W. H. Frere 목사
Superior of the Community OF the Resurrection, Mirfield
6월 16일 목요일 저녁, 대회실에서의 연설

그리스도 안에서 형제된 여러분, 중세시대의 선교, 혹은 특별히 초기 중세 시대의 선교의 사역들에 말씀을 드리고자 한다면, 우리에게 방법의 문제에서뿐만 아니라 다른 측면에서 엄청난 가르침을 준다고 할 수 있을 것입니다. 동시에 제가 아는 한 그 시절에 행해졌던 선교의 어떤 체계적인 해설이 없었다는 것을 먼저 전하고, 이 주제에 대한 우리의 정보들은 조각처럼 여러 장소들로부터 모여졌고, 훌륭한 성자들의 삶의 기억들 속에서 대부분 모아졌으며, 역사적 자료에서부터 온 것들은 그 범위가 지극히 제한적임을 알려드립니다. 무엇보다도 저는 좀 더 분명한 몇 가지를 쉽고 간단히 다룰 수 있기를 위해, 그리고 추후의 토의를 위해 한두 가지를 선택해서 전달하도록 하겠습니다.

우선, 오늘날 우리에게 대단히 친숙한 초기 중세 시대 선교사들의 기록들에서 많은 것을 알 수 있습니다. 우리는 설교자들이 이 마을 저 마을 일정을 가지고, 설교하러 나가는 것을 알 수 있습니다. 우리가 읽었던 위대한 선교사들은 모두 규정을 가지고 있었고 매우 의식적으로 그것을 채택하고 철저하게 준수하였던 것을 볼 수 있습니다. 이 곳 저 곳을 다니며 가장 유망한 소년을 선택해서 새 세대를 위한 일꾼으로 세워지도록 교육을 받게 하였습니다. 우리가 상상력을 동원하지 않고도 알 수 있었던 것은 산업적 선교사역의 초기에 서섹스 지방의 윌프리드(Wilfrid in Sussex)가 사역하는 것이었는데, 그 때까지 고기 잡는 것을 할 수 없었던 황량하고 굶주린 사람들에게 그가 고기잡는 방법을 가르쳐주고 있는 것을 볼 수 있었습니다. 다시 말해서, 우리는 자발적이고 토착적인 교회가 대단히 놀라운 발전을 한다는 것을 주목할 수 있었습니다. 오늘날 우리에게 끊임없이 나타나는 주저함이나 장애, 지체함은 더 이상 있을 수 없습니다. 한 예를 살펴보면 성 어거스틴이 영국에 도착한 후, 아주 짧은 시간 후 프랑스로 가고, 주교로 임명되어 돌아오자마자, 매우 처음으로 하나의 영국국교회(Ecclesia Anglicana)가 생겨났습니다. 이를테면 첫 번째 선교사들의 도착의 몇 개월 내에 이루어진 일이었습니다. 그 과정에는 아무런 어려움도 없었습니다. 어거스틴가 로마를 기지로 삼고 전도하는 일들은 점진적으로 진보적이요 계몽적 정신이라는 면으로 인식되었고, 오늘 우리들 시대에 사람들에게 표창을 줄만큼 잘 한 일로 보였습니다. 게다가 우리가 북쪽에서 온 선교사 즉 다른 선교기지로부터 온 아이단(Aidan)을 형제 선교사로 맞을 때, 동일한 자유와 진보함이 있었고, 그 결과 서로 다른 지체가 아닌 한 공동체로서 계속 성장하게 되었습니다. 두 개의 단순히 형성된 공동체가 그 나라 교회의 일부가 됨으로써 단순히 하나로 통합된 것입니다. 그것은 우리가 진지하게 고려해야 할 가치가 있는 일입니다. 저는 제가 언급해야만 하는, 반드시 언급만 해야 하는 한가지 다른 점을 가지고 있습니다. 선택된 주제들이 마치 다른 주제들과도 같이 우리의 토의에 적합하지 않은 것처럼 보이지만, 그러나 무시하거나 잃어버려서는 안 될 한 가지가 있습니다. 중세 선교 역사의 전체에서 복음전도의 대행인으로서 수도원 제도가 최고의 가치를 지니고 있었습니다. 그들은 모두 수도원 원칙에 의해 건립되었습니다. 다시 말해서, 생각건대 이러한 일이 마음 속에 세워져야 할 것이라고 생각합니다. 더 나아가, 조직과 교회의 형태에 관한 질문들이 고려되어야 합니다. 이것은 오늘 밤 우리가 모두 다룰 수 있는 주제는 아닙니다. 하지만 이것은 우리가 할 수 있는 무엇이든지 이러한 중세의 선례들에서부터 끌어낼 수 있는 중요한 것이고, 선교의 과학에 대한 교회의 조직과 정책의 관련을 연구할 수 있는 중대한 가치를 지닌 것입니다. 현재 우리는 선교사역에 참여하고 있고, 부분적으로는 위대한 세계 종교와 충돌하고, 제일 낮은 종류의 종교들과 연관하여 있습니다. 한 가지 예를 제외하고는, 즉 중세 후기에 교회가 이슬람의 세계와 접촉할 때까지는 세계 어떤 위대한 종교와도 관련 또는 접촉이 없었습니다. 그리고 그 이슬람과의 관계들은 선교적이라기보다는 전투적이었습니다. 이것의 한 가지 예외는 페르시아와 조로아스터교라는 동양과의 충돌이었습니다. 이 충돌의 초기에는 중세시대가 아니었지만, 이 충돌의 후반부는 중세 시대에 놓여있고, 그러므로 여기서 당연히 다루어져야 할 것입니다. 이 후반부는, 시리아어를 하는 교회의 선교의 열정이 주로 기록되지 못했습니다. 우리가 단지 아는 것은 시리아어를 하는 교회가 중국을 관통해 지나갔다는 것이지만, 그 방법은 알려져 있지 않았습니다. 우리는 단순한 사실만을 조금 알고 있을 뿐입니다. 여전히, 무언가 중단되어 있지만, 무언가 아주 엄청난 중요한 것이 있었다고 생각합니다. 세상의 위대한 두 가지 종교가 충돌했습니다. 나는 우리가 한 문장으로 그 결과를 유추해낼 수 있다고 생각합니다. 무엇보다도 페르시아의 이원론이 기독교 신앙을 오염시켰고, 조직으로서의 교회가 조각나 버렸습니다. 그러나 둘째로, 기독교 교회가 정화되고 통일되었을 때, 전체로서의 교회가 기독교 조직과 신앙을 가지고 막대한 장악력을 가지게 되었다는 것이다. 이러한 지적과 결과 모두 나는 오늘밤 우리가 관심을 가질만 하다고 생각합니다. 기독교와 세계 종교 사이의 투쟁으로 빚어진 심각한 오염과 분리에 대해 강조와 말하는 것은 당연합니다. 이것은 신앙에서뿐 아니라 실제에서도 막대한 무질서를 포함합니다. 이 모든 것에서 교회가 더 강하게 등장하였고, 신앙에서 더 정화되었고, 그 위치에서 더 확고하게 자리 잡게 되었습니다. 중세시대의 교회의 연합에서 보듯이, 교회가 과거에서부터 물려받은 것이 아니라, 교회 조직이 살아남기에 적합하기 위해서는 바로 그 형태여야 함을 입증하였기 때문에, 기독교화된 세상을 통일하고 장악했다는 것을 결코 잊어서는 안될 것입니다. 그리고 기독교의 교리적 힘은 오염된 신앙을 화해의 길로 인도하게 되는데 결국 위대한 니케아의 신앙으로 조화를 이루어내는 유일한 능력이 되는 것입니다.

우리에게 이것의 중요성은 분명하되, 대단히 중요합니다. 우리는 또한 점점 세계 종교와 충돌하게 될 것입니다. 이것은 이러한 같은 어려움을 가져올 것이라는, 반드시 믿음의 오염을 동반하게 될 것이라는 그 가능성에 무게를 달아보도록 합시다. 이것은 반(半) 기독교 또는 신앙의 불완전 상태가 아니라, 공격에서 살아남고 만들어진 교리적인 신앙입니다. 이것이 임박한 충돌을 통해 살아남을 수 있는 유일한 것입니다. 마찬가지로, 이미 존재하고, 우리가 완료되기 전에 그 다양함이 증가되는 조직의 거대한 다양성 가운데, 오직 그 조직들만이 엄청난 충격의 시험을 참아내서 생존할 수 있을 것입니다. 그러므로 나는 이 대회에서 이것보다 더 중요한 것은 없다고 봅니다. 우리는 이것이 우리 앞에 놓여있는 충돌에서부터 나타나는 가장 설득력 있고, 가장 교리적인 신앙일 뿐이라는 것, 그리고 동양 종교의 장악에서 점점 더 나타나는 다양한 충돌에서 살아남을 수 있는 가장 잘 짜여진 조직– 잘 짜여져 있지만 충분한 탄성의 여지가 남아있는–일 뿐이라는 것을 사전에 경고해야 합니다. 그러나 결국 우리의 확신은 장차 나타날 이들은 대단히 강력하고 연합되고 풍성한 모습으로 나타날 것이고, 우리 서방 기독교 전체는 오늘날 너무 배타적이다시피 윤리적이고, 너무 잔인하리만치 실천적이라고 한다면, 동방의 사상들로 인한 거대한 갈등들의 결과로 조화를 찾고, 압도적으로 신비적이 되고, 용어의 의미들을 엄격하게 다룸으로써 대단히 심오한 신학적 틀을 갖추게 될 것입니다.

저는 이제 우리의 주제의 방향을 중세 선교의 강력한 영향으로 돌리려고 합니다. 전 과정을 걸쳐, 그들은 제가 애니미즘(정령론)의 제목아래에 거의 나누었던 모든 종류의 종교에 직면해 있습니다. 우리는 이 충돌에 나타날 네 가지 질문에 국한을 두고서 토론코자 합니다. 저는 여러분들의 위대한 지혜에 그것들을 답변하도록 남겨 두고, 더 많은 의문을 제기하지는 않고자 합니다.

첫째로, 중세인들의 생각은 이교도의 좋은 점을 전혀 보지 못했다는 점을 생각해봅시다. 그것은 마귀의 일이었다고 단정적으로 말했습니다. 그 결과로 어딜 가든 선교사는 매우, 그리고 강경하게 공격적이었습니다. 여러분들이 잘 아시는 것처럼, 선교사적 영웅의 전형적인 행동은 선교사가 나아가서 신전을 부수거나, 우상을 잘라내는 것이었고, 또 여러 가지 방법으로 이교도의 마음에 충격을 주었습니다. 예를 들어, 보니파세(Boniface)는 가서 의도적으로 게이스마르(Geismar)에 있는 성스런 참나무를 잘라버렸고, 윌리브로드(Wilibrord)는 헬리고랜드(Heligoland)의 성스런 섬을 모독한 것을 우리는 알고 있습니다. 그는 성스런 강에서 세 명을 침례함으로써 그리고 성스런 동물을 죽임으로써 그 강을 모독하였다. 그는 이 악마와도 같은 미신에 그가 할 수 있는 가장 큰 모욕을 주고 싶어 했습니다. 우리는 제4분과 보고서에서 이런 방법이 더 이상 인정되지 않는다고 들었습니다. 그것은 이교도들에게 충격을 줄 뿐이라고 들었습니다. 이러한 공격적 행동을 하는 선교사 자신에게도 더 나쁜 결과만 있을 것이고, 그들이 반드시 선교사에게로 돌아올 것이라 기대할 수 없을 것입니다. 여러분은 당신은 중세시대의 생각에서부터 아주 큰 견해의 차이를 보게 될 것입니다. 하지만 이런 연관 속에서, 우리는 그 반대의 사례를 생각해 낼 것입니다. 노스엄브리아(Northumbria)의 고위 성직자 코이피(Coifi)는 그에게는 금지된 말을 타고, 역시 그에게는 금지되어 있는 창을 가지고, 고드맨햄(Godmanham)에 있는 성전으로 가서 스스로 그것을 모독했습니다. 확실히 그러한 행동은 새롭게 개화된 과학에 따르면 그렇게 해도 되는 것이었습니다. 이 공격적인 방법은 그 자체로는 인정할 만합니다. 그런데 저는 이러한 질문을 해보게 됩니다. 이러한 선례가 그 자체로 여전히 가치가 없을까요? 중세 교회에서는 어쨌든 이런 방법이 꽤 신중히 검토되었고, 또한 일률적이었습니다. 여러분이 기억하듯이, 이러한 정책은 로마 그 자체에 있는 성전들을 향해 채택되었던 것은 아니었기 때문에 더 놀랄만한 일입니다. 로마에서는 이교도 사원들은 주의 깊게, 조심스럽게, 그리고 점잖게 보호됐고, 16세기 중반까지 이교도사원을 기독교 교회로 전환했던 적은 없었습니다. 사원을 무너뜨리도록 한 로마의 정책은 그때는 아니었습니다. 이것은 성전을 차지한 사람들에 의해 꽤나 의도적으로 뺏긴 자리였고, 동시에 이것이 성공적으로 추가될 수 있었습니다. 우리는 그것이 이교도의 마음에 충격을 주었을 것이라고 들었습니다. 하지만 이렇게도 질문하게 됩니다. 왜곡된 이교도의 양심이 그러한 충격을 필요로 하는데도 불구하고, 만약 우리가 그러한 충격을 주지 않는다면, 그들이 자신들의 양심을 묵인한다고 여기고, 우리의 배려를 잘못 판단하게 되지 않을까 하는 것입니다. 저는 이런 것과는 멀리 떨어진 채로 조정의 정책이 필요치 않다고 여기지는 않습니다. 어느 곳에나 화해의 정책이 있고, 그들이 채택하는 것들이 있으며, 돕고 협동하는 정책이 있습니다. 우리 성탄절이 그런 것들 중의 하나입니다. 결혼 반지가 그런 것들 중의 하나입니다. 그러한 이교도의 관습과의 동화현상은 큰 분야에서 일어났고, 때때로 큰 시험이 되기도 했습니다. 패트릭이 이교도가 갖는 신성한 불의 의식에서 친근한 방법으로 꽤 의도적인 공격을 했던 놀라운 장면을 기억할 것입니다. 왕이 그의 성으로 모든 그의 사람들을 불러 모았던 날, 모든 다른 불은 꺼졌건만, 벌판 건너에 나타나있는 불을 바라보며 놀라움을 금치 못했습니다. 그것은 패트릭의 것이었습니다. 큰 불안 속에서, 현자들은 말하였습니다. "저 불은 오늘 밤 반드시 꺼질 것이다. 그렇지 않는다면 결코 꺼지지 않는 불일 것이다." 그리고 그 일을 보기 위해, 왕과 두 명의 사제와 8개의 전차가 패트릭을 심문하러 갔다. 여러분이 상상할 수 있듯이, 그 결과는 불이 꺼지는 것이 아니었습니다. 반대로, 패트릭은 다음날 타라(Tara)로 돌아왔고, 그리스도를 선포하였습니다. 여기에서 분명해진 것은 패트릭이 그들 관습을 위하여 그들에게 건강하고 흠없는 좋은 것을 주려고 왔다는 사실로 확실케 되는 것입니다. 우리는 유사한 의미에서 오늘 우리 앞에 하나의 중복되는 책임, 즉 공격과 조정이 있음을 주목해야 합니다.

둘째로, 같은 맥락에서, 중세 선교사는 높은 쪽을 지향했습니다. 선교사는 왕의 개종을, 그리고 왕을 통하여 사람들이 개종하기를 목표하였습니다. 이것은 로마 제국 밖의 모든 곳에서의 방법이었습니다. 3세기에 아르메니아의 개혁자였던 그레고리왕의 시대에서부터 그것이 성행하였습니다.

우리는 고트족과 슬라브족의 선교에서 그것을 볼 수 있습니다. 이것은 게르만 민족과의 모든 거래에서 더 분명해집니다. 그것은 실제적으로 일률적이었습니다. 우리는 여기에서 우리의 사역을 다양한 형태로 보지만, 결국은 같은 것입니다. 켄트의 에델베르트(Ethelbert of Kent)는 신앙을 받아들이는데 빨랐습니다. 그는 그의 신하들에게 압력을 가하지는 않았지만, 신하들은 그 신앙을 따랐고, 그의 왕국은 그때에 개종하였습니다. 더 북쪽으로 가서, Northumbria의 에드윈은 신앙에 대해 개인적인 신념으로 받아들이는데 속도가 느렸습니다. 그가 신앙을 받아들였을 때, 그는 대표자들에게 훌륭한 토론을 하도록 하였고, 이것은 베데(Bede)가 생생한 기록을 남긴 것처럼, 그들은 결국 결신을 하게되었습니다. 그리고 협의회가 그것을 토론해서 국민들에게 기독교 신앙을 갖도록 하였습니다. 나는 이러한 전형적인 예들을 많이 가지고 있습니다. 자, 왕과 왕국의 그러한 개종 뒤에 무엇이 남아있을까요? 첫째로, 그리고 아주 분명한 것은, 진보의 방향으로 나아가고자 하는 바람입니다. 이것은 분명하게 제국의 국경 가장 가까운 곳이었습니다. 우리 보고서는 우리가 다소 부족한 동기를 가진 것에 대해 과도하게 불만족스러워서는 안 된다고 말합니다. 둘째로, 거기에는 두려움의 속박으로부터 해방되고자 하는 소망이요, 그들 스스로 무익한 것이라고 알게 된 그들의 의례로부터 해방되고자 하는 소망이 있습니다. 셋째로, 약속된 영생을 지키려는 소망이 있습니다. 넷째로, 선교사들이 언제나 말하는 지옥에서부터 탈출하려는 욕망은 모든 불신자들의 불가피한 소망이 됩니다. 마지막은, 우리 시대에는 보편적이었던 메시지를 상기하는 것입니다. 13세기에, 선교사로서 타르타르족(Tartars)에게 갔던 수사들은 조금 다른 방법으로 그 곳 사람들을 영원한 지옥의 고통에 복종하도록 촉구했습니다. 우리는 이 마지막 방법적 동기를 현재의 관점에서 보면 달리 여길 수 있겠지만, 나머지 동기들은 오늘날 매우 강력하게 수행하도록 말할 수 있을 것 같습니다. 우리가 이 방법을 더 진지하게 고려해야 하지 않겠습니까? 그런 방법은 계속되고 있습니다. 역사의 현장 속에서 들 수 있는 예화들 중의 하나는 살라딘(Saladin)으로 하여금 기독교인이 되도록 함으로써 십자군 전쟁을 끝내고자 간곡히 호소하였던 성 프란시스(St. Francis) 이야기입니다. 둘째로, 내가 생각하기로 우리는 이 방법을 오늘날 어떤 범위까지 적용시킬 것인지 생각해야 합니다. 문명이 사람들의 신체를 내리누르고 있는 곳인지, 개별성(individuality)에 관한 개념이 발전되지 않은 곳인지, 왕이 중요시 되는 곳인지, 그리고 상대적으로 국민이 덜 중요시 되는 곳인지 등등에 대해 고려해야 할 것이며, 그리고 단지 전체를 다루는 것이 바른 방법인지, 그 전체를 다루는 단순한 목표에 대해서도 생각해 봐야 할 것입니다.

셋째로, 무분별한 세례와 그리고 거의 동등한 무분별한 입교식(confirmation)의 습관과 밀접한 관계가 있다. 이것은 이 시대의 신앙의 관점에서는 꽤나 자연스러운 것이었고, 구원을 위한 절대적인 필수 요소였다. 그러나 여기에 참가한 이들의 단점은 새로운 크리스천의 낮은 상황이었고, 거의 항상 엄청난 악영향들이 뒤따랐다. 그러나 요리문답 훈련이 활발해지고 세례를 위한 준비가 주의깊게 이루어지는 것이 보통 개심자가 적고 개인적인 경우에 더 활발하다는 면을 인정한다면, 거대한 대중 선교들도 믿음 뿐만 아니라 규율과 성례, 분명한 훈련을 함으로 그들이 지닌 모든 단점을 극복하도록 해야 할 것입니다. 이것이 대부분 우리 자신의 나라들이 기독교화 된 과정이었고, 우리는 최소한 어떤 면에서는 이러한 희망적인 방법을 무시하는 경향이 있는 사람들이었습니다.

마지막으로, 교회가 믿음과 조례, 그리고 성스러운 삶의 강한 힘을 가지고 가는 어디에서든, 우리는 기적과 축귀에 대해 생각해야만 하는 현상들이 일어났습니다. 아마 우리는 중세의 기적들을 향해 다양한 태도를 보이고 있을 것입니다. 몇몇은 거짓의 결과라고 보고, 혹 다른 이들은 단순화시킨 결과들이라고 볼 가능성이 있습니다만, 이것은 더 개화된 시대에 완벽하게 설명될 수 있을 것입니다. 그것은 우리가 모두 해야 하는 것입니다. 동시에, 우리는 19세기의 또는 심지어 18세기의 회의론의 유물과도 같은 우리의 마음을 분명히 깨끗하게 해야 한다고 제안합니다. 그리고 우리가 더 나은 위치에서, 다가오는 기적을 깨닫을 때에. 우리가 현재에 같은 종류의 기적에 대해 더 기대할 수 있는 권리가 있지 않겠습니까? 우리는 오직 절반의 힘만 사용하고 있습니다. 하나님 나라는 권능을 가지고 옵니다. 우리가 옛날에 얼마나 그러한 징후와 기적들이 완벽하게 개종의 직접적인 동기가 되었는지를 볼 때, 어떤 힘이 전해지는 같은 종류의 사람 속에서, 그리고 비슷한 종류의 상황 속에서, 우리가 다시 믿지 않을 지라도, 하나님은 우리에게 이러한 놀라운 나타나심을 주실 것이고, 그래서 분명하게도 하나님의 나라가 힘을 가지게 되지 않을까요? 아픈 사람들은 여전히 고침을 받아야 하지 않을까요? 하나님의 사람으로부터 하나님의 손가락으로 마귀를 내쫓아야만 하는 귀신들린 사람은 없을까요? 이것이 나의 질문입니다. 이것이 이 네 가지 질문 중에 제가 조심스럽게 묻는 질문이고, 나의 대답은 주저함없이 "예"입니다. 세 가지 이유가 있습니다. 첫째로, 병든 이를 고치고, 마귀를 쫓아내는 것은 내가 평범한 본국의 사역에서도 충분히 보아왔습니다. 둘째로, 우리가 이러한 것들을 때때로 기적이라고 부르고, 더 나아가 표적이라고 말하고, 아마도 놀랄 수도 있겠지만, 우리는 개종한 영혼의 기적, 그 옆의 이러한 작은 것들에 대해서도 간과할 수는 없습니다. 우리가 영혼의 변화 속에서 하나님의 사역의 기적을 우리의 눈 앞에서 매일매일 바라보고 있는 반면, 우리가 더 작은 일에 대해 절망한다면 우리는 분명히 어리석은 사람일 것입니다. 마지막 이유로는 우리 하나님 그분이 이러한 표적이 있을 것이라고 약속하신 것입니다. 그러므로 우리가 20세기에 그런 것들을 믿어야 한다는 것은 터무니없는 것이라고 말할 수도 있지만, 저는 이렇게 말하고 싶습니다. 만일 우리가 요동한다면 그것이 가당찮은 것이라고 말입니다. 우리는 마침내 중세의 선교가 우리에게 신앙의 힘을 많이 가르쳐 준 것을 알았습니다. 하나님이 우리의 믿음을 크게 해 주신 것에 대한 기도를 하며 모임을 마칩시다.

초대교회 시대 기독교의 확장

A. R. Macewen 목사, 신학박사, New College
6월 16일 목요일 저녁, 대회실에서의 연설

이 주제에 주어진 제목은 하르낙(Harnack)박사의 고귀하고 인상적인 논문에서 따온 것입니다. 그리고 저는 하르낙 박사를 따라 주후 300년으로 이 연설의 주제를 국한시켜서 전하고자 합니다. 4세기 초반에 기독교가 국교가 되었고, 황제가 세계교회회의를 소집하여 해결하려고 할 때, 기독교의 확장은 새로운 특징을 가지게 되었습니다. 제가 말하는 모든 것은 중대한 변화 — 교회가 "Home Base"가 없던 시대, 모든 국가에서 교회가 이방인이던 때, 교회의 역사가 외국 선교의 역사이었던 때 — 를 경험하기 이전 시대를 말합니다.

이 시기의 기독교에 의한 선교확장은 인류 종교 역사에서 다른 변화보다 더 중요하고 결정적이었습니다. 처음 3세기의 기독교는 인류 문명의 진보의 가운데에 심겨지고 뿌리내려져서, 필연적으로 세상의 가장 영향력 있는 종교가 되었고, 인류의 삶의 발전에서 가장 잠재력 있는 요소가 되었습니다.

게다가 그 결과는 강하고 치명적인 반대들을 무릅쓰고 달성되었습니다. 비록 황제들 중 몇 사람은 흔들리기도 했지만, 그들 중의 누구도 기독교의 생성에 직접적인 공헌을 하지는 못했습니다. 그들 중 가장 현명하고, 가장 정치력 있고, 가장 선견지명이 뛰어난 사람이 기독교에 가장 날카로운 반대자가 되었습니다. 다시 말해 중국의 황제나 터어키의 술탄보다도 더 능란한 반대자요 경쟁자로서, 모든 계급과 분야의 사람들에게 영향력을 지니고 거의 무제한의 종교들을 수용하였습니다. 그리스의 영화롭고 로마의 제국적인 고전 신화에부터, 근동지역에서 유래 발전하고 백일몽적인 신지학(theosophies)까지 지니고 있었습니다. 이러한 종교들은 그들의 변론자들과 지혜자들을 두고 있었지만, 철학가나 도덕주의자들은 기독교의 가르침에 대한 어떠한 공정한 공헌도 주질 못했습니다.

이 경쟁에 대하여 기독교적인 면에서 보자면, 눈에 띄는 능력을 가진 사람은 거의 없었던 것으로 보입니다. 신약성경과 콘스탄틴 시대 사이에, 천재적인 면모로 등장하는 두 명의 기독교인이 있었을 뿐인데, 그 둘 중의 하나는 오리겐으로 이단으로 몰려 물러난 인물이고, 다른 한 명은 터툴리안을 떠났고, 교회의 속된 현장을 비난했습니다. 어떤 개인적인 조사나 공적인 연구, 혹은 학술적인 노력들도 기독교의 선교에 대해서 알려주거나 그러한 사역의 성공적 사례에 대해 설명하고 있지 않습니다.

칭송은 반드시 성령의 역사하심에 돌리게 되는 것이지만, 성령님은 사람을 통하여 항상 일하시고, 성령이 사용하는 사람들의 방법과 정신은 우리의 밀접한 관심을 필요로 합니다. 초대 시대의 방법과 정신이 오늘날 재생산 되거나 모방될 수 없다고 말한다면, 그 대답은 (1) 근대 선교현장의 많은 부분들이 당시의 유럽, 아프리카, 소아시아와 밀접하게 닮았고, (2) 앵무새 같은 복제나 형식적인 모방이 아니라, 그들의 사역에 대하여 깊이 고려해야 함을 필요로 할 것입니다. 저는 일반적으로 인도가 필요한 부분들을 지적하고자 합니다.

대회의 보고서들이 보여주는 것 중에 사람들의 마음속에 자리 잡은 몇 가지 오해의 요소들은 차치하고 시작합시다.

1. 기독교의 진보는 외부의 연합 때문도, 방법의 일률성 때문도 아니었습니다. 그 당시에는 중앙적 권위나 일반적인 조직도 없었습니다. 사도바울의 개척정신이 훌륭한 생각을 보여주고 있지만, 사도바울의 죽음과 팔레스타인에서의 교회가 몰락한 후에는, 어떤 계획들이 있었던 것을 밝혀 낼 수 없었습니다.

예루살렘공의회 후에 처음으로 등장하고 알게 된 교회 회의는 100년 내내 개최되었고, 엄연히 지역적이었고, 지역의 이단들을 다루도록 소집되었습니다. 교회 회의가 자주 모이기도 전에 또 한 세기가 지나갔고, 그 때에 교회 회의는 당대에 발생하고 있는 차이점들을 발견하고 제거하는 일에 천착하였습니다.

사실상, 성장에 대한 기대가 로마를 하나의 실례로서 혹은 지침서로서 보곤 하였지만, 그러한 기대는 로마가 부당한 태도를 보이거나 고압적이 될 때마다 사라졌습니다.

그런 이유로, 중앙 통제의 부재에서, 정부와 행정부의 방법들은 서로 다른 지역들을 대하는 데 다양하게 대처하였고, 이것은 효과적인 사역에 장애가 되는 요인이나 문제점으로 발견되지는 않았습니다. 반면, 교회는 탄력과 유연성에서 힘을 얻게 되었습니다. 따로 구별된 선교사역들은 그들이 개척했던 지역의 기질, 문화, 정치적 습관들을 채택하였습니다. 그들은 대표사절단과 서신교환으로, 같은 성경을 읽으면서, 같은 세례를 주고, 같은 영이 일하는 놀라운 규모로 모였지만, 거기에는 고정된 조직이나 눈에 보이는 권위도, 칙령을 발행하고, 교리를 규정하고, 심지어 원칙이나 교구를 조절할 수 있는 기구들조차 없었습니다. 이런 외적인 통합이 확고히 된 것은 이교도와의 전쟁에서 승리를 하고 난 이후였습니다.

2. 지역 조건을 채택하는 태도는 있었지만, 지역에서든 황실에서든 이교도에 대해서는 어떠한 동화도 없었습니다. 모든 단계에서 우상에 대한 적대감은 예외가 없고, 예리하였습니다. 그런 반우상숭배 사상은 때때로 거의 자부심이라 할만 했습니다. 순교자 폴리캅에서 예를 찾아봅시다. 그가 황제 앞에 인사하는 것을 동의했다면 그의 생명은 용인이 되었을 것입니다. 간단한 판결로 그를 용서해주었을 것이란 말입니다. 책임을 맡은 지방 총독이 그에게 "저 무신론자를 치워버려라!" 라고 말했을 때, 그는 이교 무리들을 바라보고, "이 무신론자들을 치워주소서!"라고 기도하였습니다. 그때 폴리캅의 생명을 구하기 원하는 지방 총독은 그에게 그의 생각을 사람들에게 보여주라고 말하였습니다. 그는 대답하였습니다. "당신에게, 나는 기꺼이 말하겠습니다 … 하지만 이 사람들은 나의 변론의 말을 들을 가치가 없습니다." 이 성자의 후세 성도들은 감동을 가지고 이 깊은 묵상의

말을 인용하였습니다. 이러한 경멸의 말들은 초기 옹호자들 대부분의 신념을 나타내는데, 이교도에게 발표된 이 변론자들의 논문들은 바로 선교 문헌이었습니다. 그들 중 일부는 실제로, 그리스도 이전에 기독교인이 있었을 것을 인정하였고, 하나님은 스스로를 증인들 없이 스스로를 나타내지 않으셨다고 믿었습니다. 반면 소수의 사람들은 믿기를 옛적의 우상들이 이교도들에 대한 하나님의 훈련의 일부였다는 것이고, 그들의 종교적인 가치를 측정해보려고 하였습니다. 그러나 심지어 이런 부류의 사람들 조차도 그들 자신 시대의 종교들에 대한 비난에 인색하지 않았고, 기독교 예배와 신앙에 이교도들의 물품들을 섞는다거나 전통과 이상의 혼합에 어떠한 제안도 거절하였습니다.

3. 기독교의 확장은 군중에 영향을 끼치는 성령의 강력한 파도에 의한 것이 아니었습니다. 대체로 개종은 소위 "개인적인 접촉"을 통하여 개개인에게 도달하는 조용한 과정 속에서 이루어졌습니다. 중세 시대의 유명한 설교가들에 의한 집단적인 충동과 같은 깨우침이나 또는 프란시스 자이비에르(Francis Xavier) 혹은 존 웨슬리(John Wesley)의 설교에서처럼 대중의 마음을 흔드는 강렬한 흥분 같은 것은 없었습니다. 이러한 대중 운동들은 은혜가 주어지는 때에 이루어졌습니다. 그러한 운동들이 최근에 한국과 만주에서 다시 재현된 것에 대해 감사할 수밖에 없습니다. 그러나 신약시대 이후에, 그들은 교회를 세울 자리가 없었습니다. 사실상 우리가 교회로 몰려드는 일에 대하여 읽을 수 있는 것은 교회의 박해가 약화되었을 때였습니다. 그리고 그 사람들은 그러한 교세에 참여하였으나 안정한 신앙을 보여주지 못하는 이들이었고, 박해가 다시 강화되면 일반적으로 우상들로 가버리는 것을 보여줍니다. 사도 후기 시대에 순회 복음전도는 머잖아 비참한 종국을 향해 가는 것으로 보였습니다. 그 전도자들의 목표는 대화를 통하여 설득을 시키는 것이었고, 흥분이나 감동보다도 친근함을 통하여 접촉하고자 했습니다. 대회에 제출된 유감스러운 진술들을 읽은 후에, 제가 전하고 싶은 것은 일반 대중의 개종이 어느 특정한 선교현장에서 일어나지

않는다고 말하고 싶은 것입니다. 그러한 것이 저 초대 시대의 복제라고 할 수 있을 것입니다. 그리스도께서 로마제국을 이긴 것은 개인들에 대한 점진적인 설득과 유도에 의한 것이었습니다.

그래서 우리는 부정적인 것에서 긍정적인 것으로 우리의 사역들을 바라보게 되는 것입니다. 세계가 개심되는 것을 믿고 그 생명을 바라봄으로써 말입니다.

옛 세상은 세 가지 영적인 영향에 굴복합니다. 즉, 하나님에 관한 교리, 천국에 관한 교리, 십자가의 공동체 혹은 형제애의 영향력에 대하여 말입니다.

1. 초기 기독교의 가르침의 설득력 있는 진실들 중의 첫 번째는 의심할 여지없이 하나님의 유일하심, 인간의 삶의 모든 부분들을 뛰어넘는 하나님의 유일한 권력과 특별한 능력에 있습니다. 대회에 제출한 이 보고서들은 다신론이 갖고 있는 근본적인 고통의 문제, 그리고 그것이 만들어 내는 신경 불안증과 영적인 나약함에 대하여 몇몇의 인상적인 설명을 포함하고 있습니다. 로마 시대에 보통 사람들의 마음은 도리어 위로해주어야 하는 신들의 다중성으로 인해 마음이 당혹스럽게 되고, 부담을 갖고, 괴롭힘을 당하였으므로 인해, 유대인에 의해 소개되었던 유일신 사상은 많은 개종자들을 얻게 되었습니다. 하지만 기독교 교사들은 전적으로 새로운 영향력을 보였습니다. 그들은 배타적인 국가주의에서 해방시키고, "율법의 울타리"를 허물었을 뿐 아니라, 하나님의 성육신과 그리스도의 중보자 되심을 가르침으로 금욕과 어두움에서부터 벗어나게 하였습니다. 하나님과 동일시되는 예수의 정체는 그 전도자들의 메시지의 뿌리를 이루었습니다. 구원의 계획 속에서 말씀으로, 이성으로, 조언자로서 아버지와 함께 태초부터 같이 있었던 예수는 처녀에게서 태어나 그 자신을 인간으로 옷 입히고, 하나님이 인간에게 주려고 하는 바로 그 삶을 살기 위하여 죄의 짐을 견디셨습니다. 성육신과 구속은 다양하게 정의됩니다. 가장 분명하게 정의된 것은 이레니우스(Irenaeus)와 터툴리안에 의해서입니다. "하나님은 우리로 하나

님 자신의 모습으로 만들어 주시기 위하여 해서 우리의 모습이 되셨다(He became what we are, in order that He might make us what He is)" "하나님은 우리로 하나님의 자리를 차지하게 하시고자 우리의 자리를 취하셨다(He took our place, in order that we may have His place)."[14] 하지만 모든 교사들은 예수께서 희생을 이루신 후에, 성육신하시기 전에 있었던 곳으로 하나님 아버지와 함께 심판과 구원의 역할을 감당하시기 위해 돌아가셨다고 믿고 있습니다. 그러므로 그리스도인들은 그리스도를 찬양하고 그리스도에게 기도할 때, 한분이신 하나님을 찬양하고, 한분이신 하나님에게 간구한다고 믿는 것입니다. 성육신이나 구속 어느 것도 하나님의 유일하심에 나쁜 영향을 주지 않을 뿐더러, 창조주요 인류의 인도자이신 목적과 떨어진 구속의 계획을 말하지도 않습니다.

이제, 이러한 진리는 삶 전체가 은혜로우신 한 분의 존재께 맡기도록 하는 것으로, 그 분이 모든 악의 공격들을 막아주실 수 있는 분이요, 이교도 청취자들에게 고요하나 환영의 빛으로 나타나시는 분인 것입니다. 그리고 그 이교도로 하여금 어둠으로부터 끌어내시고 날마다 수많은 신들과 주인된 것들로부터 벗어나게 해주시는 분인 것입니다.

II. 선교의 두 번째 설득력 있는 진실은 심판의 날 후에 천국에서의 영생과 영원한 행복에 대한 확신에 있습니다.

여기에서 거듭 말씀드리는 것은, 대회의 보고서에 참고문헌이 있어야 할 것입니다. 왜냐하면 비기독교 신앙이 영생에 대하여 애매하고 막연한 설명을 가짐으로써 초기 세기에 이교도들과 동일한 사상들을 담고 있다는 것을 알려주어야 하기 때문입니다. 하데스(Hades)에 속한 창백하고 떨리는 그림자들은 그리스 로마의 고전 작품들 속에서 아무런 색채나 따뜻함을 얻어내지 못하였습니다. 마르쿠스 아우렐리우스(Marcus Aurelius)는 죽음

14) 하르낙은 이 문장들을 "신기원을 이루는 진술(epoch-making)" 이라고 말한다. "Epoch-marking"은 보다 정확한 형용사로써, 이레니우스의 독창성을 부인하고 있다.

이후에 영혼은 없어지거나 흡수되어 버릴 것이라고 생각하였습니다. 하지만 기독교 교회에서, 가장 하찮고 낮은 제자들에게도 죽음 너머의 세상은 모두 밝고 아름답습니다. 하나님의 진정한 장소는 이 죽어가고 오염되어 가는 사회 조직에서가 아니라 다가오는 세상에 있었습니다. 그리스도인들 사이에서도 "거룩하게 사는 삶(other-worldliness)"에 대하여 가볍게 보는 경향이 있습니다. 그래서 그리스도를 위해 사는 사람들을 날마다의 관심꺼리와 일상의 책임들에 주목하게 함으로써 사로잡으려드는 그러한 습성이 있습니다. 깁본(Gibbon)이 교회 성장의 원인에 관한 그의 분석에서 인정하듯이 초기의 기독교인들의 삶은 다른 세상의 삶이었습니다. 기독교 변증론자들은 그들이 시민과 사회의 책무를 충실히 수행하지만 그 충실함의 설명은 기독교인은 심판의 날을 고대하고 나그네이자 순례자로서 살아가며 그들의 진정한 집에서의 말할 수 없는 행복을 기대한다고 주장합니다. 디오그네투스(Diognetus)에 쓴 편지에서 "기독교인은 이 세상의 것이 아닙니다. 그들은 감옥 속에 있듯이 세상에 있습니다. 그 영혼은 육신이 천국에서 청렴함을 찾을 때까지 함께 있습니다." 그러므로 아리스티데스(Aristides)는 이교도에게 그의 연설을 이렇게 마칩니다. "하나님을 알지 못하는 모든 사람들에게 불멸이란 단어에 접근하도록 합시다 … 우리의 가르침은 영원한 삶의 관문입니다."

이러한 생각들은 일반 신자들의 매일의 삶에 만연하였습니다. 그들의 이교도 이웃들은 그들의 성품이 변하고 삶의 방향이 천국의 보상과 기쁨에 관한 기대로 바뀌게 되는 것을 봅니다. 리용(Lyons)과 비네(Vienne)의 순교사건들 후에, 신교도 종교를 진압하기를 열망하는 흉포한 박해자는 순교자들의 뼈를 묻고 론(Rhone)강으로 그 재들을 던졌습니다. 박해자들은 "그들은 그들이 섬기는 하나님의 도움을 벗어났다. 그들은 고문을 참을 수 있는 천국의 희망을 이제는 포기할 것이다" 고 냉소적으로 말했다. 그래서 부활에 관한 믿음은 기독교인의 용기의 원천이라는 것은 분명하였습니다.

우리가 본국에 있는 동안 어떤 내용이 현대 선교사들의 가르침에서 가장 중요한지 알기는 어렵습니다. 그러나 한 가지는 불멸에 관한 확실한 진실은 그들의 입술에서 흔들리지 않는다는 것을 깊은 감사를 가지고 자료를 모을 수 있습니다. 선교의 대부분의 친구들은 도우슨(Canon Dawson)의 Life of James Hannington 에 나오는 순교의 장면을 기억할 것입니다.어떻게 순교자들이 기쁘게 노래하면서 죽음을 맞이하는지 말입니다. "중요한 것은 죽임 당한 어린 양입니다." 초대 교회 시대에 기독교인들이 하나님의 은혜의 천국으로 그들의 궁금해 하는 이웃들을 인도하는 것은 바로 죽음과 천국의 모습을 통해서였던 것입니다.

III. 이제 우리는 기독교 공동체 또는 매력적인 힘을 가진 형제애에 관해 말할 때가 되었습니다.

교회는 세상으로부터 구별된 공동체이지만, 새로운 회원들을 기꺼이 받아들였습니다. 근신과 지도의 기간이 있었지만, 현대 선교에서 보여줬던 것보다 주의를 덜 기울였고, 자격이 없는 남녀들이 종종 세례를 받았습니다. 대가를 치르지 않고 복음을 받아들인 사람들, 위선과 "그리스도와의 거래"를 통하여 복음을 받아들인 사람들, 그리고 평화의 시대에 얻은 형제애라는 이름을 가진 사람들은, 만약 박해가 시작된다면 곧장 이교도로 되돌아 갈 것입니다. 만주에서 의화단 사건 후에 만주선교협의회가 당혹감을 가지고 바라본 것처럼 이 사람들은 박해가 끝난 후에 교회에 참여하고 재입교하였습니다. 지도자들은 죄인들의 용서에 대한 주장만 고려해야 했을 뿐 아니라, 사람들 앞에서 그리스도를 부인했던 사람들과 바른 고백을 증거했던 순교자들 사이에서 아무런 구분도 하지 않는 공동체의 결과도 고려해야 했습니다. 주로 자비함이 심판을 이겼지만 때때로 그들은 대단히 심각하였습니다.

게다가 신도들이 우상 또는 정욕에 빠졌을때, 선교회가 멸시를 느끼고, 모든 사람으로 유혹의 모양이라도 버리도록 하였습니다. 그리고 "청교도적"이라 불리는 법도로 인도하였습니다. 예를 들어 305 또는 306년경

(?) 엘비라(Elvira)의 한 마을에 있는 19명의 주교들이 정한 교회법에는 주사위 놀이를 금지하고, 성찬식에서부터 연극배우를 배제하도록 했으며, 기독교인 소녀들은 이교도나 유대인들과 결혼을 금지토록 하였습니다. 기독교인인 행정관도 그의 재직 동안 교회에 절대 들어가서는 안되도록 정하였습니다. 왜냐하면 시행정에서는 우상에 대한 경배에 다소간 참여해야 하였기 때문입니다. 한 교회법에는, 교회에 계속 결석하는 기독교인은 10년 교회출석 정지를 선고하였습니다. 다른 교회법에는 교회에 어떤 사진을 거는 것도 허용이 안되도록 하였고, "숭배와 경배의 물건이 벽에 그려지지 않도록" 명시하였습니다. 이 마지막 규칙은 이교 의식이 기독교의 순수함과 섞이지 않았던 시절에 대하여 우리가 말하고 있는 것을 보여주고 있습니다. 그러나 지역교회들은 여전히 성찬의 용어들과 예배의 법칙들에 대하여서 그 뜻을 정의하는 데 집중하며 매몰되었고, 각각 선교회의 성공은 그러한 지혜가 얼마나 보여지는가에 따르는 것이었습니다. 이교도를 내쫓는 강하고 협착한 형제애나 도덕적이고 종교적인 가치를 잃을 만큼 느슨한 형제애를 만드는 것을 할 수는 있을 것입니다. 한 경우에서는 형제애가 소용없고 가식적인 종파로 수축되게 하고, 다른 경우에서는 형제애가 이교 세상에 녹아들어가게 됩니다.

우리는 마치 기독교의 새로운 종류를 발견한 것처럼, 교회의 "사회적인 선교"에 관하여 말합니다. 그 시대에는 기독교는 특별하게 사회적인 선교였습니다. 비록 공산주의에 대한 접근 방법은 없었지만, 각 교회는 교회회원들의 긴급한 요구를 채울 각각의 기금을 가지고 있었습니다. 실제적인 미망인들, 고아들, 감옥이나 광산에 있는 형제들, 여행 중에 있는 이방인들, 기독교인이라고 고백하면서 직업을 잃은 장사꾼들– 이러한 모든 사람들을 위해 형제애 속에서 합당한 부담을 서로 나누었고, 성도들이 자기 부인으로 나타나는 부담을 통하여 나누었습니다. 그러므로 설교자들은 종종 그 회중들에게 금식하기를 요청하였습니다. 즉 로마인으로서가 아니라 구세군의 심정으로의 자세를 요구하였습니다. 그럼으로 그들이 음식물을 자제하고, 돈을 가져와 성찬식이 있는 예배를 위하여 준비하고, 또한 성찬을 통하여 하나님의 무한하신 사랑의 증거나 특권으로서 나타내었습니다. 도움이 필요한 형제에 대한 태만함은 그리스도의 부정하는 것과 같은 종류의 배반으로 여겨졌습니다.

이런 형제애를 위해, 눈에 보이게 작용하는 통일성은 보조 문제가 당연한 귀결이고, 부과된 의무가 아니라 주된 의무였습니다. 그리스도와 하나님과 사람과 소통하는 것, 서로에게 재능과 소유를 주는 것, 실제적으로 정체를 인정하는 것은 신도들의 태도이고 교인의 태도, 그 이상이었습니다. 가장 훌륭한 교인은 그가 받은 모든 것을 포기하는 사람이었습니다. 아니 그보다 더 했습니다. 그 자신을 굴복시키고, 믿음의 희생과 은혜에 그 자신을 바치고 드리는 사람이 가장 훌륭한 교인이었습니다. 그 사람은 가장 명예롭고 성공적인 선교사였던 것입니다.

하지만 이러한 모든 강력한 신앙과 사실적 실행을 통하여 순전함의 정신이 탁월하였고, 질서있고 은혜로운 행실이 지속되고 있던 중, 여러 세기가 지나가면서 이러한 모습들은 그리스도인들로 지배세력이 되도록 인도하였고 이방에 대한 관찰자가 되게 하였습니다. 금욕적인 수도원 생활의 시기는 아직 오지 않은 때였습니다. 4세기 전에 어떤 수도사들도 선교사가 아니었습니다. 가정 생활은 새로운 사상들의 지배를 받게 되었고, 남편과 아내, 부모와 자녀, 주인과 노예들을 위한 새로운 분위기가 두드러지게 되었으며, 그런 분위기가 순결함과 평화의 그리스도의 법도와 연합되었습니다. 카타콤의 3가지 비문을 그대로 인용함으로써 진실에 집중해봅시다.

"여기 두 사람은 불평이나 싸움을 하지 않고, 공격을 주고 받지 않고 함께 살았습니다."

"여기 Gaul에서 온 대사 Gordian과 그의 모든 가족들이 여기에 평화롭게 쉬고 있습니다. 그의 하녀인 Theoptala가 이것을 세웠습니다 "

"그들의 훌륭한 아들, 23년 10일을 산 펠릭스에게, 그는 동정으로 살고 수련생으로서 평온에 들어, 8월 2일에 묻혔습니다."

이것은 기독교의 확장을 이끈 생활이었습니다.

선교의 한 가지 다른 특징은 반드시 이른바 희망의 격려와 낙관성과 그로 인한 행복을 지향해야 한다는 것입니다.

격려성은 대개 우리가 본대로라면, 미래에 대한 밝은 희망 때문이었지만, 이것은 지구상에서 기독교가 지내온 과정의 실제적인 신비로움에서 예견될 수 있는 것입니다. 나는 양심의 부담이 완화되었다고 말하고 있는 것이 아닙니다. 기독교의 그러한 과정들은 자기 성찰의 것이 아니라, 악과 욕심, 언쟁과 영적인 어둠의 해방에 관한 것들이었습니다. 그 과정은 축복된 삶이 사회적으로 쓰레기 소굴같은 곳에서 들어 올려지고, 모든 얼룩들이 씻어지고, 남자들과 여자들이 그리스도 안에서 혼인을 이루며, 어린아이들이 경배를 배우고, 처녀들이 부끄러워할 줄 알고, 젊은 남자들이 흠이 없고, 비자연적인 악함이 숨겨지는 즉각적인 축복의 시절이었습니다. 가난한 사람과 노예를 그의 이웃과 동등하게 다루게 하는 축복이 있었고, 부자들에게는 그들의 부유함을 잘 사용하는 축복이 있었습니다. 우상숭배로부터 구원을 이루는 것은 오로지 은혜였습니다. 제국의 신들이 지닌 어려움과 치명적인 공격에서부터 벗어나고, 신비스런 동양의 종교가 영적인 열망에 상처를 입히는 그 궤변적인 고리에서부터 탈출하는 것이었습니다. 그리고 이것은 살아계시고 진정한 하나님의 현존함 속에서 이교도 맹신과 맹목적으로 금욕적인 복종으로부터 이끌어 내고, 하나님의 은혜와 평화의 말씀 속에서 자유인으로서 말씀을 듣게 되는 은혜의 시기였습니다.

이것은 비유대인들이 사도들을 위하여 봉사하였던 것처럼 예수님의 십자가가 평범한 사람들을 위해 주는 영적으로 중요한 매력적인 영향력을 집중하는 것이었습니다. 그것이 즉 내면의 정체였습니다. 구속의 방법, 빛과 순결의, 형제애와 질서와 자유의 방법은 처음부터 끝까지 십자가에 새겨져 있었습니다. 나사렛 사람 예수 그리스도의 상처에서부터 흘러나온 샘에서 죄의 구렁텅이에 있는 한 사람이 씻어진 날부터, 그가 육체의 욕망에 몸부림치고, 우상의 유혹에서 벗어나고 변화됨으로써, 하나님은 한분이시라는 목격자로서 대중의 눈앞에서 증거하는 것입니다. 혹은 그런 영예를 얻지 못했다면 그가 사업을 통해서 벌어들인 데나리온들을 성찬의 자리로 가져와 사제나 장로에게 드리는 것입니다. 그래서 생을 마감하는 날에 온전히 하늘에 이르게 되는 것입니다. 선교의 힘이란 신앙과 삶 사이에, 영적이고 도덕적인 것 사이에, 예수가 태어난 십자가와 하나님의 종으로써 십자가를 낳게 한 것 사이에 있습니다. 그들을 구별하는 것이 아니라 그 사이에서 통합적으로 말입니다.

우리 앞에 놓여 있는 선교의 희망, 약속과 그 능력은 우리 선교사들의 사역과, 그들을 지원하는 사람들의 마음에 달려있고, 그것은 생명을 살리는 메시지이자 또한 신앙의 메시지를 알려주려는 집중된 신앙, 그리고 내면의 통합과 같은 계획적인 목표가 있습니다. 어떠한 마음에도 우리의 신앙이 초대 세기의 신앙과 같지 않다고 생각이 든다면, 우리는 이번 주에 어떤 사람도 부정할 수 없는 답변을 갖게 되었습니다. 이런 초기 시대에 심령으로부터 깊은 하나의 믿음의 진술이 나타났습니다. 누가 그것이 밑그림을 그렸는지, 혹은 어디에서 그것이 처음 나타났는지 아무도 알지 못합니다. 우리는 그것을 약간씩 변형된 채로 아프리카에서, 가울(Gaul)에서, 이탈리아에서, 다뉴브에서, 소아시아에서 발견합니다. 그러나 그 본질적인 정체와 그 형태에 있어서 그 진술은 너무도 성서적이고 복음적이며 사도적인 것이었습니다. 이제 이 대회의 보고서들에서 여러분들은 간단하지만 위대한, 여러 선교사들- 에피스코팔리안(Episcopalian), 영국 성공회 교도, 웨슬리안, 침례교, 장로교-이 반복한 항목을 발견하게 될 것입니다. 그들이 가장 가치 있다고 여기고, 또한 가장 중요하게 여겼던 것은 동일하게 사도신경이었습니다. 그것이 만들어지고 나서 7세기에 성령께서는 교회를 많이 가르쳤습니다. 비록 흔들렸던 것들이 제거되긴 했지만, 성령께서는 만약 우리가 그의 목소리를 듣는다면, 천국의 기초는 변함이 없다는 많은 것을 우리에게 가르칠 것입니다. 선교사들이 가르친 중심적인 믿음은 선교를 통하여 기독교가 처음 확장된 곳의 사람들의 중심 믿음이 되었고, 만약 우리가 더 앞으로 나아간다면, 기독교는 계속 확장되어서, 선교사들이 비기독교 국가들에 동일한 복을 가져다주게 될 것입니다.

독일 선교부의 확장과 특성

Mirbt 박사, 교수, Marburg
6월 17일 금요일 저녁, 대회실에서의 연설

개신교는 하나의 교회 조직으로서 발전하지 못했습니다. 그 이유는 그 반대자들이 4세기 동안 지속적으로 개신교가 곧 사라지게 될 것이라고 주장해왔기 때문이라고 생각합니다. 수 백 개의 교회가 있고, 아무도 얼마나 더 많은 교회가 생길 것인지에 대해 장담하여 말 할 수 없을 것입니다.

개신교 선교를 위해 이 개신교의 특징에 대해서 이해하는 것은 매우 중요한 일입니다. 우리는 선교 장소의 선택을 위한 방향과 선교사의 방법을 알려줄 포교성성(布教聖省 congregatio de propaganda fide)이 없었고, 우리는 한번도 그러한 중앙집중적 힘을 가져본 적이 없습니다. 개신교 그 자체의 성격처럼, 개신교 선교는 자유의 기초위에 세워졌습니다. 그럼에도 불구하고, 카톨릭 선교와 비교할 때 상대적인 통일성을 보여줍니다. 모든 선교 협회가 독립적으로 진행하는 것, 그리고 선호하는 방향대로 할 수도 있고 아니할 수도 있는 자유로운 상황은 매우 주목할 만한 일인 것입니다. 반면에 이러한 통일성이 놀랄만한 것은 아닙니다. 왜냐하면, 다양성을 가졌음에도 불구하고 개신교는 유럽과 미국에서 다양함을 충실히 지키는 국가들에게 신앙의 단일성에 뿌리를 둔 특징의 단일성을 제공하기 때문입니다.

하지만 여기에는 선교의 목적에 관한 개념과 사역의 방법에 대한 차이점들이 있습니다. 모든 나라들은 각자 가진 특징과 우월성, 그리고 약점을 가지고 있고, 각 나라들의 재능과 혹은 제약들도 있으며, 개신교 선교를 풍성하게 할 복음 전도의 부분에서 이러한 많은 영향력을 가지고 함께 사역하고 있습니다.

독일 선교의 특징을 기술할 방법에서, 나는 두 가지의 예비 발언을 하고자 합니다.

이 주제에 관해 완전한 과학적인 논의는 모든 개신교 선교는 조화롭다는 점을 고려해야 한다는 것이고, 그 다음으로 독일 선교의 특징에 대해 언급해야 할 필요가 있는 것입니다. 이것에 관한 시간은 없습니다. 둘째로, 나는 여러분들에게 "독일선교"란 단어는 "영국선교"나 "미국선교"란 말 만큼 고정된 분량이 없다는 것을 언급하고 싶습니다. 그렇게 말하는 데는 선교사들이 사역하는 각기 다른 나라들에서 오는 차이점에 관해 생각하는 것뿐이 아니고, 선교사역의 기간의 길고 짧음에서 오는 결과뿐만이 아닙니다. 저는 다른 선교 협회에서 가지고 있는 특별한 흥미에 관해 생각하고 있습니다. 그래서 통일성으로서 독일 선교를 특징화 하려는 데에서, 나는 각 선교 협회의 대표단들은 아마도 그 자신의 협회의 시각에서, 다른 많은 점들을 강조하고, 다른 면을 보여줄 수 있다는 사실을 알고 있습니다.

내가 여기서 말하려고 하는 것은 독일선교협회의 이름 아래에서 공식적인 발표를 하는 것이 아닙니다. 선교사의 친구로서, 내가 독일 선교를 연구하면서 가진 몇 가지 관찰의 결과를 말하려는 것입니다.

우선 나는 본국에서 선교사의 임무를 특징화 하고, 다음에 선교현장에서 우리의 임무를 특징짓는 일을 하려고 합니다.

I

1. 나는 일반적으로 개신교 교회가 아니라 소위 선교 사명을 감당하는 선교협회라 불리는 곳에 대하여 중요한 사실을 말하고 싶습니다. 사실, 선교를 교회의 기능으로 여기는 몇몇 자유 교회들이 있습니다(모라비아 교회, 침례교, the Hanoverian 루터자유교회). 그러나 이 교회들 중에 모라비안 교회, 즉 친첸도르프 시대에서부터 선교의 개척자였던 교회만이 상당히 많은 활동을 보여줬습니다. 이때까지 독일 선교사역의 상당히 많은 부분이 독일

국가 교회의 일원들에 의해 행해졌습니다. 오랜 시간동안 이러한 국가 교회들이 선교를 향하여 별로 내키지 않은 마음과 무관심을 보여줌에 따라, 그들의 회원들 가운데 모라비안의 친구들은 그들 자신의 나라에서 사역을 하도록 강요받았고, 선교사 협회를 만들므로 그러한 일을 하였습니다. 이런 조직의 형성이 성공하고, 자치 행정의 협회들이 국가 교회들보다 더 큰 유동성과 자주성을 허락하면서, 그 협회들은 관료체제의 위험성에 노출되었고, 협회로 선교의 일꾼을 모으는 이런 정책이 교회협의회가 어느 곳에 서든지 분명히 드러나는 선교를 향한 친근한 태도를 가질 때에 까지 지속되었습니다.

다른 협회들의 경계선들은 우리들 교회의 경계들과 동일하지는 않았습니다. 우리는 프루시아(Prussia)나 색소니(Saxony) 혹은 바바리아(Bavaria)를 위한 협회는 가지고 있지 않았습니다. 이 분리의 원칙은 다른 종교 단체들과 의견에 의해 세워졌다. 그 결과는 모든 협회가 서로 다른 교회들의 위원들을 가지게 된 것이었습니다.

더 중요한 협회들의 많은 수가 그들의 종교적인 생활의 활발함의 기원을 19세기 초에서 직간접적으로 발견합니다. 오늘날까지도 선교 생활의 상당한 부분의 주안점이 "경건주의"에 있기 때문입니다. 다른 협회들은 개혁 신앙과 대조해서 루터교의 고백의 가치의 새로운 이해가 성장했을 때 설립되었습니다. 19세기 중반에 본국 선교의 시작이 새로운 협회의 형성으로 일어났습니다. 1884년 마침내 독일 제국이 식민지 권력의 명단에 들어갔을 때, 독일 개신교는 독일의 식민지들을 위한 더 많은 협회들을 설립하는 데 전례를 따랐습니다. 같은 시기에 신학적인 자유주의가 선교사역을 시작하였습니다. 교회 생활에서 아주 놀랄만한 근대 부흥운동(Gemeinschaftsbewegung) 같은 일을 감당하였던 것입니다. 독일 개신교의 모든 단체, 정당, 구역들이 조직이나 성향이 서로 다른 그들 자신의 협회를 가지고, 우리의 교회 생활의 다양함의 진정한 모습을 주기 시작하였습니다. 이러한 다수의 협회들은 선교에 관한 더 나은 생각들의 능력을 증언하였고, 아직까지는 환영을 받았습니다. 반면에, 그런 분과들은 힘과 물질의 낭비를 가져왔습니다.

분명히 모든 독일 선교사역의 더 큰 비중은 이제 8개의 제일 오래된 협회들의 손에 달려 있다.(Moravians [1732], Bale [1815], Berlin [1824], Rhenische [1828], North German [1836], Leipsic [1836], Gossner [1836J, Hermannsburg [1849]) 그들은 18개의 다른 협회들의 도움을 받았습니다. 1877년 이래로, 독일 협회의 수는 3배가 되었습니다. 이제 더 이상 새로운 협회들이 생겨나기보다, 현재의 것들이 서로 더 밀접하게 관련될 가능성을 갖기를 희망합니다. 이것은 "독일 선교를 위한 위원회"가 이미 이런 문제를 해결했다고 말하는 것은 시기상조일 것입니다.

2. "선교훈련대학(Missionary Training College)"이란 말은 우리 선교사의 생활의 중요한 부분을 담당합니다. 이 기관은 "선교사"라는 말의 아주 분명한 이해를 가지게 하고, 우리 선교의 임무의 방법에 강하게 영향을 미칩니다. 나는 다른 나라들이 선교사들을 위한 훈련 대학을 가지고 있다는 것을 잘 압니다. 그러나 그들은 우리의 선교 훈련 대학이 가진 것과 같은 중요성을 가지지 않습니다. 영국과 미국에서는 선교사라는 이름을 선교에 관한 일을 하는 모든 사람들에게 줍니다. 그렇게 함으로써, 그들은 새롭고, 특별한 소명을 갖도록 하는 것은 아닙니다. 그들은 오직 그들의 활동의 모습을 변형할 뿐입니다. 그것은 주로 설교자, 교사, 의료인이나, 노동자에게 적용됩니다. 그들은 그들 자신의 소명을 훈련하면서, 그 임무를 하면서 몇 년을 선교에 헌신합니다. 어떤 이유에서든지, 그들이 선교현장을 떠나 올 때, 그들은 본국에 돌아와서, 설교자, 교사, 의료인 등등의 일을 계속 합니다. 사실상 소수만이 선교지에 영원히 남아서, 우간다의 맥카이(Alexander Mackay)의 예처럼, 기술자라 할지라도 전도의 임무를 다하는 모습을 보여줍니다.

이런 절차는 몇 가지 장점들이 있습니다. 이것은 선교 사명을 감당할 일꾼을 구하는데 용이하고, 선교 협회가 많은 사람 가운데서 고를 수 있습니다. 하지만 이런 방법으로는 선교사 직원들의 화합에 간헐적인 영향을 줄 수 있습니다. 선교사역을 위한 특별한 준비가 부족한 것입니다. 앞서 언급했던 사람들 중 모두가 원주민들의 언어를 반드시 배울 필요를 느끼지는 않는 것 같습니다. 이런 점에서 선교사역을 위한 고정된 전통을 갖기는 어렵습니다. 독일에서는 그렇지 않습니다. 선교사들의 사역은 일생을 위해 선택된, 모든 다른 소명과는 차별된 특별한 소명으로 간주됩니다. 그 성격은 철저히 종교적이고, 설교와, 목회자의 사무와 성례의 업무를 포함합니다. 우리 역시 교사와 의료인, 기술 장인들을 파송합니다. 하지만 엄격히 말해서 그들을 선교사라고 부르지는 않습니다. 그들은 오히려 선교 도우미들인 것입니다.

생명을 위한 선교사역의 결과는 거의 모든 선교 협회가 18-24세의 젊은이들에게 완벽한 전문 훈련을 위한 6년의 교육과정을 제공하는 것입니다. 이러한 기관에 필요한 엄청난 양의 노동과 돈은 기꺼이 선교 협회들이 희생해야 합니다. 왜냐하면, 우리의 경험에 의하면, 이런 시스템이 많은 이점이 있기 때문입니다. 오랜 기간의 훈련 기간 동안에, 젊은이들의 성격뿐만 아니라 종교적이고 지적인 자질까지도 검증될 뿐만 아니라, 그에게 주어진 소명을 위한 특별한 지적인 장비들까지도 검증될 수 있습니다. 우리는 거기에서 지적이고 전문적인 선교사들의 동질성을 얻게 되는데, 그것은 우리 전체의 선교사역의 동질성을 위해 아주 중요한 것입니다. 오직 그들은 그들의 소명인 선교사역을 하고 싶어서 신학대학원에서 교육을 받고 있기 때문에, 제한된 기간 동안 선교사로 보냄을 받는 것은 우리에게는 흔한 일이 아닙니다.

이런 대학 교육은 의심할 여지없이 몇 가지 위험에 노출되어 있습니다. 아마 영국의 시스템을 가지고 있는 몇몇 도우미들이 책무를 잃어버리고, 쉽게 섬길 기회를 발견해야 할 수 있습니다. 우리는 대학 교육이 일방적으로 이끌어져 갈 수 있다는 사실 또한 알고 있습니다. 그래서 이 주제는 가장 편리한 형태를 찾기 위해서 독일어로 많은 토론을 했습니다. 어려운 문제들이 있었습니다. 학생들이 받는 정보의 양, 지도의 지적인 기준, 우리 시대의 일반적인 지식과 지적인 문화의 관계, 언어 교육 등 학생의 수가 상당히 증가하면서, 지난 학년 동안 학생이 언어, 역사, 그리고 파송되었던 선교현장의 종교들을 특별히 그들이 배웠어야만 했는지에 대한 이런 의문들이 생겨났습니다.

3. 독일의 선교에 대한 관심이 전파되는 방식은 개인적인 특징이 나타난다. 저는 여기에서 모든 나라에서 발견되어지는 문서사역에 관하여 말하는 것이 아니고, 교회들에서 제출하는 선교의 과정에 관한 보고서에 관해서도 아니며, 필요한 비용을 찾아내는 임무를 가진 수많은 선교협회에 관해서도 말하고자 하는 것이 아닙니다. 다만 저는 특별히 우리가 다음과 같이 독일에 대해서 고려하고자 하는 것입니다.

우리의 목적은 개인적인 선교의 동역자들의 사역들을 능가할 뿐 아니라, 그들을 협회로 가입시키고, 우리가 교회 공동체나 교구들이 선교사역이 그스도인의 의무임을 확신시키고 그들을 선교의 조력자로 만들도록 하는 것입니다. 그것이 주일학교에서, 그리고 견진성사의 후보자들이 지도를 받을 동안 선교의 주제가 어린이들에게로 가까이 오게 하는 이유입니다. 그것이 또한 특별한 예배가 선교지에서 드려지는 이유이고, 어떤 주일에는 선교사들이 설교를 합니다. 대부분 교구들에서, 일 년에 한 번, 선교 축제가 열리는데, 야외에서 예배를 드립니다. 그들은 많은 관심을 가지고 있었고, 유일하게 유명한 형태의 개신교 축제가 독일에서 이루어졌습니다. 대회실에서 발표한 선교사 보고서는 간략히 말해서, 우리는 교회 생활에서 중요한 곳에 선교를 보내려고 한다고 하였습니다.

일반적으로 선교에 흥미가 있는 교구는 성직자들이 갖는 견해에 의지하게 될 것입니다. 우리는 이 점에서 성직자들에게 깊이 감사해야 할 이유가 있습니다. 그러나 그들은 여전히 더 많은 것들을 할 수 있습니다. 이런 점에서 Warneck 박사는 선교에 관한 완전한 지식과 이해를 가진 토론에 이은 과학적인 강연을 통해 전도의 새로운 방법을 알아 냈을 때, 첫 번째 "선교사 대회" 를 1879년 할레에서 소집하였습니다. 그러한 경우에서 문제점들과 어려움들이 대개 토론되어지는데, 대규모 회중일 경우에는 적합하지 않았습니다. 우리의 경험은 이런 방법이 선교의 연구를 크게 증진시켰다는데 있습니다. 처음부터 우리의 의도는 단 한 사회에 관심이 작용하는 것이 아니라 선교사역을 위한 사랑과 이해를 증진시키듯이 모든 사회의 문제점들 가운데서 역사와 실제에서 골라내는 것이었습니다. 선교사 대회와 아주 유사한 것이 헤른후트(Herrnhut)의 선교 주간인데, 매 3년마다 수많은 선교사 협회들의 대리인들이 모입니다. 이 자리에서, 진정한 선교사 정신과 함께, 그들은 독일 모든 부분에서 참가한 수백명의 성직자들의 청중들 앞에서 복음 전도의 업무와 진행에 대한 보고서를 발표합니다. 더 나아가서 몇몇 선교사 협회들이 준비한 성직자들과 교사들을 위한 독서 과정이 있는데, 그들의 선교관에서 열립니다. 이런 준비들은 또한 큰 성공이 있었습니다.

미국에서처럼, 비전문가들 사이의 선교사 운동에 대한 시작은 덜 성공한 사례입니다. 대개 신학자들은 성직자가 되기 전, 심지어 대학시절 학업과정에 있을 동안에도, 오랜 시간 선교와 접촉하였습니다. 저는 대학에서의 선교 문제에 관한 논의가 독일에서는 특유하다는 제 믿음에 실수가 없었다고 생각합니다.

여러분들은 독일의 신학 교수진들이 특정 교회에 속한 개인 기관이 아니라, 정부에서 유지되는 대학들의 부분이라는 것을 아십니까? 그래서 그들은 다른 대학의 교수진들처럼 강의에서 자유를 가집니다. 저는 의도적으로 대학 강의에서 다뤄지고 있는 선교 과목들의 사실이 교회의 어떠한 압력 때문이 아니라 오히려, 신학적인 과학의 부분에서 선교의 중요성을 자유롭게 인정하는 것을 보여주기 위하여 교수진들의 독립성을 강조합니다. 나는 이 이해가 일반적이라고 말하려고 하지는 않습니다만, 우리는 지난 이십년 동안 이 방향으로 많은 견해를 얻어내고 있습니다. 물론 독일의 대학에서, 선교는 진정으로 과학적인 방법으로 다루어지는 조건부로 학습 과목이 될 수 있습니다. 대학들에 대한 우리의 생각은 단순히 실제적이거나 유익한 방법으로 과목을 다루기를 허락하지 않을 것입니다. 강의는 설교가 아닙니다. 우리는 선교가 과학적인 질의를 가질 수 있고, 그로 인해 이익이 있을 것이라고 확신하는 것입니다.

이 점에서 과학의 임무는 세 가지입니다. 첫째는, 선교의 발전을 기술하기 위해서, 구성 요소의 종합과, 사역의 결과. 이것은 선교의 역사를 정직하게, 그리고, 실제적인 방법으로, 멋진 색상으로 양해를 구하거나 염색하지고, 서술하는 것을 의미합니다. 우리는 사실이라고 하는 힘에 의존할 수 있습니다. 기독교 역사의 인상은 적은 수의 독자들이 역사가 옹호하려고 한 감정들을 더 많이 느끼고 있습니다. 둘째로, 신학은 실제적으로는 해결되지 않는 어려운 선교사의 문제점을 해결하려는 임무를 가지고 있습니다. 즉, 선교에 관한 이론들을 고쳐야만 합니다. 마지막으로, 선교와 같이 접촉하는 기독교와 종교 사이의 관계를 검토하는 것이 신학의 의무입니다. 즉 신학은 비교종교를 연구해야 합니다. 이런 모든 점에서 사역이 시작되어야 합니다. 이것이 선교와 신학 사이의 이런 관계의 중요성을 인정하고, 그에 따라서 노력한 것이 바르넥박사의 장점입니다.

나는 2년 동안 함부르크의 Colonial Institute에서 선교 과목을 강의했던 것을 덧붙이고자 합니다. 몇 주 전 비슷한 과정이 Royal Colonial Institute 에서도 Imperial Institute in London에서도 열리지 않고 누락되었다고 말한 드럼몬드(Robert Drummond)의 기록 British Weekly를 읽는 것은 상당히 흥미로웠습니다.

그래서 본국에서의 우리의 선교사의 생활은 철저하게 사역을 하고, 열정적인 감정을 포함하지 않는 개념에 지배됩니다.

우리 선교현장에서의 사역은 다음과 같은 원칙이 따릅니다.

II

만일 이 모임에서 모든 발표자에게 "선교의 목적이 무엇입니까?" 라고 묻는다면, 우리는 많은 다양한 대답들을 얻게 될 것이지만, 우리는 분명히 선교는 예수 그리스도의 복음을 전파해야만 한다는 하나의 개념으로 통합될 것입니다. 과거와 현재에서 증명된 것처럼, 공통적으로 가능한 많은 차이점들이 있습니다.

1. 독일에서의 19세기 후반동안, 선교의 목적이 국가 교회에 있다는 이런 개념이 일반적으로 받아들여졌습니다. 경건주의는 이런 사상을 인정하지 않았습니다. 경건주의의 궁극적인 목적은 이교도들을 개인적으로 하나님께로 인도하고, 소그룹 공동체로 모아서, 그들을 이교도적인 환경으로부터 효과적으로 차단하도록 이끌어 내는 데에 있었습니다.

이교도의 힘은 이런 방법으로는 깨어지지 않을 수 있습니다. 기껏해야 많은 수의 "교회(ecclesiolae)"만이 가능할 것입니다. 새로운 나라에서의 기독교가 생활과 가족, 법, 모든 사회 계약의 영혼으로 가득 채우고 보편적인 사고와 감정에 영향을 주기 위해 관습과 예절을 관통하는 신념이 성행할 때 그것은 큰 진보였습니다. 그것은 복음을 전파하는 데 도움이 되고 그들 자신을 통치하는 개종한 원주민들의 권리이자 의무였습니다.

한 국가는 한 정부 아래에 모인 개인들의 총합일 뿐만이 아니라, 한 단위로서의 국가는 그 구성원들의 접촉을 통하여 생활로 창조되게 하는 힘을 가지고 있습니다. 국가는 사람이란 개인일 뿐 아니라 사회적인 존재라는 사실을 증명하는 아주 강력하고, 자신만의 특유한 특성을 가질 수 있는 공동체의 감정을 생산합니다. 이것이 국가의 복음전도가 우리의 목적이 되어야 하는 이유입니다. 선교는 그 단어의 진정한 뜻에서 "국가"라는 단어와 함께 항상 오지는 않는다는 것을 잘 압니다. 선교는 또한 종족과 국가의 부분 사이를 뜻합니다. 유럽문화의 약점들을 통해서뿐만 아니라 유럽 문화의 영향 아래에서 국가통합은 깨어졌고, 새로운 그룹들이 형성되었다. 선교 목적의 문제점은 유럽의 정부 하에서 보다도 이교도 정부하에서 구체적인 모습이 될 것입니다. 그것은 개발하고 있는 국가와 해야만 하는 것이 하나이고, 망해가는 나라에서 일해야 하는 것이 또 다른 하나입니다. 인도, 중국, 아프리카에서의 사역 사이에는 큰 차이가 있습니다. 즉, 많은 수정이 필요하게 될 것입니다. 그 결과가 모두 같은 것으로 남는 것이 목적입니다. 개인과 공동체에 평화의 복음을 가져오는 것뿐 만 아니라, 기독교의 영향 하에 그들의 특정한 재능을 발전시킬 수 있는 전체 국가들이 될 수 있고, 하나님을 향한 인류의 발전 과정에서 독립적인 위치를 가져올 수 있게 됩니다. 아직까지는 그들 자신을 통치 할 수 있는 원주민 기독교 교회들은 없습니다. 그리고 우리는 어떠한 독립의 선언을 하는 데 주의를 기울여야 하는 모든 이유가 있습니다. 이 점에서 신중함의 결여는 오랜 기간의 사역을 망치게 될 수도 있습니다. 어떤 국가들은 자치를 위해 필요한 발전의 단계에 아마도 도달하지 못하게 될 것이다. 우리의 가장 진보적인 독일 원주민 교회들은 남아프리카와 서인도, 영연방인도, 그리고 수마트라(Sumatra)의 바탁(Battaks)에 있습니다.

2. 선교에 관하여 이미 언급된 목표는 모든 선교사역의 원칙을 이끌어 가는 원주민들의 체계적인 교육을 이루는 것이었습니다.

우선 문제는 사람들과 사귀어야 하는 것이고, 그 목적을 이루기 위해 선교사들이 그 나라의 언어를 이해하고 말해야 하는 것이 필수적입니다. 원주민 국민들이 기독교의 전달자가 되기 때문에, 가능한 많이 파괴되지 말아야 하고, 가능한 많이 기독교와 양립될 수 있도록 보존해야만 한다. 독일은 다른 나라들의 특성을 인정하는 것이 어려운 것을 알지 못합니다. 이것은 위험한 일입니다. 하지만 선교사의 생활에서 이것은 장점이 될 수 있습니다. 이교도 국가들을 독일화 하려는 유혹은 우리로부터 멀리 떨어져 있습니다.

다른 나라들의 선교 보고서를 읽으면서, 우리는 원주민들에게 영향을 주는 선택된 방법들이 아주 유사한 것을 발견했습니다. 여전히 여기에는 차이점들이 있습니다. 예를 들어 우리는 통계에서 회원들과 지지자들 사이의 구별점을 알지 못합니다. 우리는 교회들의 지원을 위한 방법들의 증가를 덜 중요시 여깁니다. 우리는 성경과 포교도서 협회가 책임을 진 일에 강조를 적게 하는 경향이 있습니다.

우리 사역의 중심은 철저한 요리문답의 지도, 교회 규율의 굳건한 처리, 원주민 조력자들의 신중한 교육에 있습니다. 즉, 원주민 교회를 위한 단단한 기초가 될 수 있는 교회의 설립에 있습니다. 종교 교육 이외에, 우리는 학교 교육의 중요성을 아주 강조합니다. 특히 초등학교나 공립 학교들에 대해서, 이러한 학교들은 고등 교육기관과 신학대학원들의 기초입니다. 이전의 여성들 보다 더 많은 여성들이 선교사역에 참여하였습니다. 그들은 교사나 간호사들입니다. 그들이 거의 선교사들의 가족들에 합류하는 것은 우리의 독일 관습에 일치합니다.

의료 선교에 관해서, 우리는 오랫동안 뒤로 미뤄 두었습니다. 그러나 이제 우리는 튜빙겐에 큰 소망을 가진 기관을 가지게 되었습니다. 의료선교사들의 수가 증가할수록 그들을 의료인으로 여겨야 할지 설교자로 여겨야 할지에 대한 의문들이 생겨났고, 아마도 이 질문은 영국과 미국의 동료들이 제공하게 되는 답과는 차이가 있는 대답들을 가지게 될 것입니다.

3. 철저한 사역은 시간을 필요로 합니다. 하지만 이것은 한 나라가 가지고 있는 선교사의 기동성을 배제하지는 않습니다. 이러한 점에서 우리는 큰 변화를 경험하게 됩니다. 초기 독일의 선교는 주둔지의 강화에 그 사역의 모든 것을 집중하였습니다. 상황이 그러하였고, 크리스찬 공동체가 가진 경건의 개념은 신학적으로 이런 방법을 정당화 하였다. 하지만 몇 가지 점에서 이런 집중의 문제점들이 쉽게 이해되었다. 그리고 우리 선교의 목적들이 점점 높아짐에 따라, 우리는 이 점을 기동성의 결여에 두었습니다. 이것은 카메룬에서 행해진 베일(Bale)선교에서 가진 방법에 의해 증명되었다. 라인강유역선교사협회가 혁명 이후에 남서 아프리카에서 어려운 환경을 극복해 낸 성공에 의해서, 또한 동아프리카에서 독일 선교단의 열정적

인 힘에 의해, 새로운 방법은 사실상 각 주둔지에서 오직 몇몇 선교사들이 허락하였지만, 그들의 체계적인 학습의 유사성이 이것을 가능하게 만들었습니다.

4. 독일어 선교문헌을 아는 사람은 누구든, 그리고 특별히 "general missionary journal"은 내가 독일선교가 자기 비판이 부족하지 않다고 말하는 것에 대하여 동의할 것입니다. 우리는 역사에서부터 그리고 우리들의 실수들에서부터 배우려고 하고, 우리의 궁극의 목적이 항상 같다면, 거기에 시간, 환경과 인격들에 따라 지도하는 방법이 다를 것임을 이미 잘 알고 있습니다. 우리의 사역의 방법들은 반드시 변화를 겪어야 합니다. 하지만 우리 독일의 실제적인 방법과 철저한 사역이 궁극의 성공을 갖게 될 것이라는 신념이 우리를 "이 시대에서 세상의 복음 전파"라는 프로그램을 계속하는 것을 막게 되있습니다. 우리는 놀랄 만한 방법으로 이 표어를 생각해 낸 사람들의 위대한 종교적인 힘이 선교에 대한 관심을 촉진시켰다고 인정합니다. 우리는 이런 열정에 즐거워 하지만, 거기에 참여할 수는 없는 것입니다.

5. 여러분은 우리의 선교의 영역에 관해 무언가를 듣기를 원할 것입니다. 우리는 3,700개 이상의 선교지가 있습니다. 1340명의 선교사들이 현직에 있고, 6,098명의 현지인들이 돕고 있습니다. 우리 교회에서 1908년 한 해에 55만 명의 현지인들이 세례를 받았고, 5만 명 이상이 세례를 받기 위해 공부하고 있습니다. 3,000개 이상의 학교에 15만 명의 학생들이 공부하고 있습니다. 우리는 천오백만 마르크 이상을 썼습니다.

나는 이러한 숫자 몇 개에 내 자신을 제한해야 할 것이고, 의도적으로 나의 관찰의 끝에 그 숫자들을 넣었어야 했습니다. 모든 통계는 무언가 생명이 없어보입니다. 그 숫자들이 얻어낸 상황에서 면밀히 관찰될 때 숫자들은 단지 살아있는 수량이 될 것입니다. 예를 들어 선교비용이 국가 자본이나 다른 교회일들을 위한 비용의 총합과 비교될 때 우리가 개종자들의 수와 선교사들이 만난 어려움을 비교할 때, 우리가 오랜 발전의 결과로 실제적인 표전을 가지려고 할 때, 우리는 통계에 선교사들의 진정한 성공의 신뢰할 만한 지표를 가진 적이 없습니다. 가장 중요한 사건들, 하나님을 찾는 이교도의 마음속의 신비한 진행은 숫자로 등록될 수 없습니다. 제가 여러분에게 제공했던 간단한 통계치를 해석할 만한 시간은 허락되지 않았습니다. 독일 선교가 세상의 모든 부분에 나아가고 있고, 그들은 끊임없이 진보되어 가고 있으며 하나님의 축복이 그들 위에 있음으로 나의 발언을 여기서 마치고자 합니다.

우리가 여기에 모여 있는 것은 에큐메니칼 대회입니다. 우리의 사역지에서 본국과 외국으로 전 기독교적인 성령의 빛이 발하여 지기를, 모든 "예수 그리스도를 주라 고백하고, 하나님을 아버지라 영광 돌리는" 이들에게 세상이 감싸안는 사랑의 영이 발하여 지기를 기원합니다.

네델란드와 스칸디나비아가 선교에 기여한 점들

Henry Ussing 목사, 학장, Copenhagen
6월 17일 금요일 저녁, 대회실에서의 연설

나에게 설정된 임무, 즉 20분 안에 5개 나라의 선교 업적의 보고를 하기란 꽤 어려운 일입니다. 네덜란드, 노르웨이 스웨덴, 핀란드, 덴마크. 그리고 나는 전에 이러한 것들의 많은 것을 많은 분들이 알고 있는지를 예상할 수 없습니다. 위대한 국가들의 위원들인 당신들은 작은 나라들과 국민들인 우리가 쉽게 사라질 것 같은 그러한 큰 정책을 가지고 있다고 생각하는 데 익숙해 있을지 모르겠습니다. 그럼에도 불구하고 우리는 당신들보다 먼저 오랜 시간동안 우리 선교사역을 시작했던 것에 감사와 영광을 돌기고 싶습니다. 심지어 미국보다 먼저 백인 기독교국가 미국이 생기기도 전에 먼저, 네덜란드는 선교를 시작했고, 영국이 복음으로 깨워지기도 훨씬 전에 독일과 단(Danes)[15]에 의해 인도의 현지인들에게 복음을 전파하였습니다. 그리고 여러분들이 경청할 수 있다면, 나는 여전히 존재하고, 온 나라들의 구원을 위해 가장 위대한 사역을 하는 위대한 국가들인 우리 민족들을 소개하고자 하는 것입니다.

네덜란드

최초의 개신교 해군의 세력에 따라, 네덜란드는 1,600년 경에 이미 넓고 강력한 식민지를 가지고 있었습니다. 지금은 약 5백만명의 거주민이 있는 작은 나라이긴 하지만, 넓이가 60배 이상이고, 그 인구가 5천만 명이나 되는 영토를 지배하고 있었습니다. 처음부터 네덜란드는 동인도 회사에 지워졌던 엄청난 선교의 임무가 있었고, 그 지원을 통해서 광범위한 사역이 행해졌습니다. 의심할 여지없이 그 결과는 강제적으로 행해진 외적인 형태로만으로도 굉장한 범위였습니다. 17세기에 네덜란드는 여전히 열성적이고 재능 있는 수많은 선교사들이 있었습니다. 예전의 사역들이 헛되지 않은 증거는 그들의 조상들이 이룩해 놓은 기초 위에 세울 수 있었던 후기 선교의 진보가 위대하였다는 사실에 있습니다.

그러나 18세기의 합리주의가 네덜란드의 교회를 황폐하게 만들었을 때, 네덜란드의 동인도 회사는 선교에 관한 흥미를 잃었을 뿐만 아니라, 영국의 동인도회사와 같은 방식으로 선교의 반대자요 대립이 되었습니다. 그뿐 아니라, 말하기엔 슬프지만, 동인도회사는 이슬람을 선전하였고, 그리하여, 네덜란드 식민지들이 약 3천5백만 가량이 이슬람교도들로 계산되었습니다.

예전 선교가 정부에 의해 시작되었고, 상업 회사들에 의해 지원을 받아 답보상태가 되었습니다. 그러나 그 때에 생명의 물이 18세기 후반에 일반 선교의 부흥과 관련하여 회중들에게 갑자기 밀어닥쳤습니다.

반 더 캠프(Van der Kemp)는 남아프리카에 런던선교사협회(London

15) 스칸디나비아인(역주).

Missionary Society)의 유명한 개척자로서 그 자신이 나가기 전인 1797년에 네덜란드 선교회(Netherland Missionary Society)를 설립하였습니다. 곧 새롭고 더 나은 사역이 예전의 현장에서 시작되었고, 특별히 술라웨시에서 네덜란드선교회는 무엇보다도 독일인 Riedel과 Schwarz와 같은 수많은 능력 있는 사역자들을 통하여 큰 성과를 얻게 되었습니다.

불행하게도, 네덜란드선교회는 네덜란드의 선교사 세력을 함께 유지하는 데는 실패하였습니다. 초기에 강력한 교단의 반대가 있었고, 후에는 협회가(19세기 중반 경) 자유신학에 물들었을 때, 신실한 신자들은 새로운 협회를 분리 독립하여 세웠습니다. 이런 사실은 몇 가지 방법에서 새롭고 넓은 범위의 관심을 전달하는 네덜란드에서의 선교 운동으로 변모하게 되었습니다. 하지만, 이 선교 운동은 어떤 점에서는 관리의 통일성이 없기 때문에, 또 일부는 예전의 중앙 협회가 사역을 유지할 수 없을 만큼 그 규모가 약화되었기 때문에 해외에서의 사역에 해를 입었습니다. 네덜란드선교회는 그 사역의 거대한 부분을 기금을 조성하는 데 의존해야 했고 술라웨시의 유망한 현장에 속하는 다른 부분들 중에서 식민지 교회 설립에도 투자하였는데, 이 일은 회중들의 자유에 속한 것이 아니라, 어떤 종교와도 무관한 국립학교 조직(State School System)으로 이루어졌습니다.

하지만 그럼에도 불구하고, 네덜란드의 선교는 매우 상당한 결과에 도달하였습니다. 네덜란드 식민지에서 원주민 기독교인의 수가 지난 세기 동안에 6만 명에서 47만 8천 명으로 증가하였습니다. (로마카톨릭 인구 3만 명을 제외하고) 이 가운데 10만 2천명이 (독일) Rhenish Mission에 속하였지만, 네덜란드 자신의 사역으로 3십만 이상의 원주민들이 그리스도를 알게 되었고, 현재 네덜란드 선교현장의 문들은 이교도가 새로운 종교를 찾는 것처럼, 거의 모든 곳에서 복음을 위해 열려 있습니다. 그리고 그들 중의 대부분은 기독교를 이슬람보다 더 좋아합니다. 다른 말로 하면 심지어 모하메단 운동이 있는 곳에서조차 그리스도를 받아들였습니다.

본국에서 네덜란드 선교사 협회는 전적으로 믿음의 오랜 토대 위에 현재의 태도를 가지고 있고, 자발적인 협력이 주요 선교사 기관 사이에서 시작되었습니다. 동시에, 여론은 선교에 매우 찬성하는 쪽으로 돌아섰고, 몇몇 기업들이 사역을 든든히 지원하였고, 세계의 어떤 식민 정부도 특별히 더 사회적인 분야에서, 원조적 선교의 목적에 유사한 보조금을 제공하는 일을 하지 않았습니다. 네덜란드령 인도의 모든 선교사 협회들은 선교사 자문 기구를 설립함으로 통합하였고, 몇 년 동안 정부의 선교적 입장에 관심을 결과를 가져오게 하였습니다. 정부는 선교사 협회가 학교와 교회 모두의 관리를 맡기는 것의 장점을 이해하기 시작했고, 단계적으로 술라웨시의 무종교 학교 시스템을 폐지하기로 하였고, 모든 교육 기관을 선교 단체에 넘겨 주었습니다.

네덜란드에 대한 이 발언을 결론지으면서, 저는 네덜란드 선교 방법의 득별한 2가지 양상에 관해 말하려고 합니다. 우선은, 선교의 사회적 측면을 가장 강조하는 것이고, 두번째로, 네덜란드 선교사들의 진정한 노력은 원주민들의 새로운 삶이 이질적이고, 간접적인 방법이 아니라 그들 자신의 정신적인 산물로써 형성될 수 있도록 원주민들의 종교와 언어의 완전한 연구를 통해 그들의 지적인 삶 속으로 들어갔다는 것입니다. 여기에 A. Kruyts가 애니미즘 종교에 대하여 이룬 기억해야할 신기원적 작업이 있습니다. 그리고 특수한 네덜란드가 새로운 것들에 대하여 이름을 지어주는 것에 대해 가능한 한 미루어 두고자 하는 계획은 사람들로 하여금 스스로 그러한 계획을 창출하도록 하는 것입니다.

스칸디나비아

북쪽으로 옮겨가서, 우리는 네덜란드에서처럼 옛적 선교의 전통을 스칸디나비아에서 발견하였습니다. 스웨덴을 위한 종교개혁이라는 축복을 얻은 위대한 왕 Gustavus Vasa는 스웨덴 북쪽의 이교도 지역에 설교자들을 보냄으로써 그의 선교사의 의무를 깨달았던 최초의 프로테스탄트 통치자였습니다. 그리고 한 나라였던 덴마크와 노르웨이에서 18세기 초반에 우리는 적어도 세 가지의 상당한 선교사의 임무를 발견합니다. Thomas von Wesler는 노르웨이 북쪽의 Laplanders에 그의 생애 최고의 노력을 하였습니다. Hans Egede는 그린란드(Greenland)의 사도라는 이름을 얻었고, 북쪽 멀리 에스키모들 사이에서 모든 선교의 길을 열었습니다. 그리고 덴마크의 왕은 1705년에 최초의 프로테스탄트 선교사를 인도에 보냈는데, 게르만족과 데인족 사이에서 Danish –Halle Mission의 시초인 Ziegudealg가 한 세기 이상 동안 남인도에서 훌륭한 사역을 하였습니다. Tanjon의 사제요 왕(king–priest)이었던 C. F. Schwarz는 선교의 역사 속에서 가장 위대한 인물로 항상 빛날 것입니다. 의심할 여지 없이 할레는 영적인 힘에 관한한 위대한 영광을 받을만 합니다. 그러나 덴마크 국기의 하얀 십자가가 나중에 영국의 박해에 대항해서 세람포(Serampore)에서 캐리(William Carey)를 보호해야 했던 국기로서 흔들려야 했던 것을 기억해야 합니다.

하지만 이런 모든 것들은 과거의 기억들입니다. 스칸디나비아 왕국의 위대함이 사라져간 이래로, 그 후 오랜 시간 동안 합리주의의 냉혹함이 교회의 힘을 마비시켰습니다. 그러므로 우리는 북쪽에서 다시 시작해야만 했었고, 매우 조금씩 조금씩 선교사의 사명으로 각성하는 하나님의 사람들이 영적인 삶이 성장하는 것처럼 선교사역이 확장될 수 있었습니다.

나는 각각 스칸디나비아 국가들에 대해 간단한 보고를 하고자 합니다.

노르웨이

노르웨이를 처음으로 보고하는데, 왜냐하면 H. N. Hauge의 이름과 연결된 거대한 부흥이 처음으로 냉정함과 죽음의 시간을 깨뜨렸기 때문입니다. 그리고 비록 노르웨이가 세 스칸디나비아 국가들 가운데 인구가 가장 작고 가장 가난한 나라이지만, 노르웨이는 여전히 북부 선교에 가장 중요하고, 가장 기반이 탄탄한 경험을 가지고, 가장 훌륭한 결과를 내고 있고, 본국들로부터 가장 큰 기여를 하고 있습니다.

노르웨이선교협회(Norwegian Missionary Society)가 설립된 것은 1842

년이었고, 곧 노르웨이는 처음 선교사, 고(故) Bishop Schreuder를 Natal에서부터 Zulus에 이르기까지를 목적하며 아프리카로 보냈습니다. 아마도 Moffat의 조언을 따라서 보냈을 것으로 보입니다. 여기에서 그들 선교의 많은 시행착오가 있었습니다. Zulus 사람들은 그들의 마음속에 방어막을 가지고 있음을 자랑스럽게 여겼고, 격렬한 전쟁들이 그 나라와 선교 본거지를 산만하게 하였습니다. 그럼에도 불구하고, 끊임없이 노르웨이 사람들은 선교를 지속하였고, 현재에는 Zululand에서 훌륭하고, 든든한 결실을 맺게 되었습니다. 그 뿐 아니라, Zululand의 현재 노르웨이인 주교는 Zulus의 위대한 꿈을 꾸고 있는데, 그것은 그 사람들이 바로 아프리카의 심장부에 복음을 전하는 사람들로서 불리게 되는 것입니다.

그러나 남아프리카에서의 사역은 여러 면에서 더 위대한 일을 위한 준비가 있었습니다. 나탈(Natal)에서 노르웨이 사람들은 근래에 모든 기독교인들의 마음을 휘저었던 순교의 놀라운 역사를 가진 마다가스카르를 이웃으로 여겼습니다. 1862년 예기치 않게 그 문이 다시 열렸을 때, 노르웨이 선교사 협회는 그곳에서 형제를 와서 도우라는 우리 주님의 음성을 들었습니다. 노르웨이인들은 마다가스카르에서 순수하게 사역을 다시 시작하였습니다. 하지만 유감스럽게도 영국 선교사들에 의해 즉각적으로 환영받지는 못하였습니다. 게다가 노르웨이인들이 원주민들에게 의심을 받았는데, 그 이유는 그들이 영국인도, 불란서인도 아니었고, 심지어 그 나라의 영사도 그들에게 되돌아오지 않았기 때문이었습니다. 그러나 노르웨이인들은 믿음으로 대담하게 대답하였습니다. "그럼 하나님의 말씀이 우리의 영사가 될 것입니다." 그래서 오늘날까지 지속하게 되었습니다. 조용한 중에 노르웨이인들이 Betsileo 지방에까지 그들의 사역을 감당하였고, 곧 그 결과들이 눈에 보였습니다. 수 년 동안에 그들은 연 3,000–5,000명의 이교도들에게 세례를 주었고, 4만 명의 어린아이들이 노르웨이인 학교에 붐비게 되었습니다. 이것은 1882년 선교사들이 그들의 사역이 너무 커지게 되어, 보내온 긴급 편지에서 연비용이 200,000크로네에서 300,000크로네로 증가하였다고 했을 때 노르웨이 선교회의 신앙이 엄격하게 시험을 받게 되었습니다. 그러나 노르웨이선교회는 믿음으로 전진하였고, 부끄러워하지 않았습니다.

우리는 나중 마다가스카르에 와서야 모든 고난의 이야기들을 알았습니다. 프랑스의 침략과 합병, 그리고 원주민들의 반란은 이를 통해 70개의 노르웨이인 교회는 소실되었습니다. 그들의 영예로운 나병요양원(Leper Asylums)과 함께 말입니다. 예수회의 음모와 최후의 불란서 무신론의 횡포는 그 절정을 치달았습니다. 그러나 노르웨이 선교는 위대한 힘으로 질풍을 제거하였고, 섬의 다른 선교협회보다 손해가 적었습니다. 그리고 그것은 지적이고, 신실하고, 참을성 있는 사역의 표시로 보입니다. Betsileo 원주민 사이에서의 놀라운 부흥이 이 세기를 시작하는 때에 일어난 것은 분명히 하나님 나라의 씨앗이 마다가스카르의 땅에 실제적으로 강력하게 뿌리를 내렸다는 것을 보여줍니다.

마다가스카르에서 노르웨이의 사역은 전세계 앞에서 칭찬을 받는 그들의 서신서라고 할 수 있습니다. 노르웨이의 다른 새로운 선교현장(예를 들어, 중국)이 작은 것에 비교하여 보자면 더욱 그렇습니다.

스웨덴

스칸디나비아의 나라들 가운데 가장 큰 나라인 스웨덴은 서쪽의 자매국인 노르웨이처럼 하나의 선교협회 안에서 선교사의 위대한 사랑을 유지하기 위한 특권을 부여받은 적이 없습니다. 스웨덴의 영적 삶에 있어서 분리는 선교의 발전에 필연적으로 영향을 주었습니다.

스웨덴선교회(Swedish Missionary Society)는 1835년에 설립되었습니다. 그러나 그것은 Low Church Circles(1865)의 부흥의 정신을 처음으로 계승한 스웨덴 복음국가협회(Evangeliska Fosterlands–Stiftelse, Evangelical National Society)였습니다.

그들의 처음이자 주요 선교현장은 홍해 해안의 동아프리카였는데, 그

곳에서 스웨덴 선교는 경도 20도 위도 16도를 가늠하게 되는 거대한 현장이었습니다. 거기에는 Galas의 자랑스럽고 강력한 사람들에게 내부를 관통하는 아이디어를 주는 베테랑 선교사인 Kraxf가 있었습니다. 그리고 위대한 끈기를 가진 스웨덴 사람들이 모든 종류의 고난에도 불구하고 45년동안 그들의 목적을 가지고 있었습니다. 내부에 그들의 방법을 만들기 위한 그들의 시도는 반복을 통해 확인되었습니다. 한편 그들은 Massana 지역에서의 사역을 발판으로 삼아, 그곳에서 예전에 쇠퇴한 Abyssinia의 에디오피아 교회의 부흥을 목표로 가지고 든든한 사역을 하며 성장시켰습니다. 같은 시기에, 그 여명은 그들의 최종 목적 — 젊은 Galas인들이 세례를 받는 — 으로 이끌었습니다. 그들 중 한 사람이 신약 성경을 그들의 언어로 번역하였고, 스웨덴인들은 Gala로 원주민의 소수를 계속해서 보냈는데, 그곳은 복음주의 신자들이 처음 싹이 튼 곳이었습니다.

스웨덴국립협회(Swedish National Society)에서부터 후에 스웨덴선교연합(Swedish Missionary Union)이 분리 독립되었는데, 이는 다섯 다른 나라들에서 1880년경에 선교사역을 시작한 스웨덴의 강력한 회중운동이었습니다. 그러나 하나님이 그들에게 허락하신 주요 선교현장은 Congo Free State 였는데, 그곳에 Mukimtemay가 그들의 최고 전략지가 됩니다. 스웨덴 콩고 선교는 5000명의 학생이 다니는 훌륭한 학교, 그들의 언어적인 장점과 선교사들이 콩고 자유국가 정부의 악행을 공개하려는 노력을 가진 것으로 잘 알려져 있습니다.

스웨덴에서 Established Church의 반대편 지도자들이 1874년에 스웨덴 교회 선교를 시작하였는데, 그것은 "교회로서의 스웨덴교회"가 그 점유율을 가지고 선교사역의 축복을 가질 수 있다는 장점을 가지게 되었습니다. 이 선교는 지적이고 정직한 사람들을 Zululand로 보냈는데, 그곳에서 몇몇 영웅적인 개척자들이 Rhodesia를 바로 꿰뚫고 들어갔습니다. 그리고 인도에서, 예전 Trankiba 선교지역에서, Leipzig 선교사 협회와 관련하여 견고하고 성공적으로 행한 예전 스웨덴의 사역을 수행하였습니다.

우리가 머무는 것을 금하는 몇몇 다른 스웨덴 선교협회가 있었지만, 우리는 더 나은 점을 언급하지 않고서 스웨덴을 떠날 수는 없었습니다. 전 세계에서 존경을 받는 영웅적인 왕들의 지도력 하에 영광스러운 역사를 가진 스웨덴의 사람들은 심지어 선교에서도 당연하게도 영웅의 이름을 가졌습니다. 저는 어떤 사람들도 스웨덴인으로서 선교사 순교자의 비율을 나타낼 필요가 있다고 생각하지 않습니다. 홍해 선교에서 19명의 스웨덴인들이 몇몇은 살인자들의 피해자로, 몇몇은 기후로 인해 죽었습니다. 콩고선교협회에서 127명중 48명(38%) 이 위험한 기후에 굴복하였습니다. 그리고 중국에서 몇 명의 스웨덴인이 여러 경우로 죽게 되었습니다. 그리고 최근에 1900년의 의화단 사건으로 Soping에 회의로 모인 스웨덴의 적은 규모를 가진 단체의 모든 선교사들이 돌에 맞아 죽게 되었는데, 그 수가 10명이었다. 그리고 많은 다른 곳들에서 스웨덴인의 많은 수가 (일부는 Scandinavian Alliance, 일부는 International Missionary Alliance) 가장 끔찍한 방법으로 그들의 부인과 자녀들과 함께 박해받고, 고문당하고, 돌에 맞고, 살해되었습니다. 의화단 박해에서 서양의 순교자들 중에 최소한 40명의 성인과 어린이, 또는 전체 피해자 중의 3분의 1이 스웨덴인들이었습니다. 그리고 그들의 편지는 Master와 중국을 위한 모든 희생과 고통에 직면하려는 신앙의 용기를 여전히 간증하고 있습니다. 스웨덴 선교를 위한 미래의 씨앗이고 약속이지 않겠습니까!

핀란드

핀란드는 유럽에서 개신교의 가장 동쪽의 전초기지입니다. 정치에 관해서 우리 — 모든 자유개신교인들 — 는 귀족적인 핀란드 사람들의 어려움에 깊은 동정심을 가지고 있습니다. 기독교와 선교에 관해서 핀란드 사람들은 완전히 스칸디나비아 3국 국민들의 수준과 같다고 할 수 있습니다.

핀란드선교회(Finnish Missionary Society)의 기원은 감동적입니다. 1857년에 핀란드는 그 나라에 기독교가 도입된지 7백년이 된 것을 장엄하게 축하하였습니다. 사람들에게 준 모든 축복에 대한 감사가 그들의 마음을 깊이 움직여서 선교의 위대한 일에 하나님의 부르심으로 참여한 것처럼 느끼게 되었습니다. 하나의 국가적인 기부금 모집이 실행되었고, 그다음 해에 핀란드 선교회가 설립되었습니다.

선교회는 핀란드 그 자체 내에서 큰일을 하였는데, 일부는 그 나라에 살고 있는 유태인들을 위해, 또 일부는 핀란드인 교회에서 영적인 삶과 선교사의 흥미를 회복하고 확장시키는데에 큰일을 하였다. 1868년에 Ambo족을 위한 자체의 선교사역을 시작하였는데, 이제는 독일의 남-서 아프리카에 속해있습니다. 여기에 눈물로 씨를 뿌리는 일이 시작되었고, 그것은 우리의 시대에까지 계속되어 오고 있습니다. 그 종족들은 13년 동안 아무런 응답이 없었고, 한 사람도 세례 받지 못하였습니다. 그 족장들이 수많은 문제들을 일으켰고, 계속된 기근이 온 나라를 황폐하게 하였고, 몇몇 선교사들은 그들의 오랜 기간의 노력에 무릎을 꿇었습니다. 그럼에도 불구하고 핀란드인들은 따뜻한 기도의 마음을 가지고 인내하였으며, 하나님은 그들의 신실함에 축복하셨습니다. 처음 20년동안 200명이 세례를 받았고, 그 다음 20년에 2,000명이 세례를 받았다. 승리의 희망이 아프리카의 땅위에 비췄고, 협회는 중국에서 새로운 선교를 시작하였으며, 그 동안 본국에서는 외국인선교회(Foreign Missionary Society)가 성장하여서 크든 작든 지원하는 이들과 여러 가지 영적인 활동의 지도자들에게 기쁨이 되었습니다.

마침내 저는 제 자신의 조국에 다다랐습니다.

덴마크

그 이전의 명성이 있었음에도 불구하고, 덴마크는 선교사역에 있어서 꽤 오랜 시간 뒤떨어져 있었습니다.

그린란드의 에스키모들 사이에서 덴마크의 교회는 H. Egede의 시대부터 선교사의 일을 하였습니다. 그리고 이것은 데인족에 의해서, 또 일부는 모라비안 족에 의해 이루어졌고, 19세기 후반에 그린란드는 기독교 국가가 되었고, 헤른후트의 선교원회는 그들의 거점과 회중들을 덴마크 교회에 넘겨주었습니다. 새로운 선교 문제가 마치 동시에 일어날 것 같이 이상히 여겨질 수 있었습니다.

그린란드의 동쪽 해안가에는, 그때까지는 사람이 살지 않는다고 생각했었는데, 5-600명의 이교도들이 극권(極圈, Polar circle) 지역에서 발견되었습니다. 즉시 덴마크인들이 이 새로운 사역(Angmagssalik 거점을 중심으로)을 시작하였고, 그 이교도들의 3분의 1이 세례를 받았을 뿐 아니라 복음이 정결케하고 발전케 하는 능력이 전체 공동체를 통하여 분명하게 알려지게 된 것이 만족할 일입니다.

그리고 다시 한 번, 3년 전, 약 200여 명의 이교도들이 있는 다른 식민지가 가장 먼 북쪽, Cape York에서 발견되었는데, 그 종족들은 Cook과 Peary 양쪽의 조력자로서 최근에 유명해졌습니다. 이 사역은 따뜻한 마음을 가지고서 데인(Danes)사람들이 맡도록 되었고, 지난 여름 2명의 그린란드 사람들이 세상에서 최북단에 있는 선교사의 거점들이 있는 것을을 발견하고 그곳에 도착하였습니다. 그들은 에스키모들에게 감사와 확신을 주었고, 마지막의 편지들은 우린아이들이 글을 아주 능숙하게 읽게 되었다고 전해주었습니다.

더욱이 아주 작지만 흥미로운 것은 덴마크선교회(Danish Missionary Society)가 기반이 탄탄한 사역을 (1864년부터) 조용히 성장하고 있는 South Arcot의 Tamils 사이에 있는 그 옛 덴마크 선교의 지역에서 주요 거점을 마련하였습니다. 그리고 후에(1892년부터) 만주의 Liaoding 반도에서, 강한 전쟁의 재해에도 불구하고, 그 필드는 아주 전도 유망한 곳이었습니다.

인도 북쪽에서, Dane Boerresen과 그의 독일인 부인, 그리고 노르웨이인 Skrefsrud와 함께 1867년 “Indian Home Mission to Santals”를 시작하였고, 스칸디나비아로부터 주된 도움을 받았습니다. 이것은 개척의 사역이라는 드라마와 같은 선교사역이었고, 기도의 기적 속에서, 그리고 현명한 국가적 교육이 풍성한 선교였습니다. 그리고 저급한 토착민 부족들 사이에서 개척하는 일에 성공한 경우인 원주민 교회는 그것의 선교적 열매를 다른 이방인들 사이에 있는 자발적인 원주민 선교를 통하여 이미 거두고 있습니다.

다른 곳에서 덴마크의 선교의 일부분이 있었지만, 제 시간이 끝나가기 때문에, 나는 오직 덴마크 선교의 탁월한 세 가지 양상에 관해 말하고 결론 맺고자 합니다.

첫째로, 개인적인 진실, 충만함, 그리고 영적인 사실주의에 관한 덴마크인의 취향은 한편으로는 형식주의에 관한 두려움으로, 다른 한 편으로는 막연한 열정으로 여러 차례 그 가치를 보여주었습니다.

둘째로, 다른 선교단체들과의 친밀한 협동이다. 우리는 국가적 혹은 교리적 특이성으로 인해서 선교적 능력들이 연합하는 것들로부터 떨어지기를 원치 않고, 도리어 우리의 일빈직 근거에 충실하기를 원힙니다.

그리고 셋째로, 저는 하나의 특징으로서 비단 Danes에게만 특수한 것이 아니라, 제가 보여드린 모든 작은 나라들에게 유익이 되리라 생각합니다. 이 말은 곧 우리가 갖고 있는 보다 큰 편의시설을 통하여 원주민들로 하여금 보다 동등한 의미의 언어들로 진실되게 이해가 될 수 있었으면 하는 바람을 뜻합니다. 왜냐하면 우리는 종족이나 나를 지배할 수 있는 권리를 갖고 있지 않으며, 정치적 힘에 의존하고 싶은 어떤 유혹도 지니고 있지 않기 때문입니다. 보다 더 강조해야 할 것은 우리는 원주민 언어를 사용하여야 할 것이요 그들 자신의 민족적인 방법으로 민족들의 새로운 삶을 개발해가도록 해주어야 하기 때문입니다.

존경하는 의장님과, 기독교인 친구 여러분들은 바티칸에 있는 라파엘(Raphael)의 유명한 그림을 "Disputa"로 부릅니다. 우리는 그 그림에서 4명의 천사에 둘러싸인 채로 4개의 복음서를 들고, 지구 위를 날고 있는 성령의 비둘기를 봅니다. 저는 모든 기독교 국가들이 그 각자의 천사를 가지고 있고, 복음주의의 민족들의 모든 천사들은 모든 나라에 그 복음을 전해 줄 사명을 가지고 있다고 믿습니다. 작은 국가인 우리는 그 사명을 도와주는 우리의 천사를 가지고 있습니다. 온 세상의 구원을 위해 성령님과 함께 종으로서, 아니 동역자로서 성령님과 더불어, 가장 영광스런 일을 위해 함께 힘을 모아 달리고, 날아갑시다.

프랑스 개신교회의 선교사역

M. LE PASTEUR BOEGNER, 신학 박사
6월 17일 금요일 밤, 대회실에서의 연설

"나는 군대로부터 온 사람입니다." 친애하는 형제 여러분, 이 말은 제가 제 메시지의 서두에 두기를 갈망하는 모토입니다. 이것은 메시지요 강의가 아닙니다. 왜냐하면 제가 연설을 하기 위해서 요청을 받아서 여기에 나왔고, 프랑스 개신교의 선교사역에 대해서 말하는 것은 참으로 말하기 어려운 일종의 전투입니다. 보다 놀라움과 두려움이 있는 일이요, 싸움으로서의 거대함과 중대함도 있고, 혹은 연약함과 불충분함도 군대에는 있기 때문입니다. 이 두 양면들을 고려하시면서 여러분들께서 결론에 이르시기를 바랍니다.

I

우선 전투라는 면에 대해서 생각해봅시다.

그리 멀지 않은 시절에 이와 같은 회의 앞에서 프랑스 개신교의 사역에 대해 자유롭게 말하는 것이 몹시 어려웠던 시절이 있었습니다. 유럽의 국가들은 다른 이권들과 잠재적 투쟁 중에 있었고, 다른 국적을 가진 기독교인들 사이에서조차 서로에 대한 이해의 공감대를 갖는 것은 늘 쉽지 않은 일이었습니다. 이제 우리는 보다 많은 것들을 알고 누리고 있으며, 하늘에 구름은 남아있지만 여전히 평화에 대한 상호 확신과 진정한 갈망은 점차 진전되어왔습니다. 지금은 기도와 수고를 통하여 연합과 협력을 이룰 수 있는 좋은 기회이며, (제 메시지로 돌아와서) 지금은 또한 완전한 자유에 공감이 이루어지는 때입니다. 이 주제는 제가 모든 복음화된 세계의 대표자들 앞에서 설명해야 할 주제이고, 또한 그 일은 위그노와 다른 프랑스 개신교 교회들의 후손들에게 하나님의 섭리에 의해 위탁된 사역이라고 봅니다.

형제 여러분, 이 교회들의 현재의 소명은 예전과는 다릅니다만 그들의 과거의 소명에 비하여 열등한 것은 아닙니다. 그들의 첫번째 소명은 그리스도를 위해 고통을 당하는 것이었습니다. 핍박의 삼 세기동안은 그 교회들을 순교에 관한한 첫 번 순위 자리에 두었습니다. 그러나 지금 이 교회들의 소명은 일하는 것입니다. 여건들이 그들 교회 앞에 놓여 있습니다. 즉 프랑스와 세계 공통으로, 제가 여러분께 설명하기를 갈망하는 대단한 규모의 일이 있다는 말입니다.

무엇보다 우선, 프랑스 자체에 대해 알아봅시다. 제가 주저함 없이 말하고 싶은 것이 있습니다. 그것은 프랑스가 그리스도를 위하여 우선 앞서가는 것이 첫 번째 선교적 중요성이라고 인정되어야 한다는 것입니다. 이를 이해하기 위해서 고려해봐 주실 것은 프랑스에서는 프랑스어권 신교도들이 차지하는 직책을 순수 복음의 수석 대표들이 차지하고 있고, 라틴어권 세상과 더 넓은 세상도 여전히 프랑스의 정신이 교류하고 스며들며 영향력을 행사하고 있습니다. 이러한 영향력은 확신컨대 결코 거부될 수 없는 것입니다. 이런 영향력은 특별한 은사와 특별히 사상의 선명함과 단순함으로 인해 유래한 것이요, 전통적인 아름다움과 표현의 강점으로부터 오는 것으로 이는 하나님께서 그 민족에게 부여하신 것이라 할 것입니다. 모든 민족성은 강점과 내면적 능력을 갖추고 있습니다. 프랑스가 지닌 특별한 재능의 은사는 진리의 형식을 찾아내게 하여 그 진리를 전달하고 확산하도록 하며, 그 진리를 유통하는 데 쉽도록 변형하여 잘 순환하도록 하기 위한 것입니다. 그리하여 이곳에서 저곳으로, 마음에서 마음으로, 결국 사상 세계의 극단에 이르기까지 이르도록 말입니다.

자 이제 사상에 대한 프랑스어 표현의 순환적 능력과 연결하여, 프랑스의 중요성을 좋든 나쁘든 간에 헤아려 봅시다. 전 세계를 통틀어서 볼테르(Voltaire), 루소(Rousseau), 르낭(Renan)의 작품들과 같은 역작들의 어마어마한 영향력을 고려해보시기 바랍니다. 오늘날에도 계속되는 정치적 사회적 공식들이 프랑스 혁명에 의해 발행된 영향력을 고려해보시기 바랍니다. 분명히 우리는 모두 프랑스에서뿐 아니라 다른 모든 곳에서 마찬가지로, 영국의 자유주의를 존경하며 그 보수와 진보의 아름다운 협력을 존중합니다. 이런 모습은 영국의 구성과 체계로서 특성지워지는 부분이라 할 수 있습니다. 하지만 여전히 한 가지 사실이 있다면 자유와 진보의 수액이 심령들 속에서 발효하고 있는 세계 모든 곳에서, 그 심령들은 본능적으로 프랑스의 모토들과 앰블럼들에 그 원천을 두고 있지 않습니까? 우리는 그것을 잊었을지도 모릅니다. 혹은 그것을 비판할지도 모습니다. 그러나 그것은 사실입니다. 터키에서의 혁명을 보십시오. 중국에서의 혁명과 때때로 유럽의 다른 나라들과 이방국가들에서 일어나는 혁명들도 바라보십시오. 고로 이와같이 분명한 표현의 분말이 복음의 섬김을 위해 손실되어도 되는지 혹은 그것을 위해 섬기는 자리에 두어야 할지에 대해서 알고자 하는 질문은 전세계에서 중요한 질문들 중에 가장 중요한 질문이 아니겠습니까? 그러한 복음은 지난 세기에는 비네(Vinet) 혹은 아돌프 모노(Adolphe Monod)에 의해 존재해왔고, 17세기에는 파스칼(Pascal), 그리고 무엇보다 우선 16세기에는 칼뱅에 의해 지속되어 오지 않았습니까?

형제 여러분, 이것이 프랑스 개신교의 미래를 에큐메니칼 차원에서 중요하다는 말씀을 드리는 이유입니다. 물론, 각각의 영혼은 무한한 가치를 지닙니다. 그리스도인으로서 여러분은 프랑스에서 복음사역의 진전이 가장 저조했다는 것에 관심이 있을 것입니다. 인류라고 하는 가족 안에서 프랑스와 라틴 국가들은 중요하고 아름다운 지체들입니다. 그리고 인류라고 하는 그 가족의 구성원들로서 여러분은 그들 나라의 영적 전쟁에 대해 관심이 있을 것입니다. 그러나 제가 뜻하는 바는 보다 더 핵심적인 부분입니다. 라틴 국가들과 여러분들 사이의 관계는 참으로 깊습니다. 여러분은 그들에게 여러분의 호감을 보여주어야 할뿐 아니라 여러분은 그들을 필요로 합니다. 여러분은 그들의 특별한 은사들을 필요로 하며, 하나님께서는 하나님의 일을 위하여 그들을 필요로 합니다. 마치 과거에 하나님께서 그리스와 라틴의 능력들, 즉 그리스와 라틴의 언어들을 필요로 했던 것처럼, 복음의 확장과 하나님 나라의 진보를 위하여서 말입니다. 그러면 세계의 복음사역과 선교사의 교회가 프랑스 개신교를 사랑하고 격려하고 고무하는 것은 중요한 의무가 아니겠습니까?

저는 여전히 프랑스의 로마가톨릭교회에 있는 활발하고 건전한 요소들에 대하여 잊지 않고 있습니다. 오히려 그들은 얼마나 방해받고, 얼마나 수감되고, 얼마나 무력해졌는지요. 그러므로 제가 말하고 싶은 것은 프랑스 개신교가 아마도 유일한 것은 아닐 것이나 분명히 최고요 최선의 유용한 수단이 되어 프랑스의 재능으로 순수하고 복음적 기독교를 전하는 데 직접적으로 영향을 미칠 것이라 믿습니다. 프랑스 안에조차 "모든 사상을 그리스도의 순종을 향하여 속박하게 함으로써", 즉 한마디로 프랑스의 정신과 언어를 복음을 위한 섬김으로 자리매김 함으로써 말입니다.

그러므로 형제 여러분, 와서 우리를 도와주세요. 제가 "와주십시오(Come)"라고 말씀을 드리는 것은 아무런 충분한 도움이 없기 때문이요, 아무런 개인적인 관심과 참석이 없기 때문입니다. 스코트랜드인이었던 베퀴스 장군(General Beckwith)이 없었더라면, 왈도파의 계곡(Waldensian Valleys)과 왈도파 교회를 세우는 일을 통하여 오늘날 이태리에 복음을 전하는데 유용한 도구의 가치를 발하지 못하였을 것입니다. 파리에 MacAll이 없었더라면 대중 선교(the Mission Populaire)는 시작되지 못했을 것입니다. 그렇습니다. 와서 도와주시기 바랍니다. 우리 교회들을 도와주시기 바랍니다. 복음화를 위한 우리의 사역을 도와주시기 바랍니다. 우리를 도와 주셔서 프랑스의 아름다운 과거가 죽어가는 남은 자가 되게 하지 마시고, 음식 속에 스며듦으로써 전체가 부풀 때까지 강력하게 쓰이는 누룩이 되게 해주시기를 부탁드립니다.

II

형제 여러분, 제가 그릇된 것입니까? 그러나 저는 여러분이 여러분 중 누구라도 제가 드리는 말씀을 과장되게 이해하지 않을까 하는 두려움을 피할 수가 없습니다. 여러분은 우리가 너무 야심만만하다고 생각합니다. 여러분은 그런 어마어마한 사역과 책임들이 우리 개신교 내에 있는 작은 몸집으로 감당하기를 불가능할 것이라고 생각합니다. 형제 여러분, 그것을 고백합시다. 여러분의 의심은 우리에게 놀라운 것이 아닙니다. 왜냐하면 그것이 저희의 의심이기도 하기 때문입니다. 우리 역시 하나님께서 그토록 높은 기대를 우리에게 갖고 계시는지에 대하여 확실하게 믿기는 어렵습니다. 우리가 충분히 자진하는 마음으로 말하고 싶은 것은 모세의 말과도 같습니다. "오 주여 보낼만한 자를 보내소서(O my Lord! send, I pray thee, whom thou wilt send!)" 그러나 하나님 당신께서는 우리 앞에 놓으신 그 일로부터 떨어져 가는 것을 금하셨습니다. 하나님께서 모세에게 그러셨듯이 그분은 우리의 약함을 통하여 일하시는 결정적인 그 분의 능력의 징후들을 통하여 우리를 강요하시며 그분을 신뢰하고 그 분의 명령에 복종하도록 하십니다. 그리고 이러한 징후들은 바로, 우리의 "선교사역들"인 것입니다.

모든 민족들의 주된 유혹은 그들의 영광스러운 과거에 의존하는 것이며, 현재의 부패를 묵묵히 받아들이는 것입니다. 그리고 오래동안 핍박을 받고 파괴로부터 간신히 탈출해오고, 한 나라에서 보잘 것 없는 소수로 남겨진 교회의 주된 유혹은 패배와 무능함을 받아들이는 것입니다. 그러한 유혹을 우리 프랑스 개신교도들은 너무도 잘 알고 있습니다. 그러나 하나님께서는 우리가 여전히 가지고 있는 생산력에 대한 직접적인 증거를 주심으로써 그러한 유혹에 반향(反響)을 보이셨습니다. 하나님께서는 우리로 하여금 하나님을 위하여 아이를 낳은 수 있는 가능성의 증거로 우리에게 선교사역들을 주셨습니다. 한번 더 오랜 사도의 말씀이 사실로 이루어졌습니다. 프랑스의 개신교회는 여성으로서 아이를 분만할 수 있게 된 것입니다.

2년전 프랑스의 대표와 프랑스어권 스위스와 이태리의 왈도파의 대표들, 그리고 남아프리카에서 사역하는 모든 교회와 선교회의 대표들이 바스톨랜드(Basutoland)의 선교 희년 모임에 참석했습니다. 75년 전 첫 번째 선교사의 세 명의 젊은 프랑스인, 곧 Casalis, Arbousset, Gosselin이 이 나라에서 처음으로 등장하였습니다. 당시는 전쟁으로 황폐한 시절이었습니다. 인구는 적은 숫자로 줄어들었고, 기아와 궁핍으로 인해 사람을 먹는 풍습(cannibalism)이 나타났습니다. 한 현명한 지도자 아래서 죽어가는 민족이었는데, 지금 그 숫자는 45만 명이고 여전히 영국의 보호령 하에서 원주민 보호구역을 가지고 있습니다. 한 기독교 교회가 세워져 17,500명의 회중과 7,000명의 세례교인이 있습니다. 원주민 목사직, 그 나라의 복음화를 위한 원주민 사역, 우리 Upper Zambesi Mission 에서의 원주민 동역, 학교들을 훌륭하고 완벽하게 조직하는 일 등 이러한 일들은 바로 우리 대표단들이 보고 우리에게 증언하고 보고하도록 책임이 주어진 사실들이었습니다. 이 얼마나 기쁜 일이고, 또한 오랜 위그노파 교회에게 대단히 놀라운 일이었는지요. 그 파견단이 그러한 소식을 듣고 우리에게로 돌아왔을 때 마치 그 일은 제게 마치 소위 종교개혁의 슬픔에 잠긴 성모상(mater dolorosa of Reformation)과 같았습니다. 말하자면, 야곱과도 같이, 그녀는 그 손을 내밀며 "이들은 누구인가?"라고 말함과 같고 이에 대해 하나님의 천사가 이렇게 대답하는 것과 같습니다. "그들은 하나님께 보내신 어린이들입니다. 두 명의 어린이 말입니다. 하나는 교회요, 하나는 원주민들입니다." 그렇습니다. 교회는 하나님의 은혜로 인해 강하고 자립(self-support)과 자치(self-government)를 향해 성장해가는 것입니다. 그리고 한 민족이 복음에 의해서 살아있고 건강하게 되는 것입니다. 그러한 것들이 바로 하나님께서 프랑스 교회에 주신 증거요 그리스도를 위하여 잉태한 프랑스 교회의 능력이 되는 것입니다.

그러나 Basutoland는 오직 첫 번 시작 단계일 뿐입니다. 25년 전에 Basutoland의 첫번째 선교사들 중 한 사람인 F. Coillard는 내부 사역을 시작하였고 그의 수고로부터 새로운 선교가 태어나게 되었습니다. 그래서 잘 알려진 Barotsi 혹은 Upper-Zambesi Mission라 불리는 단체가 생겨 나오고 아직 많은 어려움들로 인해 방해가 되고 있지만, 우리가 소망하는 대로 차츰 두 번째 Basutoland가 될 것입니다.

더욱이 Zambesi 선교회는 Basutold의 유일한 산물이라고는 할 수 없을 것입니다. 몇 년 전 Coillard 선교사가 나오기 전에, 불어권 스위스에 속한 두 명의 젊은 선교사들이 Basutoland에서의 도제(徒弟) 교육을 받은 후 Mabille의 인솔 하에 그 곳을 나와 한 선교단체를 세웠습니다. 그것은 북부 Transvaal의 Gwamba 중에 세워지고 우리 선교 단체와는 매우 다르게 세워졌습니다. 그 사역은 성장하고 확장되어서 두 번째 현장인 Louren o Marquez의 포르투갈 동부 해안으로 진행되었고, 여전히 위대한 성장을 이루어가고 있습니다. 우리는 이 불어권 스위스의 개신교도들이 세운 Mission Roniande라는 이름으로 알려진 단체의 사역에 대해서 비약하여 설명할 수는 없을 것입니다. 이 단체의 주된 지원처인 불어권 자유교회의 회원들은 파리선교회(Paris Missionary Society)와 친밀한 친구들이 되는 것을 거부하지 않았습니다. 그 두 개의 사역들은 각각으로부터 완전히 독립적이었습니다만 그들은 보다 높은 차원의 안목에서 불어권 스위스 개신교도의 한 선교사업 아래 있는 두 개의 분지(分枝)로 간주될 수 있었습니다.

이 세 개의 선교 단체, 즉 Basutoland 선교회. Transvaal and Louren o Marquez 선교회, 그리고 Zambesi 선교회는 우리 교회들의 사도적 소명에 대한 강력한 증거라고 할 수 있지 않겠습니까? 그리고 그들은 우리 영국의 동료들 중 어떤 이들에게서 이미 받은 따뜻한 사랑을 옹호하고 우리에게 보다 커다란 도움을 줄 것을 강력히 요청하고 있는 것이 아니겠습니까? 그럼으로써 그들이 영국령의 지역에서 수행해온 일들이 많으면 많을수록 프랑스와의 어떠한 민족적인 연결점들로부터는 결국 매우 자유롭게 되는 것이 아니겠습니까?

그러나 저는 서둘러 이 말씀을 더하고 싶습니다. 만일 남부와 중부 아프리카에 있는 우리 선교회를 우리가 보기에 여러분의 동정의 손길을 강력히 요망한다면, 우리는 감히 여러분에게도 동일한 호소력으로 강력히 그 도움의 손길을 요청하고 싶습니다. 그리고 아마도 더 많은 열정을 가지고 역사적 사건들 속에서 하나님의 섭리가 프랑스 식민 제국의 광대한 지역을 우리가 돌보는 그 일에 임하심처럼, 여러분의 손길이 우리에게 임하길 구하는 바입니다.

물론 프랑스 제국이 영국의 자치령과는 비교할 수 없을 것입니다. 그러나 두번째는 되지 않을까 생각합니다. 프랑스령은 아프리카의 대개 사분지 일을 넘어서며, 마다카스카르와 인도차이나의 절반을 차지합니다. 그리고 남태평양(South Seas)의 주요 섬들을 포함하고 있습니다. 이제 이렇게 거대한 식민제국을 위하여 우리 프랑스 개신교들은 직접적으로 책임있는 상황들에 놓여있습니다. 하나님께 감사드릴 것은 마다가스카르와 태평양에 있는 로열티군도(Loyalty Islands)[16]에 여전히 영국과 노르웨이 선교사들이 있다는 것입니다. Gaboon에는 여전히 미국 선교사가 한 명 있습니다. 프랑스령 북아프리카에는 영국 선교사들이 있습니다. 복음을 위한 개방이라는 정책을 가능한 한 지키기 위해서 파리선교회의 수고와 영예가 존재해 왔습니다. 그러나 그런 사실들에 대해서 면식이 있는 사람들 모두는 우리의 선한 뜻에도 불구하고, 프랑스 식민지에 있는 이방인과 이슬람 교도들을 위한 주된 책임이 프랑스 개신교인들에게 있다고 알고 있습니다.

이제 우리는 이러한 책임을 완수하기 위해서 무엇을 해야 하는 것입니까? 50년전에 세네갈 선교의 기지는 동시에 소시에테 제도(Society Islands)[17]와 타이티(Tahiti)를 차지하고, 보다 최근에 런던선교회(the London Missionary Society)로부터 로열티군도 중에 한 섬을를 인계하고, New Caledonia에서 선교단체를 시작했으며, 미국 장로교인들로부터는 프랑스령 콩고 지역에서 the Ogowe River의 한 선착장을 인계하고 거기에 새로운 선착장을 세웠습니다. 그리고 마다가스카르의 선교현장에 들어가는 것

16) 태평양에 있는 프랑스령의 한 군도의 이름(역주).

17) 남태평양에 있는 프랑스령 제도로 최대의 섬은 타이티(Tahiti)이다(역주).

을 약화되거나 무너지지 않고 영국과 노르웨이 선교사들을 돕고 보완하기 위해서 값비싼 노동력과 고난과 재물과 인명들을, 여러분이 알다시피, 우리가 그 일을 감당했습니다. 또한 이 일을 위해서 우리는 10년 동안 세 배의 비용과 인력을 치뤘습니다. 그렇다면 이런 사실들은 우리가 얼마나 폭넓고 어떤 방식으로 하나님께서 프랑스령의 식민지에서 우리에게 맡겨주신 사역을 순종해왔는지 보여주고 있지 않습니까?

그러나 저는 여러분 형제들께 이제 여쭙고자 합니다. 이 프랑스 식민지에서 프랑스인들에 의해서 이루어진 이런 일이 순전히 프랑스의 일입니까? 우리 남부와 중부 아프리카에서와 마찬가지로 그 일은 전체 복음을 맡은(evangelical) 기독교 국가들 전체가 함께 깊은 관심을 갖는 사역이 아니었습니까? 그렇습니다. 복음전파를 원하는 기독교국가는 여러분이 표현하신 것처럼 선교지의 그토록 대단한 부분에 대하여 염려하는 사역들을 외면할 수 없는 것입니다. 약 오천만이 이방인이거나 이슬람 교도들인 상황에서 말입니다. 그 일은 결코 외면할 수 있는 일이 아닙니다. 그리고 냉정하게 말합니다. 그 일은 프랑스의 일입니다. 하지만 여러분께 말씀드리건대, 여러분은 이 일로에 대하여 잠잠할 수 없을 것입니다. 왜냐하면 여러분이 그렇게 한다면 이 일은 부분적으로 완수되지 않는 곳들이 있게 될 것이기 때문입니다. 실은 그런 일들이 실제로 지금 일어나고 있습니다. 제1분과의 보고서를 보십시오. 점유되지 않은 현장들에 대한 장(章)을 깊이 생각해보십시오. 여러분이 그저께 받은 지도책을 눈여겨 보십시오. 그리고 프랑스 식민 제국에서 주의표시가 있는 것을 생각해봐 주십시오. 세네갈 내부에는 한명의 복음을 전파할 선교사가 없습니다. 프랑스령 수단 내부에도 한 명도 없습니다. 프랑스령 콩고 국가의 내부에도 Ogowe의 상부로부터 Chad 호(湖)에 이르기까지 복음 전파하는 선교사는 한명도 없습니다. 복음의 빛 없이 버려진 마다가스카르를 보십시오. 프랑스령 인도차이나 전체에도 단 한 명의 개신교 선교사가 없습니다. 그리고 이미 많은 진전을 보이고 있는 선교단체들 중에도조차 사람들과 물자들이 얼마나 미약하고 부족한지 모릅니다.

III

자, 이러한 사역의 상황들에 대한 책임은 누구의 것입니까? 우리 프랑스 개신교의 돌봄에 위탁된 사역이 아니겠습니까?

물론 그러합니다. 그리고 질문이 있습니다. 우리는 우리가 할 수 있는 것을 해왔습니까? 오 과연, 프랑스 개신교인들이여, 우리들의 마음 깊은 곳에서 이 질문이 반복되어 메아리치기를 바랍니다. 그럼으로써 우리는 하나님 앞에서 진리가 우리에게 순종을 바치도록 명하시는 말씀에 순종할 있게 될 것입니다. 그러나 정직하게 우리 자신에 대하여 돌아보는 동안 우리는 우리의 친구들을 올바르게 설정할 수 있을 것이고 서꾸로 그들에게도 친구됨을 요청할 수 있을 것입니다. 여러분은 프랑스 개신교인들이 누구인지 아닙니까? 그토록 과다한 부담을 부여하고 있는 현실을 직면한 이들을 말입니다. 우리를 견주어 보십시오. 저는 영국과 미국의 교회들에게 말씀드리는 것이 아닙니다. 오로지 대륙에 속한 교회들을 향하여 말씀드리는 것입니다. 스칸디나비아 국가들은 개신교입니다. 네덜란드도 개신교입니다. 독일도 그 최대로 크고 강대한 영토가 개신교입니다. 그러한 사실들 즉 최소한 식민지들을 두고 생각해볼 때, 사역이란 것은 그 사역의 힘이라는 몫에 해당되는 부분일 것입니다. 그러나 형제 여러분, 우리로서는 이러한 몫이 없습니다. 우리는 우리의 사역을 위하여 전적으로 부족한 형편인 것입니다. 하나님께서 아시고 여러분 또한 아실 것입니다. 우리는 프랑스에서 작은 소수자(minority)로 거의 1/6에 해당되며 60만 영혼들에 불과합니다. 알자스(Alsace)와 스위스 이태리와 네덜란드의 프랑스어권 개신교를 합하여도 백만 명이 안됩니다.

자 여러분, 전체 프랑스 인구의 1/6이 다른 57/60의 수고에 맞대응한다는 것이 무엇인지 아시겠습니까? 그리고 이러한 60만 개신교인 중에 우리의 일에 대하여 참으로 적은 부분만 참여하고 있는 사실을 알고 계십니까? 이러한 소수 중에 소수에 대하여 여러분은 그들이 어떻게 일하고 생활하는지 아십니까? 가톨릭교회나 다른 세력들, 그게 아니면 자유주의 사고나 무신론적 사상으로 둘러있고 많은 경우 적대적으로 대하는 이들의 압박감과 그러한 압력에 의해 고립된 채로 고생하는 것이 무엇인지 아시겠습니까? 그보다 앞서서, 이러한 적대적인 압박들이 선교지에서도 발견되는 것을 아십니까? 그리고 이전 시대에, 프랑스 정부의 장관이 이렇게 말하는 것을 듣는 것은 어떻게 보십니까? "프랑스가 외부로 나가는 것은 가톨릭 사상임을 의미합니다." 게다가 이제 프랑스 식민지의 통치자는 말하기를 "프랑스가 외부로 나가는 것은 무신론임을 뜻합니다" 라고 한다는 사실은 어떻습니까? 그리고 마지막으로 여러분은 교회가 스스로 느끼기를 절반은 얼어붙은 채로 그 자신의 열기를 스스로의 연명을 지탱하기 위해 사용하고 있는 것과 같은 이 느낌에 대해서 알고 계십니까? 그리고 그럼에도 싸우고 정복하기 위해서 나아야 하는 이 현실에 대해서 말입니다. 만일 여러분이 이 모든 사실을 아신다면, 여러분은 대단히 놀라셨을 것이요, 그로 인해 충분한 온기를 지닌 채로 자신의 생계 뿐 아니라 다양한 모국의 복음화와 해외 선교들을 위하여 지원을 하실 것입니다. 그리고 여러분은 분명히 이 사역이 많은 부분이 그 힘과 수단을 확장시켜 갈 수 있도록 수락하실 것입니다.

이제 결론을 맺을 시간이 되었습니다. 여러분께서는 만일 이 연설의 결론이 매우 진지하게 도움을 요청하는 것으로 맺는다 해도 놀라지 않을 것입니다. 하나님의 임재 안에서 저는 여러분에게 부탁건대 우리의 사역을 단지 우리의 사역으로만 고려하지 말아 주십시오. 제가 일을 맡았고, 또한 저는 이 일은 모든 기독교인 혹은 교회의 심장과 양심을 향하여 던지고 싶습니다. 그리하여 그 일을 함께 나눌 수 있기를 바랍니다. 저는 하나님 나라의 모든 진정한 동료들의 도움과 기도와 따뜻한 사랑을 부탁드리는 바입니다. 그것은 그리스도를 위하여 이루어졌었고 또한 그리스도를 위하여서만 이루어져 왔습니다. 그 분을 위하여 우리는 지금까지 우리는 성루를 세워 온 것입니다. 저는 이 대회가 우리로 하여금 언덕 위로 올라오는 원조 부대를 보는 일 없이 마치게 하지 않으리라 믿습니다.

선교적 문제의 특징 변화(극동 지역)

Rev, Bishop J. W. Bashford, PhD. 북경, 중국
6월 18일 토요일 저녁 대회실에서의 연설

나는 중국, 일본, 한국에 관한 보고를 하기로 요청받았습니다. 우리의 주제는 자연적으로 두 가지로 구분됩니다.

I. 선교적인 문제의 특징에서 최근의 변화

II. 선교적인 사업체의 효과

I. 최근의 변화들

이 부분은 이런 문구로 요약될 수 있습니다. 극동지역의 각성. 그리고 이 구절은 지적, 영적, 그리고 정치적인 각성을 뜻합니다.

1. 지적인 각성 — 지적인 각성에서는 일본이 분명하게 앞섭니다. 일본의 각성에 관한 단편의 실례를 보여줄 필요는 없습니다. 전쟁과 상업, 산업과 교육에서 인정된 일본의 위치는 세계 국가들 가운데서 일본이 앞서 나가고 있음을 보여줍니다.

한국에서의 각성은 아직 완전히 진전되지는 않았습니다. 하지만 일본의 지배 하에서, 국적의 상실로 인한 깊은 동요와 함께, 길을 내고, 학교, 병원, 법원 등을 세우게 되었고, 위대한 종교적인 각성으로, 한국인들은 아마도 극동 지역에서 어느 나라들 만큼이나 다음 10년 동안에 필수적으로 빠른 진보를 하게 될 것입니다.

중국은 극동 지방의 다른 나라들 보다 지난 10년 동안에 근대의 진보를 향한 태도에 있어서 더 완전한 변화를 가져왔습니다. 천 년 동안 상당히 불변의 상태로 있었던 중국의 교육 제도가 의화단 사건 이후에 크게 변화되었고, 엄청난 실제적인 변화가 시작되었습니다. 4,000명의 학생들이 일본에서, 1,200명은 미국에서, 그리고 천 명 이상이 유럽에서 공부를 하고 있습니다. 중국의 개신교 선교사들의 돌봄 하에서, 900명 이상의 학생들이 대학에서 공부하고, 20,000명이 예비 학교와 보딩 스쿨에, 55,000명이 일일학교에서, 즉, 8만명의 어린이와 젊은이들이 중국의 개신교 아래에서, 그들 중 16,000명이 소녀들과 젊은 여성들이었습니다. 7만 5천명은 주일학교에 다니고 있습니다. 황실에서 가르치는 선교사뿐 아니라, 700명의 다른 외국인들도 정부에 고용되었습니다. 서양 학습의 교과서들의 도입 되었고, 상해의 한 개의 중국인 출판회사가 일 년에 약 100만 달러 이상을 팔았습니다. 6월 11일에 북경에서 온 전보에는 황실에서 모든 과학과 기술 교육의 공식적인 언어를 영어로 하고, 과학을 가르치는 모든 고등학교에서 영어를 필수적으로 하기로 교육부가 제안하고 리젠트(Regent)가 발표하였습니다. 교육 상황을 요약해 보면, 서양의 학습 방식이 주로 중국에서 채택되었고, 이런 개혁이 일어날 때, 4억 중국인들 가운데 지적인 혁명이 효과가 있을 것입니다. 12개의 철도가 제국 전역에 운영 중이거나 건설 중입니다. 새로운 학교들이 중국의 지적인 면을 변화시키는 것처럼, 교통 수단의 변화가 산업적으로 중국을 크게 변화시킬 것입니다. 중국의 우체국을 통해 전해지는 편지들과 신문들이 1906년에 1억1천3백만에서 1909년에 3억 6백만으로 늘어났습니다. 외국인들에 의해 조직된 반 전족사회들이 이제는 중국인들에 의해서 추진되고 있습니다. 전족의 감소가 거의 눈에 띄지 않는 동안에도, 그럼에도 불구하고, 한 세기의 절반이 되기 전에 1억 5천 또는 2억의 여성들의 전족이 깨어지게 될 것입니다. 사실상 우리는 오늘날 중국이 남성의 편에 의한 여성들의 지위에 여성들의 지위를 상승시킬 중국의 의지를 가지고 동양을 이끌어 나갈 것이라고 믿습니다.

이 세상의 어떤 나라도 중국이 성공적으로 해낸 것처럼 아편 범죄의 해결책을 찾아 고심하다가, 그것을 뿌리뽑기에 성공한 나라가 없습니다.

1904년과 1905년 겨울에, 스촨(Szechwan) 지방을 30일 동안 여행하면서, 나는 경작지의 3분의 1이 양귀비를 재배하는 것을 보았습니다. 아편 악마는 1904년에 중국에서 가장 난감한 사건이었습니다. 지난 겨울, 나는 같은 지방의 같은 길을 여행하였는데, 단 한 그루의 양귀비도 자라지 않는 것을 보았습니다. 의심할 것도 없이, 아편은 벽지의 지역으로 옮겨 갔고, 중국 상인들이 아편의 부족을 예견하고 구매해서, 상당히 많은 양의 아편이 묻혀 있었고, 지금 그들이 그것을 팔고 있습니다. 그러나 아편의 소비가 감소하고 있고, 아편이 2년 전 구입했을 때보다 5배의 값으로 팔리고 있다는 사실은 제국 전체를 통해서 그 생산량이 크게 감소하고 있다는 것을 보여줍니다. 1910년에 중국에서 아편의 개혁이 가장 고무적인 일이었던 것입니다.

하지만, 중국 각성의 가장 강력한 증거는 중국 전체를 통해 3-400개의 신문들이 발간된다는 것입니다. 지방 회의들이 중국 역사상 최초로 1909년에 모였고, 1910년에 북경에서 열리게 될 국가 회의에서는 아마도 연초에 새로운 법안이 통과되고, 몇년 후에는 개헌정부의 이양이 왕좌를 물려받게 되는 준비가 이루어질 것으로 보입니다.

2. 영적인 각성 — 서양 문명에 대한 열망과 함께, 극동 지역의 사람들의 마음이 서양의 종교를 향하여 열리기 시작하였습니다. 기독교에 대한 개방은 전에는 기독교 국가들이 결코 직면한 적이 없는 4억 또는 5억의 사람들 가운데 그러한 기회를 제공하게 되었습니다. 그러나 기독교에 대한 단지 이러한 개방에 더불어, 일반적인 영적인 각성이 아니라, 극동 지역의 많은 부분에 특별한 각성을 심어주게 되었습니다. 일본이 지적인 각성을 이끌었듯이 한국이 영적인 각성을 이끌었습니다. 주권의 상실이 대중들에게 깊이 영향을 끼쳤고, 한국인들의 마음을 죽은 우상들에서부터 살아계신 하나님으로 돌리게 하였습니다. 하나님께로 복종하는 길이 가져오는 깊은 평화는 많은 사람들이 하나님께 의지함을 통하여 우울함을 이겨내고, 그

개종은 개별적으로 그들의 이웃을 향하여 하나님의 평화에 관해 전파하기 시작합니다. 일부는 그들 자신의 결단으로, 일부는 선교사들의 지도로, 개종자들은 2-5명씩 그룹을 이루고, 복음을 전하기 위해 나섭니다. 한 교회는 때때로 20-25개의 그런 그룹들을 가지게 됩니다. 많은 그룹들이 주중 저녁 기도 모임 시간에 보고할 기회를 가질 수 있기 때문에, 그들의 개종자들을 데리고 옵니다. 그래서 주중 저녁 기도 모임시간에는 종종 500명에서 1,200명 가량이 참석하였고, 그 열정이 높아 갔습니다. Harris 주교는 한국에서의 백만 명 영혼을 위한 캠페인은 올해에 십만 명의 추가 인원이 발생하게 될 것이라 예상합니다. 한국인들의 활동은 다른 모든 선교현장에서 복음을 스스로 전하는 능력에 대하여 배우고 있고, 전 세계의 빠른 복음 전도를 위한 새로운 자원을 나타내고 있습니다.

25년 전 일본은 인도의 가능성 있는 예외와 더불어, 지구상에서 가장 중요하고 희망적인 선교의 장으로 여겨졌습니다. 니콜라이 대주교와 그리스 정교회의 훌륭한 성공은 복음에 대하여 일본이 이전에 개방한 사실을 분명히 보여줍니다. 기독교는 수세기 동안 그리스도께서 한 나라를 붙잡으실 때 교회들의 실패를 통하여 박해를 받을 것입니다. 그리고 복음에 대해서 문을 열 것인데, 이렇게 예정된 나라는 한 순간 최소한 동방의 리더가 될 것입니다. 최근에 있었던 외부적인 성공들은 일본으로 하여금 그들이 미국을 앞설 수 있고 영국 독일을 앞설 수 있다고 여기게 했고 교만과 세속에 빠지게 했습니다. 이것은 복음 전파를 위한 가장 좋은 상태가 아닙니다. 더욱이 일본 크리스찬들의 에너지와 심지어 선교사들의 에너지조차 최근 교회의 독립 문제, 교회의 연합과 자체 지원의 문제에 빠져들고 있습니다. 그래서 일본에서의 선교사역은 아마도 지난 25년보다 오늘날 더 천천히 진행되어가고 있는 것으로 보입니다. 중국에서, Mr. Hoste, Mr. Brockman, Mr. Goforth, Bishop Lewis, Dr. Brewster, Dr. Corbett, Chang Po-ling, Ding Li-mei, Liu Mark 등과 다른 이들의 증언은 일반적인 영적인 각성이 아니라, 제국의 다양한 부분에서 영들을 선택하는 차원에서 분명한 각성이 있음을 보여줍니다. 스미스(Arthur Smith) 박사는 이렇게 기록합니다. "3년간의 가장 중요한 특징은 의심할 여지없이, 교회에서, 학교에서, 서로 관련이 없는 많은 지방에서 종교적인 각성이 있었다는 것이다." 한국의 부흥은 범상치 않은 영성의 형태로 만주로 퍼져 갑니다. 제국의 많은 부분의 교회들이 전에 없이 복잡해졌고, 사람들이 색다른 흥미를 가지고 복음을 듣게 되었습니다. 최근의 Hinghwa 부흥회에서는 5천명 석의 텐트가 혼잡하게 붐볐고, 많은 사람들로 넘쳐나는 모임들이 개최되었습니다. 비슷한 수의 사람들이 Nanking 과 Yangchow의 부흥 집회에 참석하였습니다. 제국의 다른 지역에서 열린 부흥회에서의 설교는 죄에 대한 놀라운 확신과 놀라운 고백을 하게 하였습니다. 제국의 미래의 지도자가 될, 도쿄에서 공부하고 있는 중국 학생들 사이에서, 백 명 이상이 일 년에 세례를 받았습니다. 그 들 중에 다니엘, 요셉이 있기를 기원합니다! 올봄에 Ding Li−mei 아래서 이루어신 부흥회에서 우리 기독교 학교와 대학들 중에 네 곳에서, 501명의 학생이 중국의 복음 전파에 그들의 삶을 바치기로 카드에 서명하였습니다. 이것은 제국에서 보여준 가장 희망적인 학생 자원 운동입니다. 따라서 한국에서의 전면적인 부흥과 극동의 여러 지역에서 뚜렷한 영적인 각성이 일어났습니다.

3. 국가의 영적인 성장 — 이것이 우리 주제의 가장 중요한 부분 중의 하나이지만, 이것은 토론이 필요없는데, 이 사실은 너무나도 분명하기 때문입니다. 일본에서 애국심은 신토이즘(Shintoism)의 이름 아래에 종교가 되었습니다. 한국에서의 주권 상실은 일본의 지배 하에서 국민들을 매우 불행하게 하였습니다. 중국에서의 민족주의의 새로운 정신은 외국인들에 대한 두려움 만큼이나, 제국에 대한 애정, 특히 현재의 왕조에 대한 애정이 없었습니다. 그래서 외국의 부채와 외국 기업에 대한 반발로 나타났습니다. 극동에 사는 모든 사람들은 이 민족주의의 정신이 아주 최근에 나타난 것을 알고 있습니다. 비슷한 보고가 인도와 필리핀에서도 있습니다. 이런

정신의 성장에 대하여 서양 국가들은 이상하게 여기지 말아야 합니다. 놀라움은 갑작스러움과 보편성에서 나오고, 이 국가와 종족 정신을 가진 강렬함은 러시아에 대한 일본의 승리 후에 인도 전체와 극동지방에서 불붙듯이 일어났습니다. 미국, 캐나다와 호주는 황인종을 제외했습니다. 영국은 중국을 정복했고, 인도를 지배하고 있습니다. 러시아는 일본을 향해 독재적이었고, 극동 지방에 공격적이었습니다. 독일과 프랑스는 과도하게 공격적이었습니다. 백인종들의 지배하려드는 정책은 황인종들의 결합을 가져오게 되었고, 황인종들은 백인들과 백인의 상업물들을 동양에서부터 몰아내버리려고 하였으며, 전세계의 혼란이 뒤따르게 되었습니다.

우리 주제의 첫 부분을 요약하자면, 우리는 극동 지역에서 각성이 일어나고 있음이 확실하고, 이 각성은 지적이고, 영적이고 정치적인 형태로 나타남을 알 수 있습니다.

Ⅱ. 선교 사업체의 이러한 변화들의 효과

우리는 일본, 인도, 그리고 중국의 교회들에게 지방 자치권의 큰 정책을 인정해야 합니다. 우리는 믿음의 본질만을 주장합니다. 즉, 예수 그리스도를 통한 구원, 새로운 탄생의 경험, 개종의 삶 속에서의 성령의 열매에 대하여 강조합니다. 우리는 우리가 가르치기 쉬울 뿐만 아니라 배울 준비가 되어 있기 위해서, 사실상 그리스도에 관해 더 정밀한 설명과 서양에서 깨달았던 것보다 동양의 새로운 기독교인의 삶 속에서 성령의 더 수준 높은 전형을 찾아야만 할 것입니다. 실제로 우리는 진심으로 일본에서나 또는 그 나라를 위한 국가 교회의 계획을 가진 다른 선교현장을 격려할 수 있습니다. 만약 모든 교회들이 하나의 국가에서 연합될 수 있다면, 그리고 그러한 행동이 본국에서의 교회 연합의 전조가 될 수 있음을 증명할 수 있다면, 우리는 그 움직임은 하나님의 것이라고 알 수 있을 것이고, 우리가 그것을 격려함으로 기뻐할 수 있을 것입니다. 그러나 그리스도의 보편적인 교회는 우리의 목표여야 합니다. 그리고 우리는 그 목표를 향해 가는 하늘의 도우심을 입은 단계를 증명할 때까지는 분명하고, 분리된 국가적인 운동을 격려해야 합니다. 어떤 사실은 본국의 모교회들과 선교교회들과 관련된 관계의 단절과, 국가 교회로 그들을 모으려는 시도가 그리스도의 보편적인 교회를 향한 천우신조의 단계인지에 관해서는 의심이 있습니다. 신음과 울부짖음이 연합을 갈망하는 동안, 그러한 울부짖음을 지지하는 중국과 일본 사이의 투쟁은 독립을 위한 것이었습니다. 그러나 연합과 독립은 반대에 놓여 있는 것입니다. 양쪽의 목표는 같은 움직임에 의해서는 도달될 수 없을 것입니다. 이것은 일본 교회의 대부분이 독립을 지켜내는 동안에, 기독교인들의 연합은 지켜내지 못했다는 사실을 설명하도록 도와줍니다. 거듭 말해서, 자기 독립의 상황은 독립과 상관관계에 있고, 이미 일본의 교회들은 그것을 이루어내고 있습니다. 그러나 이러한 상황은 선교의 담력을 끊고있고 교회들로 하여금 희망 없는 가능성들과 모교회를 대항하는 문제에 사로잡히도록 하고, 그 자신의 이익에 대한 편협한 사고와 태도로 인해서 죽음에 이르게 되는 것입니다. 다시 말하지만, 기독교는 이교도 철학의 원칙과, 이교도적인 환경에서 오는 실제에서 풀어질 수 있도록 초기에 오랜 시간이 필요로 하였습니다. 비기독교 국가에서 비슷한 환경에 맞서 도움을 받지 않고 투쟁하는 몇 안 되는 수의 기독교인들을 남겨두는 것이 현명하거나 공정한 것일까요? 무엇보다도, 각 선교현장에서 국가 교회가 제공할 수 있는 것보다 더 큰 규모를 가지고 기독교인의 연합을 목표로 해서는 안될까요? 우리는 이미 YMCA에 의해서 우리에게 제공된 보편적인 협력의 광범위하고 더 직접적인 방법을 가지고 있지 않습니까? 이 조직에서, 50여개의 국가에서 2천여개의 대학들의 대표자들은 예수 그리스도의 권위 아래에 그의 왕국의 발전을 위해 완벽한 평등으로 함께 뭉쳤습니다. 이런 협동은 일터에서, 놀면서, 기도하면서 유대감을 가지고, 엄청난 임무의 연합된 힘을 가지고 차이를 가지기 보다는 동의를 생각함으로 가능성이 되어 가고 있습니다. 이 조직은 중국 서부에 있는 개신 교회의 기독교적인 연합이 아니라, 실제적이고 영적인 모델로서 기여하고 있습니다. 이런 교회들의 연합은 너무도 탄력적이어서, 만약 이 교회들 중의 하나가 떨어져 나가고 협력하지 않는다면, 그 이유에 대해 어떠한 도전도 없이 그렇게 할 수 있을 것입니다. 여기에 그의 신념에 관한 단 하나의 글에도 굴복하도록 어느 형제에게도 강요하지 않는, 다른 사람에 따라 실제적인 믿음을 밀어내지 않는, 실제적인 목적을 위해 그들의 헌장으로써, 예수 그리스도가 가진 모든 교회의 완벽한 평등을 인정하고, 이그나티우스가 말한 "예수 그리스도가 있는 곳에, 카톨릭, 또는 보편적인 교회가 있다"라는 문장에 동일한 연합이 있는 것입니다.

이 대회가 다음번 세계 대회까지 계속 존재할 수 있는 국제적인 선교사 협회 — 오직 고문의 권위를 가지고, 교리나 종파의 차이를 포함한 조언을 주는 데 거부할 수 있는 위원회를 마련할 수 없을까요? 성격, 예배, 그리고 선교 위원회의 수에 비례해서 성장하는 위원회, 선교 세계에 헤이그 재판의 종류처럼 봉사할 수 있는 위원회 등으로 말입니다. 우리로 하여금 협동하고, 우리의 자원들을 보호할 수 있게 하는, 세계를 정복할 정치력 있는 계획을 가지고 우리에게 제공하는, 무엇보다도, 비기독교 종족들에게 개신교 기독교의 필수적인 통합을 보여줄 수 있는 그러한 위원회가 극동 지방에서 아주 소중한 가치가 될 것입니다.

2. 인류의 다른 종족을 향한 백인들의 태도에도 눈에 띄는 변화가 있었습니다. 고맙게도, 선교사들은 이미 이러한 변화에 앞장서고 있었습니다. 동양에서 시간과 장소를 불문하고, 기독교인의 태도를 특징지었던, 우리 자신들과 함께 전체 평등에 따라 놓여 졌던 불안은 일어나지 않을 것입니다. 이번 대회에서도, 1907년의 상하이 대회에서처럼, 그 구성에 있어서 비판적입니다. 그리스도는 마치 재능 있고 신성한 일꾼들이 이 단체에 참석한 것처럼 선교현장에서 승리하셨습니다. 누가 우리에게 어떻게 그리스도를 위해서 이길 수 있는지를 말해 줄 수 있을까요? 복음에 관하여 우리가 제시하는 것 중에 무엇이 가장 배타적인 것이고 무엇이 가장 매력적인

것일까요? 무엇이 그들의 피로 하나된 형제 자매들을 이끌어오기 위해, 그리고 아직 그리스도를 위해 승리해야만 하는 수백 만 명의 사람들에게 말해야 할 가장 필요한 것일까요? 분명하게도, 그들은 우리 곁에 앉아있습니다. 왜냐하면 그들 중 다수가 주님을 위하여 모두 모험을 하고 있는 것입니다.

그러나 우리는 8백 또는 천만의 사람들의 복음 전도를 위한 계획을 가지고 세계 대회에 참석하였고, 그리고 우리는 출석한 몇몇의 위대한 성격과 능력을 가진 이들이 면목 없도록 실패한 데서부터 우리를 구할 수 있을 거라 생각하며 회의에 모였습니다. 종족과 국가의 영적인 각성은 우리가 노력을 기울이는 사람들을 향한 빠른 태도의 변화를 요구합니다.

3. 극동 지방의 각성은 하늘로부터 오는 능력의 믿음과 기도의 광대한 증가와 사람들의 많은 증가, 그리고 우리에게 직면한 기회를 잡을 수 있는 방법을 요구합니다. 선교사의 수에 있어서 큰 증가를 보이는 동안, 양보다는 질에 더 큰 강조를 하고 있습니다. 기독교도들 중에 가장 훌륭한 복음 전도자들 중의 몇몇이 이번 가을 한국으로 보내졌고, 국가적인 불안이 정치적인 수단에서 영적인 수단으로 변화하고, 죄의 확신이 깊어지는지, 그리고 수만명의 사람들이 모일 수 있을지를 충분히 결정할 수 있도록 통역자를 통하여 설교하였습니다. 중국에서 실제로 인류의 4분의 1이 깨어났다. 문명은 재구성되어야 합니다. 지난 해에 15차례 이상의 황제의 칙령이 기독교와 관련하여 하달되었습니다. 마틴(Dr. W.A.P. Martin) 박사는 이러한 법령들은 우리의 입장에서는 썩 좋은 일이 아니라고 합니다. 그러나 그는 말하기를 그 법령들이 이전에 칙령들에 비해서는 좋은 편이라고 합니다. 50년 동안 중국에서 새로운 문명이 복음에 의해 새롭게 생기를 주게 될 것이고, 그렇지 않으면 물질적인 형태로 강화될 것입니다. 즉, 대개 극동지역에서 인류의 4분의 1 이상이 여러 방법의 갈림길에 서게 될 것으로 보입니다. 종교 개혁 이후가 아니라, 사실상 성령강림 사건 이후부터 기독

교 교회는 큰 기회에 직면하게 되었습니다. 이 대회로부터 인해서 동양의 복음 전도를 위한 영적인 능력이 임하길 바랍니다!

4. 하나님의 가호 아래서 우리는 극동지방을 복음화(evangelise) 하는 것뿐만 아니라, 기독교화(Christianise) 해야 할 것입니다. 일본의 복음전파에서 많은 것이 이루어지는 동안에, 이제는 기독교화의 문제에 직면해 있습니다. 일본은 우리가 본국에서 부닥쳤던 문제들을 다시 만나게 합니다. 일본이 극동 지방의 다른 나라들보다 앞섰기 때문이고, 서양의 국가들이 도달한 문명화의 단계에 거의 도달했기 때문입니다. 최근 일본의 전쟁에서 일본은 미국의 스펜서(Herbert Spencer)의 개념을 버리도록 실험의 과학적인 테스트를 이끌었고, 일제히 사람들은 미국의 기독교적인 개념을 거의 무의식적으로 통과시켰습니다. 일본은 이제 방법의 갈림길에 서 있습니다. 일본은 이제 국가적인 이기주의와 국제적인 이익 사이에 머물러 있습니다. 일본은 3백만 명의 인구로 대만과 사할린을 차지했습니다. 일본은 이제 천 이백만 명 이상의 인구를 가진 한국을 지배합니다. 5천만 명의 일본인들이 천 오백만명의 외국인들에 동화되기 위해 시도했으나, 분명히 불만족스러웠습니다, 그리고, 게다가 만주의 천 이백만에서 천 오백만 명의 사람들을 부당하게 착취하려는 시도는 일본의 부채를 증가시키게 하였고, 일본 국민들의 에너지를 빨아들이게 하였습니다. 군국주의 정신은 말합니다. 네게 그러한 영광을 이미 얻게 해준 그 길을 따라가라. 너의 손실들을 대신 갚아줄 민족들을 착취하라. 황인 족속들의 연합을 떠맡고 조정하라. 만약 필요하다면 만주의 왕조를 찬탈하고, 기회가 있을 때 동방의 리더십이 떠오르도록 제공하라. 마치 사탄이 주인인 것처럼, 사탄이 많은 나라를 가진 것처럼, 높은 산 위에 올라가서 일본에게 세상의 모든 나라를 보여주면서, 말하기를, "만약 너희가 엎드려 나를 경배하면 내가 이 모두를 너희에게 줄 것이라" 한 것처럼 사탄은 일본을 장악하고 있습니다. 그리스도의 영은 희생의 길에서 지속하기를 주장합니다. — 호주 사람들이 Union Jack을 자랑

스러워 하는 것처럼 한국을 향하여 정의와 관용이 오늘날 그들로 하여금 일장기(the Rising Sun)를 자랑스럽도록 할 것입니다. 그러한 존경이 만주에 사는 중국의 영토를 위한 것이요, 일본이 극동 지역에서 도덕적, 지적, 상업적인 리더십을 전쟁 없이 일본이 갖도록 할지 모릅니다.

이때에, 일본인이 스펜서 철학(Spencerian)을 버리고 미국의 기독교 철학을 취할 때, 기독교인 일본인이 그들의 수에 비해 압도적인 지도력을 가지게 될 것입니다. 하지만 5천만 명 가운데 오직 십만 명의 일본인들이 그리스도인이고, 4천만 명이 아직 믿지 않을 때에, 천황이 은퇴하도록 하는 것보다, 기독교 교회가 일본의 가장 재능있고 가장 사도적인 영혼들을 향해 그리스도에 사로잡히도록 도와야 하고, 동양의 리더가 될 가장 높은 운명을 이끌도록 해줄 수 있을 것입니다.

5. 본국의 기독교화는 극동의 또 다른 긴요한 필요입니다. 소위 기독교 국가들은 진정으로 세속적인 면에서와 이기주의에서 자유로울까요? 선교는 이교도 세상에서 불필요한 세력을 쓸어낼 것입니다. 극동 지역의 가장 큰 장애물은 불교나 유교가 아니라 본국의 어떤 부분에 있는 음탕함과 상업적인 욕심이고, 소위 기독교 국가라 불리는 곳의 독재적인 방법과 전쟁의 정신에 있습니다. 오늘날 극동에서 일본이 지니는 위협은 일본이 서양 국가들의 발자취를 따라가고 있다는 사실 때문입니다. 우리가 본국에서 빨리 변하지 않는다면, 중국은 소위 기독교 국가들의 방식을 따르게 되고, 군사적인 세력을 갖게 될 것입니다. 4천년 동안 살아남아 번성해온 사람들–그들은 학자를 제일로, 농부를 둘째로, 상인을 셋째로, 군사를 최하위로 여겼습니다. 그러나 근대 생활에 각성하고, 서양의 국가들을 지침으로 여기는 그러한 제국이 되면 그 국가를 자기 보존을 위한 무장된 전쟁터로 가도록 강요할 것입니다. 이러한 사실은 기독교 국가의 불명예에 해당되는 것입니다. 우리는 극동의 사람들의 이름으로 국제적인 정의와 평화를 간청할 때, 생경한 문제들에는 관여하지 않고 있습니다. 즉, 극동의 자각과 이

웃을 향하여 관점을 돌리는 최고와 최상의 효과는 비기독교 종족의 빠른 복음 전도를 향한 절박한 요구를 채울 뿐 아니라, 본국의 올바른 기독교화를 필요로 하는 것입니다.

6. 우리에게 닥친 임무들은 사실상 모두 인간이 성취할 수 있는 능력 너머의 영역이라고 할 수 있습니다. 그러나 어느 누구도 하나님이 심판에서 남겨놓은 사람의 미래를 예측할 수 없을 것입니다. 이미 몇몇 문명의 기원이 된 기독교는 과거의 임무들에 의해 끈기 있게, 그리고 선교사 시대의 개막을 알리도록 그 나라에 닥친 문제들을 향해 흔들림 없이 나아가야 합니다. 종교적인 역사는 현재 시대에 이르기까지 이 땅에 천국을 이루는 위대한 세 시대를 실현할 것입니다. 즉 준비의 시대, 성육신의 시대, 종교 개혁의 시대(the Era of Preparation, the Era of Incarnation, and the Era of the Reformation)가 그것입니다. 오늘날 기독교 교회는 세계 복음 전파의 시대의 초기에 있습니다. 하나님은 성육신의 시대의 시작을 위한 무대로서 4천에서 8천만 명이 있는 지중해 유역을 선택하셨습니다. 하나님은 종교 개혁 시대의 시작을 위한 무대로서 그 당시 2억 명의 인구가 있는 대서양 유역을 선택하셨습니다. 하나님이 복음 전파의 시대의 시작을 위한 무대로서 8억 명의 인구가 있는 인도양을 포함한 태평양 유역을 선택하고 있지 않습니까?

하나님은 성육신의 시대에 그의 진실을 유지하고 전파하기 위해서 이 땅에서 가장 완벽한 언어의 준비로 그리스어를 인도하셨습니다. 하나님은 종교개혁의 시대에 그의 진실을 전하기 위해 인쇄의 발명에 구텐베르그(Gutenberg)를 지도하였습니다. 하나님이 세계 복음 전파의 시대를 위해서 그의 말씀을 번역하고, 구텐베르그의 수동 인쇄기보다 100배나 더 빠른 발명품을 위해 우리를 인도하시지 않으실까요?

하나님은 성육신의 시대를 위해 가장 유용한 나라인 유대를 선택하셨는데, 세상에 구약을 주셨지만 위기 속에서 그 시도는 실패하였고, 십자가와 함께 하나님의 아들을 주셨습니다. 로마는 사실 세계의 평화를 유지하고, 첫 번째 복음전도자들을 보호하였지만, 그 마음에는 아직까지 이교도로 남아있고, 마침내 그 스스로를 "영원한 반석(Rock of Ages)"에 반대하고, 고통 속에 멸망해가며 울부짖으며 말했습니다. "갈릴리 사람이여, 당신이 이겼도다." 하나님은 16세기의 유럽의 나라들을 종교 개혁 시대의 정치적인 수행자들로서 보호하였고, 그 유럽 나라들끼리 싸우기는 하였지만, 유대나 로마보다는 그 중심이 더 기독교적이었습니다. 적자생존의 엄격한 법 아래에서 선교 시대를 위한 하나님의 도우심의 준비가 있지 않을 수 없습니다. 하나님은 지구상의 기독교 국가들의 3분의 2의 인구와 5분의 4만큼의 지역, 사실 앵글로 색슨 족의 개신교 정부들의 5억명 이상의 사람들을 다스립니다.

마침내 우리는 선교 시대의 개시를 알리는 하나님의 열징을 나타내는 교회 안의 세 가지를 예측하지 못한 것을 발견합니다. 첫째로, 전 세계 기독교 국가들의 대학생들의 일부들의 운동, 이것은 전 세계 복음 전도를 위한 젊은이들을 확보하는 것입니다. 둘째로 전 세계 복음 전도를 위한 더 큰 지식을 향한 세상의 기독교 교회들의 젊은이들 사이의 운동, 셋째로, 전 세계 복음 전도를 위한 더 큰 선행을 향한 세상의 평신도 사이의 운동이 그것입니다. 확실히 이러한 세 가지 운동은 성지의 회복을 위한 수도자 페트르스의 십자군보다 더 뛰어나고 더 도움이 되는 세계 복음 전도를 위한 십자군을 조직하였습니다.

그리고 이제, 우리는 무엇을 위해 기다리며 높은 곳에서 오는 능력을 갈망해야 할까요? 시내 산에서 준비의 시대에 왔던 것 같은, 성령강림이 성육신의 시대에 온, 그리고 성령의 믿음과 증인에 의한 정의를 통한 종교개혁에 온 그런 능력. 확실히 그 능력은 성경에 약속되어 있습니다. "성령이 너희에게 임하시면 너희가 권능을 받고". 우리를 위한 사도바울의 기도를 들어 봅시다. "이러므로 내가 하늘과 땅에 있는 각 족속에게 이름을 주신 아버지 앞에 무릎을 꿇고 비노니 그의 영광의 풍성함을 따라 그의 성령으로 말미암아 너희 속사람을 능력으로 강건하게 하시오며, 믿음으로 말미암아 그리스도께서 너희 마음에 계시게 하시옵고, 너희가 사랑 가운데서 뿌리가 박히고 터가 굳어져서 능히 모든 성도와 함께 지식에 넘치는 그리스도의 사랑을 알고 그 너비와 길이와 높이와 깊이가 어떠함을 깨달아 하나님의 모든 충만하신 것으로 너희에게 충만하게 하시기를 구하노라. 우리 가운데서 역사하시는 능력대로 우리가 구하거나 생각하는 모든 것에 더 넘치도록 능히 하실 이에게 교회 안에서와 그리스도 예수 안에서 영광이 대대로 영원무궁하기를 원하노라 아멘."

선교적 문제의 특징 변화(이슬람 지역)

W. H. T. Gairdner 목사, 카이로
6월 18일 토요일 저녁, 대회실에서의 연설

친애하는 의장님, 신부들과 형제 여러분, 이번에 다룰 문제는 그다지 많지 않습니다. 즉 우리의 주제는 "우리는 오늘날 이슬람 사회 속에서 오늘날의 부흥 운동의 증거들을 어디에서 발견할 것인가" 하는 것입니다. 마찬가지로 "어디에서 우리는 그러한 증거를 발견하지 못할 것인가?" 하는 것입니다.

우리는 물론 근대주의 운동이 터키나 이집트, 페르시아와 인도 등의 중세 이슬람 영역에 영향을 끼치고 있다는 사실에 대해서 잘 알고 있습니다. 그들 나라들은 모두 유럽의 사상들을 그들 방법대로 수용해왔고, 정치적이거나 지적인 발전을 양산해왔으며, 그러한 정치와 지적 발전은 차례차례 종교에 영향을 미치고 있습니다. 현재 이슬람 국가들은 서방에서 유래된 여러 가지 사건들을 통해서 직간접적으로 어떤 새로운 방향으로 수정되고 있습니다. 그러나 이러한 현상들은 이슬람 국가들에만 국한되는 것이 아닙니다. 러시아에서는 1905년 4월 17일에 결국 종교의 자유가 선포되었습니다. 바로 제가 러시아 여성께서 특별한 주제를 한 연구를 발표한 것을 보았는데, 그 내용에 의하면 5만 명의 강제 공산당원이 그리스 정교회로부터 이슬람으로 귀환을 했습니다. 그리고 그들은 처음으로 이슬람을 받아들인 수많은 사람들과 함께 지내거나 그들을 이끌어가는 이들이었습니다. 의심할 여지 없이 이러한 사건들은 유럽 중 러시아, 즉 볼가 지구와 중앙 아시아의 러시아, 그리고 시베리아에 이르기까지 러시아의 무슬림들을 자극할 것입니다. 사상(思想)은 마치 전기(電氣)와도 같아서 매우 속히 이동합니다. 특히 철로의 금속들이 그러한 이동을 가속화 합니다. 그러므로 의심할 바 없이 트랜스카스피안(Transcaspian)[18] 철로는 머지않아 러시아지역의 중앙아시아로부터 중국의 중앙아시아에 이어지게 될 것입니다. 그리고 그러한 철로는 사상을 실고 달릴 것이고 역사적인 무역로는 아시아 대륙의 심장 중심을 중국까지 가로지르며 머잖아 무슬림의 중앙아시아를 신경세포가 살아나도록 할 것입니다. 마치 이전에 그러했듯이 말입니다. 중국으로 눈을 돌려본다면, 만일 세계상에 모든 무슬림들 중에 바깥 세상으로부터 받는 영향에 대하여 그토록 분명한 의지를 가지고 민감하지 않지 않은 반응을 보이는 나라가 있다면 바로 중국일 것입니다. 중국의 무슬림들은 이슬람주의의 가장 침체되고 매우 무지하달 수 있는 형태를 지닌 본보기 중 하나라 할 수 있습니다. 그러나 우리가 듣건대, 투르크족이 중국에 이슬람주거 선교사를 처음으로 급파한다는 것이고, 보다 놀라운 일은 서른 명의 중국 무슬림이 한 일본의 대학교에서 서방의 물을 마치고 있다는 사실입니다. 그리고 그들은 분기별 잡지를 편집하여 중국 전역의 그들 동료 신도들을 위해 "무슬림이여, 깨어라!"라는 거대한 제목을 실고 배달해주고 있습니다. 말레이시아로 눈을 돌려보자면, 여기에서 중요한 변화 현상은 증기선입니다. 그 증기선은 사람들이 유례 없는 엄청난 이동을 가능하게 하는데, 특히 자바인, 수마트라인, 그리고 다른 동인도 무슬림들로 하여금 메카를 향하여 순례를 가능하게 합니다. 이런 현상은 결국 이슬람이 말레이

---

18) 프랑스 수도사, 제 1차 십자군의 설교사(역주).

시아 전역에 보다 많은 분포와 인구로 확장되는 자연스런 결과를 초래하게 됩니다. 아라비아 본국에 대하여 보자면, 엘 메디나에 있는 무함마드의 무덤에는 오늘날 열차의 휘파람 소리가 다시 울리고 있습니다. 아라비아로부터 거대한 흐름이 비간접적으로 왔습니다. 그 거대한 힘이란 것은 근대주의자가 아니라 근대 혹은 최근의 세누시(Senussi) 운동은 수단을 거쳐서 차드 호수와 콩고 분지의 최북단에 있는 이방 족속들에 이르기까지 영향을 미치고 있는 것으로 보입니다. 어떤 면에서 볼 때, 이슬람 운동은 매우 두려울만치 아프리카 전역에 퍼져나가고 있는데, 이는 근본적으로는 유럽의 지배 정부에 대한 반향의 결과라 할 수 있을 것입니다. 왜냐하면 나일강으로부터 잠베시(Zambesi)강에 이르기까지 세워진 정착 정부들(settled governments)이 부족들의 배타성을 약화시키거나 깨뜨리려 왔고, 이슬람이 평화로이 침투할 수 있는 수백 개의 통행로들을 열어주었기 때문입니다. 그럼으로 인해서 우리는 아마도 오래지 않아 이슬람교가 에디오피아니즘(Ethiopianism)에 의해 뿌려진 씨앗의 열매들을 대부분 수확하면서, 아프리카 인종을 통합하고 변호하는 하늘의 사자로의 태도를 드러내는 것을 보게 될 것입니다.

그런데 이 급속한 예비 조사가 우리에게 확신케 하는게 있다면, 오늘 우리의 근대 운동의 관점에서 볼때 이슬람교의 문제는 현실적으로 이슬람 전체 세계와 더불어 공동 확장(co-extensive)되어 간다는 것입니다. 그리고 이 거대한 대회 이내에 또 하나의 예비 발언을 할 수는 없을 것 같습니다. 이 이슬람의 문제는 우리가 단순히 간과할 수 있는 것이 결코 아닙니다. 이것은 극동 지역에서 우리가 직면하는 말할 수 없이 급박한 상황이라는 면에서도 매우 중요한 문제가 아닐 수 없습니다. 첫째로 이 문제는 이슬람이 바로 우리 곁에 있다는 것으로, 북아프리카 해안으로부터 시작하여 유럽까지 인접해 있습니다. 유럽은 실제적으로 이슬람과 접촉해 있는 것입니다. 그러므로 말하자면, 지중해의 양쪽에 이르러, 결국 헤라클레스의 기둥과 콘스탄티노플에 맞닿아 있는 것입니다. 둘째로, 이슬람이 또한 중심이 되는 문제이기 때문입니다. 북아프리카로부터 시작해서 중앙 아시아에 이르는 이슬람주의가 이룬 수없이 견고한 중앙 블럭을 생각해보시기 바랍니다. 마치 고정된 쐐기처럼, 이슬람교는 기독교인 서양을 이방 혹은 이교도인 동양과 떨어뜨려 놓고 있습니다. 바로 이 면을 여러분에게 환기해 드리는 바입니다. 친애하는 성직자와 형제 여러분, 그리고 심지어 우리의 일본, 우리의 한국과 만주족, 우리의 중국, 우리의 인도의 문제들은 해결될 수 있으며, 그들의 현재의 위기들은 차라리 행복하게 맞이할 수 있으며 얼마든지 극복할 수 있는 일일 것입니다. 그러나 기독교 국가인 극동지역은 가톨릭교회에 합류가 될 것이지만, 거대한 중안 아시아는 무자비한 이방인 적대자들의 쐐기에 의해 동양과 서양의 기독교 왕국은 결정적으로 분담이 되는 것입니다. 두 조각이 난 채로 서로에게 아픔을 주고, 결국은 하나님과 사람에게 단지 접합된 자국이 아니라 찢어진 상처를 남겨두게 되는 것입니다. 머리에서 발끝까지 거대한 가톨릭교회의 솔기 없는 성의를 입은 채로 이슬람의 전적으로 인간적인 방법을 가지고 그리스도를 능가하고자 하는 것입니다. 그렇다면 진정으로 우리는 이슬람 문제를 더 미룰 수 없는 것입니다. 그것이 오늘날 우리가 바라보듯이 우리의 문제인 것입니다. 그렇다면 우리는 "오늘"로 하여금 해결과 구원의 날이 되도록 해야 하는 것입니다.

그렇다면, 이 저녁에 제 의무와 권한은 여러분에게 이 전 지구상에서 오늘날의 중요 상황이라 할 수 있는 교회 전투에 대한 대표적 사례들을 펼쳐 소개하는 것입니다. 이슬람 세계 안에서 벌어지고 있는 근대 혹은 근대주의자적 운동의 관점에서 말입니다. 우리와 반대되는 쪽은 우리의 대응에 대한 자료들의 최대한의 범위를 측정하고자 하고 있습니다. 그럼으로써 알게 된 상황들이 드러나게 될 것입니다. 그리고 이 최종 문장은 우리에게 환기하는 것이 있는데, 그것은 곧 "우리의 대응에 대한 자료들"이란 것은 두 개의 해석이 가능한 문구가 될 것입니다. 그리고 이 저녁에 우리의 자문들 속에서 두 해석 모두 우리의 마음에 자리해야 할 것입니다. 좁은 의미에서 볼 때, 그 자료들은 오늘날 상황을 만나기에 매우 불충분합니다. 그들이 의심할 바 없이 보다 현명하게 처리되고 보다 경제적으로 분배되고 보다 부유하게 유용될 수 있었을지라도 말입니다. 그러나 우리의 대응에 있어서는 살아계신 하나님의 자원들도 함께 있었음과 이런 생각이 우리의 마음에 이 대회의 회기 동안 뿌리가 되며 교훈이 되어야 한다고 생각합니다. 살아계신 하나님의 의미에 대한 새로운 인식만이 우리로 하여금 우리의 초인적인 의무를 성취하거나 혹은 이어갈 수 있도록 할 것입니다.

오늘날의 특수한 위기가 중심을 차지하는 곳에서는 초점을 맞추는 것보다 더 잘 지적해주는 것은 없습니다. 친애하는 사제와 형제 여러분, 우리의 모토는 "말씀은 지혜라 (Verbum Sapientibus)!"라는 문구라야 합니다. 이 대회장에서 그리고 이러한 주제에 대해서 저는 꼭 그리고 원컨대 이 두 단어를 강조하고 싶은 것입니다.

그러면, 오스만 제국으로 부터 시작해 볼 때, 우리가 발견하게 되는 것은 하나의 운동으로서 폭넓게 묘사될 수 있는데 곧 사람에게서 자유로, 정치적 문제에서 지적인 문제로 표현할 수 있을 것입니다. 궁극적으로 이러한 속성의 이중적 운동은 느리지만 분명하게 종교에 반응해야 합니다. 젊은 투르크인들의 내면적 태도는 그들 자신을 종교적 관용 태도인데 이는 아마도 고양된 것이라 해도 될 것입니다. 바로 그 사실은 기독교와 기독교인들이 그들 운동의 저변에서 그토록 큰 범위에 이르는 역할을 해왔음을 보게 하며 이것은 곧 매우 광범위하고 중요한 결과를 생성합니다. 이미 투르크 제국의 많은 부분에서 특히 시리아의 경우, 억압으로부터의 자유가 거대하게 퍼져가고 있습니다. 이미 어떤 이슬람 사상의 지도자들은 역사적으로 진보하고 다듬어진 이슬람 교리의 전반적인 조직들을 연구하는데 투자하고 있습니다. 그럼으로써 코란으로 돌아가고자 하며 그 속에서 어떤 이들은 마치 많은 그리스도인들이 읽는 것처럼 열심히 읽습니다. 이러한 사실들은 오스만 제국 내에서 일하고 있는 협회들이라 부를 수 있고, 그들은 그들의 일을 집중하고 강화하면서 더 확장적으로 나아가기 위해 유리한 점들을 취할 준비가 되어 있습니다. 아르메니안 순교자들의 놀라운 인내의 열매를 거둘만한 때가 가까운 것 아니겠습니까? 그날은 분명 올 것입니다. 정의로우신 하나님께서 분명 하늘에 계시기 때문입니다.

그러면 다음 단계들로서 필수적인 것이라고 한다면, 첫째는 오스만 제국 내에 있는 여러 동방의 교회들 중에서 그것이 영국 국교회이든 아니든, 이미 멋진 성공을 이룬 사역들을 강화하는 것이 될 것입니다. 둘째로, 여러 협회들을 통하여 그들에게 지속적으로 접촉하며 비점유 지역을 선점하는 것입니다. 이러한 지역들에 대해서는 제1분과의 보고서에 기록되어 있습니다. 세 번째는 보다 강력하고 분명한 발판 위에 문헌 사역을 이루어 가는 것입니다. (이 부분은 잠시 후에 다시 다루기로 하겠습니다) 네번째 현명하고 지속적이며 대담한 압력을 정부에 가함으로써 전적인 종교적 자유와 평등을 하나의 실제적인 사실로서 제국내에서 이루어지도록 하는 것입니다. 다섯째로는 하나의 현명하면서도 용기있는 진전을 무슬림들을 위한 직접적인 사역을 통해 이루는 것입니다. 하나의 비공식적인 회의가 베이루트에서 있었고, 거기에 제가 참석하는 특권을 가질 수 있었는데, 사람들은 거기에서 그러한 직접적인 사역이 이미 이루어지는 지역에 머물고 있는 이들의 증언들을 이어가며 들을 수 있었습니다. 그리고 모두의 의견에서는 보다 더 거대한 범위에서 그런 직접적 사역이 이루어질 수 있다고 보았습니다. 그 비공식 회의의 마지막 날에는 그 곳의 의견을 표명했는데 이는 특히 이 에딘버러대회의 관점과 함께 하고 있습니다. 그 내용은 다음과 같습니다.

"(1) 무슬림들 사이에서 이루어지는 직접적인 전도 사역은 시리아와 팔레스타인에서 수십 년간 조용히 진행되어 왔습니다. 그러한 사역은 그 어느 때보다 더 수용적이라 할 수 있어서, 여행이나 대화나 기독교 문서의 생산이나 조심스런 배포, 성경 유통, 의료 선교, 그리고 소년 소녀 학교 등의 수단을 통하여 이루어지고 있습니다. (2) 헌법의 공포가 이미 이루어진 곳, 즉 보다 개화된 곳에서는 이런 직접적인 전도 방법이 보다 수월하게 이루어졌습니다. 그리고 우리가 믿건대 종교의 자유에 대한 헌법의 공시는 사람들로 하여금 보다 더 잘 이해하도록 만들어 줌으로써 더욱 크게 증가할 것으로 보입니다. 그리고 반면에, 우리는 이슬람의 교육과 종교적인 부흥이 만일 과거에 얻었던 명성이 보전되고 증가된다면 필수불가피하게 이러한 선교적인 진전을 가져온다는 것을 직접적으로 알게 되었습니다. 이러한 이유로 인해서, 시리아와 팔레스타인에 있는 무슬림들 가운데서 사역을 하는데 있어 현명하게 계획하고 조심스럽게 실행하며, 매우 열심 있게 앞으로 향해 나갈 때가 되었다는 확신을 갖게 됩니다. 그리고 이미 현장들 속에서 이미 일하고 있는 모든 협회들의 관심이 즉각적으로 앞으로의 진전을 만들기 위한 방향으로 잡혀가고 있습니다."

신부 사제들과 형제 여러분, 말씀이 지혜인 것입니다!(Verbum Sapientibus!)

이집트로 눈을 돌려봅시다. 그 곳은 시민들의 자유가 있어서 직접적인 이슬람 사역이 실제 무제한적으로 실행되기가 가능한 지역입니다. 우리가 발견한 것은 카이로가 여전히 오늘날 이슬람의 지적 영향력의 중심이라는 것입니다. 아바스조(Abbasides)의 지배 아래서 바그다드가 쇠퇴한 이후로 그런 상황이 지속되고 있는 것입니다. 그러므로 바로 이 시점에서 급박한 마음으로 기독교 교회는 또 다른 전진적 요건을 지체 없이 갖추어야 할 것입니다. 제 생각은 질적 양적으로 뛰어난 학자들로 전 세계 속에 이슬람 사회에서 일할 만한 이들을 세우는 것을 말합니다. 그리고 특히 개화가 진행되고 있는 사회들 속에서 사역을 하도록 하는 것입니다. 이런 면에서 학업이 확장되고 진행되는 것은 두 개의 노선이 있고, 카이로 이슬람이 바로 그 두개를 지니고 있습니다. 첫째는 오래되고 전통적인 신학과 철학을 하고 있는 곳으로 대표적으로는 알 아즈라(Al Azhar)대학교가 있습니다. 두 번째는 근대주의적 운동에서 나온 노선으로, 서방의 형식을 따라서 교육을 받아온 모든 젊은 무슬림들에게 친숙하며, 언급한대로 이슬람주의 역사적 발전의 이면을 살피고자 노력하는 부류입니다. 새로운 정책들에 대하여 재고(再考)하며, 새로운 신학을 연구하며, 새로운 철학을 다루며, 새로운 사회를 연구하는데, 이런 연구들은 코란에 기초하고, 전통적인 모든 것들과도 무관한 방식으로 진행되고 있습니다. 이 운동은 인도에서 대표적으로 강력히 나타나고 있는데, 카이로에서도 확고한 발판을 구축하고 있습니다. 특히 잘 알려진 셰이크 무함마드 압두(Sheikh Mohammed Abdu)가 강연을 하면서 제자들을 얻었습니다. 이 제자들 중 한 사람인 엘 마나르(El Manar)라는 사람이 카이로 리뷰(the Cairo review)의 편집자이고, 현재 콘스탄티노플에 투르크인들을 위한 포교 대학을 설립하는 데 가장 열성적인 인물입니다. 그 대학의 졸업생들은 이러한 새로운 이슬람의 원리들을 가르치는 방향으로 진전을 하게 되며, 특별히 동양에까지 이르게 됩니다. 어찌해서 여러분들은 이런 새로운 이슬람이 목표를 가지고 확산 전파되는 것을 보고만 있어야 하겠습니까? 현재 이 두 개의 지적 노선의 활동은 학술적 사역자들의 능력들을 보유하고 있다고 볼 수 있는데, 이 학자들은 현재 존재하는 사역자들보다 더 많은 학위 과정들을 배운 사람들입니다. 전통적인 이슬람의 교육이 쇠퇴하는 과정이라고 가정할지라도, 그리고 그런 가정이 여전히 입증된다고 할지라도, 그리고 알 아자르가 쇠퇴하고 있는 교육기관이라는 것이 물을 바도 없으며, 그 학교가 지닌 외국에 대한 영향력이 예전의 명성의 그림자에 불과하다고 할지라도, 이슬람의 전통적인 교육은 여전히 수많은 전세계 무슬림 대중의 삶의 기초가 되는 가르침이라 할 것이며, 무슬림 대중들은 언제나 놀랍도록 강력한 힘을 그 잠재적으로 지니고 있습니다. 그러므로 전통적인 교육은 예전에 지녀온 만큼의 학생들을 필요로 하고 있으며, 바로 그 동일한 학생들은 그들의 학습 프로그램 위에 이러한 신(新)이슬람 사상에 해당되는 학습과 관찰과 만남을 여러가지 모순영역들을 안고서 추가하고 있는 것입니다. 저는 아랍어권 세계를 제외하면 어느 지역에서 학생들이 학업을 충분이 수행할 수 있을지에 대해서 알지 못하겠습니다만, 논쟁의 필요도 없을 곳은 바로 카이로일 것입니다. 그러므로 우리들 중

많은 사람들에게 요구되는 것은 아랍어 공부를 위한 학교가 카이로에 조용히 세워져야 한다는 것입니다. 이 학교는 이슬람 모든 지역으로부터 온 선교사들을 위한 배움의 자리가 될 것입니다. 저는 이 사실을 편견없이 모국에 위치한 동방대학교들과 코스들의 계획이라고 말하고 싶고, 이러한 계획들은 분명히 그들의 위치를 차지하지만, 제가 믿건대 제가 지적하고 있는 내용에 대한 보충이나 보완 이상의 것이라고는 할 수 없을 것입니다. 그러면 카이로에서 이러한 학교는 시작되고 지탱될 수 있을 것이라고 봅니다. 신사여러분, 만일 불안스런 생각이 아니라면, 여러 사상들을 수용하는 여러분 학회들에 의해서, 이러한 생각을 즉각적으로 받을 것이라 생각합니다. 말씀이 지혜가 되어서 말입니다.

이집트로부터 동양으로 자리를 옮겨서, 이번에는 이슬람의 요람인 아라비아에 대해서 생각해봅시다. 아라비아는 이슬람 국가들로 둘러있고 근대주의자들의 활동과 반응들이 많이 나타나고 있는 곳입니다. 그렇다면 그곳은 우리로 인해서도 더욱 효과적으로 둘러있다고 말할 수 있지 않을까요? 우선 여러분들의 관심을 환기해보고자 하는 것은 1분과에서의 추천사입니다. 즉 열 개의 중요한 거점들이 해안을 따라서 의료 선교들에 의해 선점되어야만 합니다. 마치 많은 것들로 빛의 중심을 에워 싸는 것처럼 말입니다. 두 번째로 유대교 선교사인 갈랜드(Mr. Garland)가 지적하여 다시금 떠올리게 된 것으로, 거대한 아라비아의 유대인들이 아직 이슬람을 믿지 않는다는 것입니다. 만일 우리가 "유대인들에게 먼저"라는 것을 기억할 수 있다면 말입니다. 세번째, 아덴의 영 박사(Dr. Young of Aden)의 다음의 말에 관심을 둘 수 있을 것입니다.

"제가 생각컨대 교회는 아라비아의 열린 문을 들어가는 현재의 기회를 잡아야 할 것입니다. 그리고 특히 메카나 메디나에서 커다란 연합 선교를 시작해야 할 것입니다. 메카나 메디나에서 선교를 시작하는 것을 꿈꾸는 것은 마치 유토피아로 여겨질지 모르겠습니다. 그러나 어떤 수고를 수행해보기까지 누구도 그것이 성공적이 될지 아닐지를 장담할 수 없을 것입니다. 어떤 시도이든 메카의 항구인 지다(Jidda)에서 사역을 시작하는 것이 착수되어야 하고, 적절하게 갖추어진 병원이 거기에 세워지면 기독교 사랑의 의미를 추구하는 영적 순례의 삶을 가르칠 수 있을 것입니다.” 즈웨머 박사(Dr. Zwemer)가 제게 어제 말씀하시기를 그 분은 메카보다도 지다에 보다 더 중요한 것, 즉 분명히 보다 더 실천적인 것을 고려하고 있었습니다.

메소포타미아로 가서 보자면, 이 대회에서 매우 중요시 하게 보고 있는 사항에 대해 환기를 해도 되겠습니까? 다시 말해서 그 지역이 미래에 바그다드 철로 계획과 윌리엄 윌콕 경(Sir William Willcock)의 관계 사업 계획이 완성되어간다는 사실을 주목해볼 필요가 있지 않겠습니까? 교회는 그 곳에서 현재 존재하는 것보다 전적으로 다른 규모에 해당되는 사업을 일으키는 노력이 필요하지 않겠습니까?

메소포타미아 다음에 페르시아를 봅시다. 그 나라에서의 활약은 물러서거나 현상을 유지하는 것이 아니라 앞으로 전진해가는 것입니다. (어디서나 진실이라고 말할 수 있는 것이 있다면 그것은 어디서든 사람의 마음은 결국 그들이 현재 갖지 못한 것에 대한 필요를 느낀다는 것입니다.) 바흐티아리(Bakhtiari) 수장(首長)들은 최근 쿠데타를 통해서 실질적인 테레란의 정복자가 되었고, 그들이 우월한 위치를 차지하기에 앞서서 CMS선교회는 그들의 확고한 친구들이었습니다. 이러한 사실은 그 새로운 정권자들이 그 땅에서 복을 위하여 일하는 일을 강화하고 고무하는데 결정적으로 중요한 것이 되지 않겠습니까? 그 중요성이란 수니파 이슬람을 나눌만큼 대단히 커다란 일이 아니겠습니까? 이 기회는 오늘날 보다 몇해 전 그들과 친목이 도모한 일이 참으로 큰 의미가 있었던 것입니다. 그것을 완전히 미끄러뜨릴 수는 없는 일이겠죠?

인도에 있어서, 우리는 이집트에서 볼 수 있는 것과 동일한 현상을 안고 동일한 사항을 필요로 하고 있습니다. 우리는 인도에서도 동일한 수니파 이슬람의 거대한 인구를 가지고 있으며, 또한 거대한 분포의 근대주의

자 운동들을 볼 수 있는데, 이러한 현상들에 대해서는 전혀 적절한 방법으로 다루어져 본 적이 없었습니다. 이러한 현상에 더하여, 우리는 벵갈 혹은 번잡 지역에 있는 카스트에 속하지 못한 수백만 인구들의 심각한 지능에 대한 문제를 안고 있습니다. 이 사람들은 매우 오래 전에 이슬람이나 힌두교에 의해 지배되었을 것입니다. 만일 기독교 교회가 이 사람들을 교회로 끌어오지 않는다면 말입니다. 이제 교회에게 즉시 요청되는 분명한 일이란 바로 그 일이요 오래토록 보존되어야 할 방향이 아니겠습니까? 이런 경우가 바로 치료하기 전 예방 차원에서 수천 만 배의 효과가 있는 것입니다. 제1분과의 보고서의 나머지 부분은 인도에서 이슬람 선교사들이 아쉽게도 소홀하다는 것을 기록하고 있습니다. 모든 사람들은 남인도의 이런 일에 대하여 무관하지 않을 것입니다. 제가 믿건대 인도의 그 외에 어떤 지역도 사람들을 위한 적절한 훈련장으로 제공되어서 그 사람들로 하여금 근대 사업에 종사하게 하고 전통 이슬람주의를 공부할 뿐 아니라 근대주의자 운동과 문헌 작업을 하게 해주는, 그럼으로써 엘리가르(Aligarh) 지역에 있는 자료와 원천을 사용하는데 적합한 곳은 없을 것입니다.

동인도 제도들에 대해서 볼 때, 우리는 이미 상호 소통과 여행을 위한 시설들의 증가로 인해서 생겨난 새로운 사업들에 대해서 많은 이야기를 해왔습니다. 우리의 네덜란드와 독일의 형제들은 이 곳에서 무슬림들을 이끌고 또한 비무슬림인들이 이슬람화 되는 것을 막기 위해서 훌륭한 사역들을 하고 있습니다. 이 위대한 대회 모두는 그들을 격려하여 보다 더 거대한 노력을 주님의 이름으로 해낼 수 있도록 할 수 있습니다. 특별히 우리는 그 사람들과 우리가 보르네오에서의 우리의 사역이 강화될 수 있기를 위해서 기도할 수 있기를 기원합니다. 그 거대한 섬은 거의 열매가 없으며, 거기에서 사역하시는 선교사이신 알렌(G. Allan, S.P.G.) 목사님께 들은 부분인데, 그 곳은 매우 광신적이면서도 유력한 말레이시안 무슬림들이 차지하고 있습니다. 다약인들(Dyaks)과 기타 원주민들이 그런 상황에서도 이슬람화 되지 않은 채 살아온 것은 놀라운 일이 아닐 수 없습니다. 아마도 그것은 우리에게 주어진 의무로서, 그들이 무엇과도 견주지 못하는 돼지고기에 대한 흥취(興趣)를 향한 오늘날의 그 해방을 위해 빚진 것이리라 봅니다. 그러나 그것이 우리가 만족할만한 것으로 안도할 바는 아닙니다. 그리고 이러한 말레이시아적인 환경과 더불어 위험이 늘 도사리고 있습니다. 뉴기니의 수많은 섬들의 경우에도 제가 아는한 지금까지 이슬람에 영향을 받지 않았으며, 우리는 그들을 서둘러 전도함으로써 복음화하는 데 기여할 수 있을 것입니다. 그렇지 않고 우리가 지체한다면 뉴기니 또한 자바나 수마트라와 같이 되고야 말 것입니다.

중국에서는 최근까지도 이슬람 문제에 대해서 거의 연구조차 이루어지지 않았고, 사역도 이루어지지 않았습니다. 우리는 보고서에서 젊은 중국 무슬림들이 도쿄에서 공부를 하고서 넌시는 심각한 메시지를 읽어보았습니다. "무슬림이여, 깨어나라!" 이 말은 단순히 "그리스도인들이여, 깨어있는가?"라는 말의 단순한 번역이 아닙니다. 사실상 이 말은 우리에게는 날카로운 웅변으로써, 과거의 자유와 방임의 태도가 이제는 끝나야 한다는 사실을 교훈하고 있는 것입니다. 보고서는 기독교의 노력이 확고히 알려진 전략적 중심지들에 초점을 맞추어야 한다고 조언하고 있으며, 사람들로 하여금 목적을 위하여 스스로 구별할 것을 교훈하고 있습니다. 보고서는 추가하여 말합니다. "그러한 사역자들은 중국과 아울러 아랍에 대한 지식을 필요로 할 것입니다." 이 말은 카이로와 같은 중심지에 아랍어 신학교를 갖는 것이 필수적이라는 사실을 한번 더 지적해주고 있는 것입니다.

중국으로부터 중앙아시아, 투르키스탄과 러시아에 이르기까지의 거리는 역사적인 도로라 할 수 있습니다. 제가 세명의 일류 정보원에게서 배운 바에 따르면, 절정상의 중요성을 지니고 기도하여야 할 것은 그리스 정교회의 부흥입니다. 기독교의 다른 형태들에 대해서는 보다 완전한 자유가 존재하고 사업이 이루어져야 합니다. 그리스 정교회는 수단과 사람들을 갖고 있으며 비전과 열정을 갖고 있습니다. 그러나 제가 들은 바로 두 개의 작은 그리스 정교회 선교사들은 시베리아의 18만 무슬림들 사이에서 톰스크(Tomsk)와 오볼스크(Obolsk) 지구에서 지내고 있습니다. 그리고 시베리아에서는 1908년에 세 명의 무슬림이 개종을 했다고 합니다. 진정으로 적은 수확으로 인해서 그 사역이 불가능한 것이라고 말할 수는 없는 것입니다. 우리가 알건대 일본에서는 그리스 정교회에 의해서 커대한 복음사역들이 이루어진 것을 봅니다. 주님의 말씀이 시베리아의 교회에 가셔서 러시아 제국에서 발견되는 무슬림들에게 동일한 일을 하시는 일이 불가능한 것이겠습니까? 다음번 십 년 후의 대회에서 그리스 정교회의 대표들과 로마가톨릭교회의 대표들이 여기에 우리와 앉아있고 그들이 우리를 향하여 아시아의 무슬림들 사이에서 그들의 손을 통하여 성령께서 행하신 놀라운 일들을 시연해주는 일이 있어지기를 기원하는 바입니다.

마지막으로 아프리카입니다. 사제와 형제 여러분, 저는 여러분에게 한 말씀을 드릴 필요가 없을 것입니다. 모든 아프리카 지역에서 실제로 일어나고 있는 위기는 기독교와 이슬람 사이에서 일어나는 일들입니다. 이 문제는 이미 유명한 일이요, 최소한 이 대회는 이 일의 심각성에 대해서 잘 이해하여야 할 것입니다. 두개의 중요 원인들이 있는데, 첫번째는 세누시(Senussi)운동의 영향인데, 사하라 북동부로부터 해서 사방으로 퍼져오고 있습니다. 그리고 제가 믿건대, 이슬람이 북위 10도와 5도 사이에서 발전해가고 있다는 것입니다. 두번째는, 무역인들의 영향입니다. 이 사람들은 여러 영국인들과 프랑스인들 혹은 독일인들의 점령으로 인해서 주어진 안전함이라는 유리함을 가지고서 이슬람 사상을 어디든지 운반하고 다닙니다. 이것은 일반적은 동부 아프리카와 중부 그리고 수단의 서부에서 일어나고 있는 일입니다.

이런 일들을 어떻게 다루어야 하겠습니까?

첫 번째 문제에 대해서, 쿰 박사(Dr. Kumm)는 최근 여행에 아프리카를 가로질러서 이슬람 지역들을 순회하면서, 샤리강(Shari River)과 북콩고 지류(支流)들마다 부족들이 있음을 발견하고, 북위 5도에 이르기까지 이슬람화 되고 있는 것을 목격하였습니다. 그리고 그는 세누시 운동으로부터 영향력이 오고 있음을 발견하였습니다. 알 아자르가 아니라 세누시 수도원들이 북아프리카 이슬람 영역들의 수뇌가 되는 원천들이었습니다. 그리고 세누시주의는 반근대주의 운동임에도 정통이 아닙니다. 어떤 세누시 운동원들도 알 아즈라에서 공부를 할 수 없었는데 이는 그 지역이 바로 비전투적인 정통주의의 본산이기 때문입니다. 알 아자르가 중앙 아프리카나 서아프리카의 이슬람교에서 보여주고 있는 공헌이라고 한다면 그 명성의 희미한 위세에 불과합니다. 그리고 몇몇 아자르의 학자들에 의해서 시도되고 있는 합병작업들로서 그 학자들은 하우설랜드(Hausaland)와 서부 수단의 다른 부분들로 회귀하는 길을 발견한 이들입니다. 뷔르즈 목사가 기록한 것처럼, 중앙 지역에서 확장주의 운동의 중심에 있는 바람은 사하라의 세누시 중심지들에서 수행되는 일일 수도 있다. 이 일은 불가능해 보입니다. 그는 이어서 쓰기를 "이 문제에 대해서 우리가 할 수 있는 것은 오로지 기도와 기다림 뿐인가"라고 묻습니다. 그렇다면 이 말은 곧 교회가 수행해야 할 의무는 무엇인가라고 묻는 것입니다. 그리고 전진하고 있는 지역이 있습니다. 샤리강으로부터 바르-엘-아랍(Bahr-el-Arab)에 이르기까지 말입니다. 한 기독교 여행가가 지금 그 지역을 가로질러 왔습니다. 그 사실이 여러분 교회들과 협회들에게, 또 사제 여러분과 형제들에게 줄 수 있는 도전이 되지 않겠습니까? 그 길을 따라서 전진해갈 수 있음을 보여주고 있는 것입니다. 카메룬과 나이지리아토부터 동쪽으로, 나일강의 상부에 있는 선교지들로부터 서방으로 말입니다. 그리고 이 주제 영역을 마무리 하기 전에 저는 기도의 중요성을 지적하고 싶고, 광범한 아프리카의 이슬람 제국 내에 있는 프랑스가 로마 카톨릭 외의 사역자들에 대해 반대하는 것이 사라지도록 기도를 부탁드립니다.

수단 중부로부터 서부로 눈을 돌려 봅시다. 저는 여기에서 바젤의 뷔르즈 목사의 말들을 인용하지 않을 수 없습니다. 이 분이야말로 해당 주제에 헌신해오신 분이기 때문입니다. 그 분은 이렇게 말했습니다. "그 때 당시에 북부 나이지리아는 마치 내게 가장 중요한 지점과도 같았습니다. 차드

호(湖)를 둘러있는 나라들 즉 영국과 독일령에 속한 나라들은 마치 두 번째 관심사와도 같았습니다. 만일 프랑스 영토가 복음에 문을 열었더라면 서부로 나아가는 거대한 센터도 동일하게 중요하게 여겨졌을 것입니다." 뷔르즈 목사와 마찬가지로 저는 이 자리에서 CMS 북부 나이지리아 선교회의 총무인 알바레즈(T. E. Alvarez)가 작년 보내온 중요한 하례 편지 전체를 좀 인용했으면 하는 바람이 있습니다. 여러분도 아마 얼마나 그 편지가 이런 말들을 완벽하게 우리에게 전달해주고 있는지 아실 것입니다. "그 때 당시 북부 나이지리아는 가정 중요한 지점으로 보였습니다." 그는 오늘날 우리에 의해 이루어졌어야 할 엄청난 사역의 내용들을 예방적 차원에서와 직접 사역의 차원 양면에서 지적하였습니다. 참으로 본질적인 일로서 재빠르게 접근하여 니제르강 하구(Lower Niger)와 하우살랜드(Hausaland), 그리고 칼라바르(Calabar) 지역의 철로로 연결된 지점에 이르도록 속히 실행되었어야 할 일이었습니다. 또한 밀러 박사(Dr. Miller)가 하우살랜드의 50명의 교사들과 전도자들에게 강력하게 호소한 것을 여러분에게 환기해드려도 되겠습니까? 즉, 하우사 민족은 무슬림들의 유입을 막아내는 길을 유도해낼 수 있다는 것입니다. 사제와 형제 여러분, 저는 분명하게 저의 모토를 외치고 싶습니다. 말씀이 지혜인 것입니다.

저는 뷔르즈 목사의 말로 돌아가보고자 합니다. "아프리카 선교에 있어서는 어떤 연합이라는 것이 거의 전무합니다. 서부 해안을 바라보세요. 서부 해안에서는 다들 동떨어진 채로 사역을 하고 있습니다. 연합을 위한 어떤 시도도 제가 알고 있는 한 이루어지고 있지 않습니다. 이런 이유로 인해 제가 원하는 것은 모든 서부 아프리카의 선교사들은 무슬림들 사이에서 사역을 하기 위해서는 강력한 연합체를 구성하여야 합니다. 이것이 선교사들에게 최소한 분명하게 일관성 있는 사업을 할 수 있도록 해주는 길이 될 것입니다. 이슬람은 우리를 함께 묶어주는 길이 될 수도 있습니다. 이것이 이루어지는 것이 현명하고 일관성 있는 계획을 수행하는 일에 착수할 수 있는 시간이 될 것입니다. 그러나 우리는 현재 그로부터 너무 동떨어져 있습니다.”

이렇게 맺고 있는 말이 정말로 우리에게 도전이 되지 않습니까? 이 회의장에는 서부 아프리카에서 사역하고 있는 교회들이나 협회들의 대표자들이 계십니다. 만일 이 대회에서 하나의 결론이 나기를 본 필자가 지금껏 갑작스럽게 말한 것이지만 바로 이때에 자리를 잡고 합의에 이르게 된다면 참으로 영광스런 일이 아니겠습니까? 여기에는 지역 연합을 추진하는 국제협의회(International Board)도 있습니다. 우리는 모두 뜨겁게 열망하기를 이러한 협력이 이번 대회를 통해서 태동될 수 있기를 바라는 것입니다.

그리고 마지막으로, 영국령 동부 아프리카에서 동부 아프리카, 그리고 그 아래의 잠베시(the Zambesi)에 이르는 곳입니다. 우선적으로 분명한 요청은 이슬람에 의해서 위협을 받고 있는 부족들을 복음화 하기 위하여 서둘러야 한다는 것입니다. 특히 그들 중에 가장 영향력 있는 지역들에 대해서 말입니다. 우간다와 리빙스토니아(Livingstonia)에 그런 교회를 두신 하나님께 감사합시다. 그런 교회들이 이슬람이라는 바다에 위치한 섬들이 될 것이라고 말할 수 있을 것입니다. 마치 오이들이 심어진 정원의 원두막처럼 말입니다. 그러나 우리가 슬픈 이야기에 속박되지는 않도록 합시다. 도리어 우리는 이렇게 말할 수 있도록 합시다. 만일 무슬림이 정말로 그들 주변 지역들을 채운다고 할지라도, 저들 교회들이 생명의 센터가 되고, 열기와 빛의 중심이 되도록 하여 그들 주변에 있는 무슬림 민족들을 구원하고 섬길 수 있도록 하자고 말입니다. 그러나 무슬림이 그렇게 되겠습니까? “그리스도인들이여, 깨어납시다!”

방어작업을 위해서 참으로 많은 것이 필요합니다. 그러나 직접적인 작업은 잠시라도 게을리 되어서는 안됩니다. 그리고 뷔르즈 목사가 제안한 다섯 가지의 궁극적이고 중대한 이유를 제가 들어야 할 때가 된 것 같습니다. 그리고 이런 종류의 사역을 수행하는 것을 힘차게 응원하고자 합니다. 사실상 저는, 저는 이제 언급하는 사역의 자리에 가장 중요한 위치에서 일해왔습니다. “그런 자리에서 34년을 사역해온 한 선임 선교사의 관찰에 의

하면, 무슬림들의 실제적인 힘은 독일령 동부 아프리카에서는 감소해왔습니다. 속박의 시절에는 힘있는 이들의 권력이 모든 해안 부족들에게 힘을 미치고 있었습니다. 이러한 현상이 거의 완전히 무너졌는데 이는 선교사들의 영향력의 놀라운 결과였습니다." 게다가 제가 듣건대, 독일령 정권은 위험에 대하여 알고 있는바, 이슬람의 승리는 영락없이 무슬림을 내쫓아내고 선교사들을 격려하는 것임을 의미하고 또한 바라는 것입니다. 나이지리아와 그밖의 지역에 있는 영국의 집행관들은 이러한 면들을 동등하고 분명하게 볼 수 있기를 바랍니다. 친애하는 의장님, 이 대회는 어떤 공식적 표현, 즉 영국령 정부가 동부와 서부 아프리카에서 무슬림 정책 규정으로서 세워지는 류의 공인이 없이 진행되는 것이죠? 우리는 왕들 앞에서 세워진 지배 체계를 갖고 있고 또한 수상(首相)들도 있으므로 조금도 부끄러울 것이 없습니다. 그렇다면 우리는 의장께서 우리에게 외교위원회(Foreign Affairs)의 총무 앞에서 목소리를 낼 수 있도록 해야 하지 않겠습니까?

그러면 우리는 동부 아프리카의 상황이 요구하고 있는 교회와 이 대회를 향한 호소를 마무리할 수 있을까요? 이런 분야에서 하나님의 책임감 있는 종들 중의 한 사람인 피일(Peel) 주교로부터 내게 당도한 중대한 서언이 있습니다. 여기에 그 분의 네 가지 요점이 있습니다.

(1)"기독교 국가 정부는 기독교가 다수 중 하나의 종교로 간주되는 일이 없도록 해주어야하고, 도리어 최정상의 것으로 인정되는 유일한 종교로 간주되도록 해야 합니다. 어떤 부분들도 법정이나 집행부에서 나타날 수는 없지만, 기독교 국가의 정부는 모든 민족이 기독교를 나라의 질서를 위한 가장 소중한 가치로 여기도록 해야 하며, 모든 분야의 사무처마다 기독교의 영적 교육 받은 사람들이 있고 그들이 할 수 있는 한 기독교의 정신을 선호하도록 해야 합니다. 독일인들은 이렇게 하고 있습니다."

이러한 말들이 이 거대한 대회를 향해 도전이 되지 않습니까? 이런 관점이 열정을 불러일으키고 동부 아프리카에 관심을 둔 세 개의 정권들 앞에 갈 길을 규명해주고 있지 않습니까?

(2)"(동부 아프리카에서 이슬람화 된 지역에서) 그 지역을 규제하기 위하여 모든 전략적 기지나 중심지를 점령하기."

이 항목은 우리가 서부에서 염원한 것처럼 동부 해안에서도 동일하고 지속적인 협력을 필요로 합니다.

(3)"선택된 지역에서 성경 교육을 모든 이들에게 열되 강제적이지는 않도록 하여, 최저층에서부터 최상층에 이르기까지 건전한 교육을 제공하기. 오로시 이렇게 함으로써 많은 무슬림들의 아들들이 기독교 교사들과 복음적 영향에 접촉을 지속할 수 있도록 할 수 있습니다. 경쟁적인 이슬람 학교들이 등장하고 미션스쿨들로부터 이슬람 학생들을 몇몇 끌어가고 기독교에 대한 강력한 적대자로 교육하고 있습니다.

친구 여러분, 우리의 연구는 여기까지입니다. 우리는 오로지 직접적인 비판과 전략적인 중요성에 대해서만 얘기해왔습니다. 그리고 이제 (아직 언급되지 않았다면) 위와 같은 내용이 언급되는 것입니다. 즉 불가능해 보이는 일들과 연관해서, 교회가 오늘날 능력이 없다는 사실을 너무나도 잘 알고 있음에도 교회를 향한 요구들을 불러일으키는 것이 필요하기 때문입니다. 그러나 이러한 위의 내용들은 우리를 더욱 예민하도록 인도해 줍니다. 이 대회의 기본 정신일 뿐만 아니라 이 대회의 전체 목적이라고 한다면 우리로 하여금 교회의 능력이란 것이 교회가 이 순간 무엇을 생산해낼 준비가 된 것을 말하는 것이 아니라, 교회가 하나님 안에서 그리고 그리스도의 성령님 안에서 가지고 있는 능력을 의미하는 것을 믿도록 하고, 느끼게 하고 알게 하는 것이 아니겠습니까? 그러므로 이제 주여, 우리가 무엇을 기다리오리이까? 우리의 소망은 당신께 있다이다. 고로 우리는 기도합니다. 다만 우리의 귀에는 이러한 문제와 저러한 대답이 마치 교송(交誦)처럼, 마치 성 바울의 최고의 서신에 기록된 것처럼 들려옵니다.

"누가 이 일을 감당하리요"

그리고 응답송이 들립니다.

"우리의 만족은 오직 하나님으로부터 나느니라."

선교적 문제의 특징 변화(원시와 퇴보적인 민족들)

Rev. R. WARDLAW THOMPSON, D.D.

6월 18일 토요일, 대회실에서의 연설문

선교에서 발생하는 문제에 대한 특성들과 어려움들을 고려해 볼 때, 우리가 신속히 발견하게 되는 것은 우리에게 부여된 그 사역이 그 특성과 요건들의 측면에서 매우 심각하게 변동스럽다는 것입니다. 그 지역과 다양한 여건들의 결과로서 우리가 우리의 사역을 효과적으로 그리고 현명하게 수행했다면, 우리는 그 사람들과 그 사람들의 삶의 조건들에 대해 이해해야 합니다.

제가 발견하는 것은 모든 지역의 차이점들의 저변에 하나의 매우 폭넓고 뚜렷한 경계선이 있다는 것이요, 그것은 비기독교 세계 전체를 나누어, 선교적인 목적상 두 개의 매우 분명한 파트로 보게 됩니다.

한 면은 종교적 윤리적 조직들이 확실하고 조직화된 시스템을 민족과 공동체들 전체를 포함하는 곳이요, 이는 일반적으로 뚜렷한 종교문서와 연관되어 있고, 자주 고대의 문명과도 관련되어 있는 곳입니다. 이 모든 곳들은 지금 새로운 지적 정치적 영향력들 아래에서 탁월하게 깨어있는 상태라고 할 수 있습니다.

다른 한 면은 우리가 종종 "원시적(Primitive)"이라고 묘사하는 민족들이라 할 수 있는데 이들은 대개가 문명적으로 낮은 단계요, 기록된 언어나 문헌이 없으며, 어떤 지적인 욕구도 없고, 그런 부족들의 종교는 대개 애니미즘 혹은 미신 숭배라고 불립니다. 이런 곳들 중에서 깨어있고 진전되어 있는 곳으로 보이는 곳들은 모두 선교사들의 사역과 영향력 때문이라고 할 수 있습니다.

제가 언급해야 하는 것은 이러한 내용들이고, 선교사역에 있어서의 여건들과 필수요건들에 대한 내용이며, 이러한 내용들로 인해서 그러한 사람들이 변화된 사실들로부터 시작하여 최근 나머지 세계의 동향에 대하여 다루어야 할 것입니다.

원시적이고 야만적인 민족들에게로 간 선교사는 중국사람들이나 힌두 카스트 사회에 있는 사역자들과는 전적으로 다른 위치에 있는 사람입니다. 그 선교사는 일반적으로 이해될 만치 그 곳에서 우등한 인종(人種)입니다. 그에 대한 모든 것은 우등하여, 그의 의복, 그의 기구들, 그의 약들, 많은 분야에 대한 그의 지식이 모두 그가 간 곳 사람들의 황폐한 꿈들 훨씬 너머에 있는 것들입니다. 그가 자신을 위해 세운 가난한 거주지는 그 곳에 살고 있는 원주민들중 가장 뛰어난 사람들보다 월등히 나은 것입니다. 그는 나무껍질 조각 위에 무언가 낯선 흔적을 내고 그것은 원주민의 손에 시켜서 그의 동료에게로 보냅니다. 그리고 그 나무껍질은 그것을 쓴 사람이 원하는 것을 이야기하고 요구를 합니다. 그 사람은 카누를 파내는 대신에 쇠 조각들을 가져와서는 그것을 하나로 엮습니다. 그리고는 그 쇠가 수영을 합니다. 놀랍 것도 없이, 만일 야만인들이 초기 선교 개척자들을 경이로움을 가지고 바라보았을 것입니다. 놀랄 것도 없이, 한 가난한 선교사가 지니고 있는 평범한 장비일지라도 많은 지역에 사는 원주민들에게는 상상도 못하는 부자라는 생각을 주게 됩니다. 그러한 위치는 많은 측면에서 우월한 이미지를 나타내고 그의 말을 듣는 이들의 상상력에 주목과 감동을 주게 됩니다. 동시에 그 자체의 심각한 어려움들을 양산하는 상황이 됩니다.

한편 그런 미천함이 있을지라도 흐릿하나마 어떤 종교적 개념들을 가지고 있지 않은 민족은 없습니다. 애니미즘에 속한 부족들도 그들 조상들의 영들과 어떤 신비로운 접촉이 있다는 확신은 대단히 분명하게 갖고 있습니다. 그리고 그들은 악한 영들의 지배와 힘에 커다란 두려움으로 눌리기도 합니다. 과거의 습관으로부터 멀어진다고 하는 것은 위대한 백인을 초대에도 불구하고 알 수 없는 큰 문제와 연관되기도 합니다. 선교사의 위대한 신은 그 선교사에게는 좋은게 분명하지만, 그럼에도 불구하고 그들을 둘러싼 영들은 그들의 빈곤한 땅에 속한 영들이요 성나게 해서는 안되는 영들인 것입니다. 그러므로 복음이 들어감에 있어서 만나게 되는 첫 번째의 벽이 세워지게 되는 것입니다.

그러한 민족들 중에 개발되지 못한 지적 생활은 죄에 대한 의식이 부재하며, 물질숭배와 그들의 자연적 상태의 타락은 더 많은 장벽들이 있음을 입증하며 그것들이 복음을 받아들임에 있어서 대항이 되는 모든 곳에 있음을 보여줍니다.

그러나 이러한 어려움들은 보다 문명화되고 종교적으로 선진적인 민족들이 스스로 보여주는 특성들의 완고함이나 강력함과 동일하다고는 할 수 없습니다. 그들은 시간이 지나면서 하나님의 사랑에 대한 단순하고도 놀라운 이야기의 영향을 받게 되면서 그들의 미천함과 무지를 녹여내립니다. 하나님의 사랑의 이야기는 무엇보다도 선교사의 삶과 행동 속에서 그들에게 우선적으로 그리고 가장 효과적으로 선포됩니다. 선교사는 그들에게 그가 말하는 그리스도의 살아있는 성육신인 것입니다. 결론적으로 얻게 되는 것은 가장 크고 가장 뛰어난 그리스도의 교회를 향한 수확은 선교사들의 초기 노력 단계에 이루어지고, 원시인들과 야만 족속들 사이에서, 그리고 억압받고 무지한 계층들 속에서 이루어진다는 것입니다.

그런 민족들 속에 있는 기독교 사역자들에게 있어서 가장 심각한 어려움들은 그들이 기독교의 가르침 아래로 오고 나서부터 시작됩니다. 그리고 기독교적인 삶의 느슨한 상승 곡선이 시작됩니다. 그러한 민족들 속의 선교사는 본질적으로 끊임없이 그의 사역 속에서 기억해야 할 것이 있습니다. 그것은 곧 도덕적 지각과 기독교적 성품으로의 성장이 보통 매우 저조해진다는 것입니다. 우리는 한번에 한 단계만 진입합니다. 그리고 오랫동안 물질주의에 빠졌던 사람들, 어떤 도덕적 욕구와 어떤 정열의 절제도 알지 못했던 사람들은 그들이 기독교 국가들에게서 인정하는 도덕적 원리와 성품의 가장 정상적 기준에 도달할 수 있기 전에 많은 단계들을 경험해야만 합니다. 그런 민족들 속에서 사역하는 것은 많은 여건들 속에 있음을 의미하며 지칠줄 모르는 인내와 식을줄 모르는 낙관적 태도를 요구합니다. 그럼으로써 그 선교대상자들로 하여금 그들이 멀리 떨어진 그리스도의 비전을 수행하는 중에 순수 물질들 속에서 바라볼 수 있도록 해주는 것입니다.

만일 그런 부족들과 민족들이 그리스도 교회의 후원 하에 있으며 거대한 세계와 동떨어져 있게 되고, 기독교적 영향 아래 새로운 삶을 개발하도록 했다면, 사람은 거기에서 머지 않아 발전을 하고자하는 생각에 빠집니다. 즉 느린 속도와 자연적인 방식, 새로운 기독교적 공동체들, 지능. 도덕, 독실함, 단순한 기독교적 삶의 아름다움과 힘을 드러내고자 하는 것입니다. 그러나 이것은 일종의 진실된 삶의 노선이 아닙니다. 성품과 원칙에 대한 지능 개발의 능력은 번민의 결과로서 다가오기 때문입니다. 어떤 민족이 자연적 성품에 있어서 열정적이라 할지라도, 아무 민족도 반대되는 상황들과 외부적 적들과의 갈등에 의해 검증되기까지는 진정한 능력과 위엄이 세워지지 않습니다. 그러므로 그침 없이 위로부터 오는 새로운 영적 거듭남이 핍박의 불길 아래서 입증되는 일이 이루어지는 것입니다. 만일 이러한 원시인 민족들 사이에 오늘날의 교회가 있어서 선교 사업에 대한 기쁨과 영광의 기록을 갖고 있다고 한다면, 그리고 그것이 하나님의 부흥케 하심과 새롭게 하심의 은혜의 능력이 분명한 신호를 나타내고 있다면, 그 원시인 민족들은 바로 많은 재난들을 통하여 오늘날 진전되고 영향력 있는 위치에 도달한 이들인 것입니다.

이제 하나의 새로운 여건들의 상황이 떠올라 전 세계에 있는 원시적인 사람들 사이에 있는 기독교 공동체들이 앞으로 전진해 나가도록 노력해야 할 때가 되었습니다. 또 그와 동일한 세계의 개방은 선교사들로 하여금 그 사람들에게로 나아갈 수 잇는 길을 발견하도록 해주었고 모든 곳에서 놀라운 변화들을 일으키고 있습니다.

이러한 변화가 찾아온 것에 대해서 아프리카만을 하나의 예로 들자면, 존스톤(Keith Johnston)의 1958년 지도책은 아프리카의 지도를 작은 호수 응가미(Ngami)로 표시하고 있습니다. 북단에 신비로운 달의 산맥(Mountains of the Moon) 근처에 있는 점선의 공간은 하나의 거대하다 소문난 호수로 보여주고, 콩고와 그의 속국들에 의해 방대한 물의 지대를 "알 수 없는, 사막으로 보임"으로 표시하였습니다. 오늘날은 얼마나 바뀐 것인지 생각해보세요. 내륙바다의 거대한 연쇄사슬과 위대한 하천계(河川系)와 고밀도의 인구들을 보십시오. 케이프에서부터 카이로에 이르기까지, 또한 해안들로부터 내륙 깊숙한 곳까지 널리 활용되고 건설 중인 철로들을 보십시오. 내륙의 바다와 거대한 강 분지들에서 왕래하고 있는 증기선들을 보십시오. 아프리카의 지도는 이제 채색옷을 입은 요셉의 옷과도 같습니다. 포르투갈과 스페인, 영국, 프랑스, 독일은 모두 그들의 영향력과 권세를 펼칠 영역들을 갖고 있습니다.

그런 현상은 세계 도처에서 있습니다. 어떤 세계의 권력에 중요하게 여겨지는 해안 혹은 섬이 전략적으로 좋은 위치에 있는 곳은 어디든지 정치적인 필수로 여겨 깃발을 높이 달고 있으며 군함들의 기지로 만들어 놓았습니다. 어디든 서방의 사업으로 상거래를 위한 시장의 가능성이 있는 곳이면 견고한 기업들이 파견 대표들을 두고 있습니다. 평범한 일상 속에서 유랑하는 유목민들의 고향이었던 지역들이 이제는 사람들로 가득하고 지역별로 마을로 번성해가고 있습니다. 여러분의 조상들은 알지 못했던 이름의 마을들로 말입니다. 이것은 정말로 놀라운 변화라고 할 수 있습니다.

그러나 시일이 지나면 이 지역을 차지하고 있었던 원시의 민족들은 어찌 되는 것일까요? 이러한 변화는 그들에게 무슨 연관성이 있을까요? 그러한 변화가 그들에게 주는 효과는 무엇일까요? 그들에게 다가올 미래는 무엇일까요? 새로운 여건들로 인한 영향력은 실패하도록 둘수는 없습니다. 그리고 그런 영향력은 매우 분명합니다. 백인들의 모습들은 하나의 새로운 삶의 기준이 됩니다. 백인들의 불신앙의 모습, 유감스럽게도, 기독교 속에서 자주 조롱을 받고 있는 그런 모습도 강력하게 사상적 영향을 미치고, 양심을 무디게 합니다. 새로운 악덕들이 오래되고 악한 습성들에 더해지고, 그리스도의 호소는 멀어버린 귀에 아무런 영향을 미치지 못합니다.

이렇게 변화하는 세상 속에서 기독교 교회의 의무는 무엇이겠습니까? 한가지는 분명합니다. 선교사역에 있어서 오래된 질서는 그런 민족들의 삶에서와 마찬가지로 사라졌습니다. 이전 시대의 느리고 조용한 노동과 발전은 새로운 여선과 새로운 사업들을 위해서는 더 이상 적절하지 않습니다. 기독교의 선교 사업은 만일 그 사업이 이 원시인 민족들이 새롭고 보다 큰 미래를 위하여 적응하도록 하기 위한 방법이란 것을 입증하고자 한다면, 보다 넓고 보다 완전한 형태를 취해야 할 것입니다. 문명화된 국가의 광범위한 기초는 야만인들이 하듯 산발적으로 자신들의 개인적인 필요를 얻고자 하는 일들이 아니라, 지속적으로 다른 사람들과 협력하고 보편적인 관심을 갖고 수행하는 산업인 것입니다. 문명 국가의 진보란 지적 성장에 의해 이루어지는 것으로, 이를테면 사업과 삶의 여건들을 잘 이해하고 개선하는 데 적용되는 지식을 증진하는 데 있는 것입니다. 문명국가의 영속적인 힘과 행복은 성품을 개발함으로써 있는 것이요, 하나님을 두려워하고 이웃을 향하여 이타적 돌봄을 갖는 성품의 정비와 배양을 통하여 가능한 것입니다. 그리스도의 일꾼된 우리의 책임으로써 알아야 하는 것은 하나님께서 우리로 보내신 족속들이 우리와 마찬가지로 잘 준비되어서 그들을 둘러있는 모든 곳들이 새롭게 변화되고 있는 새로운 세계 속에서 자리를 차지할 수 있도록 그들을 도와주어야 하는 것입니다. 대부분 경우들 속에서 노동의 존엄성은 하나의 기본적인 교훈으로써 진지하게 반복 교육을 필요로 하며, 지식에 대한 갈망은 힘의 원천이자 공동체 속에서 사람의 가치를 증진시키는 것으로서 열심히 추구되고 또한 충족되어야 합니다. 무엇보다도 기독교적 원리가 스며들어가고 배양되어야 하는 것입니다.

이러한 일들은 새로운 사업들이 아닙니다. 원시 민족들 안에서 사역해온 모든 협회는 그런 일들을 오래동안 성공의 척도를 가지고 이런 일들을 시도해왔습니다. 이제 우리에게 필수적인 일은 그 민족들이 보다 철저하게 인식하는 것이요 보다 적절하게 공급을 받도록 하는 것입니다. 산업 훈련은 오로지 하나의 부분적이고 제한적인 가치를 지녀서, 저 원주민들은 여전히 원시적 여건 속에서 살아가고 있다면, 이제 산업훈련은 절대적으로 필요하게 되었고 철저하게 공업기술적이고 능률적인 훈련이 이루어져야 하게 되었습니다. 그럼으로써 원주민들은 보다 크고 혼란된 사회의 일원이 될 수 있는 것입니다. 읽고 쓰는 지식은 원시 사회 여건에서는 종교적 가르침과 연관해서만 소중하게 여겨지고, 보통 사역을 위한 훈련의 수단으로서만 가치있게 여겨졌습니다. 그러나 이제 원주민은 무역업자들과 접촉하고 교류해야 할 때, 이렇게 읽고 쓰는 지식은 완전히 새롭고 실천적인 의미에서 소중한 가치를 지니게 되었습니다. 그리고 그런 지식은 만일 원주민이 어떤 문명 국가에 대한 존경과 신뢰의 자리로 나아가게 될때 불가피한 요소가 되었습니다. 우리는 우리 산업학교들이 매우 철저하게 갖추어져 있으므로 그 학교들이 조금도 부끄럽지 않은 일꾼들을 양산해내고 있다는 사실을 알아야 합니다. 우리는 우리의 교육 시스템을 재조직하고 개발하여야 합니다. 가장 기본적인 단계에서부터 최고의 수준에 이르기까지 말입니다. 그럼으로써 우리는 지적 성장을 위하여 기여하고 격려할 수 있을 것입니다. 그리고 지속적으로 지식의 일반적 수준을 높일 수 있을 것입니다. 무엇보다 우선, 기독교 교회의 양육과 개발이 그 사역의 질에 의해 이루어지고, 기독교 문헌들을 만들어 보급함으로써 이루어지며, 기독교인의 성품의 고도의 이상들을 유지하도록 함으로써 이루어질 수 있음을 알고 끊임없고 지속적인 우리의 관심을 두어야 할 것입니다.

그 일은 종종 동양의 거대한 민족들의 생활을 깨우치기 위한 필수품들을 충족하고자 노력할 때 다가오는 생각이라고만 여겨집니다. 그러나 그러한 일은 말할 수 없이 영예로운 일입니다. 자연 도태란 연약한 것들이 지게 된다(the weak go to the wall)는 것을 뜻합니다. 그리스도의 은혜의 기적은 약한 자들의 힘을 새롭게 해주고 멸망으로 가는 이들을 구원하는 것이어야 합니다.

새롭게 된 인간성의 완전한 몸은 모든 민족들이 그들 자신의 특별한 은혜 혹은 위엄, 혹은 능력 혹은 지증 혹은 영적 자질의 요소들을 그 몸의 영광스런 성품을 향하여 헌신할 때에야 완성될 것입니다. 그러한 요소들은 분명하고 특별하게 우리 주님께서 영화롭게 여기시고 신뢰할 것입니다. 그분의 작은 소자(小子)들을 돌봄을 통해서, 그리고 멀리 사라져버렸고 타락의 늪 속으로 깊히 빠져버린 사람들을 이끌어내어 빛으로 인도함으로써 말입니다. 우리가 갈망하는 날은 흑인과 황인이, 그리고 갈색인종과 백인이 그리스도 안에서 하나의 거대한 형제가 되는 날입니다. 그리고 주님이 온 땅의 왕이 되시는 날입니다.

기독교 국가들의 의무(1)

요크 대주교의 연설
6월 19일 주일 저녁, 대회실에서의 연설

우리는 여기에 하나의 공통의 이유로 동지된 자로서 모여있습니다. 그러나 여러분은 아마도 우리 중 가장 태곳적 사람들을 위하여 별 가치 없이 사역을 하였던 사람 하나를 용인해야 할 것입니다. 영국 민족에 속한 땅에서 주교직을 감당한 것에 대하여 그는 그 스스로 발견한 내용들에 대해 설명해보는 것에 큰 기쁨을 느낍니다. 만일 대회의 중간에 단 하루 저녁 동안만 있었더라면 새로운 신기원의 시작의 날에 낡은 신앙을 가지고 말하는 문제점을 직면하였을 것이요, 나아가 기독교 국가가 그 주인에게 바치는 충정보다도 더 연합된 새로운 시대의 비전을 부여잡게 되었을 것입니다.

제가 요청받은 연설의 주제는 비기독교 종족들과 관련한 기독교 국가들의 태도에 관한 것입니다. 우리는 기독교인 지체로서, 또는 선교 단체의 일원으로서가 아니라 우리가 속한 개별적인 나라들의 시민들로서 우리에게 주어진 의무가 있습니다. 선교 단체의 행동에 국가의 정책이 가장 깊고, 지대한 영향을 가져오고, 아마도 국가 정책이 세계에 기독교의 표출에 똑같이 중요합니다. 결국에는 국가 정책은 국가의 대중의 의견의 표현이고, 그 정책이 전 세상을 통하여 기독교 왕국의 발전을 돌보든지 아니든지 간에, 기독교 시민들의 이상과 활동에 달려있습니다. 나는 세 가지 일반적인 원칙을 말하는 것이 즐겁습니다. 그 첫 번째는 기독교 국가들의 의무가 그들 자신의 이익뿐만 아니라 그들이 정복하거나 접촉한 비기독교 국가들에게도 좋은 정책의 목적을 만드는 것이 제일 분명한 것입니다. 공공연하게 기독교 종족들에 의한 비기독교 종족들에 대한 논의의 역사는 인간의 본성이 그 국가 정책에서 원시적인 기독교 법칙이 진실임을 찾아낸 어려움의 오랜 실제적 예입니다. 우리는 놀랄 필요가 없습니다. 기독교 국가들을 비기독교 종족들과 접촉하게 하는 바로 그 소질은 기독교 법의 필수적인 독립성에 있습니다. 그 소질은 국가의 도움이 아니라 부의 추구입니다. 기독교 국가를 비기독교 종족과 접촉하게 하는 첫 번째 본능은 그들의 무역에 시장을 철저하게 하거나 여는 데에 바람이 있습니다. 즉시 우리는 무역업자, 즉 기독교 국가들의 선발대를 그들의 마음속에 친절함을 통해서 선한 일을 함을 인정합시다. 하지만 그것을 인정한다면, 우리는 그 무역업자들의 본래의 동기는 항상 그들의 투자와 그들의 무역과 상업의 진보로 돌아가야 한다는 것 또한 인정해야만 합니다. 본국의 정부는 경제 상황에 따라서 세계에 새로운 시장을 열어 견고하게 하는데 무역업자들을 따라가야 한다는 것을 강조하는 것은 당연하고 필연적인 것입니다. 그리고 또한 그들은 무역업자들의 일정뿐만 아니라 동기까지도 따라야만 하는 것은 필수적입니다. 무역업자, 회사, 상사들은 항상 정부에 귀기울여야 하고, 정부에 듣고 발전시켜야 하는 흥미의 가장 분명한 동기를 가지고 있습니다. 그리고 기독교 국가의 생활에서 기본적으로 중요한 것은 물질적인 장점 뿐만 아니라 도덕적인 이상이 주장하는 더 높은 법을 인정하는 정부에 귀를 기울여야 하는 것입니다. 즉, 기독교 국가는 어떤 원주민 종족이 무역과 상업의 이익을 위해 단지 이용될 것이라고 주장하는, 기독교 여론의 강하고 실지적인 주체가 되지 않는다면 기독교 정책의 기본적인 원칙에 사실일 수가 없습니다. 아마도 우리가 생각하고 있는 필요와 위험 양쪽 모두가 생각이 나는 세 개의 실례가 있습니다. 그 첫째는 아프리카의 콩고 민주공화국의 역사입니다. 기독교인들의 활동이 잠잠해질 때 비기독교 종족들에게 무엇이 일어났는지 우리 앞에 펼쳐진 것을 봅니다. 세상의 넓은 지역이 기독교 국가들에 의해 조약을 맺어 통치 하에 있을 때, 그 원칙과 고백을 내가 생각할 필요가 있습니까? 앞서 말한 영토들에서 최고 권력을 가지고 영향력을 주는 모든 권력은 원주민 종족들의 보호와 그들 실재의 도덕적이고 물질적인 상태의 개선을 보호하도록, 그리고 노예의 억제에 협동하도록 시작하였습니다. 여기에 기독교적인 고백이 많이 있습니다. 내가 실제적인 훈련에 대해 비도덕적인 이야기를 해야 할 필요가 있습니까? 이기적 관심, 돈의 유익, Yellow Peril-황금에 대한 욕망-로 기독교인의 규제와 활동을 위해서가 아니라 자의적인 방식으로 활동하기 위해 떠났던 것이 여기에서 설명되는 비극적 이야기입니다. 우리는 이 대회에서 우리들이 확신한 것을 기록하고 많은 기독교 국가들에게 전달하는 기회를 발견하고자 하고 있습니다. 만일 우리가 어떠한 인내를 훈련해야 한다면, 우리의 모욕보다 더 강한 인내를 훈련해야 할 것입니다. 그러한 인내는 우리의 모욕된 것들의 흔적이 완전히 사라지기까지는 그치지 않을 인내일 것입니다. 아! 우리는 원주민들을 위하여 그들의 삶에서 상실되고 어두워진 것들에 대하여 어떤 것도 배상할 수 없습니다. 그러나 최소한 기독교 국가들의 무자비한 양심들이 있었던 것에 대하여 진심어린 배상을 할 시간을 있습니다.

그러나 이렇게 지저분한 드라마로부터 얻을 수 있는 또 다른 교훈이 있습니다. 그것은 미래를 위한 것입니다. 기독교인의 시민권은 너무 늦기 전에 경계심을 가는 것을 뜻합니다. 그리고 우리가 우리의 심정에서 참으로 친근한 콩고에 지불해야 할만큼 동일한 고무제품들로부터 얻어낸 갑작스런 부유함을 얻고자 하는 욕망의 표식이 우리 주변에 있다면, 우리는 분명히 확실하게 해두어야 할 것이 있습니다. 곧 기독교 시민권은 분명히 생각하여야 할 것으로, 어떤 정부도 즉각적인 부라고 하는 것이 그릇된 방법으로 다른 지역의 노동력을 착취함으로써 얻어질 수는 없다고 하는 사실을 알지 못한다면 결코 우리의 지지를 받지 못할 것이라는 사실을 알아야 할 것입니다.

두 번째 우리의 마음에서 함께 생각해야 할 것은, 중국에서도 분명히 이렇게 지저분하고 그릇된 아편 거래의 스토리가 있었다는 사실입니다. 우리 영국 민족으로서, 과연 우리는 전쟁을 일으켰다는 사실에 대하여, 더욱이 오로지 상업적인 이익의 목적으로써 사람들의 도덕적인 성품을 무너뜨리는 마약을 지불하도록 하는 조약을 강제로 체결한 것에 대하여 아무런 부끄럼 없이 지난 세월을 돌이켜볼 수 있겠습니까? 다시금 말씀드리지만, 여기에서 기독교인으로서의 시민권은 부끄럼이 제거되기 전에는 지탱될 수 없을 것입니다. 우리의 필요는 제가 추구하는 바, 중국인들이 스스로 높은 차원의 노력을 통해서 이러한 재난을 벗어나는 것에 대하여 성찰과 반영이 필요하다는 사실을 아는 것입니다. 바로 그럴 때에 우리는 보다 더 귀한 일을 할 수 있는 것입니다. 이런 일보다도 세상의 눈들 속에서 기독교에 대하여 갖고 있는 신뢰에 대하여 더 큰 편견이 있을 수 있을까요? 즉 하나의 비기독교 민족이 스스로 도덕적인 저주로부터 벗어나고자 열성을 보이는 때에, 한 기독교 국가가 자신의 욕망을 실천하고 있는 방향으로 뒤처지거나 혹은 그런 의심을 받아야 되겠습니까?

세 번째 조명해보고자 하는 것은 비기독교 민족 내에서 주류(酒類)가 유통되고 있는 것입니다. 여러분은 아마도 서부 아프리카 지역에서 일어나고 있는 이러한 문제에 대하여 고려하고자 하는 절차들이나 해당 분과에서의 보고서를 읽었을 것입니다. 그리고 거기에서 여러분은 식민정부들의 편견에 대해서 보았을 것입니다. (저는 어려운 문제에 대해서는 코멘트를 하고 싶지 않습니다.) 그 정부들의 성향으로는 무역을 통하여 얻게 되는 이익을 보호하려고 하며, 선교사들의 성향으로는 원주민들 편에서 자기개발의 독립적인 권리들을 보호하려고 합니다. 우리는 단지 쉽사리 정부들이 하려고 하는 계획들에 대하여 신뢰를 던집니다. 기독교 시민권은 선교사들의 성향이 최소한 페어플레이 이룰 수 있는 것을 보고자 하는 것입니다.

이제 기독교 국가들이 선교사들과 선교사의 영성에 대하여 알아야 할 때가 왔습니다. 그들이 공동의 공적 삶에서 본질적 요소에 대하여 눈을 뜰 수 있도록 도와주어야 합니다. 기독교 선교의 영성이 없으면 기독교 확장의 요인은 불가피하게 그릇된 길로 갈 수밖에 없습니다. 우리는 확장의 요인이 하나의 위대한 세계적인 운동의 일부인데 그러한 사실을 점검할 수는 없습니다. 다만 우리는 그러한 확장의 요인을 사용하고 고양하여야 합니다. 그러나 그것을 제멋대로 내버려두면, 그러한 요인은 불가피하게 양측 사람들의 품위를 떨어뜨릴 수밖에 없습니다. 즉, 그 요인에 대하여 인식하는 사람들과 그러한 요인들이 도달하고 있는 곳 사람들 모두를 말입니다. 기독교 시민들로서 우리는 늘 경계를 가지고 공적 의견을 유지하는 방법을 가지고 세상의 모든 부분들을 총괄하는 것들과 기독교 선교사들의 영성이 공적 능력을 지니는 것을 보기를 원합니다.

두 번째의 원리는 이것입니다. 대단히 중요한 것으로써, 기독교 국가들의 의무의 문제입니다. 이 기독교 국가들의 경우 그들 나라가 당도한 비기독교 민족들의 자립하는 선행을 추구한다는 원리를 수락한다고 했을 때조차도 이런 원리는 반드시 이행 되어야 할 것입니다. 거기에서 기억해야 할 것은 도덕적이고 영적으로 강화된 훈련 없이 물질적인 문명의 유익만을 주는 것은 위험할 수 있다는 것입니다. 서방의 문명은 비기독교 국가에 당도했을 때 절대적으로 소멸되고 용해되어야만 합니다. 민족의 삶이라고 하는 것, 즉 그 사람들의 전통 종교와 윤리들을 무너뜨리는 선교사들이 너무도 잦은 일들이 반복되어서는 안될 것입니다. 그러한 일들은 백인들 그 자신의 스타일인 것입니다. 만일 그 선교사가 무역거래를 하는 경우 그는 그 곳에서 정착할 수 없을 것입니다. 그가 예리한 양심을 가지고 정의의 원리들과 정치와 교육의 원리들을 그 자신의 문명과 연관된 것이라 여겨지는 것을 도입한다면 그는 여전히 정착을 할 수 없습니다. 영국령 인도는 바로 그런 면의 정확한 케이스라 할 수 있습니다. 거기에서 여러분은 백인의 규칙이 최선의 것으로 세워진 것을 볼 수 있을 것입니다. 그리고 그것이 최선임으로 인해서, 문명의 모든 기회들을 교육을 포함, 원주민들 안으로 도입하는 데 있어 가장 유력하게 했으므로 인해서 그 경우는 가장 정착이 되지 못한 경우라고 할 수 있을 것입니다. 인도에서 물질적인 문명의 건설적인 작업은, 결코 심하지 않은 말로 표현을 하자면, 그들이 지금껏 살아오면서 지녀왔던 도덕성과 종교 안에 있는 전통들에게 가해진 파괴적인 영향으로 인해서 매우 위태롭게 되었습니다. 여기에서 우리가 보아야 할 것이 있습니다. 기독교 국가는 이른 바 도덕적으로 위험이 있는 일에 대해서 결코 용인할 수 없다는 사실을 생각여야 하는 것입니다. 한 민족의 생명의 도덕적이고 영적인 기초를 세우는 일이나 회복하는 건설적인 일을 잘 지키는 방법을 수행하는 것이 중요한 것입니다. 기독교 국가가 그 국가의 정부와 연결이 있다고 하는 것이 반드시 그 나라의 것과 연결을 하고 있어야 한다는 것은 아닐 것입니다. 중립성의 원리를 잘 지켜가는 것이 중요한 일일 것입니다. 그런 의미에서 선교국의 정부가 그러한 원조를 할 수 없다는 것에 대하여 기독교 국가는 선교사들에게 알려주어야 할 것입니다. 기독교 국가는 그것의 공공 정책의 일환으로 변화하여야 합니다. 즉 선교사들의 정부임을 뛰어넘어서 그들로 하여금 정부가 수행할 수 없는 도덕적 영적인 사역을 건설적인 사역을 할 수 있도록 요구해야 할 것입니다. 어려움은 대단히 클 줄 압니다. 그러나 그들은 그런 일에 대면을 해야 합니다. 오로지 도덕적이고 영적인 힘들에 대한 재건이 이루어져서 그런 힘들이 잘 다져질 때 그렇게 되어야 물질적 문명으로 이룰 수 있는 것도 가능할 것입니다. 그리고 앞으로 나아가며 사람들의 최선의 삶을 영위해가도록 할 것입니다. 그것이 예수 그리스도의 믿음, 곧 세상 모든 사람들을 향하신 우리 주님의 믿음인 것입니다.

세 번째의 원칙은 이것입니다. 바로 기독교 국가의 의무라는 것입니다. 비기독교 인종들에 주어진 책임이라는 관점에서 볼 때 그 사람들의 고국의 민족 생활 양식을 기독교적 원리들과 잘 접목하도록 해주어야 하는 차원에서 바로 그렇습니다. 기독교 국가들이 비기독교 민족들의 중앙으로 이동하는 것 뿐 아니라, 비기독교 민족들도 기독교 국가들 안으로 들어와 배우고 관찰할 수 있어야 하는 것입니다. 우리의 학교들과 연구회들과 대학들은 인도나 중국, 일본으로부터 온 예리한 지식들로 채워져 있습니다. 그들이 우리 자랑 넘치는 기독교 문명에서 배우는 것은 무엇입니까? 한 일본 장관이 몇 년 전에 제게 온 적이 있습니다. 그리곤 제게 묻기를 영국에 있는 기독교 문명이 런던 극동부에 있는 우리 도시들의 문제들을 해결한 그 방법을 배울 수 있는 연구 시설을 공급해 줄 수 있느냐는 것이었습니다. 저는 그가 무엇을 배우고자 하는지 알았습니다. 저는 기도하기를 그가 그것을 포기하기를 바랐습니다. 그 사람들은 우리 이 나라의 사람들의 실제 생활 속에서 기독교의 지역에 대하여 무엇을 배우고 있는 것입니까? 언젠가 다른 날 저는 두 명의 총명한 일본인 학생들로부터 이야기를 들었습니다. 그들은 영국 박물과 옆의 기숙사에서 일 년간 지낸 이들이었고, 그들은 일본으로 돌아가 이렇게 전했다고 합니다. 그들이 기독교 국가의 수도에서 지내는 전체 기간 동안 한번도 가족을 만난 적이 없었고 오로지 한번 그 나라 기독교의 포고식을 관찰하였을 뿐이었다는 것입니다. 그리고 그들은 기독교적 윤리법의 원리에 대하여 협약한 것들에 대하여 무엇을 배우고 있습니까? 이를테면, 그들은 우리에 대하여 가족들의 생활의 안정성을 기독교적 원리들을 가지고 더욱 정화(淨化)하고 대속(代贖)하는 영향을 미친다는 것을 듣고 있습니다. 그들은 만일 기독교 국가로 와서 그들이 기독교 법의 속박 아래서 볼 때 침착하지 못하게 변해가고 있는 것을 발견한다면 무엇이라 생각할까요? 저는 메시지 하나를 기독교 국가에게 이 대회를 통하여 남기고 싶습니다. 그것은 아주 단순하며 직접적이면서도 필수적인 것입니다. 여러분 자신의 국가들은 기독교 국가로 만들어졌고 기독교인으로 지속해왔습니다. 여기 이 대회에서 우리는 가장 단순하나 가장 진지한 자세로, 예수 그리스도 우리 주님의 도전의 말씀을 즉각적인 복종으로 받아들이는 이들에게 영광을 돌리기 위해 이 자리에 모였으며 그 분들이 바로 선교사들입니다. 그 도전의 말씀은 기독교 시민으로서 보다 겸손한 자리를 지키는 이들에게로 옵니다. 저는 하나님께 기도하기를 우리가 그러한 순종은 동일한 충성심과 용기를 가지고 받아들일 수 있기를 구합니다.

기독교 국가들의 의무(2)

세트 로(Seth Low)경의 연설.
6월 19일 주일 저녁, 총회의실에서의 연설

제7분과의 보고서는 제가 그 멤버로서 내일 대회에서 발표가 이루어질 것입니다. 그 보고서는 선교와 정부기관들과의 관계성들에 대해서 다루게 될 것이고, 또한 필수적으로 실제적 이슈로서 선교사역들이 정부들과의 접촉이 점점 늘어나게 되면서 선교가 이루어지는 나라에서든 선교사들이 가게 될 나라에 대해서든 등장하는 문제들을 다루게 될 것입니다. 이 저녁에 저는 선교사역들과 정부들 사이에 관계성의 보다 큰 영역들의 어느 부분에 대해서 토론을 하고자 합니다. 선교사는 기독교의 복음을 전하기 위해서 비기독교 국가를 향해서 가게 되는 것이 원천적입니다. 그러나 그가 그런 나라를 향해 갈때 그는 그 복음이 그 비기독교 국가의 청취자들에게 명령하고자 하는 것에 대하여 분명하게 이해하고 있습니다. 그는 그 자신의 삶에서 그러한 이상들을 그렸음을 틀림이 없습니다. 얼마나 신실하고, 얼마나 인내심 강하며, 얼마나 고상한지 정말로 많은 선교사들은 많은 현장에서 그런 일을 감당해내고, 지금도 그렇게 하고 있습니다. 하나님께서 이를 아실 것이요, 우리는 부분적으로 알 수 있을 뿐입니다. 선교사들이 그의 모국 정부가 지원하는 정치적 지지를 누리는 일은 매우 드문 일입니다. 특히 그런 정부로부터 도덕적 지지를 갖는 것보다 훨씬 더 적은 일일 것입니다. 그리고 그러한 도덕적 지지에 의해서 저는 생각하기를, 한 나라의 정부가 가지고 있는 공적 견해가 압도적으로 기독교적이라고 한다면 그 정부가 비기독교 민족들을 해할 때나 국제적 협약관계를 가질 때 고상한 정의의 이상들과 공평한 의식과 타민족의 권리에 대한 존중하는 태도를 가질 것입니다. 그들이 약한 나라라고 할 때라도, 선교사의 동기는 강력하게 강화될 수 있을 것입니다. 한편, 한 나라의 정부가 공적 노선이 압도적으로 기독교적이라 하고 그러한 이상들을 실현하는 데 실패한다고 하면, 선교사의 사역은 참으로 어려울 것입니다. 선교사는 그 자신의 삶에 대한 위험을 평정 속에서 맞을 수 있습니다. 왜냐하면 그는 순교자의 피가 교회의 씨앗이 된다는 사실을 알고 있기 때문입니다. 그러나 그들 모두 중 가장 최선으로 뛰어난 선교사라고 그 자신의 이상들을 실현하는데 실패할 수밖에 없는 그런 나라에서 나타날 일들로 인해 다가오는 재난을 피할 수는 없는 일입니다.

요크의 대주교께서 은혜로우신 말씀으로 언급하시기를 우리 분과로부터 받은 선교사의 고백들이 하나의 감동적인 일치를 보여준다고 하는데, 이것이 공적인 특징으로서 나타날 수 있다고 말씀하셨습니다. 저는 우리 자신에 대한 격려를 위해서 그 점을 밝히고자 합니다. 선교사는 아편을 저항하여 차단했습니다. 오랫동안 지속하고 강력하고 웅변적으로 소리를 냄으로써 그 일은 헛된 일이 아니라 좋은 결과를 낼 수 있었습니다. 왜냐하면 이제로부터 일, 이 개월 이내에 헤이그(Hague)에서 국제대회가 그러한 주제로 있을 것이며 이 대회의 구성원이 주재를 하게 될 것입니다. Philippine Islands의 브렌트 주교와 우리는 합리적으로 확신할 수 있는 것이 있는데, 그것은 곧 현명하고 선한 사람들이 제안할 수 있는 모든 것은 그 대회에서 발표될 것이라는 것입니다. 그것은 바로 우리의 기회이며, 그 기회는 우리 기독교 국가들의 기회이고 여기에서 모인 이들의 기회로, 실제적인 프로그램이 그 나라들에 상정이 되면 알게 될 것이고, 그 나라들의 공적인 견해는 그 프로그램이 강력하게 진행되도록 요구할 것입니다. 공적인 견해는 여전히 남아 있는데, 그것이 바로 주류 유통이요, 노동력 강요의 문제입니다. 그러나 선교사가 그 스스로를 격려하며 도덕적 세계에서조차 문제들이 일어나고 있는 것에 대하여 반추하는 것은 분명히 합당한 일일 것입니다.

그러나 하나의 문제가 있다면, 그러한 세계의 민족들이 강력하게 선교사의 의욕을 원조하고, 다행스럽게도 별들은 자신들의 노선들 안에서 우리를 위해 싸우고 있다는 것입니다. 밸포어 경은 그의 초두 연설에서 언급하기를, 기독교 선교사가 나아가는 곳마다 양심의 자유의 문제가 일어났다고 말했습니다. 다행스럽게도, 세상 모든 계몽된 나라들은 지금 그들 자신의 나라 국민들의 양심의 자유에 대하여 동의합니다. 우리가 권리를 지니지 않았다고 한다면, 우리는 공적 견해가 기독교적으로 압도적인 나라에 속한 사람으로서 우리의 정부들이 해야 할 모든 것들에 대하여 질문합니다. 즉, 우리의 정부들은 모든 인류의 생명체에 대하여 양심의 자유를 허락해야 하는 것일까요? 일본이란 나라가 첫 번째 비기독교 국가로서 그러한 엄청한 값의 특권을 가지고 법에 의해 그 국민들을 안전하게 확보했다는 것은 매우 특별한 영예가 아닐 수 없습니다. 그리고 대단히 특별한 것은 우리 분과가 내일 대회에 제출하게 될 보고서에서 일본으로부터 선교사들과 시민 권위 사이에 알력이 있었다는 불평이 없었습니다. 분명하게 실제적으로 없었습니다. 동방 전역에서 일본의 영향력이 퍼져나가는 것이 일어나는 것을 우리는 소망하지 않습니다. 그러한 일이 벌어지는 곳마다 그 위대한 혜택들이 인류에게로 퍼져나갈까요? 일본은 서방의 교육에 동화되었고, 서방의 정치적 사상들도 많은 부분을 수용하였습니다. 그러나 저는 믿건대 일본은 서방으로부터 그 나라 사람들을 위해서는 아무런 혜택이 될 것을 수용하지 않았는데, 바로 한 순간만 비교해보아도 알 수 있는 양심의 자유의 혜택을 말입니다. 여러분은 인간의 영이 자유케 될 때에 여러분은 끊임없는 진보를 위한 기초를 두는 혜택을 누린 자들이었기 때문입니다. 그러나 양심의 자유는 전적으로 공적인 법의 문제가 아닙니다. 그것은 아마도 공적 견해의 부분에 해당될 것입니다. 예를 들자면, 인도에서는 영국의 지배하에서 양심의 자유가 법으로 잘 세워졌습니다. 그러나 제가 상상컨대, 지구의 지역 어디에도 그리스도인이 되고자 하는 사회적 장애물들이 그토록 강력하며, 마치 그들이 그러한 나라에 살아가고 존재하고 있듯이, 인도에서 카스트 제도는 바로 그 중심에 있다는 것입니다. 그러한 것을 어떻게 무너뜨릴 수 있을까요? 선교사들은 무언가를 이루었습니다. 그리고 그들은 계속하여 더 많은 일들을 이룰 것입니다. 그러나, 저는 감히 생각건대, 세계의 문명화된 기독교 국가들로부터 하나의 공적 견해로 나아감으로써 인도가 점점 서방의 스타일로 접촉해들어오도록 하는 것이 좋으며, 바로 그러한 태도가 어느날 카스트를 무너뜨리고 모든 인도 원주민들을 안전하게 인도하기라 봅니다. 가장 낮은 곳부터 가장 높은 계급에 이르기까지 양심의 자유가 태동되고 기독교가 근본적으로 자리를 잡게 되는 날 말입니다. 기독교의 핵심이 바로 인간의 심령에 선택을 주는 근원이 되기 때문입니다. 선교사는 강요된 하나의 기독교를 전하기 위해 그의 모국을 떠나지 않을 것입니다. 그들이 원하는 것은 예수 그리스도 우리 주님을 향해 개심하는 자일 것입니다.

자, 이제 여러분께 검토해주시기를 요청하는 질문이 있습니다. 우리는 알렉산더 대왕의 정복사에 대하여 모두 읽었습니다. 그리고 우리는 그가 더 이상 정복한 땅이 없다고 했을 때 한숨을 쉰 사실을 기억하고 있습니다. 저는 우리가 과연 얼마나 대단한 정복을 지금 이 시대에 이루었는지 알렉산더 대왕의 정복의 이야기를 통하여 다시금 깨닫고 있는지 궁금합니다. 넓게 말해서, 저는 생각하기를, 알렉산더의 정복이 멈춘 쪽에 해당되는 이쪽 면에 사는 모든 나라들이 지중해 문명을 이루어냈다고 봅니다. 우리의 정치적 생명과 사회적 생명, 그리고 우리의 종교적 생명은 그러한 분지(分地)에서 생겨나왔고, 알렉산더의 정복이 이루어진 선 너머에 있는 나라들, 즉 인도, 중국, 일본 등은 작금의 이백 년 동안에 그들 자신의 문명을 개발해왔습니다. 즉 다른 사회적 구조와 다른 정치, 다른 종교들로 말입니다. 그리고 지금은 갑작스러운 만남으로 동양과 서방이 자신들을 발견하고 있는 중입니다. 저는 각각 다른 사람들의 눈으로 들여다 볼 수는 없을 것이지만, 실제적으로는 서로가 혼합될 것을 예상할 수밖에 없습니다. 2천년 동안 그 사람들은 두 개의 세계로 떨어져서 살아왔습니다. 인간이 볼 수 있는 한 모든 실수들을 하면서 그들은 동일한 이 세상 안에서 우리와 더불어 살아온 것입니다.

그 진술에 관련하여 몇 가지 질문을 간단히 드리고자 합니다. 제가 집을 떠나기 직전에 저는 미국 철강 주식회사의 한 임원을 만났습니다. 그는 제가 말하기를 최근에 Hangkow에서 중국인들이 일하고 있는 압연(壓延) 공장을 보았다는 것입니다. 그는 말하기를 생산고의 분량을 판단해보니 90%의 효율성이 있더라는 것이고, 고국에서 생산되는 미국산의 최상의 물건과 다를 바가 없고 임금은 미국에서의 기준보다 오분의 일에 불과하더라는 것입니다. 이 말은 모든 산업 국가들에게 무엇을 의미할 것입니까? 중국이 그들이 지닌 잠재력과 거대한 산업과 엄청난 인구들을 지니고 있고 무쇠를 생산하는 것을 배웠을 뿐만 아니라, 그 외의 모든 것을 제조할 수 있도록 배우게 된다면 말입니다. 저는 생각건대 그것은 곧 최소한 새로운 문제들로서 우리가 쉽사리 내다볼 수 없는 거대한 문제들을 야기한다고 봅니다. 여러분은 가장 태평양 연안의 백인의 태도를 가지고 서방의 첫 번째 본능적인 답변을 알고 있을 것입니다. 미국뿐 아니라, 캐나다, 멕시코, 남아메리카, 남아프리카, 호주에 이르기까지 말입니다. 이 백인종들은 아시아의 노동력이 유입되는 것을 원치 않습니다. 그것은 우리 백인종이 아시아인들을 경멸하기 때문은 아닙니다. 삶의 기준이 서방에서 개발된 사람들의 본능적인 행동은 바로 갑작스런 위기감을 느끼는 데 있는 것입니다. 여기에서 여러분은 서방과 동양 민족들 사이에 있는 알력을 볼 수 있는 새로운 기회를 갖는 것입니다. 만일 위의 질문들 혹은 그런 류의 질문들이 자연법과도 같은 관점으로 이해가 된다면, 그래서 적자생존(適者生存)과 존재를 위하여 고뇌하는 질문이라고 한다면, 저는 사람들이 말하는 황화(黃禍, Yellow Peril)를 염려하지 않을 것입니다. 그러나 만일 우리가 하나의 효율적이고 생동감 있는 능력으로서 생존을 위한 고민을 가지고서 나란히 설 수 있다면 문제가 없을 것이라 생각합니다. 드럼몬드(Henry Drummond)가 이른바 "타인의 생존을 위한 염려", 다른 말로 하자면, 기독교의 선교가 저 동방의 나라들로 하여금 정말로 깊고 동참의 뜻을 가지고 어떤 실수가 있게 되더라도 기독교 문명의 중심에서 위대한 일들을 해낼 수 있다면, 오로지 인간이기 때문에 인간을 존중하는 풍성함이 이루어질 것입니다. 그리고 기독교 민족들은 비기독교 국가들과 연합할 수 있을 것입니다. 마치 오늘날 그들이 개발해가고 있는 것처럼, 혹은 개발하기 위해서 노력하고 있는 것처럼 말입니다. 이러한 새로운 만남들로부터 세상은 이전보다 보다 좋아질 것이며, 우리는 아마겟돈 전쟁으로부터 탈출할 수 있을 것이며, 황화(黃禍)로 인한 불안을 재촉하던 미래가 영원한 형제애와 진리의 통로가 되는 절호의 기회로 변하게 될 것입니다.

비기독교 인종들이 그리스도의 몸에 기여한 점

타슈쿠 하라다 President TASUKU HARADA
6월 19일 주일 저녁에 대회실에서의 연설

친애하는 신사 숙녀 여러분, 오늘 저녁 다루기로 한 주제는 우리에게 더 익숙한 것들과는 다르고 심지어는 적대적인 모든 신앙과 생각들로부터 생겨난 지식, 통찰력과 판단, 그리고 연민에 관련한 것입니다. 저는 지식과 통찰력의 큰 기준을 인정하지 않는 것이 아니라, 제가 가지고 있는 가장 분명한 것은 비기독교 신앙과 비기독교 나라들에 대한 깊은 동정심이라는 것입니다. 왜냐하면 저는 비기독교 나라에서 태어나서 자랐기 때문입니다. 나는 복음의 수용을 위한 내 자신의 준비와, 현재 기독교인으로서의 생활의 즐거움을 전하기 위해 옛 신앙과 생각들을 적절하게 표현할 수 있는 노력도 해야 한다고 생각합니다. 세상은 하나님의 것입니다. 어느 것도 하나님과 동떨어져 존재하지 않습니다. 그러므로 우리의 신념은 이와 같습니다. "우리가 모두 한 아버지를 가지지 않습니까? 한 분이신 하나님이 우리를 만들지 않았습니까? 하나님은 오직 유대인을 위한 하나님입니까? 그는 또한 나라들의 하나님이 아닙니까? 예, 또한 나라들의 하나님입니다!" 비기독교 종족들은 현재의 기독교 종족들보다 더 적습니다. 우리 주님은 말씀하시기를 "내가 율법이나 선지자를 폐하러 온 줄로 생각하지 말라 폐하러 온 것이 아니요 완전하게 하려 함이라"고 하셨습니다. 진정한 인식 속에서 그리스도의 몸은 어디에서 발견되어지든 무엇이든 진실하고 선한 대로 받아들이는 넓고 포괄적인 것입니다.

"비기독교인"이라는 말은 분명히 규정되지 않은 단어입니다. 인류의 더 많은 부분을 포함할지도 모릅니다. 하지만 저는 그러한 비기독교 국가들 모두를 이 시간 안에 담아내지 못할 것입니다. 나는 비교적 나에게 친숙하고, 내가 관련되었다고 생각한 나라들, 즉, 인도, 중국, 일본에 대해 이야기 할 것입니다. 그 세 나라는 비기독교 종교, 힌두교, 유교, 불교, 신토이즘을 대표합니다.

잠깐 동안 그리스도의 몸을 세워 가는데 이러한 나라들에게서 기대할 수 있는 어떤 기여가 있는지를 생각해 봅시다. 말할 필요도 없이, 인도는 "베다의 땅, 브라만교의 본거지, 불교의 발생지, 조로아스터교와 이슬람교의 피난처"인 종교의 땅입니다. 세상 어느 곳에서도 여러분은 인도 사람들보다 더 종교적인 사람들은 찾아볼 수 없습니다. 종교는 인도 사람들의 삶입니다. 의심할 여지없이, 그들의 종교적인 생각들은 미신으로 가득 차 있고, 하나님에 관한 생각은 공상적이고, 때로는 비윤리적이라 생각합니다.

인도 사람들은 종합적인 능력이 부족합니다 – 실용성은 그들의 특징이 아닙니다. 그러나 결국 부정할 수 없는 사실은 인도 종족은 깊은 종교적인 양심을 가지고 있는 종족이고, 보이지 않는 것에 대한 감각, 무언가 사실적이고 기초적인 것 후에 꺼지지 않는 욕망을 가졌다는 것입니다. 사물의 아주 깊은 것에서 가져오는 짧은 어떤 것도 인도인의 마음을 만족시키지 못할 것입니다. Higher Hinduism의 저자 Slater가 말하기를, "종교는 그의 존재의 양상입니다 — 사실상, 그에게 존재는 종교의 깨달음 외에는 다른 어떤 의미가 없습니다." 그리고 계속 말하기를 "인도인 마음은 이 세상의 변화들 속에서 그 영혼이 쉴 수 있는 고정된, 불변의 기초를 요구합니다. 인도인들이 찾고, 또 찾아야만 하는 하나님은 영원하고 변함없으시고, 그의 마음속에 사는 하나님이고, 하나님의 집은 인간 영혼의 가장 안쪽에 있습니다." 인도 종족의 이런 사색적인 영성은 기독교의 삶에 실제적인 공헌을 할 수 없습니다. 4년 전에 내가 인도에 있을 때, 나는 인도 기독교인의 강렬한 영성에 깊이 충격을 받았습니다. 끊임없이 하루에 몇 시간씩, 또는 새벽이 될 때까지 밤새도록 하나님과 교제하는 것은 과장된 것이 아니었습니다. 브라만들이 영적인 발전의 방법으로서 요가의 사용을 강조하는 것은 의심할 여지가 없다. 요가에서 뜻하는 마음의 가장 높은 상태는 자신의 죽음과 세상의 죽음, 자신의 완전한 극복을 향한 전적인 복종의 단계였습니다. "누구든지 나를 따라오려거든 자기를 부인하고 날마다 자기 십가가를 지고 나를 따라 오겠느냐?" 라고 말한 그리스도의 영에 필연적으로 동의하지 않겠습니까? 인도는 Chunder Sen 과 Mozoomdar를 배출하였는데, 두 사람 모두 우리가 바라는 것을 충족하지 못함에도 그리스도의 삶에 붙잡히게 되었습니다. 기독교 리더 중에 Satthianadan 교수, 철학자이고 교육학자인 그는 4년 전에 죽었는데, 모두가 애통해 했던 인물입니다. K.C. Banurji는 학자, 연설가이자 정치가요, Goreh는 신부, 철학자이자 성자였습니다. 그들 이외에, 많은 수의 기독교 목회자들과 남녀 교수들이 기독교의 이름을 가지고 나란히 자리매김을 하였고, 나는 미래에 더 많은 이들이 생길 것이라고 믿습니다. 인도 기독교인들의 사색적인 마음을 보면 더 많이 기대가 되지 않겠습니까?

인도에서 중국으로 돌려보면, 당신들은 그 둘 사이에서 큰 대조를 보고 놀라게 될 것이다. 내가 중국인들을 특징짓는다면, 중국인들은 가장 실용적인 민족입니다. 윌리엄스 박사가 중국인들을 절약하고, 생산적이고, 실제적이라고 특징지었습니다. 유교는 그 용어에서 더 일반적인 정의에 따라서 종교라 불리지 않을 것입니다. 유교는 인간 생활의 적절한 방법을 위한 도덕적인 규범입니다. 하지만 결국 공자는 중국인들에게 가장 큰 종교적인 영향을 끼쳤습니다. 그의 모든 제도는 약자의 강자에 대한 복종에 기초합니다. 2천년 이상 동안, 중국은 이런 기본적인 사고 아래에서 훈련 받았습니다. 윌리엄스 박사가 말하기를 "만약에 부모와 상급자에 대한 존경과 '하나님이 너희에게 준 이 땅에서의 날이 길지 않을 것'이라는 십계명의 다섯 번째 계명과 관련된 약속 사이에서 어떤 관련이 있다면, 중국인들의 오랜 시간은 하나님의 법에 부분적으로라도 복종하는 좋은 결과를 가져오는 엄청난 기념비적 시간이라 할 수 있을 것입니다." 중국인들의 끈기는 또 다른 잘 알려진 특징입니다. 의화단 사건 때 많은 수의 기독교 순교자들이 있었던 것이 의아하지 않습니까? 의화단 사태에서 믿음을 가지고 죽은 만 명의 남녀 어린이들은 중국 기독교인들 사이에서 복음의 능력에 엄청난 증인이 되었습니다.

일본으로 돌아가서, 나는 약간 더 권위를 가지고 말할 수 있습니다. 물론 "산 속에 있는 사람은 진짜 산을 볼 수 없다"는 옛 사람의 말을 생각할 때 저는 동시에 약점도 있을 것입니다. 나는 가장 중요한 특성 두 가지를 짚어 이야기 하겠습니다. 일본인의 충성심은 모든 사람이 다 인정할 것입니다. 황제에 대한 애국심과 충성심은 묶여 있지 않습니다. 충성의 정신과 애국의 정신은 왕정복고 시대와 일본의 외국과의 교류 이후에 크게 발전되었음이 분명합니다. Port Arthur에서 보여준 불굴의 용기와 중국과 러시아 사이의 전쟁을 통해 보여준 용맹함은 그들의 애국 정신과 충성심의 표현으로 보아야만 합니다. 하버드 대학의 로이스(Royce) 교수는 충성심을 다음과 같이 정의합니다. "충성심은 무언가 영원한 것을 신뢰하고, 인간의 실제적인 삶에서의 믿음을 표현하는 의지입니다." 이러한 충성심은 종교적인 미덕이 아닙니까? 그리스도의 몸이 일본인의 충성심의 진정한 정신에 의해 강화된다고 생각하지 않습니까? 예를 들어, Neesima 박사를 봅시다. 진정한 애국심, 그것은 발견하기 어렵습니다. 그가 미국에 두 번째 방문해서 노스필드(Northfield)에 있었을 때, 무디가 회중들에게 그를 위해 기도해 달라고 부탁하자, 그는 즉시 이의를 제기했습니다. "나를 위해서 말고요, 나를 위해서 말고, 일본을 위해서 기도해 주십시오." 그는 우리들을 소년들이라고 부르곤 했습니다. "우리는 당신이 당신의 나라를 위해 살거나 죽는 사람이 되기를 바랍니다." 수석 재판관인 고(故) T. Moyoshi, 국회의사당의 대변인을 10년 이상 지낸 고(故) K. Kataoka, 고(故) Serata 제독은 그들의 나라에 뿐만 아니라 그들의 신앙에도 충성심을 보여준 기독교인의 전형입니다.

나는 이제 두 번째와 마지막, 일본의 조상 숭배와 위인, 추가하자면 위대한 여인들에 대해 말하겠습니다. 일본 황국의 가장 위대한 조상은 위대한 하늘의 빛나는 여신으로 추앙받았던 여인입니다. 영웅 숭배의 정신은 공자의 가르침에 따라 발전된 신토이즘의 산물일 것입니다. 나는 조상 숭배를 믿지 않지만, 조상과 위인들을 존중하는 것은 믿습니다. 위대한 인물들에 대한 존경은 뚜렷한 일본인의 성격이고, 도덕성의 높은 수준을 유지하는 데 가장 영향력 있는 요소입니다. 일본의 역사는 평화와 전쟁의 세기들을 통하여 학습과 문화에 관한 위인뿐 아니라 개성을 가진 위인도 부족하지 않습니다. 그들은 일본의 모든 부분에서 고이 간직되어 있지만, 그들의 숭배는 국가 경계에 제한되지 않습니다. 에딘버러에 온 이후에, 8월 말에 사랑하는 King Edward의 추모 예배가 도쿄, 고베, 그리고 다른 일본의 중심지에서 열린다는 진술을 읽었습니다. 영어 예배가 열리는 도쿄의 대성당에서, 황제와 여황후를 각각 대신하여 황태자와 황태자비가 참석하였습니다. 그들 외에, 8명의 왕세자와 그들의 왕세자비, 내각 각료들, 육군과 해군의 주요 임원, 가장 중요한 정치가들과 다양한 협회와 조합들의 대표자들, 모두 합해서 300명 정도가 참석하였습니다. 5월 20일 장례식날, 고베의 소상인을 제외하고 모든 상점들이 문을 닫았고, 도시 전체가 조의를 표했습니다. 이 일이 일어난 곳이, 겨우 4년 전에 위반하면 사형에 처하는 예수의 종교가 금지되었던 곳임을 믿을 수 있습니까? 제게 보여진 것보다 더 눈에 띄는 것은 추모 예배가 도쿄의 가장 큰 불교 사원에서 열린 것이었습니다. 그 예배는 최고 수도원장이 집례하고 70명 이상의 사제들이 도왔습니다. 돌아가신 왕의 명판이 제단 위에 놓여졌고, 관중들 뿐만 아니라, 수도원장과 다른 성직자들도 예배하였습니다. 나는 King Edward가 불교 사원에서 예배한 최초의 기독교 성자라고 생각합니다. 이것은 일본인들이 인종과 심지어 종교적인 차이도 무시하고, 위대한 인물을 존중한 것이라고 생각합니다. 종교 개혁가들인 Nichiren과 Shinran, 정치가인 Hideyoshi와 Iyeyasu, 교육자인 Nakae와 Ninomiya를 배출한 일본은 그리스도의 미래의 교회를 위한 기독교 지도자들을 배출하는데 실패하지 않을 것이라고 믿습니다.

다양한 국가들과 인종적인 특징을 기술하는 데서, 나는 그들의 약점과 실수들은 언급하지 않았습니다. 왜냐하면 Carlyle과 더불어, 나는 "사람이나 사물의 바른 판단을 위해 나쁜 점을 말하기 전에 좋은 점을 보는 것이 유용하다, 아니 필수적이라는 격언의 추종자"이기 때문입니다.

내가 시간이 있다면, 나는 한국, 아프리카, 그리고 폴리네시아 민족들에 관해 말할 것이 있습니다. 나는 그들이 모두 그리스도의 영광에 기여한 것이 있다고 확신합니다. 내가 앞에 언급했던, Slater가 말하기를, "서양은 동양에서부터 배워야 하고, 동양은 서양에서 배워야 합니다. 우연이 아니라 하나님의 목적으로, 동양과 서양이 모두 다른 편의 강점을 인식하고, 다른 편의 가장 좋은 생각들을 이해하도록 서로가 있어야 합니다." 그리스도의 종교가 멸망에 의해서가 아니라 옛 신앙의 가치 있는 모든 것을 흡수함으로 로마의 종교를 극복한 것처럼, 동양의 고대 문화가 기여할 수 있는 모든 것의 이해는 하나님, 우리 아버지, 공회의 하나님이며 구세주, 예수 그리스도의 영광을 위함일 것입니다.

외국인과 사역자들과 현지 사역자들 간의 협력문제(1)

루츠(Roots) 주교
6월 20일 월요일 저녁, 대회실에서의 연설

먼저 여러분들에게 외국인 사역자들과 국내 사역자들 사이에 무엇이 협력의 문제인지를 묻고 싶습니다. 이것은 외국인 사역자와 외국인 교회가 언제 그리고 어떤 방법으로 국내 교회와 사역자에게로 그들의 책임과 사역을 돌릴 것인가에 관한 문제입니다. 여기에 일반적인 측면에서, 문제와 답이 있습니다. 곧, 그리고 지금까지 국내 사역자와 국내 교회들은 책임을 가지고 그 사역을 할 수 있습니다. 그리고 우리는 우리의 선교사역을 통하여서 우리의 목적이 - 나는 이 대회에서 들었던 표현들 보다 더 많은 것을 알고 있습니다만- 국내 교회에서 국내 사역자들을 개발해서 가능한 한, 본국에서의 기독교 사역의 모든 책임을 질 수 있도록 하는 것이므로, 이 답을 갖게 되는 것이 좋습니다. 이 단계에 도달했을 때, 외국인과 외국인 사역자의 존재는 불필요하게 될 것이고, 완전히 물러나게 될 것입니다. 하지만 왜 우리가 이 시점에서 특별히 이 문제를 고려해야 합니까? 선교사역의 가장 초기 단계에서는 대부분 국가들에서 이 문제를 그냥 지나쳐버리고 반면에 최종 단계에는 아직 도달하지 못했기 때문입니다. 본국 사역자들과 본국 교회들은 더 이상 유아가 아니고, 여전히 완전히 성장하지도 않았습니다. 하지만 그들은 모든 단계 중에서 가장 복잡한 단계, 개인적인 단계도, 조직적인 생활도 아닌 사춘기 단계에 있는 것입니다.

일반적인 원칙만으로 이 문제점을 다룰 수는 없는 일입니다. 나는 위에 언급한 목적을 포함하는 원칙들은 옳지만 항상 그 경우에 따라서, 원칙의 요점은 그 적용에 달려 있다고 봅니다. 내가 말하고 싶어 하는 것의 범위는 그러므로 전 세계적인 것이 아니라, 외국 선교사의 관점에서부터 오직 중국으로만 제한을 하고자 하는 것입니다. 제게 다른 것을 시도하는 것은 주제넘은 것이고 가식적인 것입니다. 다음 번 세계 선교사 대회에서 제가 다루어야만 하는 외국인의 관점에서가 아니라 물론, 단독으로가 아니더라도, 중국인의 관점에서 이 주제가 다루어지는 것을 듣기를 확신과 큰 기쁨을 가지고 기대합니다. 게다가 하나 더 나아간 예비 단계는 오늘 저녁의 보고서에서 보여진 것처럼 이 주제에 관한 전문용어에 관해 언급합니다. 우리가 중국인 사역자들에게 원주민 사역자들처럼 말을 해야만 합니까? 비록 그것이 맞다고는 하지만, 우리는 중국 사람들과 말하면서 "본국, 원주민"이란 단어를 사용하지 않는 것이 좋다고 확신합니다.

사춘기 단계에 중국이 도달한 것을 보여주는 어떤 표징이 있는지 우선 생각해 봅시다. 이러한 표징의 첫 번째는 국가적인 정신의 성장입니다. 10년 전에, 중국의 국가 정신은 거의 알려져 있지 않았지만, 이제는 중국의 정신의 길이와 넓이를 통하여서 예전의 중국은 결코 알지 못했던 열정이 있게 되었습니다. 게다가 우리는 가장 신중한 많은 기독교인 젊은이들 속에서 애국심이 그리스도와 그의 교회에 관한 사랑으로 마치 양태(樣態)와 같은 동기가 일어나고 있고, 기독교 목회의 사역을 위해 그들 자신을 드리는 데 앞장서고 있음을 발견합니다. 두 번째로, 우리는 이런 표징을 사역자들의 중국인 스태프의 놀랄만한 발전에서, 그리고 기독교 교회 안에서 중국어 능력의 발전에서 발견합니다. 이런 중국 기독교인의 능력은 이 시대의 가장 중요한 표징 가운데 하나입니다. 중국 기독교인들의 능력은 그들이 안전할 수 있는 곳 어디에서나 — 정부 업무에서, 개인 가족에서, 큰 상업 회사나 자선단체 업무에서든지 요구됩니다. 이러한 젊은 기독 중국인들이 받는 월급은 그들 국민들의 눈에 기독 중국 청년들이 그 나라에서 제일 최고의 위치에 있다고 여기는 것으로 증명이 됩니다. 셋째로, 우리는 중국

어디에서든지 중국인 교회를 세우려고 하는 기관들의 열정을 발견합니다. 1909년 봄 상하이에서 열린 성공회 대회의 모임에서 보인 가장 큰 열정은 기독교적인 것이 아니라 애국적인 이름으로 중국에서 성공회 공동체를 위해 "중국인 교회"라는 이름을 채택하려고 한 제안이었습니다. 이런 열정의 또 다른 조짐은 YMCA를 계승해서, 중국의 다른 기독교 단체들보다 더 많이 기독교 사역자와 젊은 기독교인들 사이에서 활동적이고 자유로운 정신이 일어나는 것입니다. 나는 이것이 중국의 젊은 사람들에게 그들의 애국심과 기독교 정신을 동시에 보여줄 기회를 제공한다는 사실에 기인한다고 믿습니다. 이러한 세개의 지적들은 모두 하나의 요구를 보여주는데 그것은 중국인들의 어깨에 더 많은 책임감을 전가하게 되는 것입니다. 이러한 성장의 표시들은 비록 우리를 당혹스럽게는 하지만, 용기를 잃는 것이 아니라 가장 거대한 축하를 얻기 위한 연유라고 덧붙이고 싶습니다.

이제 이러한 징후에서 지나서, 성숙한 사춘기의 단계를 보여주는 중국인 교회에 도달하였습니다. 중국인의 지도자를 더 완전하게 인식할 필요가 무엇인지 우리 스스로에게 물어봅니다. 첫째로, 우리는 대회장의 대회에서, 대표단 모임 또는 우리가 무엇이라고 부르든지, 교회의 권위 있는 협회가 행했던 것보다 더 완전한 중국의 지도자를 인정해야 할 필요가 있습니다. 더 나아가서 나는 현재 중국의 교회에서 결정적인 많은 양상들이 있는 것처럼 보입니다. 우리는 중국의 지도자들의 자리에 월급 받는 사역자들의 직원들, 목회자들, 교사들과 의사들을 배치할 필요가 있습니다. 우리는 중국인 사역자들 직원들의 자리에 가장 유능한 중국 기독교인들을 배치해야만 합니다. 정부 업무를 하는 이런 기독교인들은 우선적으로 기독교 교회들이 차지해야 합니다. 그들은 교회 밖에서는 자리도 없고, 그들의 에너지를 사용할 어떤 이유도 없기 때문에 허용된 자리가 없습니다. 그들은 그들의 나라에서 다른 어느 곳에서보다 교회에서 가장 필요로 합니다. 그리고 교회의 예배를 위해서 이러한 가장 능력 있는 기독 젊은이들을 잡아야 하기에, 우리는 우선적으로 그들의 월급이 너무 작지 않은 것을 볼 필요가 있습니다. 우리에게 중국어 예배, 우리의 노동력으로 개발한 삶의 상태와 일치하도록 하고, 명예롭게 살아갈 만한 충분한 급여를 주지 않고 기독교 교회에서 적극적인 인력을 요청하는 것은 옳지 않습니다. 참으로 중요한 것은 일단 교회에서 사람들을 고용하면, 이러한 능력 있는 사람들은 그들의 능력을 설교에, 목회 사역에, 교회의 행정과 치리의 업무에 충분한 능력을 발휘하도록 하게 해주어야 한다는 것입니다. 더 나아가서, 교회 안에서 이러한 능력 있는 젊은이들은 특히 특별히 젊은 집사들이나 성직자들을 생각할 때, 더 심도 깊은 연구와 자기 개발의 기회도 가질 수 있도록 해주어야 합니다. 저는 믿건대 이러한 젊은이들에게 잘 대우하는 것보다 기독교 교회가 더 좋은 비용역할을 할 일은 없다고 봅니다. 그들이 진정한 기독교인으로서의 야망을 지닌 사람들이란 것을 증명할 때, 모든 기회가 마음과 뜻과 심령의 최대의 능력을 개발하는 것임을 입증하게 될 것입니다. 이제, 이것이 모두 진실이라면, 우리는 마지막 문제에 도달하였습니다. 외국인 사역자들의 위치는 무엇입니까? 나는 현재에 중국에서 외국인 선교사들의 위치는 무엇보다도 설교자와 교사의 위치에 있어야 한다고 믿습니다. 저는 모든 선교사는 복음 전도자임을 진심으로 말하고 싶습니다. 제 부족한 연설에서 이것은 다른 동등하게 광범위한 주장과 유사해야만 하는 광범위한 주장입니다, 즉, 모든 선교사는 교사이어야 합니다. 저는 보고서를 주의 깊게 읽은 여러분이 얼마나 끈질기게 그 보고서의 저자들이 선교사의 책임이 교사이어야 함을 주장하는지를 읽었으리라고 확신합니다. 이것이 왜 우리가 선교사들이 가르치는 기술을 더 많은 훈련을 받아야 한다고 말하는지에 대한 이유입니다. 그들이 무엇이 되든지 — 교사, 설교나, 의사 등 — 그들은 가르치는 기술을 훈련받아야만 합니다. 선교사는 가르침의 사역을 이해하고, 전문적 사항만이 아니라 최상의 요소들을 이해할 수 있어야 하며, 모든 예술분야와 공예에 대한 이해는 물론, 확신과 사랑으로 가득 찬 마음을 지니고 있어야 하는 것입니다. 중국인 지도자에게 건네 줄 선교사 제일의 직무는 교사의 직무라고 나는 생각합니다. 중국 기독교 교사는 외국인으로서가 아니라, 중국에서 그의 삶을 사는, 중국인들을 알고, 사랑하고 존경하며, 열린 마음과 동정심을 가지고 모든 문제에 다가서는 사람일 것입니다. 중국의 선교사들은 기독 중국인들 가운데서부터 그러한 교사들을 배출해 낼 것이라고 말하는 것이 본국에 있는 기독교 교회의 임무인 것입니다.

하지만 중국에서 선교사는 단지 설교자요 교사여서만은 안됩니다. 그는 적어도, 지금은 보편적 교회의 중재인으로 있음을 항상 깨달아야만 합니다. 외국인 사역자들은 중국인 사역자들이 스스로 보편적 교회를 유지할 수 있을 때까지 철수해서는 안됩니다. 우리는 중국 교회를 떠날 생각을 해서는 안됩니다. 우리가 우선 보편적 교회와의 첫 접촉으로 발전될 때까지 중국 교회는 독립과 능력을 얻기까지 발전해야 할 것입니다.

마지막으로, 저는 우리 마음속에 있을 수 있는 가장 엄숙한 생각의 자리에 도달하고자 힙니다. 즉 개인적으로든 대표자의 자격이든, 중국에 있는 우리는 우리 자신을 기독교인의 삶의 모범으로 여겨야 합니다. 우리는 이 아름다운 사람들 앞에서 진정으로 그리스도의 자리를 세워야 합니다. 우리는 기독교의 과거에서 물려받은 유산의 모든 풍성함을 가져야 합니다. 우리는 중국에 사는 동안에, 중국인 사역자들의 도덕적이고 영적인 시야를 종종 가리려고 하는 지역의 전통으로부터 자유롭기 때문에 특별한 책임감을 가지고 있어야 합니다. 우리가 중국인에 대하여 갖게 되는 책임감은 사도바울이 갈라디아 사람들에게 했던 말에서 찾을 수 있습니다. “나의 자녀들아 너희 속에 그리스도의 형상을 이루기까지 다시 너희를 위하여 해산하는 수고를 하노니” 그리스도가 우리 안에 형상을 이루십니까? 그 분이 본국 교회에서 그의 형상을 이루십니까? 궁극적으로 우리가 말하는 관계는 사역자와 사역자의 관계가 아닙니다. 교회와 교회의 관계이고, 본국의 교회와 중국의 교회의 관계입니다. 우리가 지도자를 위한 진정한, 지적이고, 도덕적이고, 영적인 능력을 계속 가지는 한 직간접적으로, 중국교회를 이끌어가는 것은 우리의 책임인 것입니다.

외국인과 사역자들과 현지 사역자들 간의 협력문제(2)

이부카(Ibuka) 목사

6월 20일 월요일 저녁, 대회실에서의 연설

비기독교 국가에 대한 기독교 전래에 대하여서는 세 시기로 나누어 분류해 볼 수 있습니다. 첫 번째 기간 동안, 사건의 본질에서 볼 때 선교사의 영향력은 가끔은 다르다 할지라도, 가치 지배적이라고 할 수 있습니다. 세 번째 시기는 교회가 굳건히 섰을 때 시작되는데, 그때는 활발한 자립과 발전에 필요한 교육기관들이 충분히 갖추어졌을 때, 그리고 외국 선교가 원주민 사역자들로 대치되었을 때 시작됩니다. 두 번째 기간은 중간 단계입니다. 선교와 교회가 하나의 공통된 목적을 위하여 동역자의 관계로 나란히 서서 활발한 조직으로 이루어졌을 때이며, 교회와 선교기관들이 서로 구별되기도 하지만, 많은 면에서 서로 연관되어있는 상황이기도 합니다. 이 기간 동안 대단히 중요한 실제적 문제들과 적지 않은 문제들이 반드시 생겨나게 되어 있습니다. 이 기간이 바로 현재 일본이 처한 시기인 것입니다.

저는 상황들이 사례들을 변화시키는 것에 대해 매우 잘 알고 있습니다. 그리고 일본에서의 바른 대답들은 다른 곳에서는 틀린 답이 될 수도 있습니다. 다른 곳에서의 바른 대답들이 일본에서는 틀린 답이 될 수도 있을 것입니다. 하지만 내가 토론에 내어놓을 수 있는 최선의 기여는 일본에서 논의된 몇 가지 질문을 고르는 것이고, 그것들의 간단한 설명을 하는 것입니다. 일본의 기독교 교회와 그것과 관련된 선교 사이에서 논의된 질문들이 있는데, 이러한 질문들은 만약에 그들이 이미 하지 않았다면, 조만간 다른 나라에서도 논의가 나타날 것이라 보입니다. 그런 질문들이 어떤 형태로 나타날지에 대한 정확한 모습은 의심할 여지없이 다를 것입니다. 그들은 아마도 주로 교회적이고 국가적인 특성들과 성향들에 의해 결정될 것입니다. 그러나 어떤 형태에서든 다른 형태에서든 그런 질문들은 분명히 모든 나라에서 일어날 것이고, 그런 나라들의 교회들은 교회로서의 자기 인식을 하게 되고, 자신들이 개척이 이루어진 나라들의 교회들로서 자리매김을 찾게 될 것입니다.

저는 단지 일본의 그리스도 교회에 대해 언급했습니다. 그 곳은 제가 목사인 교회입니다. 그리고 설명을 안 드려도 내가 말하려 하는 것을 분명하게 하기 위해서, 저는 연설의 서언을 이렇게 말하고자 합니다. 일본의 그리스도 교회를 조직의 면에서 보면 장로교입니다. 그리고 그 교회는 장로교와개혁교회연합(Alliance of Presbyterian and Reformed Churches)에 속해 있습니다. 일본 교회는 미합중국장로교회(Presbyterian Church in the U.S.A.)와 미국개혁교회(Reformed Church in America), 그리고 스코틀랜드 연합장로교회(United Presbyterian Church of Scotland)의 선교사들에 의해 세워졌습니다. 오랫동안 일본의 장로교회와 개혁교회들의 모든 선교는 미국의 교회들과 긴밀하게 관련되어 있었고, 교회의 설립에 같이 노력했습니다. 여러 방면에서 이것은 큰 유익이 되었습니다. 더 말할 것도 없이, 일본에서 정치적인 면에서 하나의 큰 장로교회가 생기는 것이 여러 개의 작은 교회들이 생기는 것보다 분명히 더 나았습니다. 분명히 문제가 생겼을 때, 4-5개의 단체와 하는 것 보다는 1개의 단체와 하는 것이 동의에 훨씬 더 쉽습니다. 그리고 결국, 제가 생각하기에 합당한 일을 말한다고 한다면, 일본교회는 매우 어렵게 세워졌다고 볼 수 있는데, 이는 시간이 흘러가면서 선교사들을 어떤 사람들은 다른 게 아니라 그 교회의 관점에서 문제들을 바라보도록 설득하기에는 어렵도록 하고 있다고 볼 수 있는 것입니다.

Ⅰ. 교회의 교리에 관한 질문

만약 야고보의 형제 유다가 그의 독자들에게 권면하며 성자의 길은 단번에 이를 수 있다고 하는 신앙 형태에 대하여 열렬히 싸우도록 해야 한다는 것에 감동이 되었다면, 교회의 교리에 관한 질문은 그다지 중요한 것이 아닐 수도 있었습니다. 최소한 30년 전에, 일본의 그리스도의 교회가 완전히 조직되었을 때, 장로교와 개혁 교회의 선교사들이 그들 교회들의 교리의 기준 즉, 웨스터민스터 신앙고백(Westminster Confession), 도르트 총회의 교회법(Canons of the Synod of Dort), 소요리문답(Shorter)와 하이델베르크 문답집(Heidelberg Catechisms)을 채택하기로 한 것은 이상한 일이 아닐 것입니다.

교회를 시작했던 기독교인들의 작은 모임들, 저도 그 일원이었던 모임들이 그 자체의 고백을 하였습니다. 매우 단순했고, 의심할 여지없이 대략적이었습니다. 그러나 믿음의 진정한 고백이었습니다. 그리고 불완전하게 습득된 신학의 정교한 제도를 교환하는 아주 마지못한 일이었지만, 그 제도는 훌륭한 것이었음에 틀림없었습니다. 나는 그러한 기준들을 선교사들이 교회에 시행해야 한다고 말하고 있는 것은 아닙니다. 그러나 확실한 것은 그런 기준들이 수락되었다는 것이요, 진심은 아니었어도, 책임을 맡아 있던 선교사들의 원했던 소망과 판단에 대한 대응의 자세로 받아들인 것이었습니다.

2-3년 후에, 교리문답서의 규범을 제한하도록 해서 웨스트민스터 신앙고백과 도르트총회의 법을 빼도록 하는 법률안이 만들어졌습니다. 아마도 그 법률안은 제가 제안했다고 말하는 것이 적당할 것 같습니다. 그러나 많은 선교사들이 반대하였습니다. 문제는 현 상태로 남아 있었습니다. 그리고 법을 개정하는 총회가 개최될 때까지, 10년 이상 동안 아무 변화 가 없었습니다. 그리고 그때 새로운 신앙 고백이 채택되었습니다.

"1890년대의 상황은(Dr. Imbrie가 말하기를, 미합중국 장로교회의 선교사) 이러하였습니다. 2개의 교리문답서가 널리 가르쳐졌고, 그 중에 하나의 해설서가 일반적으로 사용되었습니다. 그러나 웨스트민스터 신앙고백은 실패하였고, 도르트총회법은 거의 알려지지 않았습니다. 교회의 지도자들은 이제 해가 가고 여러 경험들 속에서 연로해졌습니다. 그리고 그들 중 대부분이 해가 가면서 같은 느낌을 갖게 된 것은 이러한 신앙기준서들 중 어떤 것도 고백으로 일본 교회를 위해 필수적인 신앙고백으로 채택되지 않았습니다. 몇몇은 새로운 신앙고백서에 찬성하였지만, 그것을 통한 어려움들은 분명하였습니다.

총회가 모였을 때, 결의사항은 사도신경을 교회의 신앙고백으로 하기로 소개되었습니다. 그리고 기억에 남을 토론이 이어졌습니다. 사도신경에 대해 호의적인 발언의 내용은 다음과 같습니다.

'일본의 교회는 불교, 유교 그리고 불가지론에 직면해 있습니다. 기독교의 사도신경은 역사적인 기독교의 위대한 본질적인 진실을 제시해야만 합니다. 그러나 교사로, 스승으로 구세주로, 구원자로 그리스도를 예배하는 사람들을 갈라놓는 상징이어서는 안됩니다. 사도신경은 이러한 조건에 맞습니다. 단순하고 간단하였습니다. 이것은 목회자들을 위한 신앙 고백이고, 사람들에게도 똑같았습니다. 그것은 기독교의 본질적인 사실을 분명히 말합니다. 그리고 이것은 보편 교회의 신앙의 고백입니다.' 이것이 사도 신경을 찬성하는 주장이었습니다. 여기에 대한 내응의 토론은 이러하였습니다.

'교회 자신들에 필요로 하는 신앙고백서를 채택하기 위한 교회의 의무를 인정하지만, 또한 사도신경을 매우 찬성하는 것에 대해서도 또한 인정하지만, 사도신경 자체는 오늘날 일본 교회의 요구를 충족하지 못한다는 것이 사실입니다. 오직 함축적인 뜻만을 포함한다면, 사도신경이 포함하는 초월적인 중요성에 진실이 있습니다. 속죄, 공의, 그리스도의 신성, 성령의 회복되는 은혜에 대한 필요, 성경 우월주의. 이것은 오늘날 일본에서 반대를 받고 있는 필수적 진리입니다. 그리고 그런 내용들은 교회의 신앙고백 속에서 선포되어야 하는 것들입니다.'

둘째 날 오후에, 추가적인 토의가 연기되었고, 모두가 주님의 성찬에 모여 앉았습니다. 그 다음날 아침에, 신앙고백에 대한 검토가 이루어졌습니다. 형식에 있어서는 사도신경이었는데 이는 대단히 많은 이들이 소망하는 것이었습니다. 또한 신앙의 고백을 위하여 일반적으로 동의 필요로 하는 진리들을 담고 있는 도입의 진술이었기 때문입니다. 그것을 읽는 것을 들으면서, 차례로 찬성을 표했습니다. 그리고 큰 종이에 복사를 하고 설교단 뒤에 벽에 붙여놓고, 모두가 검토할 수 있었습니다. 그렇게 하는 데 2시간이 걸렸고, 그 다음에 그 고백이 깊은 감동으로 채택되었습니다.

이는 커다란 고민의 시간이었습니다. 몇몇은 그 토의가 (종파의) 분열로 끝을 낼까 두려워하였습니다. 그리고 만장일치의 결정으로 인한 안도감은 쉽게 이해될만한 것이었습니다. 대회의 의장은 깊이 감사했습니다. 방 곳곳에서 흐느껴 우는 소리가 들렸다. 슬픔의 눈물이 기쁨의 눈물로 바뀌었습니다.

그 고백은 간단히 이렇게 읽을 수 있습니다.

'하나님으로 경배 받으실 우리 주님 예수 그리스도, 그 분은 우리를 위해, 우리의 구원을 위해서 하나님의 유일하신 아들이 인간으로 오시고 고통 받으셨습니다. 그는 우리의 죄를 위해 완전한 희생을 하셨습니다. 그리고 믿음으로 그와 하나 된 모든 사람들의 죄는 용서를 받고 의롭게 여김을 받습니다. 그리고 사랑으로 하는 사역은 마음을 정화시킵니다.'

'성령님은 하나님과 그 아들과 함께 경배와 영광을 받으시는 분입니다. 성령님은 예수 그리스도를 영혼에서 계시하십니다. 그리고 성령님의 은혜가 없다면, 죄로 죽을 인간은 하나님의 나라에 들어갈 수 없습니다. 그 분으로 인해, 예언자들과 사도들과 옛적의 성도들에 대한 영감을 받으며, 성령께서는 구약과 신약의 성경들을 통하여 말씀하시고, 신앙과 삶에 모든 합당함을 따라 궁극적이고 절대적 심판을 하십니다.'

'이 거룩한 성경으로부터 초대교회가 교회의 고백을 이루었으며, 그리고 우리는 믿음으로 단번에 이루어진 성도의 자리에 오르며, 찬양과 감사에 대한 고백의 기도에 참여하는 것입니다.'

'그리고 사도신경을 따르게 된 것입니다.'

Ⅱ. 협력에 관한 질문

만일 질문에 대한 중요성이 흥미롭게 여겨지고, 그 반대의 논란이 일어나고, 합의에 어려움이 있다면, 단연코 이 질문은 일본에서의 그리스도의 교회에 가장 중요한 질문이 될 것이고, 그것과 연관된 임무들을 맞이해야 할 것입니다. 15년 동안, 이런 질문들이 나타나고 또 나타났습니다. 그리고 3-4년 동안, 이 일에 몰두해야 했습니다. 이것은 꽤나 복잡하여서 자세히 발표할 시간은 안될 것으로 보입니다. 제가 할 수 있는 모든 것은 질문을 명확하게 규정하는 것입니다. 일반적으로 말할 수 있는 것과, 마지막으로 도달한 결론에 이르도록 하는 것, 그리고 만족하게 해결할 길에 대하여 알려드리고자 합니다.

30년 이상동안, 일본에서 장로교회와 개혁 교회들의 선교는 그들의 타이틀을 위해서 "일본에서의 그리스도 교회와의 협력선교(The Missions Co-operating with the Church of Christ in Japan)"를 하였습니다. 그 단어의 넓은 의미에서 볼 때, 그들은 협력선교를 항상 해 왔습니다. 그 협력을 위해서 교회는 항상 빚을 졌고, 항상 그 자신에게 진심으로 빚을 질 것입니다. 그러나 현재 질문에서, 내가 오랜 시간을 쓸 수 없는, 역사적인 이유에서, 협력이란 단어는 특별하고, 엄밀하게 제한적인 뜻으로 사용되었습니다. 이것을 분명하게 이해하지 못한다면, 모든 것이 미로에 빠질 것입니다.

이 질문과 관련하여 사용된 협력이란 단어는 행정에서의 협력을 의미합니다. 또는 더 정확한 의미를 가진다면, 그것은 일반적인 관심에서 또는 교회와 관련된 선교를 수행하는 전도 사역의 확실한 종류의 관찰을 의미합니다. 내가 말한 "전도 사역의 한 종류"라고 말씀드린 것을 주목해 주시기 바랍니다. 왜냐하면 이것이 가장 중요한 규제입니다.

선교사들은 순전히 개인적이라고 설명할 수 있는 매우 가치 있는 전도 사역을 합니다. 즉 개인을 위한 개인의 사역으로 말입니다. 그들은 병원과 개인 집들을 찾아갑니다. 그들은 기독교에 관한 대화를 위해서 그들의 집으로 찾아오는 방문자들을 맞이합니다. 그들은 다양한 계층에게 성경을 가르칩니다. 즉 학생, 군인 그리고 다른 사람들이 많이 있습니다. 그들은 공공 장소에서 규칙적인 모임을 가집니다. 그들은 전도 여행을 합니다. 이런 종류의 선교사역들과 더불어, 개인을 위한 개인적인 전도사역은 사실과 목적면에서는 교회론적 조직체라는 속성으로부터는 떨어져 있으므로, 협력이라는 문제는 제기되지 않습니다.

그러나 장로교와 개혁 교회들의 선교사들은 일본에서 그리스도의 교회와 밀접하게, 그리고 분명하게 관련되어 있다. 처음부터 그들은 노회의 정회원 또는 부회원 중에서 선택을 한 채로 이어져왔습니다. 단지 최근에 그리고 이 협력에 관한 질문의 결과로 그들 중에 다수가 그러한 회원이 되는 것을 그만두었습니다. 그리고 그들의 전도 사역의 가장 중요한 부분은 회중으로, 점점 일본의 그리스도 교회, 교회를 조직할 목적을 가지고 기독교인들의 사업을 설립해 왔고, 또한 계속 할 것입니다. 이런 종류의 전도 사역을 설명하도록 사용하는 구절은 "교회 안에서 또는 교회와 관련한" 선교를 하는 것입니다. 그리고 그러한 선교는 이러한 종류의 사역과 더불어 이루어지며, 이런 종류의 사역에서만은 협력이 문제가 일어납니다.

그러나 사역의 이런 종류 사역의 "일반적인 돌봄 혹은 감독 내에서의 동등한 나눔(an equal share in the general care or supervision)"이란 것은 과연 무엇을 의미합니까? 동등한 나눔이란 뜻은 일반적인 돌봄이 선교사역으로 인해 선택된 선교사들과 일본 목사들의 같은 수로 구성된 연합 위원회, 또는 노회에서나 교회의 선교 위원회에서 선택된 협의회로 이루어지는 것을 뜻합니다. 그리고 일반적인 돌봄 또는 감독은 무엇을 의미합니까? 이것은 전도 사역을 하는 선교사들이 그들 자신의 의무를 고려하지 않는다거나 무관심하도록 남겨두지 않도록 하는 것을 의미합니다. 그것이 의미하는 것은 이미 동의하고, 지금 시행중인 협력의 모든 계획들을 완벽하게 분명히 하는 것입니다. 일반적인 돌봄은 다음의 4가지를 포함합니다. (1) 연합위원회는 장소에 관한 결정을 할 수 있다. (2) 연합위원회는 일본인 복음전도자를 고용하도록 할 수 있다. (3) 연합위원회는 일반적인 돌봄을 위한 사역에서 필요로 하는 기금의 일 년의 예산안을 준비할 수 있다. 이 예산안들은 선교회를 통하여 협의회로 전달되도록 한다. (4) 협의회의 책정액을 조건으로, 협의회는 일본인 복음 전도자들에게 지불할 월급과 돌봄 아래에 있는 회중에게 줄 수 있는 도움의 양을 결정할 수 있다. 이것이 일반적인 돌봄과 감독이 뜻하는 것입니다. 선교회가 돌봄과 감동의 규정을 연합위원회로 이관하기를 원치 않는 한, 즉각적, 혹은 특별한 감독은 선교사에게로 남아 있게 됩니다. 그렇지 않으면 현재 사용 중인 동의안 가운데 하나가 표현하고 있는 것처럼, "사역의 대표적인 책임은 선교사역에 따라 임명된 연합 위원회의 회원들 중에서 훈련될 것입니다."

저는 이미 이 질문을 교회와 선교사역이 사라지고 나타나던 지난 15년 전에 이미 하였습니다. 그리고 몇 년간 매우 민감한 사안이 되었습니다. 나는 이제 내가 할 수 있는 한, 공정하게 찬반양론을 말하고자 합니다.

협력에 반대하는 의견은 이것입니다. 교회와 관련된 선교는 오랜 시간 동안 그 장점을 가지고 있습니다. 이제 그들은 그들이 항상 지속해온 못지 않게 선교적 관심에 헌신적입니다. 그리고 왜 그들이 이렇게 제한된 용어의 의미상 협력이라는 것에 대하여 물을만한 이유가 없습니다. 연합 위원회로 이 일반적인 감독을 이관하는 것은 비록 위원회가 외국 선교사들과 일본인들이 동등한 수로 구성되어 있다 할지라도, 그들의 사업을 관리하는데 있어서 선교사역의 독립성을 축소시키는 것이 될 것입니다. 이 모든 일에 쏟아 붓는 기금은 모두 미국에 있는 교회들에서부터 오는 것입니다. 선교는 그러한 교회들의 대표자들이고, 대표자들로서 그러한 기금들의 경영에 배타적인 조절을 해야만 합니다. 연합위원회로 일하도록 임명 받은 일본인 목회자들이나 장로들은 목사들이거나 교사들, 또는 편집자들이거나 삶의 다른 소명을 가진 다른 바쁜 사람들입니다. 그들은 해야 할 의무들을 수행하느라 마음대로 이용할 수 있는 시간이 없습니다. 비록 시간이 있다고 하면, 훈련받고 경험 있는 전문가들처럼 꼭 맞게 일을 하지는 못합니다.

협력을 찬성하는 이유는 이것입니다. 교회가 처음 세워진지 30년 이상이 되었습니다. 그 협력은 선교를 종종 그리고 몹시 존경과 확신을 받을 만한 것으로 인정하는 목회자들과 평신도들 사이에서 이루어졌습니다. 교회는 그 자체의 역사와 그 자체의 생명이 있습니다. 교회는 오랜 동안 스스로 교회됨에 대하여 느껴왔습니다. 재정적으로 독립적이고, 그들 자체의 목사님들을 지원하고, 교회의 사역을 하는 8개의 교회들로 구성된 6개의 노회로 구성된 총회가 있습니다. 지난 해 동안 그 총회의 기여도는 5만 달러 상당이었습니다.

교회는 그 자체의 영성이 복음 전파입니다. 15년 이상 동안 교회는 전도 사역에 적극적으로 참여하고, 재정적인 독립에 교회를 돕도록 하는 선교협회를 가지고 있습니다. 2년 전에 한 노회가 Formosa에 조직되었는데 이것은 전적으로 이 협회의 사역의 산물이었습니다. 그리고 경제적으로, 도움이 되는 교회는 그들이 할 수 있는 만큼, 그리고 일반적인 업무의 효용성을 제공할 수 있습니다. 그것은 선교에 비견될만한 일이라 할 것입니다. 연합 위원회에 속한 일본인 회원들이 그런 위원회들을 향해서 보고차 가져올만한 지식들은, 위에 언급한 협회들이 수집해오는 지식들과 동질의 것이 될 것이라 생각하는 것은 합당할 것입니다. 즉 일본과 일본인, 그리고 교회와 고용된 복음 전도자들에 관한 정보와 지식들을 수집해오는 일에 있어서 말입니다. 기금의 운용에 관한 질문 — 특히 신탁기금 — 은 가볍게 여겨서는 안될 것입니다. 그러나 외국 교회들의 선물들은 그 임무들이 그러한 교회들의 선교이기 때문에 임무에 따라 특별하게 항상 관리되어야만 한다는 것을 반드시 따를 필요는 없습니다. 본질적인 것은 그 기금이 가치 있게 관리될 것이라는 것입니다. 기금이라는 것은 그 자체로서 중요한 것이 아니며 전부도 아닙니다. 이미 세워진 회중들이 일본 목회의 큰 사업인 것입니다. 아직 세워지지 않은 회중들도 동일하며, 기금과 마찬가지로 생명사역이 검토되어야 할 주제가 아닐 수 없습니다.

그러나 이 토론에 있어서 중심점은 마음에 항상 분명하게 새겨져야 합니다. 질문은 “교회 내에서 또는 교회와 관련한(within the Church or in connection with it)" 복음 전도의 사역을 다루는 것이어야 할 것입니다. 이 말은 그러한 사역에 대한 일반적인 돌봄이 선교회는 제외되고 교회에 의해 실현되다는 것을 의미하는 것은 아닙니다. 오히려 그 반대 개념이 때로 친숙한 일입니다. 선교사업들이 이루어낸 사역들에 대하여 일반적인 돌봄을 주는 선교사역들의 권리는 결코 부인할 수 없습니다. 이제 시행중인 협력의 모든 계획 속에서 집행부는 모든 동등한 능력을 지닌 연합 위원회에 있습니다. 이러한 계획들 중에 한 기획안은 선교가 "사역의 일반적인 도움과 동등하게 나눔의 권리를 포기"하는 것이 아니라고 분명하게 말하고 있습니다. 교회는 항상 선교사역들의 권리인 이 권리를 인정해야 합니다. 이 말이 요청하는 것은 곧 선교사역들이 교회의 권리를 인정하고 있다는 것입니다. 그리고 이러한 질문을 함에 있어서, 일본의 총회는 미국이나 스코틀랜드에 있는 총회 혹은 대회가 그 조건들이 뒤바뀌지 않았는지 묻고자 하는 것입니다.

1906년에 총회는 협력선교를 정의하고, 그 정의에 따라서 협력의 계획을 세우는 것과 관계된 선교를 요청하는 2가지 해결책을 채택하였습니다. 이제 주어진 설명과 함께, 그 해결책의 방법과 의도가 분명해 질 것이고, 나는 이제, 그것들을 읽고자 합니다.

그 내용은 다음과 같습니다.

"협력선교는 일본에 있는 그리스도의 교회에 대한 권리를 인정하는 것으로, 교회나 그에 연관된 사역 내에 있는 선교회의 선교사역으로 이루어진 모든 복음사역의 일반적 돌봄에 대한 교회의 권리를 인정하는 것이다. 그리고 앞에 말한 원리에 기초한 방식 하에 그와 같은 사역을 수행하고, 선교 협회를 통하여 활동하는 총회의 동의를 얻는다."

"교회와의 선교 협력으로 지금까지 알려진 몇몇 선교들은 앞서 말한 결의서에 맞추어서 협력을 위한 계획을 세우도록 초청을 받았고, 그들의 각각의 본국 교회들이나 해외 선교 위원회에게 승인을 받았다. 그리고 그것들에 관한 일본의 그리스도 교회의 선교 위원회와 상의하도록 요청하였다."

관련 선교단체들 중 세 곳이 이 초청을 받아들였고, 협력이라는 계획 하에 그들의 사역을 수행하고 있습니다. 그러나 그들 중 세 단체는 그것을 수용하는 것을 거절하였습니다. 그럼으로 해서 총회는 그 마지막 모임에서 이 선교단체들에게 하나의 대안을 제시하였는데, 이는 협력의 계획과 구별하기 위해서, 제휴 계획(plan of affiliation)이라고 불리웠습니다. 이 계획의 주요 특징은 다음과 같습니다.

1. 제휴 선교의 방향 하에서 복음 전도 사역을 하는 사람들은 노회에서 자격을 부여받았거나 안수를 받은 사람이어야 한다. 그리고 그렇게 안수를 받은 목회자들은 노회와 총회의 준회원이 된다.
2. 회중들은 제휴 선교와 연관되며 제휴 선교에 속한 교회의 자격으로 통계에 보고되어야 할 것이다. 그러나 그들은 교회와는 어떤 유기적인 관련은 없을 것이다. 그들은 선교 단체로 인정될 것이다.
3. 그러한 단체들이 경제적인 자립을 얻게 되고 교회로서 조직되기를 바랄 때, 조직을 위해 노회에 신청할 것이다. 그렇게 조직된 후에 일본 그리스도 교회에 속한 교회들이 될 것이다.

이러한 제휴 계획은 총회에서 제안한 것으로, 총회가 원해서 이루어진 것이 아니라, 과거에 대한 기억을 통하여 화합을 위한 것이었으며, 새로운 교단들이 생겨나는 것을 막기 위해서였습니다. 이 계획은 협력을 거절하는 세 가지 선교회를 받아들였고, 따라서 모든 관련 선교는 이제 협력 또는 제휴로서 연결되게 되었습니다.

이 주제를 마치기 전에, 한 가지를 분명하게 말하고자 합니다. 장로교나 개혁 교회의 선교사들이 협력을 반대하는 주체라고 추정될지 모릅니다. 이것은 결코 그렇지 않습니다. 많은 사람들이 열렬히 반대를 하는 반면 또 많은 사람들이 교회를 굳게 지키고, 협력에 관해 그들의 모든 능력으로 맡은 일을 감당하였습니다. 저는 이번의 발표 속에서 일본 교회가 외국선교협의회(Boards of Foreign Missions)에 속한 다수의 사람들을 향하여 가장 관대하고 관심 어린 공감대를 가지고 있다는 말을 덧붙이는 것을 다 못하였는데, 그것조차 제가 잘 모르고 있는지도 모르겠습니다. 이 사실은 제가 공식적인 답변으로부터 인용한 두 개의 발췌문들임을 밝히지 않을 수 없습니다.

미국개혁교회협의회(Board of the Reformed Church in America)의 총무는 다음과 같이 기록합니다. "협의회는 일본의 그리스도의 교회가 의심할 여지없이 협력 그 자체로써 선교의 사역을 받아들이고 인정하는 상황이라고 말할 권리가 있습니다. 총회의 조치에서, 협의회는 질문을 제기하는 권리보다 아무것도 묻지 않는 것이 나을 것으로 보입니다."

미국장로교회(Presbyterian Church in the U.S.A) 협의회의 총무는 다음과 같이 기록합니다. "우리가 제안하고자 했던 또 하나의 생각이 있습니다. 현재 나타나고 있는 문제들은 불가피합니다. 기독교 교회를 설립하는 곳에서는 어느 곳이든지, 그러한 문제들이 생겨났고, 또한 생겨날 것입니다. 우리는 그 문제들이 해결될 수 있을 것이라 확신하고, 그 문제를 풀 특권이 일본의 그리스도의 교회에 있다고 믿습니다. 그것은 선교의 현장에 있는 선교사들의 능력과 진지하게 참여하고 조화를 이루며 협력하는 사역의 문제일 것입니다. 교회의 첫번째 설립의 시기와 전반적인 설립의 시기 사이에 나타날 수 있는 문제인 것입니다. 즉 외국인 선교사들이 그 사역의 자리를 원주민 사역자들에게 그 능력면에서 밀리고 넘겨주게 될 때 나타나는 현상인 것입니다. 일본에서 이러한 문제의 해결책은 다른 지역에 있는 그리스도의 교회에게 귀중한 선물이 될 것입니다."

나는 서두에 비기독교 국가를 향한 기독교의 전래는 세 단계의 시기로 나누어진다고 말씀드렸습니다. 첫 번째 단계는 일본에서 기독교가 처음 세워지는 기간인데, 이는 이제 과거가 되었습니다. 세 번째 시기는 아직 오지 않았고, 그 기간에 대해서는 다른 분이 대답해주셔야 할 것입니다. 지금 현재 시기는 중간 시점입니다. 즉 과도기인 것입니다. 과도기는 흔히 어려운 시기라고 할 수 있습니다. 이 시기를 위해 우리는 책임감을 가져야 하고,

우리에게 닥친 어려움이 있을 때, 우리들 교회와 선교는 함께 판단을 하며 나아가야 할 것입니다.

외국인과 사역자들과 현지 사역자들 간의 협력문제(3)

아자리야(V. S. Azariah) 목사
6월 20일 월요일 저녁, 대회실에서의 연설

인종 관계에 관한 문제점은 오늘날 교회가 직면하는 가장 심각한 문제들 중의 하나입니다. 동양과 서양의 간극을 메우는 것과, 모든 인류의 위대하신 통합자로서 보다 큰 통합과 공통의 기반을 달성하는 것은 우리 시대의 가장 깊은 필수 과제 중 하나입니다. 외국인 사역자와 국내 사역자들 사이의 협력은 적절한 관계를 통하여서 올 수 있는 것입니다. 협력은 개인적, 공식적이고 영적인 관계가 올바를 때 보장되고, 이러한 관계들이 잘못되었을 때 방해를 받습니다. 제가 전하고자 하는 메시지의 부담은 넓게 말해서, 최소한 인도에서, 지나치게 잦은 관계는 꼭 필요한 것은 아니고, 반드시 변화해야 하고, 외국인 선교사와 인도인 사역자 사이의 협력을 측정해야 한다면, 빠르게 변해야 한다는 것입니다.

저는 저와 외국인 사역자 동료들과의 개인적인 관계가 오로지 즐거운 관계였고, 인도 전체를 여행할 때 인도 전역의 선교사들로부터 진정한 공손함과 친절한 대우를 받았음을 알려드리고 싶습니다. 저는 그들의 집에 매우 환대를 받으며 초대를 받곤 했습니다. 더욱이 저는 행복한 특별 대우를 전적으로 알게 된 것에 대하여 분명하게 이해시키고 싶습니다.

이러한 예비 발언에 대한 나의 강조점을 확보하고자 하는 의미에서, 저는 명백하게 이 주제에 관련한 나의 신념을 분명히 말하고자 합니다. 지난 10년 동안, 각기 다른 선교사 협회들이 사역하는 선교의 지역들, 인도의 각기 다른 지역들을 여행하면서 나의 개인적인 관찰은 유럽인 선교사들과 인도인 사역자 사이의 관계가 확실한 무관심, 그리고 상호 이해와 개방성의 결여, 또한 진솔한 교류와 친밀함의 부재가 인도 전체를 통해 존재한다는 것을 알게 해 주었습니다.

이것은 내가 가진 인상뿐만 아니라 제가 수집한 대다수의 나의 인도인 형제들, 그리고 소수의 유럽인 선교사들로부터 얻은 느낌도 있습니다.

이런 느낌은 다른 것이 아니라 몇몇 선교사역들에서 분명하고 강력하게 볼 수 있습니다. 어떤 선교사 협회들은 다른 면에서보다 이런 점에서 큰 진보가 있습니다. YMCA에서 우리는 이 문제를 성공적으로 해결하는 데 가장 중요한 태도를 가진 조직을 가지고 있습니다. 이제 이런 분리 현상이 다소 퍼져가고 있고 제가 여기서 그러한 사실을 알고 있으면 말씀드리고 있는 정도라 한다면, 우리는 선교사역의 양 갈래가 협력하는데 영향을 미칠 수밖에 없고, 인도에서의 교회의 성장과 발전에 방해요인이 될 수밖에 없다는 것에 동의할 것입니다. 지금까지 이러한 정신은 존재하고, 이런 정신이 존재하는 어디에서든, 교회가 활기찬 생활을 완전히 발전하게 하고, 간접적인 비기독교 세력으로의 연합된 영역을 나타내 보이기는 불가능합니다.

양쪽 모두에게 비난의 요인이 있다는 것을 부인할 수는 없습니다. 그러나 또한 그럴 수밖에 없었을지도 모릅니다. 저는 적절한 관계를 방해하는 요인이 인도 기독교인 쪽에 있다는 사실을 간과하지 않지만, 여러분 청중들이 거기에 속한 것은 아니기 때문에, 나는 여기에 상세하게 열거할 어떤 유용성은 없다고 봅니다. 나의 친구들보다 앞서서, 그들 편에 서서 방해요인을 없애려고 노력했지만, 여기서 내가 간청하는 것은 외국 선교사의 편에 있는 어려움들은 가능하다면 없애도록 노력해야할 것입니다.

Ⅰ. 효과적인 협력을 위해 존재해야만 하는 개인적인 관계를 처음으로 생각해 봅시다. 이 관계의 이상을 위해서 우리는 주인이신 예수님을 생각합니다. 예수 그리스도와 그의 직속 제자들과 그를 따르는 노동자들 사이에서의 이런 관계는 학생과 교사, 주인과 제자의 관계일 뿐만 아니라. 그

무엇보다도 친구와 친구의 관계입니다. 예수님은 그 자신을 연약하고, 깨지기 쉽고, 걸림돌이 되는 제자들의 친구요 형제로 그들 곁에 두셨고, 그들을 더 분명한 비전과 더 강한 믿음과 더 숭고한 생명으로 높이셨습니다. 제자들은 그들의 신성한 교사(하나님)와 친밀한 우정을 쌓고, 하나님을 사랑하는 것을 배웠고, 하나님 안에서 비밀을 털어놓고, 하나님을 따르고, 하나님이 걷는 대로 따라 걸었습니다.

외국인 선교사가 그를 따르는 사역자들과 '친구'가 된다고 진실로 말할 수 있습니까? 이것이 선교사의 목적이 된다고 말할 수 있습니까? 나는 많은 경우에서 그 대답은 반드시 부정임에 틀림없다고 말할 수 있습니다. 내가 그것이 목표라는 것을 믿은 것처럼 그것을 목표로 한다면, 적어도 충분히 맹세하지도 않을 것이고 항상 행동으로 나타내 보이지도 않았을 것입니다. 나는 다행히도 모든 사람들이 적어도 자신의 가장 진실한 친구들 사이에서 인도인 기독교 동료 사역자들로 어느 정도의 친구들이 있다는 사실을 선교사들이 전국에 많이 있음을 기억하고 있고, 그들의 가장 친근한 친구들 가운데서 외국인 선교사들이 있다는 것에 깊이 감사하는 인도 각 지역 기독교인들이 있습니다. 그러나 그러한 사람들은 아주 극히 소수인 것입니다.

우정은 스스로를 자랑하는 사랑보다 더 낫습니다. 저는 잠시 동안 외국인 선교사들이 그들이 숭고한 희생을 한 나라의 국민들과 그 나라들을 사랑하는 것을 부정하지 않습니다, 그러나 우정은 후원자의 사랑보다 더 크다고 생각합니다. 저는 남인도에서 외국인 선교사가 한 말을 인용하고자 합니다. 그는 이렇게 기록합니다. "이 나라에서 선교사들에 관해 사용하는 가장 흔한 호칭은 '아버지'입니다. 하지만 시간은 자녀들이 시작해야 한다고 했을 때 옵니다. 그리고 그들이 일반적으로 발전한다면, 그들 스스로에 대해 생각하고 그리고 그들 자신의 열망과 계획을 가지기 시작합니다. 이것은 그의 자녀들과의 관계에서 아버지를 위한 비평적인 시기입니다. 그의 아들의 생명에 대해서 어쨌든 가장 좋은 것을 주고자 하는 아버지의 계속된 영향은 이제는 아들의 친구에 따라 달라집니다. 후원자로부터 친구에게로의 이러한 변화는 상호주의의 새로운 요소가 도입됨을 나타냅니다. 만약 내가 나의 친구로서 사람을 고려한다면, 나는 그의 개성을 존중하고 그가 가진 기이한 점, 옳은 점, 그리고 그 자신의 책임감을 기억합니다. 그것은 어떤 점에서는 평등과 자유의 감정이 서로간의 관계와 교제에 스며들 것을 필요로 합니다. 이것이 오늘날 인도에서 우리 자신을 발견하는 점입니다.

하지만 "동양은 동양이고 서양은 서양이다"하면서 습관, 관습, 그리고 생각의 모드에서 너무 정반대로 서로 반대되는 두 종족 사이에 그러한 우정이 가능할까요? 저는 내 경험에서 그러한 우정이 가능하다는 것을 알고 있습니다. 저는 외국인 선교사들 가운데서 나의 가장 친한 친구가 있음을 감사합니다. 저는 이러한 진정한 우정을 통하여서 내 삶의 풍성함을 간증할 수 있습니다. 바로 이런 풍부함이 저의 선교적 형제들에게 더욱 헌신을 갖게 할 뿐더러, 그들은 그들의 인도 동료 사역자들에게 친밀감을 지니게 되는 것입니다. 또 다른 권위적 인용을 말씀드리자면 이렇습니다. 이번엔 북 인도의 라호르의 주교의 말입니다. 그는 말합니다. 친근한 느낌이 참으로 클 뿐더러 헌신적인 노력과 자기 부인의 행위들이 인도 그리스도인들에게서와 선교사들에게서 느낄 수 있었습니다. 몇몇의 경우를 제외하고 온화하고 겸곤한 분위기가 늘 압도적이었고, 진정으로 형제애와 같은 우정과 행복한 관계가 인도인 사람들과 동등하게 이루어졌습니다. 실제로 이런 이들 중에 모든 최고의 진실과 최상의 말씀의 의미를 지닌 신사들이 있었고, 매우 평등한 의식을 지니고 있는 관계성을 볼 수 있었습니다. 남쪽과 북쪽의 이러한 목소리들이 같은 위험성은 물론 한 가지 해결법을 가지고 있다고 생각하지 않으십니까?

선구적인 선교사들은 개종자들에게 "아버지"입니다. 반대로 개종자들은 그들의 "자녀"가 됨을 기뻐합니다. 하지만 더 예전 선교에서의 어려움은 아버지로 보이기를 좋아하는 젊은 선교사들이 이제 새로운 세대로 교체

되었고, 자녀로 다루어지고 싶지 않은 기독교인들의 새로운 세대가 있는 것입니다. 선교사의 사역의 성공을 통해서, 2,3세대의 기독교 공동체가 더 이상 자녀로 돌봄을 받지 않아도 될 지위에 올랐다면, 이 새로운 정신을 인정하는 것을 가장 먼저 하지 않아야 하고, 그들의 친구가 됨으로써, 그 관계를 강화하는데 서둘러야만 합니다. 그러한 관계성은 다른 어떤 것보다도 잘못된 자립의 영성의 성장을 막아주고, 선교사들을 대항하는 어리석은 무례함과 상처를 입는 것들을 막아줍니다. 그러한 관계성이 없이 오늘날 인도 기독교 젊은이들을 우리가 과연 만날 수 있겠습니까?

라호르의 대주교는 몇 가지 실질적인 제안을 합니다. 그는 말합니다. "완전히 자연스럽게, 우리가 영국인 친구들을 대하는 것처럼 인도인 크리스찬을 대하는 방법을 가질 수 있다면, 더 자주 우리 집에 와서 머물러 가라고 청하고, 진정으로 그들과 친구가 되고, 그들로부터 우리가 배워야 하는 많은 것들을 깨닫는 것, 그들이 보통 사람들에게 얼마나 많은 기여를 했는가 – 이것은 우리를 서로 더 친밀하게 이끄는 그 어떤 것보다 더 좋고, 비기독교인 세상에 우리 민족들이 그리스도의 몸 안으로 이끌 수 있는 통합과 제약 없는 잠재력과 효과의 실례가 될 것이라고 나는 믿습니다." 많은 것들이 이러한 방향을 따라 할 수 있습니다.

그 반대의 태도의 극단적인 예들을 몇 가지 보겠습니다. 내 마음의 깊은 고통을 가지고 있고, 내 선교사 친구들 중의 몇몇이 실패했다면, 나 또한 그것에 책임이 있습니다. 나는 15년 동안 큰 지역의 책임을 맡고 있는 인도인 감독 선교사 한 명이 생각나는데, 그가 그의 유럽인 선교사 형제들의 집에서 단 한 끼의 식사도 초대받지 못했다고 최근에 이야기 했습니다. 나는 선교사 본부의 오른손 역할을 하는 한 목사님의 고백을 들었습니다. 그는 지난 18년 동안 그의 선교사가 단 한 번도 그의 초라한 집에 방문한 적이 없었다고 말했습니다. 원주민 지역에서 가장 높은 지위에 있는 두 사람이 내 친구에게 말하기를 그들이 지난 몇 년 동안 그 도시에 있었고 선교사에게 연락을 하였지만, 선교사는 한 번도 회신 연락을 한 적이 없었다고 하였습니다. 나는 두세 명의 젊은 선교사들을 기억하는데, 그들은 인도인 기독교 신사모임을 이끌기를 부탁하였지만, 그들의 선배 선교사들은 그러한 혁신을 반대하였다고 말하였습니다. 나는 몇 년 전 젊은 선교사가 나에게 그가 인도인 성직자의 무례함이라고 불리웠던 것에 대해 말하였는데, 그 인도인 성직자는 인도의 대학 중의 하나를 졸업하였고, 그와 악수할 때 손을 앞으로 향하게 하였습니다. 그(젊은 선교사)가 말하기를 “이 남자는 그가 대학을 졸업하고, 유럽인의 관습을 가지고 있기 때문에, 내가 그와 반드시 악수를 해야 한다고 생각합니다.”

나는 여러분이 이러한 예들이 일반적인 상황을 대표한다고 생각하지 않기를, 또한 이러한 예들이 독단적인 예라고도 생각하지 않기를 바랍니다. 만약 그것들이 단독적인 예라고 할지라도, 이런 극단적인 형태의 발생은 불가능할 것입니다.

한편 나는 카쉬미르의 경계에 있는, 히말라야의 맨 아래에서 내가 본 장면을 결코 잊을 수가 없습니다. 선교사의 저녁 식사 테이블에서 지역의 외과의, 선교사, YMCA의 미국인 총무, 원주민 목사, 보통의 교리문답교사(전도사)가 테이블을 주재하는 선교사의 부인과 함께 테이블에 둘러 앉았습니다. 이것은 일부러 꾸며낸 장면이 아니었습니다. 목사와 교리문답교사 자신들이 처신하는 완벽한 편안함이 그 관계가 자연스럽고 관례적인 것을 긍정적으로 증명하였다. 나는 대체로 선교가 대부분 다른 사람들의 관점에서 앞서 나가있다고 생각했습니다.

제게 오해가 없으시기 바랍니다. 저는 회신 연락을 하거나, 악수, 의자, 저녁식사와 차 한잔 그러한 것들을 간청하지 않습니다. 반대로 나는 만약 그들이 친절한 감정을 표현할 수 있다면, 만약 그가 사람들 한 가운데서, 그들의 구세주나 주인이 아니라 형제요 친구로 그들 사이에 있는 것을 보여줄 외국 선교사의 모습을 기꺼이 보여줄 무언가가 있다면 그들에게 나는 그것을 간청합니다.

Ⅱ. 효과적인 협력은 적당한 공식적인 관계를 가지고서만 가능할 것입

니다. 현재 선교사와 인도인 사역자 사이의 일반적인 공식적인 관계는 주인과 하인사이의 관계입니다. 사실상, 설교하는 선교사들 속에 있는 낮은 계급의 인도인 사역자들에 의해 남인도에서 종종 사용되는 이 단어는 ejaman 즉 주인입니다. 선교사는 급여 담당자이고, 사역자는 그의 하인입니다. 이런 관계가 존재하는 한, 자존감과 개성은 인도인 교회에서는 자랄 수 없다고 인정해야만 합니다.

미국 위원회의 선교사는 수 년 전 그의 위원회 총무가 그에게 했던 말을 나에게 해 주었습니다 "현장에서 당신 자신을 불필요하게 만드십시오." 나는 그 선교사가 가장 재치 있는 방법으로 그것을 할 것이라는 사실을 증언할 수 있습니다. 우리도 알듯이 선교사 협회의 목적은 자치교회들을 발전시키고, 자국의 대표자들에게 자유와 기회를 주고, 그들이 현장에서 불필요하게 만들도록 하는 것입니다. 하지만 협회는 그들의 목적이 되는 원주민들을 확신하지 못했습니다. 어떤 선교에서, 내가 비록 잘못 알고 있지만, 인도인 기독교인들은 사역의 리더십이 선교사들을 불필요하게 만들기 때문에, 선교사들이 완전한 자기 지원과 진정한 자치를 반대한다고 믿습니다. 이것은 일반적으로 독립적인 사고와 행동의 사람이 선교의 행정을 최소한으로 조언해 주는 사람이라고 생각합니다. 저는 아주 작은 일에서 독자적인 행동이 억압되고 있는 곳들을 좀 알고 있습니다. 그리고 토착을 하고자 하는 수고가 의심과 불신으로 여겨지는 경우들을 알고 있습니다. 심지어 토착적 선교사들의 노력 중에서도 말입니다. 원주민 기독교인들의 자치와 독립에 대한 열망이 받아들여지지 않고, 조장되지 않고, 규칙을 따르려고 하지 않는다면, 진정한 진보는 있을 수가 없습니다.

저는 완벽한 자치를 주장하는 교회들의 위험과 자기 지원과 봉급의 평등을 주장하고 외국의 선교사 협회의 "선교사" 라고 불리우길 바라는 개인들을 고려하지 않는 완전한 독립이 있음을 잊지 않습니다. 내가 이러한 것들과 비슷한 위험들을 충분히 알고 있지만, 대부분 예전의 선교에서 이 대회에서 보여주는 방향으로의 발전을 위한 여지가 있었다고 생각하지 않을 수 없습니다.

세계선교사 대회에서 최고의 앵글로- 인도 신문에서 보여지는 논설체로, 글쓴이가 말하기를 "인도의 기독교인은 가장 중요한 단서를 가지고 있습니다. 최고의 선교사 단체 가운데서 인도인 기독교인들에게 자신의 업무를 더 효율적으로 관리하도록 주어진 방법이 상당히 진보되었다는 것은 사실이지만, 그 개혁 운동은 너무도 느립니다. 젊은 인도인들이 다양한 세속적인 직업에서 벗어나서 그들이 가진 능력이 매년 옛 방법을 따라서 표류하고 있는 것은 분명히 현명하지 못합니다. 왜냐하면 그것은 교회의 목회에서부터 인도의 기독교 청년들을 떠나게 하기 때문입니다."

교육받은 젊은이들이 목회의 길에 들어서지 못하는 이유가 오로지 이 원인 때문이라고만 말할 수는 없을 것입니다. 사례비의 문제는 종종 그들의 마음속에 크게 차지하고 있어서 저는 그것을 걱정하고 있습니다. 영적인 삶이 지상의 위대함에 대한 유혹을 극복하기에 적극적으로 충분하지 않습니다. 하지만 동시에 선교에서 존재하는 조건 때문에 몇몇이 목회에서 멀리하는 것을 부인할 수는 없습니다.

그러므로 나는 발전된 단계가 외국인 선교사의 손에서 너무나도 독점적인 책임과 특권들이 외국인에서 인도인으로 전해지게 될 것이라고 주장합니다. 원주민 교회의 자문위원회는 인도인들이 그들의 교회의 행정업무를 훈련받을 수 있는 곳을 만들어야 합니다. 선교사 대회는 인도인과 유럽인이 공동 사역의 복지를 위해 자문하고 함께 사역할 수 있도록 인도인 지도자들을 위한 장소를 찾아야만 합니다. 가장 좋아하는 문구인 "우리의 재정", "우리의 조정"는 반드시 도움이 있어야 합니다. 원주민 기독교인의 견해는 반드시 새로운 발전 단계를 위해 끊임없이 자문을 구해야 합니다. 즉, 도처에서, 외국인 선교사는 그가 인도인 사역자들의 손에 리더십과 권위의 자위를 넘겨주는 것을 두려워하지 않고, 그의 역할은 줄이고 인도인 형제들이 증가할 때 그의 기쁨이 채워진다는 것을 실수 없이 보여주어야만 할 것입니다.

책임감의 발전이라는 것은 점진적으로 이루어져야 하고 외국인 자본과 통제의 갑작스런 철수는 안된다는 사실을 저는 완전히 알고 있습니다. 하지만 점진적으로, 하지만 끊임없이 이루어져야만 합니다. 왜냐하면, 책임감의 증가 없이는, 자체의 특성이 만들어지지 않을 것입니다. 우리는 걸음마로 걷기를 배웁니다. 아마 어쩌면, 넘어지고, 실수에서부터 배우고, 하지만 우리가 성숙에 이를 때까지 우리는 줄을 잡고 나아가는 것을 결코 멈추지 않습니다.

그러한 발전이 이루어지면, 인도 기독교인 리더들에게 외국인 선교사들의 관계는 어떻게 될 것일까요? 물론, 친구입니다. 다시 인용하자면 "인도인 교회와 외국인 선교사의 공식적인 관계는 언젠가는 중단되어야만 합니다. 만약 그 날이 왔을 때, 선두적인 인도의 기독교인들은 그들의 자녀들을 그들 발 밑에 두고 우리의 생각을 좋아하지 않는 것 같은 나이 많고 질투심 가득한 아버지로 우리를 여긴다면, 우리는 충고와 격려의 말이 심하게 필요할 시점에 인도인들의 조언을 받지 못할 것입니다. 상황이 어려울 것으로 생각해도, 자신들의 업무를 스스로 관리하고 그들의 집을 지으려고 하는 자녀들에게는 명예의 문제가 될 것입니다. 하지만 만약에 우리가 그들을 친구로 여긴다면, 그들이 더 이상 우리의 지도 책임 하에 없다 해도, 필요가 생겼을 때, 그들은 계속해서 우리로부터 충고를 얻으려고 할 것입니다."

Ⅲ. 진정한 협력은 적당한 영적인 관계가 있을 때에만 가능합니다. 어떤 개인적인 관계도 영적인 기초 위에 세워지지 않으면 진실되고 영구하지 않을 것입니다. 인도는 "종교적인 분위기"를 가진 땅입니다. 힌두교인들에게 "유일한 궁극적인 단 한분은 하나님입니다. 그 분의 위대하심과 유일한 사실은 눈에 보이지 않습니다. 그 분의 진실하심과 영원한 환경은 영적입니다."

그러므로 그러한 땅에서 그 중심과 접촉하는 가장 쉬운 점은 영적인 측면입니다. 인도인의 천성은 경건한 명상과 기도, 하나님의 뜻을 받아들이고 복종, 인내, 얌전함과 겸손, 자기 부인의 삶에 관한 그리스도인의 은혜, 성도의 교제와 친교의 함양 그리고 하나님의 현존하심에 관한 실제를 발전시키려는 태도를 가지고 있습니다. 기독교의 신비주의에 관한 이러한 요소들은 인도인의 마음속에 자연적인 토양을 발견합니다. 기독교인의 삶의 이런 모습을 매도하는 것이 아니라 기독교인의 삶의 모습을 함양하고 그 자신을 발전시킴으로써, 외국인이 인도인의 마음을 이길 수 있습니다. 그리고 그 때에, 서양인이 인도인이 가지지 못한 것을 자연스럽게 그에게 줄 수 있습니다. 기독교인의 성격의 요소들, 기독교적인 활동, 그리고 기독교의 조직 등을 전해줄 수 있는 것입니다. 서양인들이 발전시킨 이러한 성격들은 인도인에게 호소하는 것을 종종 실패하는데, 왜냐하면, 접촉점을 찾는 것을 통해서 인도인의 마음에 이르지 못한 사람들이 너무 자주 서양 사람들을 지지하기 때문입니다.

다른 사람이 무엇을 생각하든지, 나는 인도에 있는 우리가 우리의 영적인 안내와 도움을 받을 시기 즉, 서양 선교사를 필요하지 않을 미래가 있다는 것에 조금도 의심이 없습니다. 기독교적인 생활이 세기의 유산을 통해서 우리에게 부족한 많은 것을 우리에게 가르쳐 줄 수 있습니다. 그리고 이 부분에서, 나는 서양인이 여러 해 동안 필요가 있다고 생각합니다. 우리가 그리스도의 몸의 하나임을 깨닫는 것이 그리스도의 발 아래에서 함께하기를 연구하는 협력인 것입니다. 그리스도의 영광의 위대한 풍성함은 영국인, 미국인, 그리고 대륙사람에 의해서 완전하게 깨달아지는 것이 아니고, 일본인, 중국인 그리고 인도인에 의해서도 아니며, 함께 사역하면서, 함께 예배하면서, 그리고 함께 그리스도이신 우리 주님의 완전한 형상을 배울 때 깨달을 수 있습니다. 우리가 "그리스도의 사랑을 이해할 수 있는" 것은 오직 "모든 성자들과 함께"이고, 그래서 우리는 "하나님의 모든 충만하심으로 가득 채울 수 있습니다." 이것은 두 종족 사이의 영적인 우정에서부터 가능할 것입니다. 우리는 기꺼이 서로 서로 배우고, 서로 도와야 하는 것입니다.

모든 시대를 통해 세월이 가면서, 인도의 교회는 선교사들의 영웅적인 실천과 선교사가 지는 육신에 대한 자기 부인의 그 노력을 증명하게 될 때에 진심으로 감사하게 될 것입니다. 여러분은 지금 여러분의 산물들을 가난한 사람에게 먹도록 제공하고 있는 것입니다. 여러분은 여러분의 몸을 타오르도록 헌신해온 것입니다. 우리는 또한 사랑을 요청합니다. 우리에게 친구가 되어주시길 말입니다!

현재 선교적 기회가 교회에 요구하는 것들(1)

에디(George Sherwood Eddy)씨
6월 21일 화요일 저녁, 대회실에서의 연설

우리는 오늘 밤에 이 사업에 드는 비용을 냉정하게 계산해보고, 우리가 그것을 견디어 낼 수 있는지에 대해 물으며, 현재의 선교적인 기회에서 필요로 하는 교회의 요구가 무엇인지를 알아야 할 과제에 직면해 있습니다. 나는 현재의 선교적인 기회가 교회에 4중의 요구를 하고 있는 것처럼 보입니다.

무엇보다도, 사역의 최고의 필요성으로서 힘의 요구가 있습니다. 우리의 사역은 초자연적입니다. 그렇지 않다면 우리 사역은 아무것도 아닙니다. 우리가 초자연적인 힘이 없다면, 우리는 아프리카나 아시아 대륙을 미신으로 가득 찬 어두운 대륙에서 끌어 올리거나 아시아의 전통을 변화시키거나 변형시킬 수 없었던 것이 당연합니다. 그러나 우리는 이러한 초자연적인 힘을 가지고 있다고 믿습니다. 우리는 사역을 하는 하나의 강력한 영향력을 가지고 있습니다. 새로운 발견의 열정을 지니고서 우리는 또한 "내가 서 있는 곳에 나에게 능력을 주십시오. 그러면 내가 세상을 움직이겠습니다"라고 말 할 수 있는 것입니다. 우리는 이를 믿는 믿음의 기도로 세상을 움직일 수 있습니다. 이 방의 벽을 넘어서 기독교인이 없다면, 우리는 초대 교회가 했던 것처럼 하나님을 믿는 믿음만 있다면 하나님을 위하여 이 세상을 이기고 홀로 나아갈 수 있습니다. 열두 명 이상, 120명을 넘고 오백 명을 넘고, 더 거대한 숫자의 그리스도인들이 여기에 모였고, 여러 면에서 뛰어난, 즉 조직과 교육과 부와 모든 면에서 뛰어난 면이 있습니다. 그리고 필수적인 하나의 요소를 간직하고 있습니다. 그것은 곧 믿음의 기도라고 하는 보이지 않는 연결입니다. 우리는 이러한 기도의 능력을 이용한 적이 있습니까? 기도의 효용에 대하여 흔들리지 않는 확신을 가지고, 사도적인 중보적 믿음이라는 잊혀졌던 비밀을 사용하는 것이 우리 시대의 가장 깊은 필요가 아닌가요? 우리는 기도를 해오고 있습니까? 우리는 정말로 열심히 일하고 조직하고, 광고하고, 통계 자료들을 모았지만, 우리는 정말로 우리가 기도 할 수 있는 만큼 기도하였습니까? 우리가 이 사역을 하는 한 하나님의 전능하신 능력의 공급을 진정으로 입증하고 활용하였습니까? 선교사로써 이러한 기도의 능력을 증명한 적이 있습니까? 사역의 현장에서 우리의 원주민 형제들을 가르치고 기도할 뿐만 아니라 우리 사역의 큰 장애물을 극복하고 승리하고, 우리의 적들에게 다가가기 위해서 원주민 형제들을 모아서 소그룹으로 모은 적이 있습니까? 그들이 우리를 기도의 사람으로, 하나님의 사람으로 생각한 적이 있습니까? 그들이 우리에게 기도의 습관을 배운 적이 있습니까? 본국의 우리 선교사 협회에서, 우리 앞에 펼쳐진 악의 세력들에 직면하여 눌리고, 확장되는 전쟁을 지탱하도록 신실한 기도의 양을 늘리고 있습니까? 나는 우리가 기도하고 있는 것을 압니다. 하지만 우리의 기도를 헤아리면서 최소한 부적절한 결과를 가지진 않았습니까? 이것이 우리 사역의 최고의 필요이고, 선교적인 기회가 우리에게 필요한 첫 번째 요구이고, 신실한 기도로서 승리할 힘을 위한 필요가 아니겠습니까? 그리고 만일 이 위대한 대회가 세상 끝까지 이르는 기도의 주도성과 분리된다면, 우리의 사역은 대단히 언어도단에 해당되지 않을까요?

근대의 선교적 기회가 우리에게 필요한 두 번째 요구는 생명을 위한 요구, 사역 수행을 위한 지도력의 요구, 앞서 나가 일할 사람을 필요로 하는 요구입니다. 우리는 오늘날 동양을 일깨우는, 세상을 일깨우는 일에 직면해 있습니다. 모든 아시아가 일어나고 있습니다. 일본에서 인도까지, 동쪽의 한국에서 서쪽의 페르시아까지, 중국에서부터 저 멀리 터키까지, 유럽 인구의 2배 이상이고, 아프리카보다는 4배, 북,남미보다는 6배, 전 세계의 절반 이상인 아시아 … 기독교 교회에 어떤 요구도 하지 않습니까? 인류의 요람, 문명의 근원, 서양의 교사, 세계 위대한 모든 종교의 어머니인 아시아가 마침내 일어나고 있고, 동양의 부름에 대한 서양의 대답은 무엇입니까? 우리가 생명을 위하는 이러한 요구에 충족할까요? 여기에 나아갈 사람이 있을까요? 하나님께서는 우리에게 사람을 보내어 주십니다! 이 때와 같은 시기에 그들을 필요로 합니다. 젊은이들이 있습니다. 이 공간의 벽 너머에 많은 사람들이 있습니다. 우리는 최고의 사람들이 필요합니다. 우리에게 이러한 큰 국가적이고, 교육적인 문제점들을 고심할 정치력 있는 사람, 그리고 전체 제국을 만들어 낼 수 있는 최선의 젊은이를 보내어 주십시오. 학식 있는 사람, 인쇄물을 만들어 낼 사람뿐만 아니라 자체의 인쇄물을 만들어 내서 유아적인 교회를 훈련시킬 수 있는 그러한 사람, 리더십의 능력이 있는 사람. 이러한 사역을 수행할 사람을 위한 이러한 요구가 충족되고 우리를 도울 사람이 오지 않겠습니까?

하지만 현재의 기회에서 필요한 세 번째의 요구가 있습니다. 이 사역의 모든 회원들의 참여의 축복된 방법으로써 희생의 요구가 그것입니다. 기도와 희생, 이 두 가지의 황금 연결은 본 교회와 외국을 연결하고, 가장 먼 곳의 사역자들을 본국에 의지하게 하고, 모든 회원은 이 축복된 사역에 참여자가 되는 것입니다. 그리고 본국에서 희생과 더 나은 청지기의 개념의 즉각적이고 긴급한 요구가 없습니까? 세상의 이익을 최선에 두는, 양심을 감동시키는 학생 운동이 있었습니다. 여성 선교사 운동이 있었습니다. 성직자들을 위한 특별한 노력을 하였습니다. 우리가 무엇이 부족합니까? 가장 위대한 잠재적 자산인 세계의 복음전도를 이루게 될 평신도의 위대한 휴면기의 능력인 교회의 가장 중심에 이르지 못하였습니까? 여기에 희망의 빛이 있음에 하나님께 감사합니다. 나는 올해에 내가 본 이것을 보리라고 기대하지 않았습니다. 평신도 선교사 운동을 통하여, 본국 교회를 향하신 하나님의 도우심을 깨달으면서, 저는 매일 밤마다, 모든 도시에서, 천에서 이천 명의 모임, 사업가들이 세 시간 동안 선교사들의 연설을 큰 관심과 열정을 가지고 듣기 위해 모이고, 삼 일 동안이나 하나님 나라에 대한 거대한 소망을 위하여 그들의 사업적 능력과 사역들을 바치기 위해 모인 것을 알고 있습니다.

저는 지금 이 방에서 제 앞에서 이 희생의 새로운 정신에 감동 받아서 그들의 수입의 절반 이상을 드린 사람들을 바라봅니다. 이것은 모든 교회에 대한 모든 세상의 호소이고 모든 사람에 대한 모든 교회의 호소입니다. 그리고 나는 이것이 성공의 비밀이라는 것을 믿습니다. 모두가 연합한 호소는 교회의 평신도들에게 이르렀고, 그들의 집중력을 도전하며, 어떠한 분열된 호소에 의해서는 이루어 본 적도, 할 수도 없었던 것을 그리스도의 교회의 연합된 호소는 이러한 희생을 이끌어낼 수 있었습니다.

넷째로, 현재의 선교적인 기회는 사역의 성공적인 조건으로서 연합을 필요로 한다고 나는 믿습니다. 오늘날 우리를 연합하도록 움직인 강력한 동기는 무엇입니까? 우리는 반대의 연합된 세력, 국가적인 운동의 연합된 세력, 연합된 서양을 요구하는 연합된 동양을 봅니다. – 확실히 우리를 반대하는 이러한 연합된 세력들이 우리를 연합하게 만듭니다. 거듭 말해서, 사역에 들어가기로 부름을 받은 우리에게 이러한 광대한 미점령 지역을 대면할 때 우리의 힘을 나눌 여력이 있을 수 있겠습니까? 그리고 우리 사역의 요구뿐만 아니라 사역을 향한 하나님의 위대한 요구에 대한 관심에 우리들의 동기가 있습니다. 우리는 모두가 한 아버지를 모시고 있는 것이 아니겠습니까? 우리는 우리가 하나 되기를 기도할 뿐 아니라 영원히 거하시고, 하나님이 사랑으로 몸을 숙인 것처럼 오늘밤 기도하는, 우리가 순종할 복을 주시는 하나님, 우리의 주인이신 하나님 한 분을 믿고 있지 않습니까? 우리를 하나로 연합하게 하는 성령님의 구속하는 사랑의 동기를 가지고 있지 않습니까? 예수님이 기도하고 성령님이 노력하는 하나님의 목적하심을 갖는 것이 불가능할 수 있습니까? 그 미래는 우리가 그것을 만졌던 것처럼 확실합니다.

연합의 조건이란 것은 무엇일까요? 나는 단 한가지만을 말하겠습니다. 에베소서 4장에서 연합에 관해 위대한 사도는 이렇게 말합니다. "성령의 하나 되게 하신 것을 힘써 지켜라" 그리고 이어서, "그리스도의 장성한 분량이 충만한 데까지 이르리니"라고 기록합니다. 믿음의 연합은 희미하고 멀리 있는 것 같아 보이고, 너무도 심각한 것은 우리가 서로 가르고 나누고 있는 것입니다. 하지만, 형제 여러분, 우리가 아직 목표에 이르지는 못하였고, 단번에 그 목표에 도달할 수는 없지만, 우리는 사랑으로 성령의 하나됨을 유지할 수 있습니다. 하나님은 우리에게 "창조하라"고 말씀하지 않으셨습니다. 우리에게 주님은 "유지하라"고 하셨습니다. 우리는 이미 가진 연합의 기준에 눈을 가린 채로 연합을 재촉하는 일은 없을 것입니다. 형제 여러분, 우리는 많은 공감대를 가지고 있습니다. 우리가 한 하나님 안에서, 그의 육신의 지체로써 머리가 되신 한 예수님이요 구세주 안에서, 한 성령으로 연합해서, 한 생명수를 마시고, 한 성령님으로부터의 안내와 영감을 받으며, 공통 훈련을 하고, 공동의 목적을 가지고, 공통의 권위를 가지고, 형제로 하나로 묶인 것을 믿는 믿음은 우리를 형제로 같은 사역을 하도록 하지 않겠습니까? 우리는 많은 공통점뿐만 아니라 많은 공통의 약점도 가지고 있습니다. 우리들 중 누구도 개인적인 태도로, 혹은 자신이 대표로 있는 기구를 위하여서 우리는 다른 이들과 같지 아니하다면서 하나님께 감사하는 모습을 보였던 바리새인의 태도를 지니는 일이 없어야 할 것입니다. 우리 각자는 우리가 많은 것에 부족하다고 고백합니다. 우리는 부분적으로 알고 있고, 그래서 불완전한 존재입니다. 사랑의 균형들을 맞추는 일에 있어서도, 우리는 모두 부족한 이들입니다. 우리는 우리 자신의 연약함을 알 뿐더러, 다른 이들에게 이로운 것이 무엇인지도 알고 있습니다. 우리는 우리를 부끄럽도록 만드는 개인들이나 전체 공동체를 알고 있는데, 그들은 우리를 따르든 그렇지 못하든 우리는 그들이 마귀를 쫓아내고 하나님의 성령이 그들 가운데서 일하시는 것을 봅니다. 우리는 또한 감사, 오늘에 대한 감사, 이 역사적인 오늘날 성령님의 일하심이 늦어지고 오랫동안 슬픔에 있었지만, 우리를 대신해서 성령님이 이미 하실 수 있었던 것에 대한 감사라는 면에서 많은 공통점을 지니고 있습니다. 연합을 이루게 하신 하나님께 감사합니다. 우리는 목표에서 멀리 떨어지게 된 것을 유감스럽게 여깁니다. 나는 남인도의 현장에 150만의 강한 모든 장로교인들, 모든 회중들, 모든 독일 개혁교회 그리스도인들, 미국, 영국 그리고 스코틀랜드의 연합 선교회, 남인도의 연합교회가 함께 모여 있는 것을 보았습니다. 그리고 우리가 장로교회의 강한 힘과 보수성, 그리고 세력을 탐냈던 것처럼 우리는 오늘날 다른 위대한 역사적인 교회의 축복과 힘을 부러워합니다. 형제들이여, 만약 우리가 외국 현장에서 연합할 수 있다면, 우리가 본국의 현장에서 또한 연합할 수 없겠습니까? 우리가 여기 대회에서 연합한다면, 왜 우리가 최소한 사역지에서, 이 이후에 연합할 수 없겠습니까? 우리에게 한 목자와 한 무리가 되라고 부르신 하나님의 뜻을 이루는데 왜 우리가 연합할 수 없겠습니까? 그러므로 우리는 신실한 기도의 힘을 필요로 하는 것입니다. 생명, 리더십, 사역을 위한 필요가 우리에게 있으며, 이러한 것들과 더불어 사역에서 모든 회원들의 참여에 관한 축복된 수단으로서의 희생을 필요로 하고, 사역의 승리를 확신하는 연합과 믿음이 장성한 분량에 이를 때까지 성령으로 하나됨을 지켜가야 하는 것입니다.

현재 선교적 기회가 교회에 요구하는 것들(2)

데니(Rev. James Denney, Professor, D.D.) 목사
6월 21일 화요일 저녁, 대회실에서의 연설

의장님과 신사 숙녀 여러분, 오늘밤 우리가 관심을 갖고 있는 주제는 상당히 부담스런 것이라고도 할 수 있을 것입니다. 이미 수행한 선교적인 사역의 범위에 관해 생각하든지, 또는 위대한 사역을 행하게 될 본국의 교회들의 조건으로 우리의 생각을 돌리든, 이러한 주제에 대하여 생각하거나 말하는 것은 사실상 부담스런 것이 당연합니다. 본국에서의 선교에 대한 관심이 없다고 한다면 이것은 사실이 아닐 것입니다. 지난 날 동안 여기에서 일어난 모든 것은 그 반대의 내용들을 증명하지 않습니까? 이러한 회의를 참석하는 사람들의 수, 훌륭하신 분들에 의해서 발표된 메시지들, 신문에서 그들이 발표한 것들을 크게 보도하는 것 등 이러한 모든 것들은 선교에 대한 관심을 증거하는 것입니다. 선교의 사역은 그러한 차원을 달성하게 되었고, 인간적인 것들을 통한 일반적 운동의 자리에까지 이르게 된 것입니다. 지적 계층의 사람들이 이러한 일에 대한 관심을 갖지 않을 수는 없는 일이었을 것입니다. 또한 여러분이 많은 경우들에 대하여 친근감을 가질수록 더 많이 알게 되는 것이 있습니다. 그것은 곧 그 관심이라는 것이 선교사역을 수행하는 이들에게 있는 어떤 특별한 가치에 대한 관심이라는 것이 아니라는 것입니다. 그것은 무관심한 관심꺼리입니다. 그것은 호기심과 같은 관심이요, 지식적인 방관자로서 느끼는 것으로 자신의 세계 속에서 무슨 일이 일어나고 있는 도무지 무지하게 지낼 수 없는 사람들의 태도인 것입니다. 매우 소수의 사람들은 선교사역이 그들의 사역이라고 느끼는 양심적이고 책임감을 가지고 있습니다. 그리고 그들 자신들이 그리스도에 빚진 것이 있는 양심에 사역을 마음으로 하길 느끼는 사람들의 열정적이고 헌신적인 관심 또한 여전히 미약한 것이라고 할 수 있을 것입니다.

본국에 살고 있는 사람은 이 대회에서 절실하게 요구받는 막대한 책임감에 직면하도록 요구받을 때 본국 교회만을 생각하지 않을 수 없습니다. 이때에 가장 시급한 교회의 의무는 이 세상에서 교회 자체의 존재를 주장하고 유지하고, 교회의 소명과 기능을 충분하게 주장할 수 있기 위해서 교회의 양심, 교회의 천성과 소명을 회복하는 것입니다. 나는 현재의 시간에 참으로 필요가 요구되는 한두 가지 사실만을 언급할 것입니다. 나는 단지 내가 속한 교회에 관해서 말하지만, 제가 믿기로는 기독교 국가의 모든 교회들은 거의 비슷하다고 생각합니다. 연합자유교회(United Free Church)는 1,700여명 정도의 교인이 있습니다. 그리고 지난 5년 동안 평균적으로 850명 정도 증가하였습니다. 즉, 교회의 두 번째 교인은 증가하였지만, 세 번째의 회중은 증가하지 않았습니다. 목회자 후보생의 숫자도 수 년 전 좋았던 것보다는 현재에 많이 줄어들었습니다. 본국의 직원들을 유지하기에도 충분하지 않은 수이고, 외국에 보낼 직원의 수는 말할 것도 없습니다. 사실은, 본국의 많은 수의 사람들을 위해서, 교회는 기관으로서 존재하지만, 넓은 범위에서는 교회가 그들에게 자연적이고 효과적인 경력을 제공하는 매력적이거나 그 어떤 것으로서 존재하는 것을 멈추는 것입니다. 남자들은 목사로서도, 선교사로서도 나서지 않을 것입니다. 왜냐하면 기독교 교회의 일원으로서 전혀 나서지 않을 것이기 때문입니다. 본국에서의 구인 활동이 중단되면 일선에서 증원의 요구가 필요 없게 되고, 우리가 직면한 매우 중대한 상황이라고 말할 수 있게 됩니다. 이번 대회에서 이러한 일을 바라보게 된다면 본국에서는 반드시 교회에 어떤 일이 일어나야만 합니다.

무엇보다도 저는 교회가 하나님이 그의 아들을 우리에게 주심으로 놀랍고 비길 데 없는 무언가를 주셨다는 느낌을 되살리고 깊어지게 해야 한다고 봅니다. 교회 약점의 많은 부분은 기독교의 세속주의적 성향에서 일어납니다. 본국 교회의 많은 사람들은 교회가 사회의 발전을 위해 존재하는 다른 많은 기관들과 같은 종류로 존재하는 것이라고 합니다. 그런 기관들은 사실상 세상을 선하게 하는 다른 사회 조직에 속하는 것처럼 교회에 속할 수 있지만 그들은 꼭 교회에 속해야 하는 의무는 가지지 않습니다. 교회를 특징지어야만 하고, 그 증거가 분명해야만 하고, 그 삶의 훈련 — 죄의 용서와 그리스도 안에서 하나님의 현존하심과 성령님의 내재하심과 영생의 사실 — 이 있어야 하는 분명하고 명확한 것들은 눈에 띄는 것들은 아니지만 약간은 지루할 수도 있는 것들이고, 인간의 영혼이 이러한 것들로 사는 것이 아니라 세상의 어느 곳에서도 할 수 있는 그러한 선한 사역의 종류로 살아가는 것입니다. 여기에 교회를 약화시키는 또 다른 요인들이 있는 것입니다. 그리고 때때로, 말하기 이상하지만, 외국 선교 자체에서 사역의 반영이 되는 효과가 있어야 할 것 같습니다. 세계에는 우리 자신의 종교 외에 다른 종교들도 있습니다. 그리고 여러분은 그러한 다른 종교들이 섭리적 지배 속에서 나타나고 역할을 했다고 하는 생각이 익숙합니다. 다른 종교들의 존재에 관해, 그리고 기독교와의 그들의 관계에 관해, 그리고 세상의 삶에서 존재하고 기능하는 상대적인 권리에 관한 모든 질문은 너무 어려운 질문이기 때문에 많은 사람들이 그러한 복잡한 상황 속으로 끼어들기를 거부하기 위해 변명을 하게 만듭니다. 심지어 에스겔이 예수님이 오시기 600년 전에 이스라엘 사람에게 "너희가 스스로 이르기를 우리가 이방인 곧 열국 족속같이 되어서 목석을 숭배하리라 하거니와"라고 예언하였듯이, 그들은 스스로에게 이렇게 말할 것입니다. "우리는 이러한 것에 훼방되지 않을 것이다. 우리는 그 스스로의 방법으로 이것을 해결하기 위해 하나님의 섭리에 이 모든 일을 남겨둘 것이다. 우리는 우리 자신의 신앙에 편협하고, 배타적인 어떤 것도 주장하지 않을 것이다. 우리는 우리의 기회를 가지고, 인류에 잠겨 헤엄을 칠 것이다." 이러한 종류의 감정은 전 세계 기독교도들의 마음을 오염시키고, 심지어 기독교 교회의 마음조차 오염시킵니다. 이제 그러한 두 가지가 교회를 약화시키는 것에 큰 거래를 하게 되었고, 나는 본국 교회의 설교가 그 두 가지에 반대하는 직접적인 설교가 필요하다고 믿습니다. 하나님이 그의 아들을 우리에게 보내주신 계시에 분명하고 고유한 것이 나타나는 설교, 하나님이 주신 비할 데 없는 선물에 관한 책임감을 피할 수 없게 인간이 느끼도록 하는 설교, 기독교인과 비기독교인의 예수에 대한 태도가 다소간의 차이나 더 나음과 더 나쁨의 차이가 아니라 삶 또는 죽음의 차이에 있다고 모든 사람이 느끼도록 하는 설교가 그것입니다. 그 이유는 믿음이 없기 때문입니다. 기독교 종교의 특수성과 유일성이 인간의 마음의 밖에 어떠한 범위에 희미하게 하도록 하였기 때문에, 기독교 신앙의 깊은 호소력을 본국에서 덜 느껴지고, 사람들이 선교의 사역을 하도록 교회로 오지 않기 때문입니다.

그리고 또 다른 것이 있습니다. 만일 교회가 이 사역을 성공적인 것으로 여긴다면, 그것은 그리스도가 무엇인가에 관한 새로운 의미를 위해 하나님에 대한 새로운 사실을 알려주는 것뿐 아니라 교회의 의무가 화합하는 것임을 알려주는 것입니다. 이번에 이루어진 일은 참으로 위대해서 교회들이 심지어 그들이 서로 오랫동안 떨어져 있었다고 생각할 수조차 없게 할 정도입니다. 이제, 교회의 연합은 인간의 노력에 의해서 달성될 목표가 아닙니다. 교회가 하나님 안에서 살고 움직이고 그의 성품을 가지는 것처럼, 교회가 가진 성품의 일부가 되는 것입니다. 교회는 우리가 만든 같은 법적 조직을 가지거나, 우리가 세운 같은 신학적인 고백을 하는 것만이 아닙니다. 교회는 오직 모든 멤버들이 그리스도의 영에 같은 태도를 보이는 것, 바로 그 속에서 하나가 될 수 있습니다. 본국의 상황은 본국 교회의 마음속에서 어렵게 하는 경향이 있지만, 외국 선교사역의 한 가지 기쁜 결과는 다른 신학적이고 기독교적인 전통을 가진 사람들이 죄인들의 구세주이며 주인이신 예수 그리스도에 대한 일반적인 충성에 기반을 두고 함께 사역한다는 것이 가능하고 쉬운 것임을 알아낸 것입니다. 그러나 사람들이 발견하지 못한 것은 경험이 이끌어내는 결론입니다. 교회의 연합이 영원히 실현될 유일한 요소는 구원자인 예수 그리스도에 대한 순수한 충성심이 결론에 이르게 한다는 것입니다. 저는 진심으로 우리가 이 나라에서 연합에 대해 많이 고심하고, 그것을 계속 해 나가고 있음을 믿습니다. 그리고 나는 우리들 중에 많은 사람들이 자칫 거짓되고 허망한 길에 머물고 있다고 믿습니다. 연합의 기본은 신중하게 완전히 이해한 신학적인 법률의 개수나 어떠한 기독교적인 헌법에서 찾아내는 것이 아니라 신중하게 구성해야 합니다. 나는 웨스트민스터 신앙고백이나 영국 국교의 39개 신조에서 찾아내는 것이라고 생각하지 않습니다. 나는 찾아낼 수 없는 곳에서 연합을 찾는 것이 헛된 시도이고, 예수 그리스도를 구원자이고 주인으로 고백하는 모든 죄인들의 충성심 외에서는 찾아낼 수 없을 것이라고 생각합니다.

무엇이 진정한 연합인지를 찾아내는 장점 중의 하나는 연합이 지적인 난관의 모든 종류들로부터 단번에 복음을 전하는 것입니다. 그리스도인이 되는 것은 어려운 일일 것입니다. — 기독교인이 되는 것은 어렵습니다, 무한히 어렵습니다. 그러나 하지만 지적으로 어려움 속에 있어서는 안되는데, 우리는 복음서를 볼 때, 그리스도와 사람의 사이에서, 복음과 함께 지적인 당혹감이나 곤란함을 증가시키는 그리스도의 모습을 한편의 예로도 찾지 못합니다.

그러므로 만약 우리가 복음을 제시하는 데 지적으로 곤란함이 생긴다면, 우리가 이끌어 내야 하는 하나의 결론은 우리가 복음을 잘못된 길로 제시하고 있다는 것입니다. 우리가 타인의 길을 곧바르게 인도하는 대신에 그의 길에 걸림돌을 놓고 있는 것입니다. 우리는 하나님이 슬프게 하지 않은 누군가의 마음을 슬프게 하고 있습니다. 모든 기독교인 사역자들이 동의하는 기초적이고 본질적인, 기독교에서 유일하게 본질적인 단 한 가지는, 구세주이신 예수 그리스도에 대하여 인간이 충성심을 가질 것인가 말 것인가에 관한 질문에 관하여서는 어떤 신학적이거나 지적 당혹감이 없어야 한다는 것입니다. 두 번째의 유익함은 이것입니다. 우리는 종교 사역에서 전문성이라고 하는 유혹 혹은 성향을 제거합니다. 우리의 사업이 교리에 따라서 기독교를 가르치려고 하거나 기독교를 기독교적인 헌법의 형태로 소개하려고 한다면, 당신은 그것을 외부에서부터 할 수 있고, 전문성은 수학만큼이나 확실한 것이 될 것입니다. 그러나 그리스도에 대한 충성은 그렇게 쉽게 조작될 수 있는 것이 아닙니다. 그것은 은폐물로 착용해서 입을 수 있는 것이 아닙니다. 다만 우리의 마음이 확실해지고, 복음이 무엇인지에 대한 우리의 생각이 매우 단순해진다면, 그것이 큰 유익이 될 것이요, 하나님을 향한 충성이 필수적인 것이 될 것입니다. 또한 그리스도인들 사이에서 연합에 있어서 다른 방식이 결코 현실의 영역 속에 들어오지 못할 것을 알게 될 것입니다. 제가 만일 스코틀랜드의 모든 기독교인들이 신학적이고 기독교적인 어떠한 종류의 잘 정돈된 기반에서 하나의 위대한 합법적인 조직에서 활동할 수 있다면, 저는 제 힘으로 모든 것을 하려는 기독교인으로서의 기본적 책임감으로 여기며 그러한 계획에 좌절을 해야 했을 것입니다.

이제 내가 전해드리고자 하는 마지막 말씀은 이것입니다. 저는 교회가 희생의 필수적인 것을 인정하지 않는다면 위대한 선교사역을 할 수 있다고 생각하지 않습니다. 우리는 그리스도가 인간에게 무엇인가에 관한 새로운 생각을 위한 기도와 연합의 기초로써 그리스도에 대한 충성심의 충분함뿐만 아니라 그리스도를 위한 포기 또한 필요합니다. 자, 저는 이것에 관해 말하는 것이 얼마나 어려운지, 이 모든 것을 할 수 있는 권리를 가진 사람이 얼마나 적은지를 깨닫고 있습니다. 어떠한 일이 본국에 있는 우리들 대부분처럼, 세상이 줄 수 있고 그 마음에서 소원하는 모든 것을 가진 사람들이 있겠습니까? 희생에 관해 말 할 수 있는 부인과 자녀, 집과 수입, 명예와 여가 이 모든 것들을 말입니다. 대부분의 사람들이 이것에 관해 말하는 것을 부끄러워하고, 이것에 관해 절대 이야기하지 않습니다. 그리고 나는 참으로 많은 지체의 본국 교회들이 복음에 관한 설교를 하는 것을 포기했다고 믿습니다. 왜냐하면 그 자신에 관해 말하는 것을 두려워하고, 감히 다른 사람에게 말하지 못하는 그의 권리를 박탈한 것이 복음에 있기 때문입니다. 우리는 이것이 세상에서, 그리고 교회에서 얼마나 뻔뻔한 이기심인지 알고 있습니다. 우리는 얼마나 많은 사람들이 하나님을 사랑하는 사람들보다 쾌락을 좋아하는 사람들 – 그들이 무엇이든지 포기하도록 요구받아야 하는 것을 모욕으로 여기는 사람들, 돈과는 떨어지지 않을 사람들,

그들의 주말을 절대 포기하지 않을 사람들, 교회의 이익을 위해 정기적으로 무언가를 할 수 있도록 그들의 자유를 구속하는 것을 의무의 한 종류로 포함하지 않을 사람들, 그들의 여유 시간이나 정신적인 문화를 위한 그들의 기회나 심지어 방종을 위한 시간의 일 초도 희생하지 않을 사람들이 많은지 알고 있습니다. 그들은 단순하게 그것을 하지 않을 뿐더러, 심각하게 해야 하는 생각을 검토하려는 것도 심지어는 거절할 것입니다. 저는 그러한 종류의 사람들이 세상에 가득하고, 더 나쁜 것은, 그것을 비난하는 사람이 누구든지, 교회는 그러한 사람들로 가득 찼다고 말하고 있습니다. 이제, 이러한 상황에서 우리는 무엇을 해야 합니까? 저는 그러한 사람들의 양심이 모든 차원에서 이 대회가 교회로 하여금 이 임무의 규모에 맞서게 하는데 도달해야 한다고 생각하지 않습니다. 저는 당신이 아직 그리스도의 이름조차 들어보지 않은 인류의 수천만 명이 있다고 말할 때 내가 말하고 있는 사람들의 마음속에 깊은 영감을 주리라고는 생각하지 않습니다. 그들은 단지 수천만 명이 인간적으로 상상할 수 없는 특별한 것이 있다고 느낍니다. 그들은 그것을 진지하게 받아들이지 않습니다. 사람들은 얼마나 많은 사람들이 그리고 얼마나 많은 돈이 한 세대에서 세상에 복음을 전하는데 필요한지를 거의 느끼지 못합니다. 저는 우리가 또 다른 목표를 시작해야 하고, 사람들이 그리스도가 아버지에 관한 지식과 죄에 대한 용서와 불멸에 대한 희망을 가져오고, 사랑 그 동일한 것으로 대답할 수 밖에 없는, 그리고 물뿐 아니라 피로서 오신, 그 외에는 어떤 적당한 신앙이 될 수 없는, 피 없이는 어떤 적절한 대답이 될 수 없는 사랑으로 그들을 설득하는데 얼마나 많은 비용이 드는지 사람들을 느끼게 해야 한다고 믿습니다. 우리에게 하나님의 사랑의 열정을 대답하는 그리스도에 대한 영혼의 대답에 열정이 있어야만 하고, 자기를 부인하는 것에 대한 그리스도의 요구를 강조해야 합니다. 그리스도의 제자는 누구든 그리스도의 십자가에 매달려 있어야 할 뿐만 아니라 그 자신의 십자가도 가져야 합니다. 그리고 세상에서 어떤 것도 포기하지 않을 사람이 있다면, 그리스도를 위해 부자가 되는 희망, 또는 행복한 가정을 가지는 희망, 또는 학구적인 여가에 대한 희망, 또는 사회적인 야망에 대한 희망을 포기 하지 않을 사람이 있다면 — 만약 그것을 그들의 마지막으로 여기는 사람들이 있다면, 이러한 사람들이 걱정하는 한 기독교 종교는 죽은 것입니다. 우리는 예수 그리스도에 대한 헌신이 다시 되살아나지 않는다면 선교나 교회의 대의 명분의 어떠한 것도 희망을 가질 수 없을 것입니다. 저는 우리가 충분히 구하지 않기 때문에 적게 얻는 거라고 생각합니다. 저는 교회가 복음을 값싼 것으로 여기려고 하고, 지속적으로 복음을 더 낮은 조건으로 가져오려고 하는 것이 실수를 범하는 것이라고 확신합니다. 절대로 복음에는 그 어떤 조건도 없습니다. 그리스도는 그의 모든 은혜와 진리에서 그 자신보다 적은 것을 결코 내어놓지 않았고, 그 자신에게 모든 사람들의 복종보다 더 적은 것을 내어 놓지 않으셨습니다. 그리고 대단한 일들이 그들이 지닌 것을 요구하는 경우가 있습니다. 그리스도는 그 분께 인간들이 그들 자신을 내어 놓으라고 요구하십니다. 그리고 그것은 쉬운 방법으로가 아니라 십자가를 상징하는 무언가로 요구하는 말씀입니다. 가리발디(Garibaldi)가 1849년 이탈리아에서 젊은이들에게 설교할 때, 그는 이렇게 말했습니다. "저는 월급이나 식량 또는 숙소를 제공하지 않습니다. 저는 굶주림, 갈증, 강제 행진, 전투와 죽음을 제공합니다." 그리고 이것은 그의 사람들의 깊은 마음속에서부터 울음을 불러일으켰습니다. 그런 음성이 다른 사람들에 의해서도 교회에 전달되었을 때, 우리는 확실할 수 있었습니다. 여윈 우리의 교세가 다시 채워질 것이고, 우리의 왕께서 나아가 정복하시며, 정복하시기 위해 나아갈 것입니다.

풍성하신 하나님(1)

브렌트(Right Rev. BISHOP BRENT, D.D.) 주교
6월 22일 수요일 저녁, 대회실에서의 연설

저는 하나님은 우리의 풍성하심이라고 깊이 믿지 않았으면, 감히 이 자리에서 오늘 밤 여러분 앞에서 이 주제에 관해 말하려고 서지 못했을 것입니다. 하나님은 나의 흠 있는 생명과 나의 더듬으며 말하는 말들을 가져가시고, 그것들을 사용하셔서 우리의 생명이 그에게로 주목하게 하시고 그의 자녀들에게 생기를 불어 넣으셨습니다. 어느 누구도 하나님이 인간에게 엄청난 사명을 주셨고, 그것을 사용하여서 하나님이 그의 피조물들을 위엄 있게 보이고 명예롭게 하셨다는 것을 부인할 수도, 부인하려고도 하지 않을 것입니다. 우리는 도전을 필요로 하고, 끊임없는 어려움에 도전하도록 만들어졌습니다. 어떤 젊은이도 어려움 앞에서 그것에 주눅 들지 않고, 그것에 유혹되지 않는다면 성장할 수 없습니다. 우리는 하나님의 자녀이고, 하나님의 자녀가 됩니다. 하나님의 자녀의 모든 능력을 끌어낼 사명보다 우리가 덜 가지고 있어야 하는 것은 맞지 않습니다. 지난 며칠 동안, 새로운 비전이 우리에게 펼쳐졌습니다. 하지만 하나님이 비전을 주실 때마다 하나님은 새로운 책임감을 주시고, 우리가 이 대회를 떠날 때, 여러분들과 저는 수행할 몇 가지 새로운 의무를 가지고 떠나게 될 것이고, 아마도 이 대회가 우리에게 제안한 새로운 책임감에 관한 생각을 우리가 할 때, 우리는 아마도 이미 우리의 짐이 무겁기 때문에 문제를 느낄 수도 있을 것입니다. 우리가 여기서 동의한 모든 것들을 앉아서 나누는 동안에, 우리 모두는 아니지만, 많은 사람들의 마음에는 지구의 가장 먼 곳에 살고 있는 사람들을 위해 우리가 영적인 방법에 책임이 있는 사람들이라는 생각으로 가득 차게 되었습니다. 우리 중에 많은 이들이 마치 자녀로부터 떨어진 어머니들처럼, 우리가 사랑을 하는 사람들로부터 떨어져 있기 때문에 아마도 많은 근심을 하고 있을 것입니다. 그 변함없는 책임감은 끊임없이 우리와 함께 있고, 때때로 우리를 많이 근심하게 만들고, 때로는 우리를 격려합니다. 우리는 이러한 일들을 하도록 하나님께 부름을 받았고, 이제는 우리가 직면한 새로운 임무를 가지고 있고, 궁극적인 이상은 증가하고 있고, 우리 중의 누구도 실현의 이상을 보지 않고 살 것이 아니라, 우리의 책임감의 일부로 느끼게 될 것입니다. 우리는 우리가 죽기 전에 이상의 실현을 향해 기여해야만 합니다. 그러한 상황에 직면했을 때, 모든 인간의 마음이 하나님께로 향하여 "누가 이러한 일들로 인해 충만한가" 라고 부르짖으며, 하나님으로부터 "내가 너의 풍성함이다. 나의 사랑하는 자녀들아 이러한 것들로 인해 충만하라"는 응답을 듣습니다.

하나님은 우리 안에서, 그리고 우리를 통하여 일하십니다. 그리고 우리는 보통의 책임을 감당하기에 우리가 불가능할 것이라는 사실을 장담하지 못합니다. 하지만 하나님은 우리 속에서 그리고 우리를 통하여서만 단지 일하지 않으십니다. 그 분은 우리를 뛰어 넘어서 일하시고, 우리 없이 일하시는 하나님은 하나님이 우리 속에서 그리고 우리를 통하여서 일하시는 것보다 훨씬 더 위대하십니다. 우리의 위대한 활동들 가운데서 우리가 단지 꿈꾸고 상상할 수 있는 효율성, 단지 인간의 삶을 통하여 보이게 되는 많은 것을 뛰어넘는 효율성을 가지고 일하시는 하나님을 생각할 때 얼마나 평화로운지 모릅니다! 이 세상에서 위대하게 다시 살리시는 능력을 지닌 하나님에 대한 믿음이 아닙니다. 하나님을 믿는 믿음입니다. 풍성하신 하나님께는 인간들을 위해 부족하신 것은 아무것도 없습니다. 제가 오래 전에 배웠던, 제 기억을 되살리는 시 한 구절을 오늘 밤 이 가장 중요한 주제, 풍성하신 하나님에 관련하여 발표해보고자 합니다.

"저는 당신의 선물을 찾고 있는 것이 아닙니다. 오 하나님,
당신의 선물이 아닙니다. 당신을 찾고 있습니다.
당신의 모든 한없는 무언가가 있습니까?

당신이 없다고 한다면? 무엇이 적고, 무엇이 많겠습니까?
당신의 선물이 아닙니다. 당신을 찾고 있습니다."
"Not Thy gifts I seek, O God,
Not Thy gifts, but Thee,
What were all Thy boundless store
Without Thyself? what less, what more?
Not Thy gifts, but Thee."

참으로 자주 인용되는 어거스틴의 문구는 전체의 진리를 요약하고자 하는 의미에서 다시 인용할 필요가 있을 것입니다. "인간의 마음은 당신을 위해 만들어졌나이다. 오 하나님, 인간의 마음은 당신 안에서 안식을 찾을 때까지 안식을 찾을 수 없나이다(The human heart was made for Thee, O God, and it cannot find rest until it find rest in Thee)." 하나님의 선물은 인간을 위해 불충분하게 여겨지는 이 실용적인 시대에, 이 문구를 우리가 한 번 거듭해서 생각해보는 것은 참으로 좋은 것입니다. 하나님을 단지 우리가 이득을 받는 분으로서 생각하는 것, 또 하나님을 단지 우리 자신을 기쁘게 하고 부유함을 이끌어 낼 수 있는 보물창고로 생각하는 것은 하나님에 대한 모욕이 아닐까요? 이것은 실용주의로 알려진 새로운 현대 철학에 대한 위험함입니다. 그것은 철학으로서 그 가치가 있을지 모릅니다. 하지만 그것을 극단의 자리로 밀어 놓는다면, 그것은 우리의 창조자이고 우리의 아버지이며, 우리의 사랑하는 하나님과의 관계를 모욕적인 사이로 밀어 놓는 것이 될 것입니다.

"저는 당신의 선물을 찾고 있는 것이 아닙니다. 오, 하나님.
당신의 선물이 아닙니다. 당신을 찾고 있습니다."
"Not Thy gifts I seek, O God,
Not Thy gifts, but Thee."

아닙니다. 어떤 의로움조차도 하나님 앞에는 올 수 없습니다. 우리가 하나님 그 분만을 모실 때까지 우리는 의롭다함을 얻을 수 없습니다. 의로움은 인간의 목적이 아닙니다. "당신과 당신께서 보내신 예수 그리스도를 아는 것, 이것이 영원한 생명입니다." 기독교를 미덕의 관점에서 표현하는 것은 불가능합니다. 사람들은 그렇게 하려고 몸부림치지만, 그렇게 노력할 때마다 그들은 실패하게 됩니다. 오늘날 정의를 만든 모든 도덕에서 삶의 종국은 염려를 주는 도덕성이고, 혹은 오히려 그보다 자의식의 도덕성인 것입니다. 자의식의 의는 불완전한 의입니다. 자의식이란 우리가 하나님이 우리의 풍성하심을 깨달으며, 하나님과의 친밀감 속에서 우리 자아를 버림으로써 우리로 얻을 수 있는 것들 중의 하나입니다. 하나님과의 우정 속에서 우리 자신을 잃어버릴 때, 의로움은 사랑의 열매가 되어 우리에게 오게 됩니다. 하나님은 거룩하신 세 분으로서의 존재이기 전에, 우선 우리의 아버지이십니다. 그는 아버지이시고, 그리고 삼위의 임재인 것입니다. 하나님은 우선 모든 심판과 판단의 하나님이시기 전에, 그 분은 아버지이신 것입니다. 고로 우리는 하나님을 아버지요, 친구요, 사랑하는 분으로서의 하나님의 빛 안에서 심판주이심을 해석해야 할 것입니다.

우리의 주제는 풍성하신 하나님이지만, 만약 우리가 예수 그리스도에 대해 가르치는 것을 명확하게 해야 한다면, 인간의 풍성함이라는 것은 결국 하나님의 충만하심에서만 있다고 말할 수 있지 않을까요?

우리 주님께서 말씀하시기를, "나는 그들이 생명을 가지고 있고 그 생명을 더 풍성하게 하려고 왔다"고 하십니다. 하나님은 그의 자녀에게 빈민을 위한 구호품을 주는 것이 아니라 왕자를 위한 상속금을 주시는 것입니다. 그래서 우리는 하나님을 그의 말씀으로 받아야 하고, 우리의 관계가 사실상 사랑하는 하나님의 자녀가 될 수 있도록 하나님에게 우리의 삶을 매이도록 해야 하는 것입니다. 우리는 우리가 선해지고자 하는 것이 아니라, 우리가 하나님을 알고자 하나님을 경배하는 것입니다. 우리가 하나님을 단지 선물을 주는 분으로 바라보고, 단지 보물창고로 여기면서 그분의 아들 된 입장에서의 효성(孝誠)의 빛 안에서 하나님을 바라보지 않을 때, 우리는 하나님께서 우리에게 그 분의 최선의 것을 주시는 것을 훼방하는 것입니다. 하지만 우리가 우리의 풍성함으로서의 하나님되심을 인정한다면, 그리고 우리가 인간의 풍성함을 위하여 하나님의 충만하심을 믿는다면, 그로 인해 지대한 영향을 미칠 결과가 있습니다.

우선, 이것은 우리로 하여금 이 시대의 질병으로 불리는 가장 괴롭히고 심각한 질병에서부터 우리를 해방하는 것입니다. 다른 어떤 것도 우리를 근심이라는 질병에서 치료할 수 없습니다. 우리는 때때로 근심된 생각에서부터 떠나 다양한 방법으로 전환을 삼고자 하지만, 우리를 그러한 질병에서 떠나게 하시는 유일한 방법은 우리 하나님의 풍성하심을 믿는 깊은 믿음인 것입니다. 다시 말해서, 하나님께서 우리의 풍성하심이라는 확신을 느끼고, 행동하자마자, 우리 전체의 사고의 방향이 전환될 것입니다. 사소한 것을 없애버리고, 사소한 것은 사소한 것으로 간주하고 심각한 것으로 여기지 않는 것입니다. 우리의 충만함을 이루기 위해 우리가 하나님을 믿는다면 우리의 입술은 기독교를 대신하여 어울리지 않거나 설득력 없는 주장은 결코 하지 않을 것입니다. 우리의 설교는 더욱 강력해지고, 더 깨끗해지고, 더욱 단순해질 것입니다. 우리는 우리의 풍성하심인 하나님을 받쳐드리려고 시도하는 모욕을 저지르지 않을 것입니다. 도리어 우리는 하나님의 성전에 든든한 반석을 두고자 하는 것입니다. 우리는 우리가 동의하지 않는 사람들에 반대하여 무분별한 비난을 하는 것을 막아야 할 것입니다. 우리는 부정의 태도로 인해서 변질되고자 하는 시도를 두려워 해야 할 것입니다. 나는 하나님께서 담대하시므로, 감히 담대할 수 있는 것입니다 — 그리고 여러분과 나는 이 거대한 일을 감히 도전하기 위해 부름을 받았습니다!

오늘날 우리 시대의 사람들의 마음속에 있는 이상(Ideal)들에 대해서 생각해 보십시오. 예를 들어, 온 세상의 모든 국가들을 함께 묶을 수 있는 이상을 말입니다. 동양에서 서양에 이르기까지 한데 묶을 수 있는 이상을 말입니다. 지난 몇 년 동안 우리 민족들의 생활은 매우 개인적이었다는 사실을 앞에 두고 보면 외견상으로는 낯설어 보이고, 극복할 수 없는 어려움이 있는 것처럼 보임에도 이러한 일은 우리의 이상 속에 있는 것입니다. 전쟁을 추방하려는 바른 생각을 가진 사람들과 올바른 이상을 지닌 국가들의 소망과 노력을 생각해 보십시오. 우리의 목적이 단지 세상에 복음을 전하는 것이 아니라, 세상을 기독교화 하고, 모든 사람이 예수 그리스도 안에서 하나님의 아들임을 깨닫도록 하는 것임을 생각해 보십시오. 또는 거듭 말하지만, 완전한 연합을 이루려고 하는 우리 마음에 이상이 있음으로 해서, 우리의 이상이 단지 우리 기독교의 다양한 면들의 연합만을 나타내는 것이 아니라, 기독교 국가들 전체의 연합을 나타내는 것이 될 것입니다. 우리는 로마가 지녔던 오만함 속에 지녔던 고독감으로 인해 부끄러워 하는 것입니다. 우리는 그리스의 교회가 지닌 굶주림 속에서 지닌 정통성에 대하여 놀라움을 갖고 있는 것입니다. 이것이 우리 앞에 놓인 임무입니다. 아무것도 아닌 것에 만족할 수는 없습니다. 우리는 하나님이 우리의 충만하심이기 때문에, 어떠한 적은 일에도 만족할 수 있는 것입니다.

담대하게 도전하는 용기는 이러한 신념의 결과일 것이고, 또한 참을 수 있는 용기도 마찬가지일 것입니다. 우리 하나님은 담대하신 하나님이시고, 그 분은 또한 참으시는 하나님이십니다. 십자가가 바로 그 증거입니다. 바로 거기에서 인간의 마음에는 어떠한 고뇌도 없고, 고통도 없으며, 십자가 앞에서 인간의 고통이란 것은 너무도 작은 것입니다. 그럼으로써 하나님은 스스로 당신의 생명을 취하지 않으시나, 인류의 삶은 그것을 느끼지 못하는 것입니다. 우리는 기다림의 훈련을 참을 수 있는 용기가 있습니다. 그 기다림은 성급한 세대는 아마도 하나님의 시간을 기다리는 모든 것 가운데 가장 힘든 훈련이 될 것입니다. 우리는 결과들을 원합니다. 결과들을 말입니다. 그러나 하나님은 우리에게 그 결과들이 그 기한이 다 되었을 때에라야 오는 것들임을 말씀하십니다. 그래서 우리는 기다려야만하고, 우리의 결과를 위해 하나님의 명령을 기다려야 합니다. 때때로 행해야 할 큰 용기가 있지만, 때로는 그렇게 하지 않고 하나님의 구원을 기다려서 보는 용기도 필요합니다. 그리고 이러한 것들에 덧붙여서, 우리가 이미 참을 준비가 되어 있는 우리의 충만함처럼 하나님과 함께 참을 수 있어야 합니다. 우리 시대 우리의 모든 고통은 이후에 나타나게 될 영광과 비교할 가치가 없기 때문입니다.

이번의 이 거대한 모임 가운데서 몇 사람들은 벌써 그 마음이 희망과 깨달음을 가지고서 멀리 떨어져 있는 선교현장을 향해 이미 돌아가고 있다고 여겨진다면 제 생각이 잘못된 것일까요? 그런 생각은 매우 쉬운 것입니다. 그리고 저는 선교사로서 처음으로 선교현장으로 가던 경험에서 말씀드립니다. 선교사는 감정의 날개를 가지고 나아갑니다. 그러나 그는 아직 그에게 닥쳐올 모든 어려움들과 흔한 일들 그리고 역경들을 경험하지 못하였습니다. 하지만 그가 그의 모든 과거의 실패들을 자각하고, 그 앞에 있는 모든 중대한 어려움들은 두 번째 그리고 세 번째 선교지로 돌아갈 때, 만일 그가 하나님의 풍성하심이 인간의 충만함이라는 것을 확신하지 못한다면 그는 선교지로 갈 수 없을 것입니다. 그리고 오늘밤 여러분들 이 그러한 모습으로 여기에 있는 것입니다. 저는 선교지로 돌아가는 여러분들이 참으로 자랑스럽습니다! 여러분 중의 몇몇은 돌아가지 못하는 이들도 있겠지만, 여기에는 어떠한 자기 연민도, 어떠한 위로의 바람도 없습니다. 왜냐하면 하나님이 여러분의 충만하심이기 때문입니다. 여러분들은 여러분들이 언제나 드러나지 않는 모습으로 사역에 임할 것이요, 또한 이 회의에서 조용한 다수로서 임하고 있습니다. 여기에 많은 연설자들이 있었지만, 항상 겸손한 역할을 하고, 보이지 않는 사역을 감당하고, 그들이 살았던 곳에서 이름이 알려지지 않고 죽어가는 그 분들은 미래의 세대들이 그들의 이름을 축복할 기념비를 뒤에 남길 분들입니다. 그렇게 조용한 다수의 분이 참으로 많이 있는 것입니다. 그리고 위험하고 곤란한 여러분들의 상황으로 되돌아 갈 준비를 하는, 이름 없음을 즐거워하는 사람들이 바로 여러분인 것입니다. 하나님께서는 여러분의 임무를 위해 되돌아 갈 수 있을 때 사람들을 위해 그의 충만하심을 증명하실 것을 말씀하십니다. 하나님의 충만하심! 그 자체로 분명히 선포되어야 할 주제입니다. 그리고 만일 제가 그것에 대한 확신이 없었더라면, 저는 여러분들에게 발표하는 이토록 불완전한 방법으로 인해 낙담하고 있을 것입니다. 그러나 저는 낙담하지 않습니다. 저는 단지 이것을 말할 뿐입니다. 하나님은 여러분들의 마음을 향한 무한한 돌보심을 말씀하셨습니다. 그리고 나의 마지막 말은 이와 같은 기도의 운으로 맺고자 합니다.

“ 하늘을 찌르는 산봉우리의 주님,
우리의 믿음은 저 높이 당신의 생명에 닿도록 힘주소서. 우리의 나약함 위에, 당신의 최상탑을 세우소서
우리 연약한 사람의 자녀들이 권능의 자녀로 오를 때까지. “
"Lord of thc mountain peaks piercing the sky,
Quicken our faith to reach Thy Life on high;
Above our feebleness let Thy Best tower
Till we, weak sons of men, rise sons of power."

풍성하신 하나님(2)

호튼(Rev. R. F. HORTON, D.D.) 목사
6월 22일 수요일 저녁, 대회실에서의 연설

근래 기간 동안, 본 대회는 우리의 이미지에 선교사역의 광대함이라는 특성에 대하여 자리매김을 하도록 했다고 봅니다. 이억 이천만의 영혼들이 미식민지역에 살고있으며, 우리가 식민지라고 부르는 지반도 불완전하며, 은혜로 얻은 은사로 자격을 갖춘 남녀 사람들을 구하는 것의 어려움에 대

해서도 생각해보았으며, 그 사람들을 훈련시키고 그들에게 필요로 하는 지식과 경험의 선물을 주는 것에 대한 어려움도 알 수 있었습니다. 기금을 모으는 데에 대한 어려움도 보았고, 함께 사역해가는 중에 우리의 분리된 행동들이 야기하는 낭비를 제하고 없애는 것의 어려움에 대해서도 알게 되었습니다. 이 대회에서 이러한 사역의 광대함을 우리의 이미지 앞에 자리매김하는 것은 대회에 참석하는 모든 사람에게 뿐만 아니라 대회 그 자체에게도 깊은 의미를 가지고 있습니다. 그리고 그러한 사실에 대하여 떨리는 마음으로 우리는 "누가 이러한 일들을 하기에 충분한가"라는 질문에 대답해야 합니다. 그러나 동시에, 이 대회는 더 분명한 목소리를 가지고 본국에서 더 깊은 확신 속에서 사역을 수행할 수 있도록 답변을 해왔고, 날마다 날마다 이 대회는 그 자체의 질문에 대하여 한 마디 단어로 대답해왔습니다. 그 답은 오로지 "하나님"이셨습니다. 따라서 이제 대회가 자연적으로 끝나감에 따라서, 사역의 광대함에서부터 우리 하나님의 광대하심에까지 이르게 됩니다. 제가 이 대회에 오기 전에, 저는 하나님 방법들에 대하여 부분적인 비전을 갖고 있었습니다. 그것은 이 선교사 대회에 대하여 낯설고 기대치 않은 준비였지만, 어쨌든 내 마음은 교회의 눈으로가 아니라 현대 과학의 눈으로, 즉 보여지는 세상에 대한 생각으로 변해있었습니다. 나는 과학적 신앙에 대해 설명하고 있는 모리슨의 흥미로운 내용들을 우연히 읽게 되었습니다. 그것들은 여기 청중들에게는 이상하게 들릴지 모릅니다. 그러나 저는 여러분들 중의 누구라도 그것들이 얼마나 영감을 가져오는지 느끼는 사람이 있기를 바란다 :

"우리는 비늘로 둘리고 꼬리가 달린 양서류였다.

그리고 죽은 사람의 손처럼 칙칙하였고,

그리고 우리는 물이 뚝뚝 떨어지는 나무 밑에서 편안히 또아리를 틀었다.

그렇지 않으면 우리는 진흙과 모래 속으로 팔다리를 뻗거나,

다섯 개의 집게발을 가지고 눈먼 채로 개골거렸다.
벙어리 언어를 기록하며
텅빈 어두움 속에서 아무런 불꽃도 사름없이
오고있는 생명에 아무런 힌트를 주기 위해서."

그리고 이렇게 계속된다

"삶의 마지막, 한 순간이 찾아온다,
수유(授乳)하는 풀밭 위로
그림자는 부서지고 영혼은 깨어난다.
하나님의 고상하고도 달콤한 꿈속에서."

잠시 동안, 마치 내가 세상에서 하나님의 길고도 더딘 목적을 볼 수 있었던 것 같고, 하나님께서 얼마나 우리의 삶을 인간의 생명을 향하여 위를 향하도록 이끄시기에 충만하신지를 볼 수 있었던 것 같습니다. 또한 하나님께서 얼마나 사람으로 그리스도의 생명을 향하여 위로 인도하시는 데 충만하신지를 볼 수 있으며, 그리고 얼마나 하나님께서 인간의 삶을 향하여 충만하고 분명한 의도를 가지고 이끄시는지를 볼 수 있는 것 같았습니다. 이 모든 것이 그리스도의 위상을 측정하는 완전함으로 인도하시는지를 보는 것 같습니다. 그리고 저는 오늘 밤, 그러한 과정이 너무 느리다고 말하기를 주저하고 있습니다. 저는 하나님이 순간을 잃어버리신 것은 아닌지 묻고 싶습니다. 저는 하나님이 움직일 수 있을 만큼 빠르게 움직여 오셨다고 믿습니다. 이 대회는 결코 올해 1910년이 오기 전까지는 불가능한 것이었습니다. 비로소 이것은 가능해졌고, 이 모임이 소집된 것입니다. 선교사들의 이러한 연합은 한 세기 전에는 상상할 수도 없었습니다. 점점 한 세기가 지나가는 동안에 가능하게 되었고, 곧 이것을 실행하는 것이 가능해졌습니다. 형제 여러분, 저는 지나온 시간 속에서 시작하셨고, 앞으로 올

시간 속에서 마감하시는 하나님의 위대하신 계획 속에 있는 그 순간을 하나님께서 잃어버리셨다고 믿지 않습니다. 도리어 하나님께서 처음부터 끝까지 모든 충만하신 손으로, 우리에게 복음과 우리의 그리스도를 주신 그 손으로 조정하시는 것입니다.

이제 제가 여러분에게 말씀드리고자 하는 것은, 이 대회의 방향에 대해 커다란 격려의 의사와 함께, 이 9일 여 동안 이 대회가 진행되는 동안 제 자신이 크게 변화되었다는 사실을 말씀드리고 싶습니다. 이 대회는 제게 이러한 비전과 이러한 고양됨, 우리 하나님과 그의 방법에 대한 계시를 가져다 주었는데, 여러분들에게도 그러한 깨달음과 경험들이 있었고, 또한 기독교 세계 속으로 그러한 일들이 다가오게 될 것이라 믿습니다. 열흘 전 우리가 알고 있었던 것은 참으로 작아 보이고, 우리가 여기에 모여왔을 때 알고 있던 진리는 오늘 우리가 보게되는 진실함과 비교해서 희미해 보이는 것이었습니다. 첫째로, 이 대회가 보여주는 것은 우리가 이 세상을 가르쳐야 한다는 놀라운 진실을 다시금 분명하게 해줍니다. 이는 얼마나 비교할 수 없는 진실이며, 우리가 가진 이 성경은 얼마나 놀라운 책인가에 대해 가르쳐 주며, 특히 신약성경 속에 담긴 진리를 분명하게 깨닫도록 해주었습니다. 저는 여러분이 비교종교학의 창시자인 뮬러(Max Muller) 교수가 쓴 그 삶의 끝을 향해 쓴 편지를 기억하실지 궁금합니다. 그는 이렇게 말하였습니다, "내가 신약성경에서 발견한 것을 당신에게 어떻게 설명할 수 있겠습니까? 나는 신약 성경을 오랫동안 읽지 않았고, 내가 그것을 손에 넣기 전에는 신약성경에 반대하는 편견을 가지고 있었습니다. 다마스커스로 가는 도중에 실명과 함께 사도바울을 강타한 그 빛은 내가 갑자기 모든 희망의 만족함과, 철학의 최고의 완벽함, 그리고 물리적이고 도덕적인 세상의 모순처럼 보이는 모든 것의 열쇠를 발견했을 때 나에게 쏟아진 그 빛보다 더 이상한 것이 아니었습니다. 모든 세상은 나에게는 구세주의 종교로 나아가는 유일한 목적을 가진 것처럼 보였고, 만약 종교가 신을 가지지 않는다면, 나는 아무것도 이해할 수 없습니다. 고대 시대에 관한 나의 모든 연구에서, 나는 무언가가 부족한 것을 항상 느꼈고, 예수 그리스도를 내가 알기 전까지는 나에게 모든 것이 분명하지 않았습니다. 하나님과 함께라면 나는 풀지 못할 것이 아무것도 없지만, 아직도 신약 성경으로부터 어떠한 메시지도 없는 것처럼 신약성경을 옆으로 치워 놓는 사람이 있습니다." 그리고 독일 기독교인이요, 영국으로 입양된 기독교인이었던 뮬러는 그가 세상의 모든 신성한 책들을 공부할 때까지는 마치 신약 성경이 아무 의미가 없는 것처럼 치워 놓았지만, 그는 성경이 유일한 책이고, 필요한 단 한 권의 책이란 것을 알아냈습니다. 형제들이여, 이 주간 동안에 제게 깨닫도록 한 것은 우리는 제자들이 초대 시대에 말했던 것들을 말해야 한다는 사실입니다. "우리는 그리스도의 복음에 대해 부끄러워하지 않습니다." 세상의 종교에 관한 우리의 지식이 증가하면서, 우리의 깊은 동정심으로, 그들에게 정의를 행하고 진실된 것이 무엇이든지 그들 안에서 발견하도록 하고, 우리가 알고 사랑하는 빛으로 나아가는 것처럼, 구주를 고백하는 사람들을 환영하고 갈망하는 마음을 지닌 채로, 이번 기회에 날마다 더해진 이 모든 지식과 깊은 경험을 가지고서, 우리는 그리스도의 복음을 부끄러워 할 필요가 없는 것입니다. 복음은 하나님의 능력인 것입니다. 그리스도의 복음은 하나님의 능력이 됨을 증명하는 것입니다. 즉 구원에 이르기까지, 그리고 이와 같은 것은 아무것도 없습니다. 이것이야말로 세상이 필요로 하는 것이고, 이것이 세상의 필요를 대하는 유일한 것입니다. 예수 그리스도의 복음은 온 세상에서 가장 위대한 능력이라는 말씀이 긍정적인 논증 속에 분명한 어조로 이 방에서 전달되었습니다.

이제, 참을 수 없는 확신을 가지고 나에게 분명해 진 것을 여러분들에게 말씀드려도 되겠습니까? 우리는 오늘 밤 하나님의 충만하심을 발표하고 인간의 불충분함을 고백하였습니다. 교회는 충분하지 않습니다. 이 긴급한 사태를 충족시킬 만한 충분함이라기보다는, 그것은 현재의 상황을 충족시킬 충분함 그 자체를 증명하지 못하였습니다. 그리고 질문이 있습니다. 왜 교회가 불충분한지, 왜 하나님의 능력이 교회를 통해 일어나지 않는지, 왜 하나님의 능력이 선교사들과 재정을 끌어내지 않는지, 그리고 우리로 하여금 하나가 되게 해서 분명하게 필요로 하는 사역을 위해 하나로 행동하게 하는지를 질문합니다. 이러한 질문에 대한 진정한 답은 바로 이것이라고 이번 주간을 통하여 제게 분명해졌습니다. 넓게 말해서, 교회가 깨닫지 못하는 것은 예수 그리스도만이 인간을 위한 하나님의 충만하심을 중재한다는 것과, 예수 그리스도 안에서 하나님의 충만하심이 모든 풍성하심이 거해야 하는 하나님을 기쁘게 하고, 예수 그리스도 안에서 지혜와 지식과 능력의 보물이 있다는 사실입니다. 하나님의 충만하심은 바퀴가 떨어진 마차를 돕기 위해 오는 것이 아닌 이유는 무엇입니까? 또 교회가 죽어가거나 죽은 이유는 무엇입니까? 우리의 눈이 예수, 오직 예수에게 집중하지 않기 때문입니다. 예수 그리스도는 오직 권능의 길입니다. 예수 그리스도는 그 충만하심의 유일하신 보고(寶庫)인 것입니다. 예수 그리스도를 통하지 않고 하나님의 충만하심의 능력을 기대하는 것은 헛된 일입니다. 그리고 우리 시대에 교회가 넓은 범위에서, 우리 주님의 우월함을 불분명하게 하거나 잃어버렸기 때문에 하나님의 충만하심이 패권을 잃었습니다.

우리 주님의 충만하심! 그렇습니다, 예수 그리스도의 충만하심, 그 실제적인 적용의 핵심입니다. 예수님의 인성의 교리를 세우는 것이 필수적인 것은 아닙니다. 예수 그리스도를 인간으로 여기는 것을 주저하는 적이 많습니다. 그러나 여러분은 사실에 비추어서 예수님의 충만하심의 교리를 세워갈 수 있고, 여러분이 그러한 사실들을 예수께 대입하며 분명한 확신, 즉 예수님의 이름 외에 다른 어떤 이름으로는 구원할 수 없다는 것을 확신하게 합니다. 어떠한 사람들 사이에서 나타난 다른 어떤 이름도 구원을 줄 수 없으며, 하나님을 위한 그의 아들과 그의 십자가와 부활과 승천을 가진 능력 외에는 이 세상을 구원하도록 사용할 어떤 능력도 없습니다. 예수 그리스도가 없다면 우리는 아무 능력도 없습니다. 우리의 모든 능력은 완전하고 충만하신 구세주이시며, 교회의 머리이시며 승리의 행진을 지휘하는 깃발을 지니신 주인이십니다. 그러나 주인을 따르기보다 우상을 숭배하는 이들에게는 멸망이 있을 뿐인 것입니다.

제가 연설을 마치기 전에 감히 말씀드려야 하는 또 하나의 주제가 있습니다. 처음부터 이 대회에 기대한 것은 세상에 관한 가장 특별한 비전입니다. 모든 세상은 이 홀에서 매일매일 우리 앞에 펼쳐졌고, 이 대회에서 가장 특별한 확신을 주는 것은 온 세상에 복음을 전하는 의무와 교회의 능력이 있다는 것입니다. 저는 이 대회에서 해야만 하고, 할 수 있는 조용하나 성장을 향한 해결책이 있다고 믿습니다. 그렇습니다. 비록 우리가 말로 표현할 수 없는 겸손함으로 우리가 할 수 있다고 말합니다. 전 세계에 대한 이러한 꿰뚫는 비전은 어느 곳에서 옵니까? 전 세계에 대한 우리의 의무를 뜻하는 이러한 깊은 확신은 어느 곳에서입니까? 어느 곳에서입니까? 누가 이것을 해야 하는지에 대한 아무 의심도 있을 수 없습니다. 우리는 총무들과 조직자들에게 그 권한을 주었지만, 우리는 그들이 대리인이고 순종하는 대리인이기 때문에 분명히 성공하리라는 것을 잘 알고 있습니다. 이것을 행하시는 분은 하나님이십니다. 그들은 거듭 하나님에게로 그 권한을 언급하는 것 없이는 한 단계도 감히 나아갈 수 없습니다. 그들이 하나님을 깨닫지 않는다면, 그들은 결코 편지를 쓰는 모험은 하지 않습니다. 이것은 하나님이 하시는 것입니다. 하나님은 우리를 함께 이 땅의 끝에서부터 이끌어 내셨고, 하나님은 우리를 하나로 만드셨고, 하나님은 진행을 완벽하게 만드셨고, 하나님은 이 대회가 끝으로 향해 갈 때 우리를 이끌었던 분이 누구인지 알 수 있도록 연합과 방향을 제시해 주셨습니다. 이 비전을 주신 분이, 우리를 함께하도록 이끄신 분이, 한 치의 실수도 없는 표시로 그의 존재를 나타내시는 분이 우리를 실망시킬 것까요?

"그러므로 제가 당신 외에 누구를 말하겠습니까, 말로 다 못할 그 이름을?

건축자요 창조주이신 당신은 손으로 집들을 지으지 않으시나이다!

놀랍도다! 어느 때도 동일한 분이 없었던 당신으로 인하여 변화된 일을 두려워하리이까?

당신의 능력은 당신의 능력이 확장되는 마음속을 채우실 수 있음을 의심하리이까?"

누가 이것을 의심할 수 있습니까? 하나님이 비전을 주셨다면, 하나님이 예수님을 위한 온 세상에 관한 생각을 우리에게 호흡하게 하셨다면, 만약 하나님이 우리에게 그것을 일어나게 하셨다면 – 어머니의 무릎에서 어린이 찬송가를 부르는 어린 아이의 수가 많은 것이 아니라, 세상에 정면으로 맞서서 비바람에 시달린 사람들의 수가 많아서 우리 가운데 몇몇이 회의론자가 되고 우리 가운데 많은 사람이 죄와 무가치함으로 반역자가 되는 일이 있다면 – 만약 하나님이 우리를 에딘버러에 함께 불러 모아서 온 세상을 정복하기 위한 그리스도의 군대로 한 단계 나아가도록 우리의 마음을 만지셨다면, 하나님이 생각과 목적을 완성하실 것을 우리가 의심할 수 있습니까? 우리가 질문할 것입니까? 아니오. 우리는 질문하지 않을 것입니다. 폐회의 날에, 대회가 축복의 기억을 가지고 있는 날에 우리는 하나님에게로 나아가서, 우리 온 맘을 다해 무릎 꿇고, 우리의 온 영혼을 굴복하여, 우리의 모든 이성으로 그 제단 앞에 우리 몸을 바치고– 우리는 하나님에게로 나아가 그에게 물을 것입니다. 그리고 하나님에게 비록 우리의 입술은 정결하지 않지만, 하나님이 제단의 숯불로 만지신다면, 우리는 이렇게 말할 것입니다. "내가 여기 있사오니, 나를 보내소서."

고별 연설

프레이저(ANDREW L. FRASER, K.C.S.I., LL.D.) 경
6월 23일 목요일 저녁, 대회실에서의 연설

이 대회는 아주 훌륭한 모임이었습니다. 멀고 외로운 선교현장에서부터 오신 여러분들이, 온 세상에서부터 함께 모여 같은 일을 하는 사람들이 모여 이 위대한 집회를 가진 것을 보는 것은 큰 경험이라고 생각할 수 있습니다. 그들이 모인 이유의 위대함을 그들 앞에서 보는 그 즐거움이 얼마나 큰지요! 이러한 생각은 매일 매일 회의 시간동안에 우리에게 다가왔습니다. 교회 앞에 놓인 임무의 규모, 참여한 이익단체들의 위대함은 바로 불멸의 영혼을 위한 단체, 이 땅의 국가들을 위한 단체 그리고 인류의 이익을 위한 단체의 위대함이었습니다. 선교현장에서 일어나는 위대한 질문들은 매일매일 우리 앞에 펼쳐졌습니다. 우리는 그 나라의 위대한 지적 능력을 보고 있습니다. 왜냐하면, 그들 자신들을 그러한 문제들을 해결하고, 그들의 위대함과 복합성을 인정하는 그리스도의 교회에 속해 있기 때문입니다. 우리는 사역의 위대함을 깨닫습니다. 우리는 또한 사역이 우리의 모든 에너지와 모든 자원의 어마어마한 양을 필요로 한다는 것을 확실히 깨달았습니다. 어떤 것도 이 사역을 하기에는 너무나도 큽니다. 어떤 것도 이 사역에 적합한 것은 없습니다. 우리는 우리가 받은 모든 것, 교회가 받은 모든 것은 이 위대한 사역을 위해 필요로 한 것과 비교할 때 아주 적은 것을 알았습니다. 우리는 이 사역이 마찰을 방지하도록, 그리고 인간이 행한 위대한 일들이 가치 있는 방법으로 사역을 수행할 수 있도록 교회의 모든 자원과 교회의 모든 정치력, 그리고 모든 노력의 자원들을 경제적으로 잘 활용해야 하는 일이 필요하다고 생각합니다.

이교도들 가운데서 뿐만 아니라, 그리스도인의 이름으로 불리는 사람들의 부주의함과 무관심함 속에서, 선교현장의 멀리 떨어진 외로운 곳에서, 육체적인 외로움보다 더 나쁜 고독함 속에서, 온 세상의 각지에서뿐만 아니라 그리스도 교회의 모든 분파에서도 함께 모여서, 같은 정신을 가지고, 같은 목적과 목표를 가지고 연합하여 모인 사람들이 있음에 얼마나 놀라운 일인지요! 연설에서보다 모든 회의에서 더 큰 연합이 일어났습니다. 우리는 생명을 누리는 분위기 속에 있었습니다. 그러나 우리는 때때로 이 일과 상관이 있다고 생각하지 않은 적이 있었을 것입니다. 만일 우리가 이 회의에서 연합의 정신을 낸 이가 예수 그리스도였다는 것을 깨닫지 못했다면 그 절반도 우리는 생각해내지 못한 것입니다. 우리는 이 연합을 우리가 느끼고 싶어서가 아니라, 그리고 회의에서 우리가 그 감정과 열정을 가지려고 노력해서가 아니라 우리 주님이 우리 모두에게 이 일을 하도록 하신 것을 깨달아서 모였기 때문입니다. 우리를 이끄신 분은 예수 그리스도이십니다. 우리는 이 사역이 하나님의 것이고, 그 주장도 하나님의 것이고 통치할 권리가 있는 분도 하나님이심을 기억합니다. 우리가 원하는 것은 우리 교단이 아닙니다. 우리가 지키고 싶은 것은 우리의 번영이 아닙니다. 오, 우리가 우리의 마음을 정결케 하기를 바라는 것처럼, 오늘 우리의 마음을 우리 구주께서 정결케 하십니다. 오직 우리 구주이신 예수 그리스도의 신성한 이름 외에는 아무것도 우리가 구할 것은 없습니다.

우리의 마음은 각각 다양한 상태로 예수임을 위해 모였습니다. 우리는 이 사역이 우리가 달성할 수 있던 어떤 것보다도 더 위대하였다고 생각합니다. 우리는 이 사역이 –거듭해서 말하지만 – 갈라진 기독교를 넘어서 있었다고 믿습니다. 이것은 예수 그리스도를 제외하고는 연합된 모든 기독교를 넘어선 것이었습니다. "나 외에는 아무 것도 너희는 할 수 없느니라." 우리의 이 위대한 사역에서 우리가 인정하고, 도움과 힘을 구하고, 우리의 승리의 희망을 가지신 이는 오직 주 되신 예수님이십니다. 매일 매일 우리가 그리스도께서 인도하심으로 인해 하나님이 행하시고, 이루어 내시고, 승리하신 계속 되는 연설들을 들을 때, 형제들이여, 우리의 마음이 우리 속에서 얼마나 불타올랐습니까? 우리는 우리의 주인이신 예수 그리스도를 만났기 때문에, 우리의 마음이 약동함을 느꼈습니다. 우리는 하나님을 만난 것을 느낍니다. 우리는 승리와 활동의 원천이 되시는 하나님을 만났습니다. 우리는 동역자들을 위로하시는 하나님을 만났습니다. 우리는 우리가 사랑하는 주인이신 하나님의 영향 아래에서 행복하게 살고 있고, 우리는 이 대회에서부터 주인이신 예수 그리스도를 모시고 우리와 함께 하기를 바랍니다. 우리는 이 대회를 떠날 때 그 분이 우리로 하여금 그 분의 사역을 위한 능력으로 임재하심을 깨닫고 떠나기를 소망합니다. 섬김을 위한 그 분의 부르심을 들으며 떠나길 원하며, 그 분 자신을 향한 부르심에 응답하면서 떠나길 원합니다. 그 분 당신으로부터 그 분의 사역을 분리하는 것이 아니라 주님이 창제하신 부담을 안고서 주님을 가까이 따라가고자 하는 것입니다. 우리는 우리 구세주를 세상에 나타내고 싶습니다. 우리는 그 다른 어떤 이름도 알지 못합니다. 우리는 주되신 예수 그리스도를 우리의 형제들에게도 알려 주고 싶습니다. 우리는 형제들과 함께 우리의 모든 협의회에서 하나님을 나누고 싶습니다. 우리는 인간의 모든 교제의 범위 속에서 하나님을 남겨 두고 싶지 않습니다. 우리는 하나님과 그의 존재를 교회와 세상에 전하고 싶습니다.

주되신 예수 그리스도께서 어떻게 우리 마음에 십자가를 놓으셨습니까! 여러분은 이것을 알고 있습니다. 우리를 보고 판단하는 말들은 많이 있습니다. "그들의 주인을 사랑하지 않는 불쌍한 영혼들"이라고. 그러나 당신은 모든 것을 알고 계셔서, 우리가 당신을 사랑하는 것을 아십니다. 당신은 당신의 피를 우리에게 주셨습니다. 우리는 당신의 것이고 우리는 당신을 사랑합니나. 우리는 이 그리스도의 사랑을 우리의 형제와 세상에 전하고 싶습니다. 우리는 그리스도를 구하고, 십자가의 주님을 구하는 것 외에는 알고 싶지 않습니다. 그럼으로써 능력 중에 계신 하나님을 알고 싶습니다. 그 분이 우리 자신의 마음들을 지배하고 계십니다. 또한 당신께 피로 값주고 사신 교회를 이끄시는 능력의 하나님을 알고 싶습니다. 그리고 죄인들을 그 분께로 모으시고 그 분의 피로 구원하신 능력 중에 계신 그 분을 알고 싶습니다. 그리고 예수님께서 말씀하시는 것은 바로 이것입니다, "이제 나는 세상 끝날까지 너희와 함께 있을 것이다." 나는 감히 우리의 마음이 이렇게 말해도 될지 모르겠습니다. "당신이 우리와 함께 하시지 않는다면, 우리를 들어 올리지 마소서." 오히려 우리가 하나님 없이 움직이는 것보다 움직이는 것을 그만 두는 것이 나을 것이지만, 나는 이런 양자택일이 우리 앞에 있지 않음을 알고 있습니다. 우리는 하나님의 약속이 있습니다. 진실된 목소리를 들어봅시다, 진실하여 변하지 않으시는 친구, 예수 그리스도, 어제나 오늘이나 영원히 동일한 그 분의 목소리를 들으십시오. "이제 나는 세상 끝날까지 너희와 함께 있을 것이다"

이제 우리는 헤어져야 할 때가 되었습니다. 열흘간의 행복한 교제 후에 할 수 있는 것이라곤 이런 애석한 말 외에는 없습니다. 우리는 흩어져서 각자 그 사역지로 가야 합니다. 좋은 일 아니겠습니까? 우리에게 사역이 기다리고 있습니다. 하나님의 사역은 긴급한 것입니다. 우리는 사역지로 갈 것입니다. 그리고 우리가 모여왔을 때처럼 돌아가지는 않을 것입니다. 우리는 사역의 더 나은 견해, 다수의 더 분명한 견해, 그 전망의 더 밝은 견해를 가지고 있습니다. 우리는 서로를 더 잘 알고 있습니다. 우리는 서로 얼굴을 마주 대하고 있고, 결코 우리 앞에 예전에 가졌던 그 비전을 꺼내지 않을 것입니다. 여러분이 멀리 떠날 때, 선교현장의 먼 곳으로 여러분들이 떠날 때, 여러분은 에딘버러 여기에 당신 뒤에 있는 많은 사람들을 기억할 것입니다. 아아, 여기의 여러 곳에서 온 대표단들이 흩어져 가시겠지만, 여러분들을 위해 기도하고, 생각하고, 사랑하고, 긍휼히 여기고, 여러분의 손을 잡아줄 사람들이 있습니다.

우리는 이 정신을 지속하고, 대회의 사역을 잘 감당하도록 굳게 결심합니다. 우리는 우리 각자의 마음 속에 대회에서 얻은 것을 가득히 채우고, 하나님이 대회에서 주신 것을 가득 채우고 사역을 감당하길 바랍니다. 우리는 멀리 떠나서 우리의 생명들을 담아오길 바랍니다. 우리는 아직 모든 것을 이해할 시간은 없습니다. 우리는 여러 날 동안 여기서 나눈 생명의 양식의 힘을 가지고 갈 것입니다. 우리는 이 대회의 정신을 향하여서, 그 정신이 사역에 관하여 우리에게 가르친 것을, 그리고 우리의 형제들에 관하여 가르친 것을 가지고 갈 것입니다. 하지만 그 모든 것 위에 한 가지, 진정으로 사랑하는 것, 그것을 결코 잊지 않을 것입니다. 우리는 대회가 하나님에 관하여 가르쳤던 것을 기억할 것입니다. 심지어 여기에 우리가 모인 것처럼 우리는 강력한 군대와도 같습니다. 우리가 달성했던 것들을 생각할 때 강력한 군대인 것입니다. 그러나 무엇보다도 하나님이 그 속에 계시기 때문에 강력한 군대입니다. "하나님은 사람이 아니시니 거짓말을 하지 않으시고 인생이 아니시니 후회가 없으시도다 … 야곱의 허물을 보지 아니하시며 이스라엘의 반역을 보지 아니하시는도다. 여호와 그들의 하나님이 그들과 함께 계시니 왕을 부르는 소리가 그 중에 있도다 … 야곱을 해할 점술이 없고 이스라엘을 해할 복술이 없도다. 이때에 야곱과 이스라엘에 대하여 논할진대 하나님께서 행하신 일이 어찌 그리 크냐 하리로다!"

우리는 서로 떨어져 있지만, 하나님의 능력으로 나아가 우리 하나님 안에 거하시기를 바랍니다.

마침 연설

존 모트(JOHN R. MOTT, LL.D.)
6월 23일 목요일 저녁, 총의회장에서의 연설

이 대회의 끝은 정복의 시작이라 할 것입니다. 계획의 끝은 행동의 시작입니다. 이 기억할 만 한 날들에 이슈는 무엇이 될까요? 여러모로 배운 영향의 줄기들이 하나님에 의해 활동을 시작하는 것이 이 모임을 통하여 시작하였으나 이 밤에 멈추어버리게 된다면, 이 모임은 그 분의 시선 안에서 진정으로 주목할 만한 것으로서의 위치를 차지할 수 없을 것입니다. 이 대회가 우리 모두의 넓이를 확장시키지 않았나요? 이 대회가 우리 모두의 깊이를 더욱 깊게 하지 않았나요? 이 대회가 우리로 보다 더 겸손하게 하고, 우리로 하여금 기독교 확장의 가장 큰 방해물은 우리 자신 속에 있다는 사실을 발견하게 하지 않았습니까? 이 대회가 우리로 하여금 마치 불로 연단되게 하지 않았습니까? 다른 민족들과 인종들과 종파들로부터 와서 한데 모임으로써, 우리가 그리스도 안에서 하나됨을 알게 되기에 이르지 않았습니까? 그러므로 결정된 것은 적다고 할지라도, 또한 몰아치는 바람과 같은 신호와 소리와 놀라움은 없다고 할지라도, 하나님께서는 조용하고 평화롭게 당신의 일을 해오고 계십니다. 그러나 하나님은 이보다도 무제한으로 더 위대하신 계획을 갖고 계십니다. 여러 모로 배움의 영향력들이 하나님에 의해서 앞으로 출발하는 것이 이 밤으로 그치게 하는 것은 하나님의 뜻이 아닐 것입니다. 도리어 그 영향력들은 우리를 통하여 이 땅의 저 끝까지라도 도달해야 할 것입니다. 몇 시간 후에 우리는 각자가 인류 여러 민족과 족속들 속으로 흩어져 갈 것입니다. 그 분은 위대하신 하나님이십니다. 하나님께서는 우리를 보다 더 크고 위대한 계획들을 명하고 계십니다. 우리가 여기에 모였을 때 마음에 두었던 것보다 더 거대한 계획을 말입니다. 곧 그 계획은 각자의 사역에 적합하며 철저함과 전략적으로 합당하며 그 민족들을 잘 이끌어 갈만한 영성에 대한 것이라 믿습니다. 하나님은 우리로 하여금 우리가 가는 민족들에 대하여 더 큰 이해를 갖도록 명하시며, 우리가 품어야 할 메시지를 원하고 계십니다. 그 분은 우리에게 명하시기를 우리가 이 시간 동안에 알게 된 보다 큰 공동체로 인도하십니다. 하나님은 우리로 하겨음 더 큰 희생의 자리를 명하시는데 이는 곧 새로운 경험을 갖도록 하시는 것이요, 혁명과도 같은 것이며, 변화와도 같은 것입니다. 우리의 최고의 날들은 지금 이 열흘간 우리가 함께 지낸 시간에 있는 것이 아니라 우리의 앞에 있습니다. 왜냐고요? 오늘날 우리는 보다 더 큰 지식을 가지고 앞으로 나아가기 때문입니다. 그 지식 자체 안에 있는 이것이 보다 많은 것을 가능게 하는 은사인 것입니다. 우리는 이제 보다 더 큰 사귐과 나눔을 가지고 나아갑니다. 우리가 보아왔던 이러한 친교들에 대한 보다 깊은 이해와 놀라운 성취들을 가능하게 하는 풍성한 은사였던 그런 친교에 대해 더 넓은 이해를 안고 나아가는 것입니다. 우리의 최상의 날들은 우리의 앞에 있습니다. 왜냐하면 이제 행복하게도 모든 기독교 국가가 차지한 곳의 위치에서 행복하게 경험하게 된 더 커진 몸체 때문입니다. 우리의 최고의 날들은 우리 앞에 있습니다. 왜냐하면 우리가 우리 하나님의 성품과 목적들, 그리고 소망과 자원들에 대하여 보다 깊은 통찰을 가지게 되었기 때문입니다. 우리의 최상의 날들은 우리 앞에 있습니다. 왜냐하면 우리가 더 크신 그리스도를 품었기 때문입니다. 우리가 이 기간 동안에 많은 것을 배움으로써 우리 모두를 배우고, 모든 나라들을 배우고, 인종들과 종파들을 배울 수 있었기 때문입니다. 매우 적합한 표현들로써 예수님의 최선되심을 나타내고, 우리 시대에 그 분의 권능을 전하시고자 하심에 대하여 증거하였기 때문입니다. 우리는 하나님의 계획과 목적과 소망에 대하여 보다 넓은 지식을 가지고 되었고, 우리는 바로 그러한 것들이 우리가 꿈꾸어왔던 것보다 헤아릴 수 없이 거대하다는 것을 알게 되었습니다. 그러므로 우리가 열매 맺은 이러한 풍성한 은사들과 더불어 분명하게도 우리의 최고의 날들은 우리 모든 사람 앞에 있습니다. 가장 탁월한 사람이 우리의 거대한 모임 중에 있다고 할지라도 말입니다.

그러나 만일 이러한 말이 사실이 되기 위해서 우리는 두 개의 사실을 우리의 생명의 깊은 곳에 이 밤 새겨놓아야 할 것이며 그런 최상의 날들 속에 따라오게 해야 할 것입니다. 그 하나는 실현이라고 하는 필요성입니다. 만일 이러한 개념이 우리의 생애 가운데서 충분한 설명을 갖지 못한다면, 우리 모두가 이 자리에 오지 않은 것이 더 낫다고 볼 수 있을 것입니다. 만일 우리가 적합한 실천적 표현을 이 자리에서 가졌던 모든 느낌들과 확신들을 향하여 양산해내지 못한다면, 우리의 뇌리 속에서 불타던 논의들과 사실들, 또 우리의 가슴에 깊은 감동을 불러일으키던 쟁점과 사실들을 가지고 만나고 지내었던 모든 시간들이 도리어 무한히 해로운 일이 될 수도 있는 것입니다. 이러한 신념과 느낌들이 진정한 실행 속에서 성취되지 않으면 우리 주님의 소망들과 계획들에 대한 지식과 사람의 필요들에 대한 어떠한 지식의 획득은 미묘하고 놀라우리만치 위험한 어떤 것이 될 수 있습니다. 우리가 이 기간 동안에 기록하였던 것을 부담을 가지고 적합하게 되새기기까지, 우리의 심장과 뇌리에 쏟어부어진 사실들과 진리들에 대한 하나의 확고한 흐름이 존재해왔습니다. 우리는 이 회의장을 넘어서서 비기독교 세계의 전반적인 상황을 내다봅니다. 우리의 종교의 역사와는 절대적으로 다르고, 기회에 있어서도 다르고, 위험 상황에 대해서도 다르고 책임면에서도 다른 세계를 말입니다. 대표자 여러분들의 감정적 심리적 본성을 내리누르는 이런 저런 지식과 배움들은 우리의 실패의 원인이요 위험으로 자리할지도 모릅니다. 만일 그 요소들이 행위로 나타나지 않으면 말입니다. 만일 그러한 요소들이 우리들 모두의 마음을 감동하지 못한다면, 그리고 그러한 요소들이 우리로 하여금 그리스도와 함께 더 큰 자리로 들어가도록 인도하지 못한다면, 저는 경건한 마음으로 질문드릴 것입니다. 살아계신 하나님께서 우리를 움직이시기 위해서 하실 수 있는 것은 무엇인지 말입니다.

실현성(Reality)의 필요성은 많은 것은 의미합니다. 우리들도 각각 이러한 의미에 공감이 있으시길 바라며, 특히 이번에 그 부분에 가장 무관심한 분들에게 같은 공감이 있기를 바랍니다. 자 무슨 의미를 지니겠습니까? 우리 모두는 하나님으로부터 이러한 선교 사업에서 매우 직접적으로 큰 책임감을 부여받았다는 것이며, 우리는 이 회의장을 조용히 빠져나가 우리의 계획들을 수정해나가야 할 것을 뜻하는 것입니다. 단 우리의 자원의 관점에서가 아니라, 하나님의 자원들과 소망들의 차원에서 말입니다. 감히 용기를 내어 말씀드리거니와 교회는 살아계신 그리스도를 살아있는 사람들 모두에게 모시고자 하는 시도를 진지하게 해본 적이 아직 없습니다. 실현이란 말은 우리가 우리의 계획을 하나님 나라의 관점에서 수정해가는 것뿐만 아니라, 우리는 그 계획들은 보다 거대한 신앙을 가지고 수정해가야 하며 우리 자신의 생명과 관련된 믿음으로 그 계획들을 정정해가야 함을 의미하는 것입니다. 이상하게도 이 자리에 모이신 대표님들을 바라보는데 애처로움 마음이 있습니다. 아마도 메마른 손길로 생명을 위해 빵을 구하는 이들에게로 나아가는 것 때문입니다. 계획들을 정정하고, 생활을 수정하고 습관을 수정하여 우리 자신의 풍성함과 우리 머리 되신 살아계신 주님과의 지속적인 만남을 가능하게 하시길 기원합니다. 그럼으로써 이러한 계획들이 그 뒷면에 바른 동기들을 가지고 있기를 바라고, 바른 전략과 성품 그리고 하나님의 영으로 채워지길 바랍니다. 실현이란 우리가 이 대회에 왔을 때, 우리가 최소한 사람들을 배치하고자 기대했던 곳에서, 우리 중 어떤 이들이 우리의 생명을 바칠 수 있음을 의미합니다. 자, 각자가 한 번에 이렇게 물어 주시기를 바랍니다. 내 삶은 이 유례없는 상황 속에서 가장 잘 카운트될 만한 곳에 자리매김을 하고 있는가? 이 거대한 모임에는 실현이라는 개념이 자기를 부인하는 삶으로 진입하는 형태로서 이루어지는 분들이 계실 것입니다. 실현이라는 삶은 우리 중 어떤 이에게는 우리 중 어떤 이들에게는 이 기간 동안 지루함이나, 우리의 중보적 삶에 대한 경외감이나 자기 자신에 대한 의식으로 인해 고요한 반시간 속에서 부끄러움을 느끼는 이들도 있었을 것입니다. 이러한 분들은 스스로를 위하여 공부를 하며 이 가장 위대한 사역을 위하여 보다 큰 믿음을 얻도록 노력할 것입니다. 실현의 삶은 우리 모두에게 오늘밤 그리스도와 함께 겟세마네 동산으로 들어가는 것을 의미할 것입니다. "만일 내게서 이 잔을 돌리실 수 있다면," 예수께서 말씀하셨습니다. 그리고 저는 여러분과 제가 우리가 실질적으로 세상의 필요들과 관련하여 사물을 바라보는 자리에 매우 분명하게 도달하였다고 생각합니다. 거기에서 우리는 마치 우리 구세주의 말씀처럼 우리는 무언가 값을 치루어야 하는 것을 바라보는 것으로 인해 위축될 것입니다. 이 밤에 감람나무들 사이에서 주님과 더불어 머무를 수 있기를 바랍니다. 또한 주님의 말씀처럼 이렇게 말씀하기 바랍니다. "그럼에도 제 뜻대로 마시옵고 당신의 뜻을 이루시옵소서."

실현성에 대한 필요도 있거니와 또한 직접적인 필수품도 있습니다. 긴박성에 대한 감각은 우리들 각각의 사람의 중심을 흔들어야 할 것입니다. 가장 모호한 대표자라 하더라도 말입니다. 그리스도는 밤이든 낮이든 이러한 긴박성에 대하여 감지하며 살았던 것으로 보입니다. 그리고 오늘 여기에 있는 우리는 그 마음에 우리의 삶이 속히 끊어질 것이라는 마음을 먹기보다 우리의 기회가 사라져버릴지 모른다는 마음 중에 살아가야 할 것입니다. 그런 의미에서 이 말씀은 얼마나 진실된 것입니까?

"수세기 동안에 이루어진 작품은
떠오르는 태양의 분주한 시간에 이루어졌도다."

스코틀랜드의 한 소년이 기록한 것처럼,

"시간이 일을 하노니
나도 일하게 하소서
시간이 쉴 때에
나로 일하게 하소서.
시간처럼 분주하여 내 일에 부지런하게 하소서,
제가 영원의 안식 안에서 안식하기까지.

죄가 일하오니
나도 일하게 하소서.
죄가 쉴 때에
나로 일하게 하소서
죄같이 분주하여 내 일에 부지런하게 하소서,
제가 영원의 안식 안에서 안식하기까지.

죽음이 일하오니
나도 일하게 하소서.
죽음이 쉴 때에
나로 일하게 하소서.
죽음처럼 분주하여 내 일에 부지런하게 하소서.
제가 영원의 안식 안에서 안식하기까지."

하나님께서는 우리로 모두로 하여금 이 다음 순간에는 앞으로 그렇게 계획하고 그렇게 행동하고 그렇게 살며 그렇게 희생할 것을 결심하도록 하십니다. 그리하여 우리의 실현의 영이 우리가 가는 곳 사람들에게 전이될 수 있도록 하십니다. 그리고 대주교의 말씀이 우리에게 하나의 훌륭한 예언의 말씀임을 증거하게 될 것이요, 또한 우리 중 많은 이들이 죽음을 맛보기 전에 하나님 나라가 권능 중에 임하실 것을 보게 될 것입니다.

역자소개

김창운

장로회신학대학교(Th.B.)
장로회신학대학교 신학대학원(M.Div.)
미국 풀러신학교(M.A., 선교학)
미국 바이올라대학교(Ph.D., 선교신학)
현 송탄동성교회 담임 목사